湖南省"十四五"教育科学研究基地（普通高中教育研究基地）研究成果

湖南省基础教育教学改革重点研究项目"拔尖创新人才小中大贯通式培养实践探索"（项目编号：Z2023181）研究成果

研究型高中建设
理论探究与实践探索

谢永红　黄月初　著

湖南师范大学出版社
（长沙）

图书在版编目（CIP）数据

研究型高中建设理论探究与实践探索／谢永红，黄月初著. --长沙：湖南师范大学出版社，2025.3. -- ISBN 978 - 7 - 5648 - 5818 - 6

Ⅰ. G632.0

中国国家版本馆 CIP 数据核字第 2025DK2044 号

研究型高中建设理论探究与实践探索

Yanjiuxing Gaozhong Jianshe Lilun Tanjiu yu Shijian Tansuo

谢永红　黄月初　著

◇出 版 人：吴真文
◇策划组稿：莫　华
◇责任编辑：吕超颖
◇责任校对：蔡兆曌
◇出版发行：湖南师范大学出版社
　　　　　　地址/长沙市岳麓区　邮编/410081
　　　　　　电话/0731 - 88873071　88873070
　　　　　　网址/https：//press. hunnu. edu. cn
◇经销：新华书店
◇印刷：长沙雅佳印刷有限公司
◇开本：787 mm×1092 mm　1/16
◇印张：24
◇字数：510 千字
◇版次：2025 年 3 月第 1 版
◇印次：2025 年 3 月第 1 次印刷
◇书号：ISBN 978 - 7 -5648 - 5818 - 6
◇定价：88.00 元

凡购本书，如有缺页、倒页、脱页，由本社发行部调换。

　　由湖南师大附中谢永红书记和黄月初校长合著的《研究型高中建设理论探究与实践探索》围绕研究型高中建设展开全方位深入探讨。论著从梳理国家普通高中多样化特色发展政策入手，对研究型高中建设的学理依据、实践策略，研究型学生的培养与研究型教师队伍的建设等困扰我国高中书记、校长多年的问题做了全面的阐述，其中的观点令人耳目一新，相信本书会给有志于建设研究型高中的同仁以应有的启发。

　　研究型高中的指向当然是培养研究型学生。然而在当下高中之间内卷日益严重的情况下，有不少学校害怕学生从事研究活动会影响即将到来的高考，害怕研究活动会影响升学率，因而，对开展学生研究活动顾虑重重。

　　正是出于对这种现状的忧虑，谢永红书记在开篇中就特别强调：青年学子最有潜力成为研究者，因为他们在研究上"营养不良"。长年接受着"COPY（拷贝）式教育"，不知不觉间，探究精神就奇缺了；被苦口婆心地教得没有问题了，不知不觉间，问题意识就奇缺了；信奉教师永远正确或学生必须服从教师等观念，不知不觉间，独立之精神、自由之思想就奇缺了……长此以往，如何成长为高素质创新型人才？如何面向现代化、面向世界、面向未来？

　　正是带着一份历史的责任感，湖南师大附中立志要办出一所高质量的研究型高中，培养一大批民族所亟须的创新拔尖人才。湖南师大附中有着120年深厚的底蕴，人们怕她输不起，尤其是在高考上输不起。然而，令人意外的是，谢永红坚定地相信：唯改革者胜，唯创新者强。事虽难，做则必成；路虽远，行则必至。

　　在社会高速发展的今天，事实上，基础教育面临的最大矛盾是：今天的课堂传授的都是过去的知识，却要承担起培养面向未来社会的人才。在以往的学校，课程作为人类过往知识的精心积累，教材作为这些知识的忠实载体，教师依循知识内在的逻辑，有条不紊地组织学生的学习活动。可如今，时代的列车陡然提速，风驰电掣般向前奔涌，知识更新的速度令人目不暇接，新理论、新技术、新发现如烟花般在各个领域绽放，信息呈爆炸式增长。尤其是AI等各种大模型的出现，使得传统教育重知识轻研究的弊端愈发凸显。

　　解决这一矛盾，办一所研究型高中，培养一大批研究型学生才是湖南师大附中唯一的选择。在这一时代的课题面前，湖南师大附中敢挑重担，勇于探索，将多年理论与实践结合，在"研究型高中建设"方面，取得了丰硕的成果。比如，"三导四学"范式，以导促学的策略，通过创设情境、小组合作等营造研究氛围，提升了学生能力，推动了学校的教学改革。我们眼前的这本著作就是其成果的展示。

办研究型高中很难，其中最难的是难在教师。在这场学习变革中他们的角色至关重要。教师作为知识的权威拥有者，他们需要从知识的"搬运工"华丽地转身为学习的引领者。这就要求他们自己必须也要成为研究者。反之，超出教科书，在研究型学生面前，他们未必能比学生懂得更多。想带领学生研究，那就更需要懂得研究的规范。教师成为研究者，在湖南师大附中，他们的回答是，理所应当、实属必需、优势明显且切实可行。当然，这一切都要建立在教师内心对人生意义的理解上：享受生活首先要学会享受创造。

研究型课程，当然是连接教师与学生的重要路径，在湖南师大附中也是精心设计的。本书也提供了不少优秀的范例，很值得同仁们仔细探究。

湖南师大附中已经两个甲子的历程，积淀深厚，如今又要在新时代顺应时代发展的要求，探索研究型高中办学模式建设之道，成就学生创新人才之梦，任重道远。期待着湖南师大附中在新时代再创辉煌！

2025 年 1 月 1 日于苏州河畔

（作者系华东师范大学首批终身教授，教育部中学校长培训中心原主任，全国教育干部培训专家委员会主任，全国中小学校长培训专家委员会主任，中国高等教育评估研究会副理事长和学术委员会主任）

大学之道，其命维新。维新之道，本于研究。

研究发蒙昧，研究长才智，研究创奇迹，研究开新天。人类自从学会了研究，就揖别了巢居野食、刀耕火种，腾飞到科技世界、现代文明；人类自从掌握了研究之利器，就拥有了开天辟地、排山倒海的伟力，拥有了九天揽月、五洋捉鳖的能量。从某种意义上说，人类文明史，就是人类研究史。

研究不神秘。问题无处不在、无时不有，一有问题就会有研究；研究不是专家的专利，人人都会遇问题，一遇问题就可做研究。所以，天天是研究时，处处是研究所，人人是研究者。

一线教师最有理由成为研究者，因为他们有得天独厚的研究条件。身临教育实践现场，亲历教育教学全程，每天沉浸在鲜活的教育情境中，经常会遇上棘手、困惑的地方，会发现有待研究的问题甚至亟须破解的难题，而这一切，正是研究得以进行的依托。罗丹说："这个世界不是缺少美，而是缺少发现美的眼睛。"教师身处教育研究的宝山，如果空手而回，所缺少的也许正是一双发现问题的眼睛，还有一颗勇于探究的心。

青年学子最有潜力成为研究者，因为他们在研究上"营养不良"。他们长期接受的是华裔诺贝尔获得者朱棣文先生所批评的"COPY（拷贝）式教育"。这种教育强调传承人类文明成果，重视知识的学习钻研和记忆储存，却忽视了对成果的反思与新知的生成，学生上课记笔记，下课背笔记，考试考笔记，考后扔笔记，不是主动的学习者和积极的探索者，而是被动的知识接受者和考试应对者，背书和应试能力挺强，动手和创新能力很弱。实施基于探索实践的科学教育，可以唤醒并激发学生的好奇心、想象力和探索欲，增强他们的问题意识、思辨能力、探究习惯和科学精神。

基础教育工作者最有必要成为研究者，因为他们在研究上任重道远。不要以为研究只是高等院校的义务，只是研究机构的职责。基础教育在夯实思想、道德、文化、身心等基础的同时，也应该提升学生的科学素质，致力于培养学生的问题与探究意识、学理与辨析意识、科学方法论意识，切实为培养高素质创新人才奠定基础。基础教育是"着力造就拔尖创新人才"的关键性、基础性环节，如果教师置身研究之外，在研究上袖手旁观，"李约瑟难题"将永远困扰国人，"钱学森之问"将永远响彻华夏。

因此，我们要树立以研究为先导的共同价值观；我们要打造研究地学习、研究地教学、研究地管理、研究地服务的校园新常态；我们要创建质量高、学术性强、更幸福的研究型高中；我们要争做富于情怀、勤于学习、长于实践、崇尚学术的研究型教师；我们要培养"素质全面、个性优良，具有家国情怀、国际视野、创新精神和实践能力"的研究型学生……我们要在研究中走向卓越！

这是我们的愿景目标，更是我们的使命担当！

研究拒绝权威，我们需要营造求真务实、崇尚学术的氛围；

研究拒绝功利，我们需要修得甘于寂寞、不计得失的心境；

研究拒绝自足，我们需要养成广泛阅读、终身学习的习惯；

研究拒绝封闭，我们需要打造开放包容、互动交流的平台；

研究拒绝懈怠，我们需要保持自强不息、追求卓越的姿态。

唯改革者胜，唯创新者强。事虽难，做则必成；路虽远，行则必至。只要"常为而不置，常行而不休"，我们就一定能谱写创新发展新篇章。

上天赐予我们智慧的大脑，让我们去研究、去发现、去创造吧！

2025 年 1 月 6 日于岳麓山下

（作者系湖南师大附中党委书记，中小学正高级教师，第十二届国家督学，全国五一劳动奖章获得者，湖南省徐特立教育奖获得者，享受国务院政府特殊津贴）

目录

第一章

基于多样化特色发展的研究型高中构想

本章提要

普通高中多样化特色发展已成为国家基础教育改革发展战略，构建普通高中多样化特色发展格局已成为政策共识和实践导向。普通高中多样化特色发展途径众多，建设研究型高中就是其中之一。研究型高中的建设，是对党和国家普通高中多样化特色发展系列政策的积极响应，也是在普通高中多样化特色发展之路上的大胆探索与创新实践。

第一节　多样化特色发展的政策解读

党的二十大报告指出："教育、科技、人才是全面建设社会主义现代化国家的基础性、战略性支撑。"关于普通高中教育，二十大报告特别强调了一点："坚持高中阶段学校多样化发展。"

教育政策集中反映了国家对于教育改革发展的整体设计，特定教育政策的出台，意味着该领域的教育实践有了合法性与合理性，有了行动依据[①]。梳理近年来国家陆续发布的教育政策法令，可以发现，推动普通高中多样化特色发展始终是我国基础教育政策法规制定的重要命题，已经成为基础教育改革发展的国家战略。

一、普通高中多样化特色发展政策梳理

相对于义务教育、职业教育、高等教育等而言，我国曾经在相当长一段时间里，几乎没有关于普通高中教育的政策文件。改革开放后，特别是进入新时代以来，国家层面的普通高中教育政策文件纷至沓来，其中大多数政策都锚定"普通高中多样化特色发展"这一核心与焦点。

普通高中多样化特色发展理念的形成、发展，大致可分四个阶段。

（一）多样化特色发展理念萌芽期

从现有文献资料看，最早提出"多样化"这一概念的政策文件是《中国教育改革和发展纲要》。1993年2月，中共中央、国务院印发了明确提出"建设有中国特色社会主义教育体系"的纲领性文件《中国教育改革和发展纲要》，其中特别强调，"普通高中的办学体制和办学模式要多样化"。此纲要首度提出"多样化"这一全新发展理念，并明确了办学体制多样化、办学模式多样化两大改革发展领域。

无论是办学体制多样化，还是办学模式多样化，都是从教育行政部门的角度考量，给予普通高中学校多样化发展的自主权还很有限。《中国教育改革和发展纲要》提出了"多样化"的要求，但还只是倡导、鼓励性质；虽提出"多样化"，但没有提及"特色"。

---

① 牛楠森，邵迎春. 刍议我国学术性高中发展的限制与突破 [J]. 中小学校长，2021（4）：21－25.

所以，以《中国教育改革和发展纲要》为标志的 20 世纪末 21 世纪初，可视为多样化特色发展理念的萌芽期。

（二）多样化特色发展理念形成期

2010 年 5 月，国务院常务会议审议并通过《国家中长期教育改革和发展规划纲要（2010—2020 年）》。这是 21 世纪我国第一个教育改革发展规划纲要，是新世纪继科技规划纲要、人才规划纲要之后的又一个支撑国家战略的纲领性文件。此纲要第五章全面规划高中阶段教育，"推动普通高中多样化发展"被单列为第五章第十三条，具体阐说中还提出"鼓励普通高中办出特色"，多样化特色发展理念由此成型，成为普通高中改革发展的大方向和主旋律。

此纲要第五章第十三条对"推动普通高中多样化发展"作了如下具体阐说："促进办学体制多样化，扩大优质资源。推进培养模式多样化，满足不同潜质学生的发展需要。探索发现和培养创新人才的途径。鼓励普通高中办出特色。鼓励有条件的普通高中根据需要适当增加职业教育的教学内容。探索综合高中发展模式。采取多种方式，为在校生和未升学毕业生提供职业教育。"这些阐说，明确了一个理念，即多样化发展并办出特色；明确了两个目的，即扩大优质资源和满足不同潜质学生的发展需要；明确了三条路径，即教育行政部门推动、普通高中学校自主发展、普通高中教育与职业教育融通。这些阐说成为多样化特色发展理念的内核。

2010 年 12 月，国务院办公厅印发《关于开展国家教育体制改革试点的通知》（国办发〔2010〕48 号）。此通知将"基础教育综合改革试点"列为重点领域，要求"开展普通高中多样化、特色化发展试验"，并强调"推动普通高中多样化发展，鼓励普通高中办出特色"。随后，国家教育体制改革小组遴选北京、上海、新疆、黑龙江等省（自治区、直辖市）和南京市，开展实施普通高中多样化、特色化发展项目试点。多样化特色发展理念正式进入实践应用轨道。

（三）多样化特色发展理念深化期

2017 年 3 月，教育部等四部门联合发布《高中阶段教育普及攻坚计划（2017—2020 年）》，将"教育质量明显提升，办学特色更加鲜明，吸引力进一步增强"设为主要目标，而达成目标的主要措施之一就是"推动学校多样化有特色发展"。此计划特别强调高中阶段教育"有特色"，"办学特色更加鲜明"，同时将多样化、有特色的发展要求，直接定位到普通高中学校。从"推动普通高中多样化发展"到"推动学校多样化有特色发展"，体现了国家关于普通高中改革发展的战略部署从宏观走向微观，从架构走向终端，从整体化走向具体化和精细化。

2019 年 2 月，中共中央、国务院印发《中国教育现代化 2035》，将"全面普及高中阶段教育"设定为 2035 年主要发展目标。其中有两点值得特别注意：一是"鼓励普通高中多样化有特色发展"，"推动"改为"鼓励"体现了目标要求的弹性和变通性，"特色化"改为"有特色"体现了目标要求的客观性和灵活性；二是"有效满足学生个性化、多样化发展需求"，将"普通高中多样化有特色"与"学生个性化、多样化"相提并论，强化了普通高中多样化特色发展的逻辑原点和目标导向。

2019 年 6 月，国务院办公厅发布《关于新时代推进普通高中育人方式改革的指导意见》（国办发〔2019〕29 号），其改革目标是："到 2022 年，……普通高中新课程新教材全面实施，适应学生全面而有个性发展的教育教学改革深入推进，选课走班教学管理机制基本完善，科学的教育评价和考试招生制度基本建立，师资和办学条件得到有效保障，普通高中多样化有特色发展的格局基本形成。"此意见设计了实施新课程新教材、推进教育教学改革、完善选课走班教学、建立教育评价和考试招生制度、保障师资和办学条件等实施路径，确保"普通高中多样化有特色发展的格局基本形成"，是对普通高中培养模式多样化的具体化和精细化。

2020 年 10 月 29 日，中国共产党第十九届中央委员会第五次全体会议审议并通过《中共中央关于制定国民经济和社会发展第十四个五年规划和二〇三五年远景目标的建议》，明确提出"鼓励高中阶段学校多样化发展"。值得注意的是，文件将适用范围扩展为"高中阶段学校"，意味着多样化发展是所有高中阶段学校改革发展的目标方向，普通高中要多样化发展，其他高中阶段学校（包括职业高中、技工学校、普通中专等中等职业学校），也都要走多样化发展道路。

（四）多样化特色发展理念成熟期

2022 年 10 月 16 日，中国共产党第二十次全国代表大会在北京人民大会堂开幕，习近平总书记作了《高举中国特色社会主义伟大旗帜　为全面建设社会主义现代化国家而团结奋斗》的主题报告。二十大报告强调："教育、科技、人才是全面建设社会主义现代化国家的基础性、战略性支撑……要坚持教育优先发展、科技自立自强、人才引领驱动，加快建设教育强国、科技强国、人才强国，坚持为党育人、为国育才，全面提高人才自主培养质量，着力造就拔尖创新人才，聚天下英才而用之。"关于高中教育，二十大报告特别强调了一点："坚持高中阶段学校多样化发展。"一方面，用"坚持"一词肯定了多样化发展的改革发展大方向；另一方面，将多样化发展明确为每所高中阶段学校的改革发展总要求。

2023 年 7 月，教育部、国家发展改革委、财政部印发《关于实施新时代基础教育扩优提质行动计划的意见》，将"培育一批优质特色高中，普通高中多样化发展扎实推进"设立为扩优提质的主要目标，并特别强调："推动普通高中多样化发展。建设一批具有科技、人文、外语、体育、艺术等方面特色的普通高中，积极发展综合高中。支持一批基础较好的地区和学校率先开展特色办学试点，在保证开齐开好必修课程的基础上，适应学生特长优势和发展需要，提供分层分类、丰富多样的选修课程，形成体现学校办学特色的课程系列，发挥示范引领作用。"此意见是对二十大报告的坚决响应和笃定执行，标志着多样化特色发展理念进入成熟期。

国家层面的相关政策文件还有很多，包括各种实施意见、工作要点、落实方案、发展规划等，篇幅所限，不再罗列。

国家迭次推出相关政策文件的同时，地方政府或教育行政主管部门也纷纷出台具有鲜明地方特色的实施性文件，全面推进普通高中多样化、特色化发展落实、落地、落细。综观地方层面的政策文件，具有四个突出特征：一是目标一致，都旗帜鲜明地提出"推动普通高中多样化特色发展"的总体目标，有的甚至将其列入办学质量综合考评标准体系；二是重点突出，大多聚焦于办学体制多样化、培养模式多样化两大领域制定具体方案，开展改革试点；三是因地制宜，综合考量当地教育实际、区域资源特点、学校办学状况等多重因素，实施方案具有针对性、实用性、实践性和灵活性；四是注重创新，提出了诸如"一校一方案、一校一路径、一校一特色、一校一评价""一校一策、一校一案、一校一品、一生一面"等创新发展模式，注重对学校发展特色的打造。

由此可见，普通高中多样化特色发展是一个顶层政策引导与地方探索实践相结合的动态转化过程。它是国家教育宏观政策确立的普通高中教育改革发展目标要求，也是诸如普及高中阶段教育、教育现代化建设、育人方式改革、县域高中振兴等系列改革任务的现实追求；它是促进教育公平优质均衡发展、办好人民满意教育的"必选项"，也是着力培养高素质创新人才，更好履行为党育人、为国育人使命责任的"必答题"。

二、普通高中多样化特色发展政策理会

《朱子语类·卷九·论知行》有云："圣贤千言万语，只是要知得，守得。只有两件事：理会，践行。"[1] 对国家政策法令，也只有两件事要做，一是学深悟透，深刻领会；二是身体力行，坚定践行。普通高中多样化特色发展，已成为新时代基础教育改革发展的国家战略，对相关政策法令的"理会"自然是重中之重和当务之急。唯有精准"理会"，才能让看似高深、严肃的政策条文"飞入寻常百姓家"，形成政策合力，推动社会善治和公序良俗的构建。

"理会"普通高中多样化特色发展政策法令，需要突出以下重点。

---

① 黎靖德. 朱子语类：第 1 卷 ［M］. 北京：中华书局，1986：56 - 62.

（一）深刻理会普通高中多样化特色发展的背景意义

关于普通高中多样化特色发展的背景意义，学术界从多个侧面作了分析探究。张力认为，普通高中多样化是全球教育多样化的体现。[①] 陈志利认为，多样化发展是大众化阶段后普通高中的必然选择，其原因在于民主平等思想的追寻、学生自我发展的需要，以及社会经济发展对人才多样化的需要。[②] 莫丽娟、袁桂林认为，普通高中多样化发展的内部驱动力在于人本主义教育价值观和个人多样化教育的需要，外部动因在于满足不同阶层的教育利益、适应市场需求和增强文化理解的需要。[③] 戚业国认为，普通高中多样化发展是对我国普通高中体系性的新定位，经济社会转型、社会用人方式转变、普通高中存在的诸如"千校一面"和漠视学生差异的现实问题是推动普通高中多样化的重要原因，世界各国办学体制不同、办学类型多样也启示我们通过课程改革推动普通高中多样化发展。[④] 诸如此类研究还有很多，专家学者对普通高中多样化特色发展的多角度解读，能够廓开我们的视野，让我们站得更高，看得更远，也看得更清。"惟自古不谋万世者，不足谋一时；不谋全局者，不足谋一域。"（陈澹然，《寤言二·迁都建藩议》）胸怀全局，高瞻远瞩，有助于我们更好地理解政策法令的思想背景、现实背景和实践背景，从而深刻认识政策法令的重要性、必要性和迫切性。

深刻理会普通高中多样化特色发展的背景意义，既要善于"思索义理"，又要注重"涵养本源"（语见《朱子语类》）。普通高中多样化特色发展，是党和国家关于基础教育改革发展的重大举措。所谓"改革"，就是要改掉旧的、不合理的部分；所谓"发展"，就是要促使旧事物灭亡和新事物产生。普通高中多样化特色发展这一合理完善的"新事物"，从本源上讲，就是对普通高中"旧的、不合理的部分"的矫正和革新。改革开放以来，我国普通高中教育快速发展，普及水平越来越高，事业发展取得历史性成就。但是，暴露出的问题也越来越多，而且越来越严重：一是教育资源有限且资源配置"嫌贫爱富"，重点中学、示范性高中虹吸现象严重，普通高中发展不均衡；二是片面追求升学率，过分强调应试和升学，发展模式单一；三是教育理念、办学思路、培养模式等趋同，千校一面，同质发展，缺乏办学特色；四是教育教学"目中无人"，漠视甚至无视学生多样化、个性化需求，不能满足不同潜质学生的发展需要。可见，倡导和推动普通高中多样化发展，主要是为了破除普通高中单一化和同质化弊端，满足学生多样化和个性化发展需求。

普通高中多样化发展的根本目的，一是满足不同潜质学生的发展需要以实现人力资

① 张力. 推动普通高中多样化发展的政策要点 [J]. 人民教育，2011（1）：3-7.
② 陈志利. 普通高中多样化发展：应为、实为与何为 [J]. 教育理论与实践，2014，34（5）：14-17.
③ 莫丽娟，袁桂林. 普通高中多样化发展动因研究 [J]. 当代教育科学，2011（8）：3-6.
④ 戚业国. 普通高中多样化发展的理念、经验与模式 [J]. 人民教育，2013（10）：16-19.

源最大化，二是促进学校差序错位可持续发展以实现资源供给最优化。① 这也正是《国家中长期教育改革和发展规划纲要（2010—2020 年)》所强调的"促进办学体制多样化，扩大优质资源。推进培养模式多样化，满足不同潜质学生的发展需要"。抓住这一本源，明确改革发展的根本性动因，才能真正深刻理会普通高中多样化特色发展的背景意义。

（二）深刻理会普通高中多样化特色发展的内涵与定位

深刻理会普通高中多样化特色发展所涉及的"高中阶段学校与普通高中""多样化与普通高中多样化发展""特色与普通高中特色发展"等重要概念，既是"理会"的应有之义，也是"践行"的逻辑起点。

1. 高中阶段学校与普通高中

党的二十大报告强调："坚持高中阶段学校多样化发展。"这里的"高中阶段学校"与普通高中并不是同一概念。根据国家的总体布局和教育现况，目前我国高中阶段学校主要分为普高、中等职业学校两大类。普高包括普通高中、完全中学、高级中学、十二年一贯制学校、成人高中等。中等职业学校则包括普通中专、成人中专、职业高中、技工学校、其他中职机构等。可见，普通高中不等于普高，而只是普高的一种类型；普通高中的"普通"，也不是平常、一般之意，相对的是"特殊"而不是"重点"。普通高中是一个特殊学段，属于基础教育，但不属于义务教育，是介于义务教育和高等教育之间的制度化学校教育。普通高中上接高等教育，下连义务教育，既对义务教育有拉动、促进之效，又对高等教育有服务、奠基之功，处于衔接贯通的枢纽位置，功能、价值非常独特。

学术界关于"普通高中"的概念界定众说纷纭，《普通高中课程方案》（2017 年版2020 年修订）相对而言最为规范和权威："我国普通高中教育是在义务教育基础上进一步提高国民素质、面向大众的基础教育，任务是促进学生全面而有个性的发展，为学生适应社会生活、高等教育和职业发展作准备，为学生的终身发展奠定基础。"② 这一概念界定，涵盖了普通高中的社会性目标（提高国民素质）、学术性目标（基础教育）、职业性目标（为学生适应社会生活、高等教育和职业发展作准备，为学生的终身发展奠定基础）、个体性目标（全面而有个性的发展）等多元化教育目标，是对普通高中教育职能和功能的全面概括和精准厘定。

2. 多样化与普通高中多样化发展

自从"普通高中多样化特色发展"被确立为国家基础教育改革发展的战略重心以

---

① 陈志利，张新平．普通高中多样化发展的本质［J］．现代教育管理，2014（11）：49-53.

② 中华人民共和国教育部．普通高中课程方案［M］．北京：人民教育出版社，2020：10.

来，多样化的内涵、定位一直是学术探究的热点和焦点。总体上看，相关说法大致可分为四类：一是培养目标说，认为多样化是我国普通高中教育发展的新目标，应坚持以学生为本的基本原则，努力适应学生个性差异和选择需要；二是发展过程说，认为多样化是调整高中阶段教育结构和推动普通高中发展战略转型的需要；三是政策导向说，认为多样化是针对普通高中同质化、单一化等问题提出的一种宏观政策指向，其价值导向应从同质公平向差异公平转变；四是教育生态说，认为多样化是普通高中学校群落逐步趋向多样的、良性的高中教育生态。① 全面了解学术界关于多样化内涵和定位的多侧面多角度解读，有助于我们对国家普通高中多样化特色发展政策的理会与践行。

有一种观点认为，多样化是基于区域的宏观视野的全局性概念，而特色是基于学校的微观视野的学校发展策略，每所学校都办出了属于本校的个性和特色，那么整个地区、整个国家的多样化才能有坚实的基础。这一观点似乎有点片面。所谓多样化，有办学体制多样化、办学模式多样化、管理机制多样化、培养模式多样化、课程设置多样化、教学方式多样化、评价标准多样化等不同表现形式，其中有些是"基于区域的宏观视野的全局性概念"，例如办学体制、办学模式等；而更多的则是"基于学校的微观视野的学校发展策略"，例如培养模式、课程设置、教学方式等。我们认为，普通高中多样化发展，既是整个地区、整个国家的整体统筹规划，也是每一所普通高中学校的改革发展路向。

不少地区的教育行政主管部门提出了诸如"一校一方案、一校一路径、一校一特色、一校一评价"或"一校一策、一校一案、一校一品、一生一面"之类多样化特色发展要求，其中也包含着对多样化内涵与定位的误解。每所学校都有其特殊校情、学情、生情，未必只能有一个发展选项；如果硬性规定每所学校都只能"一方案、一路径、一特色、一评价"或"一策、一案、一品、一面"，岂不正好与多样化宗旨背道而驰？如何满足不同潜质学生的发展需要？倡导并推动每所学校多样化发展，出发点是对的；但只求"一"，不能适度适当求多，显然有违国家普通高中多样化特色发展政策的初衷和总体构想。

其实，普通高中多样化因主体不同而具有不同含义。基于区域的宏观视野，普通高中多样化考量的重心是公平性，教育行政部门要激发学校内在发展动力和自主办学活力，引导区域内普通高中在公平、有序基础上实现多样化发展，提升区域教育发展的均衡性、协调性、包容性。基于学校的微观视野，普通高中多样化考量的重心是自主性，学校要充分合理地行使自主办学权，立足校情、学情、生情实际，在教育理念、办学目标、管理机制、育人模式、课程设置、教学方式等诸多方面谋求多样化发展，增强学校教育发

---

① 李建民. 高中阶段学校多样化发展视域下"科学高中"构想 [J]. 教育研究，2023，44（6）：36－46.

展的多元性、独特性和可持续性。

确切理会普通高中多样化发展的内涵与定位，应该回归《国家中长期教育改革和发展规划纲要（2010—2020 年）》第五章第十三条："促进办学体制多样化，扩大优质资源。推进培养模式多样化，满足不同潜质学生的发展需要。探索发现和培养创新人才的途径。鼓励普通高中办出特色。鼓励有条件的普通高中根据需要适当增加职业教育的教学内容。探索综合高中发展模式。采取多种方式，为在校生和未升学毕业生提供职业教育。"这一具体阐说具有多层含义：一是宏观层面的发展路向指引，是国家全面推进普通高中办学体制、培养模式、英才培养、特色办学、普职融通等系列改革的总体规划部署；二是中观层面的办学体制改革，重点是谋求办学主体多样化（如政府办学、社会办学、合作办学等）、办学模式多样化（如普通高中、职业高中、综合高中等）、学校评价多样化（如过程评价、增值评价、综合评价等）等，主要取决于地方政府和教育行政部门；三是微观层面的培养模式创新，包括订单式培养、一体化培养、特色化培养、普职协同培养、创新人才培养等，旨在促进人人成人、成才，主要取决于普通高中学校；四是战略层面的改革发展目标，即促进普通高中错位、差序、可持续发展，以"扩大优质资源"，推进普通高中学校多样化特色发展，以"满足不同潜质学生的发展需要"。把握住上述核心要素，有利于对多样化内涵的精准理解和多样化定位的科学适应。

3. 特色与普通高中特色发展

国家层面的相关政策法令之中，特色发展要求经历了"办出特色""特色化""有特色"等迭代性嬗变：最初说法是"鼓励普通高中办出特色"，而且是作为"推动普通高中多样化发展"的下位要求提出的；接着国家倡导"开展普通高中多样化、特色化发展试验"，"特色化"与"多样化"并提；随后是"推动学校多样化有特色发展""鼓励普通高中多样化有特色发展"，"特色化"改为"有特色"，体现了要求方面的实事求是；党的二十大以后的提法是"培育一批优质特色高中，普通高中多样化发展扎实推进"，将特色办学、办学特色作为推进普通高中多样化发展的路径举措。

特色，是事物的独特品性，是事物显著区别于其他事物的风格和形式。学术界关于学校特色的内涵，主要有三类解读。一是学校文化发展观念，例如郑金洲认为："所谓办学特色，就是要创办文化上有自身特色的学校。这种学校在文化的各层面——精神、制度、行为乃至物质设备上，都或多或少地存在着区别于其他学校的文化特征。"[1] 二是学校整体发展观念，例如顾霁昀将办学特色界定为："一所学校自身所显现的独特风格，是在追求办学的目的性与规律性的过程中，在办学理念、课程教学、人才培养、师资建设、

---

① 郑金洲. "办学特色" 之文化阐释 [J]. 中国教育学刊, 1995 (5): 35 – 37.

综合治理等层面形成的独特理念、行为、文化。"① 三是学校独有特质观念,例如王宗敏认为:"办学特色是学校在长期教育实践中形成的独特的、优质的、稳定的教育风貌。"② 对事物的多维度解读,都具有揭示事物内涵的作用和意义,都具有参考价值。

学校特色不同于特色学校。学校特色是指学校与众不同之处、独特的风格与形式,具有个别性、局部性和发展性;特色学校则是具有特殊教育风貌、卓越办学成效的学校,具有整体性、全局性和稳定性。学术界有不少关于特色学校的解读,具代表性的有:特色学校是在先进的教育思想指导下,从本校实际出发,经过长期的办学实践,形成了独特的、优化的、稳定的办学风格与优秀的办学成果的学校③;特色学校是在办学过程中形成的富有个性的、有所创新的、比较稳定的教育整体特征,是办学者在办学的过程中开创的集中代表学校某种特征的教育教学实践成果④;等等。可见,特色学校是在学校特色基础上动态生成的,先将学校某个或某些特色项目打造成学校特色,然后历经反复打磨完善,不断凝练升华,最后成为特色学校。

打造学校特色、成就特色学校的过程,就是特色发展过程。不同学校有不同的校情、学情、生情,办学实践中显现的各种元素,包括办学理念、办学形式、管理模式、课程设置、师资力量、教学模式、校园文化等,都可以当作特色发展源泉去发掘。特色发展就是要审视并锚定各自不同的特征,定位发展目标,做强亮色优势,补足弱项短板,优化资源配置,强化内涵提升,塑造学校特色,从而为"不同潜质学生"提供与其个性特征相契合的特色化教育服务,让学生实现特色发展和个性发展。特色发展是促使学生全面而有个性发展的必由之路,是学校顺应时代潮流、保持办学活力的有力保证,也是学校内涵式建设、多样化发展的基本保障。唯有众多学校都致力于特色发展进而成为特色学校,才能造就百花齐放的多样化发展格局。因此,特色发展是推进普通高中多样化发展的重要举措,有利于实现教育公平均衡而有质量的发展,有利于"办好人民满意的教育"这一愿景的最终达成。

(三) 深刻理会普通高中多样化特色发展的理论依据

教育理论是教育实践的依据和支撑。德国教育家第斯多惠曾说:"没有教育理论,容易陷入经验主义的泥潭,没法形成清晰的认知和变革教育的概念。"⑤ 近年来国家陆续出台的有关普通高中多样化特色发展的政策法令,都没有直接、明确出示理论依据,但是都严格遵循教育规律和人才成长规律,都贴合教育原理,理论依据充分。深刻理会深蕴

① 顾霁昀. 普通高中特色发展路径研究 [D]. 华东师范大学,2022:34.
② 王宗敏. 对办学特色几个基本问题的理论思考 [J]. 中国教育学刊,1995 (1):21-24.
③ 顾颉. 试论办学特色与特色学校的关系 [J]. 中国教育学刊,1996 (2):51-52.
④ 赵国忠. 如何创建特色学校 [M]. 南京:南京大学出版社,2012:87-95.
⑤ 第斯多惠. 德国教师教育指南 [M]. 张焕庭,译. 北京:人民教育出版社,1979:350-391.

于政策法令背后的基本原理和理论依据，形成有关普通高中多样化特色发展的高阶思维，可以提升"理会"的深度和层次，更好地为"践行"奠定基础、提供保障。

国家层面的普通高中多样化特色发展政策法令，主要理论依据如下。

1. 新时代中国特色社会主义教育理论

新时代中国特色社会主义教育理论是产生于新时代的具有中国特色、中国元素和社会主义性质的教育理论，是对马克思主义教育理论的继承与发展，是马克思主义教育理论中国化的最新成果。新时代中国特色社会主义教育理论具有政治性、战略性、时代性、传承性、理论性、行动性。"中国特色社会主义教育理论不是一般意义上的教育理论学说，它实际上代表着当代中国教育的国家意志和人民意志，决定着当代中国教育的发展方向，并且很多时候还通过教育的方针政策和法律法规贯彻落实。"① 新时代党和国家出台的有关普通高中改革与发展的系列政策法令，都是新时代中国特色社会主义教育理论的有机组成部分和具体行动指南。

新时代中国特色社会主义教育理论，是系统回答"培养什么人、怎样培养人、为谁培养人"的时代之问而形成的思想体系和理论体系，其核心是习近平总书记提出的"九个坚持"：坚持党对教育事业的全面领导，坚持把立德树人作为根本任务，坚持优先发展教育事业，坚持社会主义办学方向，坚持扎根中国大地办教育，坚持以人民为中心发展教育，坚持深化教育改革创新，坚持把服务中华民族伟大复兴作为教育的重要使命，坚持把教师队伍建设作为基础工作②。新时代中国特色社会主义教育理论的基本特质是"中国特色"，普通高中多样化特色发展必须坚持中国特色社会主义道路，才能够真正立足中国大地，服务中国发展，彰显中国特质。

2. 人的全面发展理论

马克思主义关于人的全面发展理论，是普通高中多样化特色发展的核心理论依据。马克思认为，人的全面发展有四层含义：一是需求的全面发展，每个个体都是从自身需求出发，在与他人的接触联系中实现自身需求的满足；二是能力的全面发展，主观能动性充分发挥，具备正确价值观、必备品格和关键能力；三是社会关系的全面发展，全面适应并融入社会，人际关系和谐；四是个性的全面发展，全面发展的同时，个性得到尊重和发展。③ 人的发展是个体的内在因素（如先天遗传的素质、机体成熟的机制等）与外部环境（如外在刺激的强度、社会发展的水平、个体的文化背景等）相互作用的结

---

① 李政涛. 什么是"教育基本理论"[J]. 高等教育研究，2020, 41 (3)：1 – 17.
② 姜虹羽, 孙竞. 牢牢把握教育改革发展的"九个坚持"[N]. 人民日报，2018 – 09 – 14 (02).
③ 宋景堂. 人的全面发展与社会的全面发展[J]. 南京政治学院学报，2002 (3)：15 – 18.

果①。可见，人的全面发展，其实质就是多样化发展；促进学生全面而有个性发展，其实质就是多样化特色发展。

辩证唯物主义认为，人的全面发展是一种自由而充分的发展。所谓自由发展，是指各项发展是基于兴趣和自身发展需要的，不是强制、被迫的；所谓充分发展，是指各项素质都发展到力所能及的最好状态，但并不是平均主义的标准化发展。教育对象是鲜活的个体，具有独一无二的个性化特征，人的全面发展绝不会忽视甚至无视个体差异，而是致力谋求全面发展与个性成长的有机融合。② 人的全面发展是全面发展和个性发展的和谐统一，唯有实施多样而有特色的学校教育，才能充分应对学生多样化的学习需求，才能成就学生全面而有个性的发展。

3. 多元智能理论

多元智能理论（简称 MI 理论）由美国教育学家、心理学家霍华德·加德纳（H. Gardner）博士提出，是一种全新的人类智能结构理论。加德纳认为，人类思维和认识的方式是多元的，每个人都拥有多元化智能：言语智能、数理逻辑智能、空间智能、动觉智能、音乐智能、交际智能、自知自省智能、存在智能、自然探索智能等③。

加德纳的多元智能理论对基础教育改革发展具有重大启发意义：一是有助于澄清智力观。多元智能理论打破了传统的一元智力观和三元（分析性智力、创造性智力、实践性智力）智力观，帮助教育工作者认识到智力的广泛性、多样性和等值性。二是有助于转变教学观。多元智能理论认定每个人都不同程度地拥有相对独立的多种智力，教学应根据对象和内容而灵活多样，因材施教。三是有助于改进评价观。多元智能理论认为人的智力由多种能力构成，评价指标和方式应多元化，满足不同人的不同智能的发展需要。四是有助于更新学生观。多元智能理论认为每个学生都有闪光点和可取之处，教师应从多方面了解学生，采取适合的、有效的方法促进其特色化发展。多元智能理论启发我们密切关注学生多样化智能和独特个性，提供适合的教育以满足不同潜质学生的发展需要，从而有力推动普通高中多样化特色发展，促使学生全面而有个性地发展。

4. 人本主义理论

人本主义理论兴起于 20 世纪中叶，代表人物有美国心理学家马斯洛、罗杰斯等。人本主义理论认为，人类的本能包含生理的需要、安全的需要、隶属于爱的需要、尊重的需要、认知的需要、审美的需要、自我实现的需要等多个层次，每个人都具有自主发展、

① 孙俊三，雷小波. 教育原理［M］. 长沙：湖南教育出版社，2007：50 - 51.
② 顾霁昀. 普通高中特色发展路径研究［D］. 上海：华东师范大学，2022.
③ 霍华德·加德纳. 智能的结构［M］. 沈致隆，译. 北京：中国人民大学出版社，2008：16 - 34.

自我实现的动力和能力。① 因此，教育应该以学生为中心，教师应该设身处地为学生着想，关注学生认知、情感、兴趣、动机、潜在智能等内部心理世界，促使他们全身心地投入学习，成为富有主动性、灵活性、适应性、创造性的人。

人本主义理论深刻地影响了世界范围内的教育改革，人本主义运动是与程序教学运动、学科结构运动齐名的20世纪三大教学运动之一。人本主义理论的核心是需要层次理论，强调人的需要有多个层次，有的属于生存的需要，有的属于相互关系的需要，有的属于成长的需要，人的成长取决于多层次需要的满足程度和水平。这种理论应用于教育领域，实质上就是《国家中长期教育改革和发展规划纲要（2010—2020年)》所提出的"推进培养模式多样化，满足不同潜质学生的发展需要"。人本主义教育理论强调"以学生为中心"的理念，主张激发学生成长内驱力，培养个性充分发展的人，这与"学生全面而有个性发展"的现代理念具有高度一致性。

5. 教育选择理论

教育选择理论是德国哲学家卡尔·雅斯贝尔斯提出的教育理论，其核心理念是存在、自由、超越。在他看来，选择适合的教育才是教育真正关键的问题所在。"教育活动应该最大限度地激发受教育者的潜能，使受教育者实现各种可能性。"② 教育改革步入深水区，特别是《国务院关于深化考试招生制度改革的实施意见》（国发〔2014〕35号）颁布以来，人民群众对教育选择权的认识不断提高。新时代学校教育的终极追求是办好人民满意的教育，其主要障碍是人民群众日益增长的美好生活需要和不平衡不充分发展之间的矛盾。唯有实现多样化特色发展，才能全面推进教育公平均衡发展，才能真正"满足不同潜质学生的发展需要"，才能办好人民满意的教育。

教育选择理论认为，受教育者是教育主体，他们在特定选择目标的支配引导下，综合时代背景、社会背景、政治背景、文化背景、经济背景及自身条件等多方因素，从既有教育中选择学校、师资、课程等教育资源，并向教育者提出自身发展需求。因此，学校应该全力谋求多样化特色发展，努力满足受教育者的不同需求，给予他们更多的选择机会和空间，促使他们充分发挥自己的潜能，实现全面而有个性的发展。

三、普通高中多样化特色发展政策践行

俗话说："三分战略，七分执行。"缺乏坚决、有力而有效的践行，再高明的政策也只会是清谈，再远大的战略也只会是空想。普通高中多样化特色发展，已经成为基础教育改革发展的国家战略。这一宏观战略目标的达成，需要国家层面的制度设计和政策指

---

① 叶浩生. 西方心理学的历史与体系 [M]. 北京：人民教育出版社，1998：560 – 565.
② 雅斯贝尔斯. 什么是教育 [M]. 邹进，译. 北京：生活·读书·新知三联书店，1991：26.

引，需要地方政府尤其是教育行政部门的规划执行和有力跟进，更为重要的是，需要普通高中学校迈出践行的坚实步履，探索切实可行的多样化特色发展创新路径。

（一）普通高中多样化特色发展政策践行方式

目前，国内普通高中多样化特色发展政策践行方式，大致可以分为四大类型。

第一大类型：政府和教育行政部门牵头，特定区域内整体践行。2010 年国家启动教育体制改革试点项目以来，北京、上海、黑龙江、新疆四省（自治区、直辖市）和南京市承担试点任务。四省（自治区、直辖市）一市都由政府和教育行政部门牵头，立足本地实际和发展需要，积极探索普通高中多样化特色发展的实现途径和推进机制。2021 年5 月，上海市教育委员会等十部门出台《关于推进普通高中学校建设的实施意见》（沪教委基〔2021〕20 号），指出："坚持统筹管理与分类推进相结合。加强市、区两级政府统筹，分类管理普通高中学校，推进普通高中学校'一校一规划'，提升普通高中教育治理体系和治理能力现代化水平。"该实施意见将"推进普通高中多样化特色发展"设定为教育现代化建设的有力举措，并且特别强调"统筹管理与分类推进相结合"。"统筹管理"突出的是政府和教育行政部门的牵头作用，"分类推进"突出的是政府和教育行政部门的推进效能。此类践行方式以自上而下、政府主导、行政推动为特征，有利于在较短时间内凝聚共识，统一步调；有利于充分整合区域优质教育资源，实现更合理的资源调配；有利于全面发挥区域整体践行优势，快速而且显著提升推进效果。但是，在此过程中，普通高中学校相对而言显得被动，其多样化特色发展主体地位未得到尊重，其改革发展愿望和主观能动性难以充分激活，其政策践行容易出现空泛式规划、应景式改革、过场式推进、运动式造势之类形式主义问题。

第二大类型：教育专家"临床"指导，协同普通高中学校共同推进。例如华东师范大学叶澜教授领衔的"新基础教育项目研究"[1]、北京师范大学裴娣娜教授领衔的"基础教育未来发展新特征研究"[2] 等，都采取借力高校智力资源、高校与普通高中深度合作的践行策略。这种"介入式合作互动"践行方式，密切并优化了教育理论与实践推广的结合，破解了普通高中学校政策理念相对粗浅、理论修养相对薄弱等难题，能有力有效推进特定普通高中学校多样化特色发展。"临床"能更有针对性地解决问题，更有力地推动学校发展，但由于只是作用于点而不是面，这种临床诊疗型践行模式有试点之功而少普及之效，存在明显的局限性。

第三大类型：普通高中自主发展，探索多样化特色发展之路。很多普通高中学校特

① 叶澜. 探教育之所"是"，创学校全面育人新生活——新时期"新基础教育"研究再出发［J］. 人民教育，2018（Z2）：10－16.

② 裴娣娜. 变革性实践与中国基础教育的未来发展［M］. 北京：教育科学出版社，2015.

别是那些办学历史悠久、办学积淀丰富的名校，都根据自身校情、学情、生情和改革发展需要，主动开展多样化特色发展创新实践探索，创建其独有的、优化的办学模式和育人模式，打造诸如综合高中、学术高中、科学高中、国际高中、艺术高中、体育特色高中等多样化特色办学类型并焕发出强大生命力。例如，北京市十一学校实行"学校国有，校长承办，经费自筹，办学自立"的承办制办学模式，闯出了一条办学主体多样化创新发展新路，成为闻名全国的特色学校；北京市第一中学采取"滑动学制"策略，激发不同学段、不同程度学生的智能发展，在培养模式多样化方面做出了特色；太原市第十中学推出"书本让学生读，见解让学生讲，重点疑点让学生议，规律让学生找，总结让学生写"的"五让"教学法，开拓了教学方式多样化特色发展的新天地；等等。普通高中多样化特色发展，必须通过普通高中学校的实践探索才能实现，区域统筹也好，专家指导也好，都离不开普通高中学校的自主发展。

第四大类型：政府、学校、社会协同，合力推进多样化特色发展。例如，重庆市构建以教育行政部门为主导、以普通高中学校为主体、以教育科研为支撑的"三位一体"模式，立足重庆地区实际，对区域内普通高中多样化特色发展进行系统性设计和整体化推进，形成规律性认识和可行性操作方案。[1] 重庆模式有四个突出特点：一是"三位"，市级、区级、校级层级分明，分层推进，责任明确；二是"一体"，政府为主导，学校为主体，科研作支撑，三者构成实践探索共同体和理论研究共同体；三是"三位一体"，政府发挥统筹管理、整体推进的作用，科研机构发挥理论指导、提供咨询服务的作用，学校发挥创新实践、总结提升的作用，"三位"纵横联合，"一体"协同行动，全面而立体地推进区域内普通高中多样化特色发展；四是科研加持，教育科研机构在"三位一体"模式中起支撑作用，成为中坚力量，成为理论联系实际、理论指导实践的纽带和桥梁。相对于前三大类型，多方协同型践行方式力量组合更优，资源整合度更高，推进力度更大，践行效果更好。

（二）普通高中多样化特色发展政策践行策略

国务院办公厅《关于新时代推进普通高中育人方式改革的指导意见》（国办发〔2019〕29号）提出了"到2022年……普通高中多样化有特色发展的格局基本形成"的改革目标，这个目标的达成，需要政府、学校和社会各界共同努力。共同努力，需讲策略，尤其是要重视以下主要方面。

1. 重视制度建设，全面保障普通高中多样化特色发展

政策是行动的先导，制度是行动的保障，通过完善的政策制度可以指明应做之事与

---

① 钟燕. 均衡视野下的特色学校建设研究——兼论重庆市特色学校发展战略［J］. 人民教育，2008（1）：57 －59.

不应做之举，可以规范普通高中多样化特色发展的建构①。普通高中多样化特色发展离不开先进教育理念的引领，离不开完善的政策制度的规范。党的十八大以来，国家密集出台了一系列关于普通高中教育改革与发展的政策法令，其中蕴含着先进的教育理念和独特的教育哲学，契合国际国内教育改革发展的规律和趋势，对于普通高中学校多样化特色发展的个性化设计和创造性实施，具有普遍的指导意义。对政策制度，普通高中学校要做的只有两件事：理会、践行。政策践行的第一策略，是整体规划并建章立制。重视制度建设是推进普通高中实现多样化特色发展的基本经验，制度创新是推进普通高中多样化特色发展的先决条件，制度体系是实现普通高中多样化特色发展的根本保障。普通高中多样化特色发展，需要"以制度创新为突破，把握正式制度创新和非正式制度优化两个重点，重构特色发展运行机制，形成全面系统的制度保障体系"②。

2. 重视资源整合，有力支撑普通高中多样化特色发展

万丈高楼平地起，多样化特色发展必须建筑在普通高中学校的地基上，而不能是空中楼阁。普通高中学校要有"自知之明"：要明确自己的优势劣势，分析自己的长处短处，对学校可以挖掘利用的内部资源和外部资源做全面盘点和清晰分析。国家鼓励和推进普通高中多样化特色发展的目的之一是"扩大优质资源"，但教育资源总量却十分有限，不能一味"等、靠、要"，而应充分挖掘、全面盘活、有效整合并科学利用。

党和国家始终高度重视教育，始终把教育摆在优先发展的战略位置，在不同历史时期紧密结合当时的政治、经济、社会、文化发展实际，不断加大教育投入，不断改善教育资源。普通高中办学条件已经明显改善，不但有量的保障，而且有质的提升。事实上，目前国内同一区域的普通高中，除师资、生源配置仍然存在一定差异之外，其他教育资源已经相对均衡。而且，普通高中多样化特色发展，可以是办学理念、育人目标、管理模式、培养模式、教学模式、课程设置、队伍建设、校园文化等任意一方面或几方面，并非只能在教师资源、学生资源上做文章，只要充分挖掘、全面盘活、有效整合并科学利用，每一所普通高中学校都能因地制宜建构自己的多样化特色发展资源支撑体系。

3. 重视合力凝聚，协同推进普通高中多样化特色发展

习近平总书记在2017年新年贺词中饱含激情地说："上下同欲者胜。只要我们13亿多人民和衷共济，只要我们党永远同人民站在一起，大家撸起袖子加油干，我们就一定能够走好我们这一代人的长征路。"普通高中多样化特色发展，也是上下同欲、万众一心、和衷共济、众志成城的结果，需要"前人栽树"，传承学校办学传统；需要高人指点，取得专家全程指导；需要贵人相助，获取社会多方支援；需要能人担纲，建立精干

---

① 杨润勇. 推动普通高中特色发展的制度保障体系研究 [J]. 教育研究，2016，37（11）：82 – 86.
② 杨润勇. 推动普通高中特色发展的制度保障体系研究 [J]. 教育研究，2016，37（11）：82 – 86.

骨干团队；需要众人协同，发动师生双向奔赴。人心齐，泰山移，只要心往一处想、劲往一处使，最远的路都能走过，最高的山都能攀上。

合力不仅仅指人力，还包括学校改革发展的各种要素，包括内部要素，如办学理念、规章制度、师资队伍、生源条件、教育特色、软硬件设施等，也包括外部要素，如家长、社区、专家、高校、科研院所、教育行政部门、教育督导部门等。普通高中学校要善于运用系统思维，从整体出发，同实际结合，调动一切有利因素，全面凝聚办学合力，构筑内外部多元要素良性互动的共建系统，共同推进学校多样化特色发展，为形成区域普通高中多样化特色发展格局贡献力量、智慧和方案。

4. 重视因地制宜，科学规划普通高中多样化特色发展

政策践行，应实事求是，因时、因地、因校、因人而异，尊重客观事实和规律，注重科学化，不搞一刀切。多样化特色发展的源头是客观实际，学校必须先客观地"有"，然后才能从"有"中提炼出特色元素，渐进成多样格局。"有"分时代之有、地域之有、学校之有、师生之有，普通高中学校要善于从时代之有、地域之有、学校之有、师生之有中，发掘能为我所用的资源，用于特色高中的建设①。这些"有"中，最重要却又最容易忽略的，是时代之有和地域之有。所谓时代之有，就是要明晰时代特征，把握时代潮流，顺应"时代之变、中国之进、人民之呼"（习近平总书记在中国文联十一大、中国作协十大开幕式上的讲话），确保多样化特色发展同时代脉搏共振，同国家发展共频，同人民需求共鸣。所谓地域之有，就是要从当地客观实际出发，适应当地风土风情风俗，切合地方经济社会发展需要，确保多样化特色发展具有乡土气息、人情味道、地标性质。古人说："不谋万世者，不足谋一时；不谋全局者，不足谋一域。"普通高中多样化特色发展，必须提高站位，胸怀全局，目光长远，综合考量时代之有、地域之有，以及学校之有、师生之有，科学规划改革发展的整体布局和实践路向。

（三）普通高中多样化特色发展政策践行路径

普通高中学生来自不同的初中学校、家庭环境和社会群体，在求学动机、学习能力、学业水平和个人禀赋等各个方面差异很大，普通高中学校理所应当要为他们谋求多样化特色发展，给每一位学生提供适合的教育，真正"满足不同潜质学生的发展需要"，让每一位学生都有出彩机会，都有精彩人生。

普通高中多样化特色发展没有固定标准和模式，但应该有共性的抓手和载体可以把握，比如学校的特色文化建设、学校的课程教学创新、学校的个性化课程体系建构、学

---

① 张汉林，李嘉雯. 普通高中多样化有特色发展的本质内涵、生成逻辑与实践路径［J］. 湖南教育（A版），2023（10）：18-20.

校的管理方式和支撑教师专业发展的校本教研体系。① 综合考量《国家中长期教育改革和发展规划纲要（2010—2020年）》所指明的关键要素和教育综合改革的新形势新动向，就基层普通高中学校而言，培养模式应该是其多样化特色发展的重点领域，而实现培养模式多样化、特色化，关键在于贯彻落实习近平总书记"要在全社会树立科学的人才观、成才观、教育观，加快扭转教育功利化倾向，形成健康的教育环境和生态"（在中共中央政治局第五次集体学习时的讲话）的重要指导精神。

1. 树立科学的人才观，实现育人目标多样化、特色化

学校的使命是育人，育人首先要树立正确的人才观。我国中小学尤其是普通高中受"万般皆下品""学而优则仕"等传统观念影响甚深，普遍存在着"读书好、分数高、上名校的学生就是人才"的狭隘人才观。育人目标如此偏狭，培养模式自然单一，学校发展自然趋同，教育质量自然堪忧。习近平总书记曾强调："要树立正确人才观，……营造人人皆可成才、人人尽展其才的良好环境，努力培养数以亿计的高素质劳动者和技术技能人才，努力让每个人都有人生出彩的机会。"（2014年6月23日，就加快职业教育发展作出的指示）普通高中必须强化"人人皆可成才"的育人信念，树立正确的人才观，努力谋求育人目标多样化，促使人人成才、个个出彩。

现代人才观具有四个显著特点：一是广泛性，人人可以成才，行行都出状元；二是全面性，兼收并蓄，德智体美劳全面发展；三是特殊性，个性彰显，实现全面而有个性的发展；四是适应性，博学多能，能满足社会多元化需求。因此，普通高中必须坚决克服唯升学、唯分数、唯学历、唯文凭等倾向，将促进全面发展、适应社会需要作为人才培养标准，兼顾学术性目标、社会性目标、个体性目标、职业性目标等，形成多样化育人目标体系，促进学生德智体美劳全面发展，培养堪当民族复兴大任的时代新人。中共中央办公厅、国务院办公厅《关于分类推进人才评价机制改革的指导意见》（中办发〔2018〕7号）指出："努力形成人人渴望成才、人人努力成才、人人皆可成才、人人尽展其才的良好局面，使优秀人才脱颖而出。"普通高中学生是"人人渴望成才"的，只要学校端正人才观，实现育人目标和培养模式多样化，就能促成"人人努力成才、人人皆可成才"的良好局面，就能更好地履行为党育人、为国育才的职责使命。

培养目标多样化并不是为了培养所谓的"通才、全才"，而是要量体裁衣、因材施教，通过多样化特色培养促使每一位学生全面而有个性发展。"人人皆可成才"的育人信念必须坚定不移，但"人人"都有独特个性，"皆可"也可能有早有晚，"成才"更是

---

① 王伟，李松林. 学校特色发展的主要途径 [J]. 教育导刊，2009（8）：4-7.

各有各的衡量标准。普通高中人才培养必须"以人为本、承认差异、发展个性、面向未来"①，育人目标必须既多样化又特色化，以多样化培养促全面发展，以特色化培养促个性发展，以多样而富有特色的培养，推动学生多元、智能、全面而有特色地发展，助力学生"有选择地追求卓越"②。

2. 树立科学的成才观，实现培养模式多样化、特色化

现代中国人似乎有一种执念：虽然相信"三百六十行，行行出状元"，但执着地认为"万般皆下品，唯有读书高"，考上大学才算成才。基于这样的成才观，望子成龙、望女成凤便成了中国家长的共同期盼，考得高分、金榜题名便成了中国学子的共同追求，起跑线崇拜、升学率崇拜便成了中国教育的共同执念。因此，树立科学的成才观，实施正确的成长成才导向，是新时代迫切需要破解的教育难题。

党的十八大以来，习近平总书记立足世情、国情、党情，从确保党的事业薪火相传和中华民族永续发展的战略高度，多次向青年群体致信，以独特的"习式"话语传达对青年成长成才的殷切期盼。据统计，截至2023年3月，习近平总书记共计给青年回信50封，从不同价值立场和多样视角，全面阐说了青年成长成才的价值取向、目标路径和实践向度，深刻回答了"为谁培养人才""培养什么样的人才""如何培养人才"等重大课题，形成了系统的新时代青年成才观③，主要涵盖了树立理想信念、坚持艰苦奋斗、刻苦学习知识、勇于创新创造、积极投身实践和实现人生价值六个方面④。习近平新时代青年成才观对指导青少年生涯发展、推动高中育人方式改革、构建多样化人才培养模式、促进学生全面而有个性发展、推进中国特色社会主义教育现代化建设，具有重大而深远的导向意义。

人与人之间客观存在着差异性：有的能言善辩，有的心灵手巧；有的长于理论，有的擅长操作；有的具有音乐天赋，有的喜爱运动竞技；有的习惯于口诵心惟，有的偏爱于手脑并用；有的少年老成，有的童心未泯……个体有差异，成才之路就不可能没有差别，绝不应该"自古华山一条路""千军万马同挤独木桥"。世界本就丰富多彩，成才岂止一种选择？新时代学校育人总目标是"培养德智体美劳全面发展的社会主义建设者和接班人"，是"培养堪当民族复兴大任的时代新人"。中国特色社会主义建设、中华民族

① 谢永红．先锋——湖南师大附中课程改革十五年（2000—2015）［M］．长沙：湖南师范大学出版社，2015：1.
② 常力源．理性办学，内涵发展——常力源办学思想与实践［M］．北京：教育科学出版社，2015：1-3.
③ 魏震雷．习近平新时代青年成才观研究——以习近平总书记给青年群体的回信为考察文本［D］．漳州：闽南师范大学，2023.
④ 于子迪．浅析新时代青年成才观的丰富内涵［J］．现代职业教育，2022（35）：128-131.

伟大复兴，需要的人才是复合的、多元的，成为建设者、接班人和时代新人，更需要多方面的知识、才华和修养，尤其是要有想干事、真干事的自觉和会干事、干成事的本领，能够应对重大挑战，抵御重大风险，克服重大阻力，解决重大矛盾，在中国特色社会主义建设的伟大实践中砥砺奋进，在百年未有之大变局中赢得主动、赢得优势、赢得未来。普通高中阶段又是青少年成长成才关键期，尤其应该树立科学的成才观，构建多样化有特色的培养模式，开辟多样化、有特色的育人通道，满足不同潜质学生的发展需要，助力青少年学生健康成长、茁壮成才。

谋求培养模式多样化的过程之中，一定要突出高素质创新人才培养这一重心。党的二十大报告指出："加快建设教育强国、科技强国、人才强国，坚持为党育人、为国育才，全面提高人才自主培养质量，着力造就拔尖创新人才，聚天下英才而用之。"培养拔尖创新人才是实施人才强国战略的重要支撑，也是新时代学校教育的重大责任使命。普通高中必须主动作为，在落实教育"双减"中做好科学教育加法，积极担当拔尖创新人才早期培养的使命责任。最为重要的是要打通壁垒，建立体系开放、机制灵活、渠道互通、资源整合的共育机制，实现一体联动的贯通式系统培养。培养模式要力求多样化、特色化，应该因地制宜地挖掘和利用各种资源，探索拔尖创新人才一体化贯通培养的特色路径：一是向内挖潜，立足校本，开展早期培养；二是向下衔接，打破学段限制，开展前置培养；三是向上对接，联合高等院校，开展贯通培养；四是向外连接，整合家校社资源，开展协同培养；五是向网链接，利用现代教育技术，开展融通培养①。

树立科学的成才观，要摒弃几种错误观念。

一是等级观。由于受"劳心者治人，劳力者治于人""学而优则仕"等传统观念影响，社会上普遍轻视学历低、从事体力劳动的"劳力者"，不齿"巫医乐师百工之人"。这种观念折射到中小学校园里就有了优生与差生、快班与慢班、学霸与学渣、重点与普通等分别。

二是资质观。偏爱论资排辈，不比才华高下只比"班辈"高低，不比贡献大小只比"胡子"长短。这种观念折射到中小学校园，就成了目中无人的"教官"，断送了奇才、偏才、怪才脱颖而出的机会和可能性，就造成了分层分类教学、选课走班教学、超常儿童集训、拔尖创新人才早期培养等教改举措的步履维艰。

三是竞赛观。竞争狭隘化，以竞争之名，行排挤之实，既不能容事，又不能容人，妒贤嫉能，互为掣肘。这种观念折射到中小学校园，就是教育竞争化，校园内外，处处

---

① 谢永红. 成民族复兴之大器：拔尖创新人才早期培养40载坚守与超越［J］. 中小学管理，2023（9）：5-9.

攀比：比数量多、比刷题快、比分数高、比成绩好。比来比去，"内卷"加剧，乱象环生。

上述错误观念，都是中小学尤其是普通高中畸形人才观和成才观滋长的根源，极不利于"人人渴望成才、人人努力成才、人人皆可成才、人人尽展其才的良好局面"的形成，必须坚决摒弃，从而净化学生成长成才环境，培植人才脱颖而出的沃土。

3. 树立科学的教育观，实现培养路向多样化、特色化

"敬教劝学，建国之大本；兴贤育才，为政之先务。"（语见《朱舜水集·劝兴》）教育是民族振兴、社会进步的重要基石，是功在当代、利在千秋的德政工程。然而，教育可以兴国，也可能祸国。联合国教科文组织的重要报告《学会生存——教育世界的今天和明天》："教育具有培养创造精神和压抑创造精神的双重力量，好的教育能够充分施展培育创新的力量。"① 教育是兴国还是祸国，在很大程度上取决于教育观是否科学。

科学教育观具有多方面的丰富内涵。在人才培养方面，科学教育观的核心内涵有三：一是确立以人为本的教育思想；二是明确立德树人的根本任务；三是着眼于促进人的全面发展。

树立科学的教育观，必须确立以人为本的教育思想。人是教育的逻辑原点，是教育的出发点和归宿点，教育的根本目的就是培养人。与资产阶级教育家的人本主义教育思想不同的是，马克思主义认为，人的本质是社会关系的总和，社会性是人的本质属性。因此，教育必须立足于为社会培养人，为社会发展培养人。新中国成立以来，我国先后提出了"有社会主义觉悟的有文化的劳动者""有理想、有道德、有文化、有纪律的社会主义新人""德智体美劳全面发展的社会主义建设者和接班人""堪当民族复兴大任的时代新人"等人才培养目标，始终强调将"小我"融入"大我"，就是因为"人就是人的世界，就是国家、社会"②，人只有融入社会之中，才能真正发展人的本质，满足人的需要，实现人的价值。确立"以人为本"的教育思想，才能精准聚焦解决"培养什么人、怎样培养人、为谁培养人"这一教育的根本问题，真正以学生为中心，形成重视学生、理解学生、尊重学生、爱护学生、提升学生、发展学生的教育教学主线思维，真心实意办好人民满意的教育，达成"凝聚人心、完善人格、开发人力、培育人才、造福人民"的教育工作目标。

树立科学的教育观，必须明确立德树人的根本任务。中华民族是重视德育和志趣的

---

① 阚阅. 系统集成、协同创新：看教育如何激发创新"第一动力"［N］. 光明日报，2022 - 12 - 06（15）.

② 马克思，恩格斯. 马克思恩格斯选集：第1卷［M］. 中共中央马克思恩格斯列宁斯大林著作编译局，译. 北京：人民出版社，2012：452 - 467.

民族，《左传》载有"太上有立德，其次有立功，其次有立言，虽久不废，此之谓不朽"之语，立德由此被古人奉为"三不朽"之一。党的十八大首次提出"把立德树人作为教育的根本任务"，坚强而有力地回答了"培养什么人、怎样培养人、为谁培养人"这一事关党和国家前途命运的教育根本问题。立德树人要求我们必须坚持德育为先，把社会主义核心价值观融入教育全过程，强化理想信念教育，弘扬以爱国主义为核心的民族精神和以改革创新为核心的时代精神，在教育教学过程中培养德才兼备、德智体美劳全面发展的社会主义建设者和接班人。"立德"是通过正面教育来引导人、感化人、激励人，"树人"则是通过适合的教育来塑造人、改变人、发展人。落实立德树人根本任务，就是要用科学理论培育人，用正确思想引导人，用主流价值涵养人，帮助青少年扣好人生第一粒扣子，引导他们志存高远，把爱国情、强国志、报国行自觉融入新时代追梦征程，努力成为堪当民族复兴大任的时代新人。

树立科学的教育观，必须着眼于促进人的全面发展。全面发展是人类的崇高追求，是人的发展和社会发展的最高愿景目标和最终价值取向。教育是实现人的全面发展的重要途径，必须以人为本，关注学生的全面发展、和谐发展、持续发展、终身发展和健康成长；要五育并举，全面实施素质教育，着力培养学生的社会责任感、创新精神和实践能力；要培养学生积极的心理品质，关注学生的内心世界，塑造学生纯真美好的心灵；要尊重教育规律和学生身心发展规律，为每一个学生提供适合的教育，努力满足每一个学生的发展需要，促进每一个学生都全面而有个性、主动而生动地发展，努力让每一个学生都有人生出彩的机会。

第二节 研究型高中定位的政策依据

习近平总书记在党的二十大报告中强调："坚持高中阶段学校多样化发展。"普通高中多样化发展的路径有很多，研究型高中无疑是其中一种特色发展样态。建设研究型高中，是对党和国家多样化特色发展政策法令的积极响应，是普通高中多样化特色发展路径的大胆探索，是构建多样化特色发展视域下普通高中高质量发展体系的有益尝试。

一、研究型高中是普通高中多样化发展的一种类型

普通高中多样化发展的宗旨，是推进普通高中教育多层次、多类型、多样态、多路径发展，从而满足人民多样化需求。《国家中长期教育改革和发展规划纲要（2010—2020年)》提到的"普通高中"，包括宏观层面的普通高中教育，也包括微观层面的普通高中学校。因此，每一所普通高中教育阶段的学校都应该谋求多样化发展，以"扩大优质资源""满足不同潜质学生的发展需要"，从而办好人民满意的教育。

有一种观点认为，普通高中多样化发展是一个区域的全局性概念，包括办学体制、办学形式和人才培养模式的多样化。意思是说，多样化发展不是基层普通高中教育学校所要考虑的事情，不应该成为其发展战略。这种说法存在明显的问题。办学体制多样化表现为办学主体的多元性，如政府办学、社会办学、混合办学等，这看似是"区域的全局性概念"，但普通高中学校也是可以成为办学主体的，例如集团化办学，虽由政府主导、社会参与，其办学主体大多就是区域示范性普通高中名校。办学形式多样化表现为办学类型的多元性，如普通高中、职业高中、综合高中等，似乎也是教育行政部门考虑的事情，但普通高中也是可以有多种办学类型的，例如综合高中，往往就是普高、职高、国际高中的组合体。人才培养模式多样化表现为育人方式的多元性，这更应该成为普通高中学校的主要努力方向。小初高衔接贯通培养、小中大一体化培养、拔尖创新人才早期培养、五育并举等，每一项育人方式改革举措，普通高中学校都是骨干，都是中坚。至于管理机制多样化、课程类型多样化、教学内容多样化、教学方法多样化、办学特色多样化、教育服务多样化等，则主要取决于普通高中学校。普通高中多样化发展的百花园里，需要所有学校百花齐放，而不能只是单一花色；形成理想的普通高中多样化发展

格局，需要每一所学校都多样化发展，而不能以多样化发展之名行单一化发展之实。可见，普通高中学校是多样化发展的主人而不是路人，是多样化发展的主体而不是看客。

研究型高中是普通高中多样化发展百花园中的一丛，是普通高中多样化发展背景下学校发展类型中的一类。建设研究型高中，完全符合《国家中长期教育改革和发展规划纲要（2010—2020 年)》有关"推动普通高中多样化发展"的政策规定，是谋求多样化发展的创新之举。

（一）建设研究型高中，具有"扩大优质资源"之效

首先，普通高中多样化发展的主要目的之一是"扩大优质资源"，推进教育优质均衡发展，满足人民群众的多样化需求，这与研究型高中建设宗旨高度一致。湖南师大附中建设研究型高中，旨在"从优秀走向卓越"，谋求优质高中向卓越高中的再发展、再跨越①。美国管理大师吉姆·柯林斯曾经有个著名论断：优秀是卓越的大敌。因为优秀固然可喜可贺，但优秀者很容易自满自足，从而消磨掉追求卓越的锐气和勇气，断送掉走向卓越的可能和希望。建设研究型高中，有助于学校战胜优秀这一"大敌"，破解长期高位运行过程中暴露出来的种种问题，走出优质的高原，走向卓越的高峰。从本质上讲，做强品牌资源，也相当于"扩大优质资源"。

其次，建设研究型高中，核心内容是实现人才的小中大衔接贯通培养。湖南师大附中是大学附中，是湖南师范大学的二级机构，与高等院校融为一体；湖南师大附中是完全中学，办有高中部、初中部、国际部等学部；湖南师大附中实行集团化办学，拥有包括小学、初中、高中、国际学校在内的近 20 所集团成员校。正因为如此，湖南师大附中确立了建设研究型高中的办学新追求，构建了涵盖小学、初中、高中甚至高校的教育发展共同体，学校的优质资源发挥了良好的引领辐射作用，客观上具有"扩大优质资源"的功效。

最后，湖南师大附中通过建设研究型高中开展集团化办学创新实践探索，其出发点和落脚点是"扩大优质教育资源覆盖面，发挥优质学校的辐射带动作用"（《国务院关于深入推进义务教育均衡发展的意见》国发〔2012〕48 号），从而达到"兼济天下"之目的。在共享发展理念的辉耀下，学校扛起时代责任，着力推进集团化办学，积极拓展并辐射优质资源，创造了"建一所，成一所；扶一所，强一所"的集团办学突出成就，促进了区域教育公平均衡而有质量发展，增强了学校的社会贡献力。从效果上讲，学校也取得了"扩大优质资源"的成效。

---

① 谢永红. 从优秀走向卓越 [J]. 教师，2018 (1)：6-9.

（二）建设研究型高中，为的是"满足不同潜质学生的发展需要"

学生自身发展的多样性和社会对人才的多元化需求，是普通高中多样化发展的原动力。湖南师大附中虽然是位于省城的省级示范性高中，生源条件良好，但是学生的智能水平、文化基础、兴趣特长、家庭背景、成长环境等都各有特点，每位学生都具有其独特个性、潜质和发展需求，必须借助研究来改革育人方式，聚焦每个学生成长成才，实现培养模式多样化，努力让每个学生都有人生出彩的机会。建设研究型高中的初心使命，就是要提供"满足不同潜质学生的发展需要"的多样化特色教育，提高每个学生的综合素质，促进每个学生德智体美劳全面发展。

另一方面，"得天下英才而教育之"是教育工作者的人生至乐，但同时也是肩上重负，必须考虑到越是"英才"，教育难度可能越大。这些"奇才""怪才"都是新生代，其视野开阔度、思维活跃度、知识面宽广度、获取信息手法灵活度等，都非同寻常，而且普遍青出于蓝而胜于蓝。如果不注重研究，没有"两把刷子"，教师完全可能左支右绌，无法应对。教育这样的"英才"，必须超越"有经验"的层次，抵达"有研究"的境地，甚至到达"有造诣"的境界，否则就无法真正"满足不同潜质学生的发展需要"。湖南师大附中倡导教师"用深度研究促进学生深度学习"，其原因就在于此。

（三）建设研究型高中，有利于"探索发现和培养创新人才的途径"

"探索发现和培养创新人才的途径"是《国家中长期教育改革和发展规划纲要（2010—2020年）》确认的推动普通高中多样化发展的基本举措和重大内容。培养拔尖创新人才是实施人才强国战略的重要支撑，也是新时代学校教育的重大责任使命。中小学是"着力造就拔尖创新人才"的基础性环节，必须主动作为，在落实"双减"中做好科学教育加法，潜心探索发现和培养创新人才的新机制、新路向、新方法，积极担当拔尖创新人才早期培养的使命责任。

建设研究型高中，是"探索发现和培养创新人才的途径"的创新实践。湖南师大附中通过建设研究型高中，一是充分利用大学附中、集团办学等优势，打通育人壁垒，建立了体系开放、机制灵活、渠道互通、资源整合的共育机制，实现了一体联动的贯通式系统培养；二是开发了研究型课程，打造了研究型课堂，更好地做到了因材施教、精准导育，为学生提供了适合的教育，助力学生全面而有个性地发展；三是优化了研究性学习课程实施，搭建了论坛讲堂、科创体验、野外科考等多元平台，开展了联学、联培、联赛、联研等前置培养，为拔尖创新人才茁壮成长铺路搭桥。学校建设研究型高中，打出了"探索发现和培养创新人才的途径"的组合拳，在拔尖创新人才早期培养领域取得了丰硕的成果。

（四）建设研究型高中，适应了社会对人才的多样化需求

联合国教科文组织在 20 世纪 90 年代推出的《教育——财富蕴藏其中》一书中指出："教育发展的目的在于使人日臻完善，使人的人格丰富多彩，表达方式复杂多样，使他作为一个人，作为一个家庭和社会的成员，作为一个公民和生产者、技术发明者和有创造性的理想家，来承担各种不同的责任。"① 国务院办公厅《关于新时代推进普通高中育人方式改革的指导意见》（国办发〔2019〕29 号）要求："深化育人关键环节和重点领域改革，坚决扭转片面应试教育倾向，切实提高育人水平，为学生适应社会生活、接受高等教育和未来职业发展打好基础，努力培养德智体美劳全面发展的社会主义建设者和接班人。"可见，社会对人才的需求既是多样化的又是复合型的，普通高中教育不能只帮助学生奠定文化基础，而应该"为学生适应社会生活、接受高等教育和未来职业发展打好基础"，必须适配以多样化培养模式、多样化育人方式，才有可能真正满足不同潜质学生的发展需要。

我国已从人才资源大国走向人力资源强国，中国特色社会主义现代化建设，需要数以亿计的高素质劳动者、数以千万计的专门人才和大批拔尖创新人才，因此习近平总书记在党的二十大报告中强调："教育、科技、人才是全面建设社会主义现代化国家的基础性、战略性支撑。"在政治走向多极化、经济日益全球化、社会日趋多元化的大背景下，国与国之间的竞争越来越表现为以科技创新力为核心的综合国力竞争，基础科学和高精尖技术领域的战略科技人才已经成为决定国家竞争优势的关键变量②，创新成为时代的主题，创新人才成为时代中坚，而创新人才的培养则成为时代教育的不懈追求。建设研究型高中，旨在"培育研究型学生，为培养高素质创新人才奠基"，是"探索发现和培养创新人才的途径"的有力有效举措。

建设研究型高中的使命是解答"李约瑟难题"和"钱学森之问"，主要路径是变革传统教育模式，改革高中育人方式。育人方式改革能否成功，取决于育人关键环节和重点领域改革的力度、程度和效度。正因如此，学校以强化师生研究意识、提升师生创造能力为着力点，大力倡导在行动中研究、在研究中行动，全面营造研究地学习、研究地教学、研究地管理、研究地服务的校园新常态，让学习、交流、合作、研究、创新等成为全校师生共同追求的目标和自觉的行为。我们坚信，建设研究型高中，有利于促进高素质创新人才茁壮成长，有利于完善普通高中教育高质量发展体系，有利于形成普通高中多样化有特色发展的格局。

---

① 联合国教科文组织. 教育——财富蕴藏其中［M］. 联合国教科文组织总部中文科，译. 北京：教育科学出版社，1996：87.

② 秦琳，姜晓燕，张永军. 国际比较视野下我国参与全球战略科技人才竞争的形势、问题与对策［J］. 国家教育行政学院学报，2022（8）：12－23.

二、研究型高中是普通高中特色化发展的一种样态

多样化是面，特色化是点；多样化是共性，特色化是个性；多样化是形式，特色化是内容；多样化是百花争妍，特色化是花儿朵朵。多样化通过特色化来体现，一定区域内普通高中实现了特色发展，形成了多种学校特色甚至特色学校，就成就了区域高中多样化发展格局①。推动普通高中多样化特色发展，锋芒所向主要是单一化、同质化发展倾向。普通高中不能单一化发展，所以要多样化发展；不能同质化发展，所以要特色化发展。从某种意义上讲，特色化的本质就是多样化或多元化，没有特色化也就没有多样化。

研究型高中是多样化发展的一条新路径，也是特色发展的一种新样态。

（一）科研是一种学校特色

所谓学校特色，是指学校在自己独特的办学理念指导下，从本校的实际校情、学情、生情出发，在办学模式、育人方式、教学改革、学生培养、教师发展等实践领域不断创新进而形成的独特办学风格。

湖南师大附中具有科研兴校、创新发展的优良传统，自 1905 年创办以来，始终走创新发展之路，形成了敢于求变、勇于创新的办学特色。1906 年，惟一学堂（湖南师大附中前身）刚刚创办不到一年，就确立了英算专修的特色发展方向，成为湖南最早走特色化办学道路的中学；1908 年，学校（广益中学）附设铁路营业专修科，成为湖南最早开展职业教育的中学；1912 年，学校增设大学预科及法政经济特科，率先走上大学与中学衔接教育的探索路；1928 年，学校开办乡村师范班，开展普通中学参与师资培养的大胆尝试；1931 年起，学校陆续聘请美国长老会牧师凌支尼、柯乐克等来校任教，首开中学引进外籍教师之先河……由此可见，新中国成立前的湖南师大附中始终坚持多样化特色发展，是一所多样化特色学校。

新中国成立后，特别是改革开放以来，湖南师大附中坚持科研创新不动摇，建起了湖南省第一个中学教科室，将教育科研引入中学校园；创办了湖南省第一所公办民助学校（湖南广益实验中学），贡献了"名校办民校"的成功经验；2002 年被教育部遴选为全国四所试点校之一，率先开展了高中课程改革实验；2012 年受湖南省教育厅委托开展现代教育实验学校建设，成为教育现代化建设的先锋闯将；2015 年确立创建研究型高中的办学新追求，迈上普通高中多样化特色发展之道；2018 年被确认为湖南省"十三五"教育科学研究基地（全省仅 15 个基地，中小学只有湖南师大附中入选），潜心开展普通

---

① 杨育华. 普通高中特色发展研究——基于湖南省株洲市普通高中特色发展的分析与思考［D］. 长沙：湖南师范大学，2011.

高中研究型教师队伍建设创新实践；2022 年又被确认为湖南省"十四五"教育科学研究基地（全省仅 23 个基地，中小学只有湖南师大附中入选），全力探索普通高中教育高质量发展体系构建……

从 1905 年禹之谟先生创办惟一学堂至今，湖南师大附中这所深受湖湘文化浸润的普通高中已经走过 120 年办学历程。从晚清时期的满目疮痍，到民国时期的风雨飘摇，从抗战时期的辗转迁徙，到长沙解放前后的百废待兴，学校发展可谓几遇坎坷，饱经沧桑。可是，这所百年名校非但丝毫不显得风尘满面、老态龙钟，反而始终活力满格，魅力四射。奥秘何在？老校长常力源曾一语道破其青春密码："求变就是求发展，创新就是创未来。"①　正是因为湖南师大附中始终不忘初心，砥砺前行，坚持在发展中求变，在创新中提升，才打造并形成了"科研兴校，科研强教"的鲜明特色，赢得了"教改先锋"美名，被家长赞誉为"最像大学的中学"。

学校特色是中小学长期文化积淀的一种外在表现，具有一些共同的基本特征，即独特性、优质性、稳定性、整体性②。从这个意义上讲，科研显然已经成为湖南师大附中的学校特色。

（二）研究型高中是一类特色学校

特色学校是在先进的教育思想指导下，从本校实际出发，经过长期的办学实践，形成了独特的、优化的、稳定的办学风格与优秀的办学成果的学校③。研究型高中是从湖南师大附中校情、学情、生情等实际出发，经过长期的办学实践发展，升华而渐进式形成的特色样态。它建立在"科研兴校、科研强教"这一特色校情基础上，建立在"自强不息、追求卓越"的特色学情基础上，建立在"科学教育见长、人文素养厚重"的特色生情基础上。从 1905 年惟一学堂创办起，学校就致力于多样化特色发展，经过 120 年的生发、淬炼、提升、沉淀，"以研究为先导"的共同价值观已经形成，研究理念已经根植于学校人才培养全过程，学校形成了浓厚的研究氛围，研究地学习、研究地教学、研究地管理、研究地服务成为校园新常态，研究不仅是全体师生的一种基本习惯、生活方式、精神气质，而且成为学校的一种文化，一种促使师生创新前行的巨大动力④。

特色学校应该有两种追求：核心追求是贯彻国家的教育方针，实施国家的课程标准，落实国家的培养目标，这是所有学校的共同追求；附加追求是指找准自身改革的切入点和自身的附加价值取向，这是学校的个性追求。⑤　研究型高中也有两种追求：核心追求

---

① 张以瑾，陈胸怀．一所名校的"青春密码"［N］．中国教育报，2011–02–18（8）．
② 陈红云．简论中小学学校特色的内涵及基本特征［J］．当代教育论坛，2004（5）：36–37．
③ 顾颉．试论办学特色与特色学校的关系［J］．中国教育学刊，1996（2）：51–52．
④ 谢永红．从优秀走向卓越［J］．教师，2018（1）：6–9．
⑤ 杨育华．普通高中特色发展研究——基于湖南省株洲市普通高中特色发展的分析与思考［D］．长沙：湖南师范大学，2011．

是立德树人，探索育人方式改革新路径，培养德智体美劳全面发展的社会主义建设者和接班人，更好地履行为党育人、为国育才的职责使命；附加追求是培养具有研究潜质的创新型学生，提升学生以科学素养为主体的核心素养，在全面提升学生成长成才能力的基础上，做好高素质创新人才的基础性培养，为培养拔尖创新人才打底奠基。核心追求侧重多样化发展，附加追求侧重特色发展，两个层面的育人追求相辅相成，共同促进学生全面而有个性地发展。

特色学校的价值追求在于"满足不同潜质学生的发展需要"，必须锚定学生未来发展，为学生终身发展奠基，对学生幸福人生负责。PISA 测试之父安德烈亚斯·施莱歇尔认为，教育不仅要帮助年轻人应对当前的问题，更要把目光放到我们所期待的美好未来社会的建设当中①。经济社会迅速发展，科学技术日新月异，信息更新速度越来越快。新时代要求教育工作者应该"为之计深远"（语见《战国策·赵策》），争做"四有好老师""四个引路人"，全方位助力学生全面而有个性、主动而生动地发展。研究型高中把育人目光放到我们所期待的美好未来社会的建设当中，注重发展学生的问题意识、思辨能力、探究习惯和科学精神，促使学生具有深厚的人文情怀、强烈的社会责任感、坚实的知识基础和一定的研究素养，能用科学方法探索未来世界、创造美好生活。而这一切，都是青少年必须涵养的适应终身发展和社会发展需要的正确价值观、必备品格和关键能力，都是培养堪当民族复兴大任的时代新人所必须抓实、做实、落实、夯实的核心素养。

特色学校应该具备四个特征：独特性、优质性、稳定性、整体性②。不是与其他学校同质的大众化特色，而是与其他学校迥异的个性化特色；不是随意推出的某个特色项目做大做强，而是精心鉴选的有利于学生成长成才的优势项目做优做亮；不是某阶段呈现出的新潮特色，而是长期办学过程中形成并定型化的显著特色；不是单方面的局部特色，而是综合性的整体特色。研究型高中是独特的特色学校，在特色学校百花园中独树一帜，具有鲜明个性。研究型高中是优质的特色学校，服务的是党和国家科教兴国战略、人才强国战略、创新驱动发展战略三大战略，践行的是"科研兴校、科研强教"理念，锚定的是拔尖创新人才早期培养这一重点焦点。研究型高中是稳定的特色学校，科研已经成为学校文化基因，"求变就是求发展，创新就是创未来"已经成为学校的"青春密码"。研究型高中是整体的特色学校，"学校不仅有浓厚的研究氛围，有研究型教师和研究型学生，有研究型校本课程、研究型问题化课堂，还有师生开展研究所需的各种资源平台"③，在学校制度建设、组织实施、课程建构、教学改革、质量评价、教师队伍建

---

① 李文辉. 面向未来的课程：机遇与挑战——基础教育课程改革与创新国际研讨会综述［J］. 基础教育课程，2020（1）：6－15.

② 陈红云. 简论中小学学校特色的内涵及基本特征［J］. 当代教育论坛，2004（5）：36－37.

③ 谢永红. 从优秀走向卓越［J］. 教师，2018（1）：6－9.

设、平台搭建等方面都凸显研究特质，具有研究特色。

（三）建设研究型高中是一条特色发展之路

特色发展是对普通高中教育同质化发展的反拨。同质化是指普通高中培养目标、育人模式、课程体系、教学方式、评价标准、校园文化等诸多方面的全面趋同，千校一面，没有特色。普通高中教育同质化发展危害极大：一是一把尺子量到底，千生一貌无个性，难以适应社会多元化人才需求；二是培养模式单一化，无法满足不同潜质学生的发展需要，严重压抑拔尖创新人才的脱颖而出和茁壮成长；三是众生同挤独木桥，高考一考定终身，普通高中教育呈现严重应试化倾向，甚至波及义务教育；四是片面追求升学率，功利化甚嚣尘上，教育"内卷"无以复加，破坏了学生的成长生态。总之，同质化发展使普通高中教育应有的选择性丧失，导致普通高中学校发展活力不足，学生无法全面而有个性地发展。建设研究型高中的目的，就是要在普通高中培养目标、育人模式、课程体系、教学方式、评价标准、校园文化等各个方面，冲破趋同发展的壁垒，另辟一条异于寻常的蹊径，为学校打造一系列迥异于人的特色。因此，从本质上讲，建设研究型高中，走的就是一条特色发展之路。

特色发展是为了适应学生多样化发展的需要，是为了满足社会人才多元化需求。1993 年颁布的《中国教育改革和发展纲要》曾指出："中小学要由'应试教育'转向全面提高国民素质的轨道，面向全体学生，全面提高学生的思想道德、文化科学、劳动技能和身体心理素质，促进学生生动活泼地发展，办出各自的特色。"中小学"办出各自的特色"不能为特色而特色，必须服务于"全面提高国民素质""促进学生生动活泼地发展"。全球日益激烈的国力竞争和社会主义现代化强国建设，迫切要求我们加快建设教育强国、科技强国、人才强国，努力培养造就数以亿计的高素质劳动者、数以千万计的专门人才和一大批拔尖创新人才。在同质化发展制约下千校一面的办学模式，在应试教育煎熬下众生一貌的培养模式，在升学率崇拜摧残下目中无人的教学方式，在高考指挥棒调摆下只见分数不见人的评价方式，与新时代新需求可谓格格不入，根本无法适应学生多样化发展需要和社会人才多元化需求。研究型高中聚焦"培养什么人、怎样培养人、为谁培养人"这一教育根本问题，锚定"全面发展，个性优良，成民族复兴之大器，做人类进步之先锋"[①] 的育人目标，引导、指导、督导学生研究地学习，全面发展学生的问题意识、思辨能力、探究习惯和科学精神，着力造就堪当民族复兴大任的时代新人，最大程度地满足不同潜质学生的发展需要，促进学生全面而有个性、主动而生动地发展。从社会发展视角来看，建设研究型高中，走的就是一条特色发展之路。

---

① 谢永红．成民族复兴之大器：拔尖创新人才早期培养 40 载坚守与超越［J］．中小学管理，2023（9）：5 - 9．

特色发展是普通高中内涵发展、均衡发展的需要，也是教育资源科学利用的需要。普通高中精选的特色发展点往往在于办学理念、办学模式、管理模式、培养目标、育人方式、课程设置、教学模式、校园文化、教师发展等，特色发展的目的是优化结构、提高质量、增强实力，均出自内在需求，属于内涵式发展。特色发展可以把学校的劣势项目作为突破口，将其转化为办学特色；也可以把学校的优势项目作为增长点，使其渐进为办学特色。因此，特色发展并非优质学校的专利，非优质学校也可以沿着"项目特色—特色项目—学校特色—特色学校"[1] 的路径谋求特色发展，打造学校特色，争做特色学校。众多学校都实现特色发展，就能造就多样化发展格局，达成均衡发展的目标，因此有专家呼吁："对于普通高中来讲，在 2022 年之前可以先探讨不同类型的优质特色发展，然后再朝着 2035 年多样化有特色发展迈进。"[2]《国家中长期教育改革和发展规划纲要（2010—2020 年）》指出，要"促进办学体制多样化，扩大优质资源"。受重点中学、示范性高中政策影响，我国优质教育资源过度向少数优质学校集中，资源配置一直处于不均衡状态。我国是个教育大国，教育资源再扩大也是有限的，所以"扩大优质资源"不能光是指望量的增多，更重要的是要做到有限教育资源的科学利用。特色发展既可以促使优质学校盘活用好优质资源，也可以帮助非优质学校挖掘用活有限资源。众多学校都从各自实际出发，科学利用所拥有的教育资源来打造学校特色，实现特色发展，这才是切实可行的"扩大优质资源"之道。研究型高中致力于内涵发展，有利于区域教育均衡发展，尤其是充分利用优质资源开展拔尖创新人才早期培养，满足不同潜质学生的发展需要，实现了优质资源配置最优化和使用效率最大化。从教育发展角度来讲，建设研究型高中，走的就是一条特色发展之路。

总之，特色发展是社会多元化人才需求和学生多样化个性发展之间的平衡，是国家有限教育资源和学生无限发展需求之间的平衡，是有教无类的机会公平和因材施教的过程公平之间的平衡，是普通高中教育阶段任务和国民素质教育使命责任之间的平衡。高中阶段是学生个性形成、自主发展的关键时期，对于提高国民素质、培养德智体美劳全面发展的社会主义建设者和接班人、造就堪当民族复兴大任的时代新人具有特殊意义。普通高中必须坚持多样化特色发展，创新包括研究型高中在内的多样化特色发展模式，为每一位学生提供适合的教育，确保每一位学生的教育机会公平、过程公平和内容公平，实现人人都有成长、人人都能成才、人人都获成功的教育愿景。

---

① 杨育华．普通高中特色发展研究——基于湖南省株洲市普通高中特色发展的分析与思考 ［D］．长沙：湖南师范大学，2011.

② 张力．推动普通高中多样化发展的政策要点 ［J］．人民教育，2011（1）：3－7.

第三节　研究型高中建设的历程回眸

南岳衡山七十二主峰中最北一座山峰——岳麓山，位于长沙城西，湘江西岸，历来是人文荟萃之地，群贤雅集之所。这里有古代四大书院之一的岳麓书院，"惟楚有材，于斯为盛"美名响彻寰宇；这里是宋代大儒朱熹、张栻"朱张会讲"故地，朱张渡两岸"文津""道岸"牌楼至今犹立；这里能眺望青年毛泽东"携来百侣曾游"的橘子洲，伟大领袖"指点江山，激扬文字"的气度令人心驰神往；这里是长沙大学城之所在，中南大学、湖南大学、湖南师范大学等全国著名高校齐集于此……"藏之山水千年正脉，纳此序庠百代鸿猷"（谢永红书记撰联）的湖南师大附中，就坐落在这钟灵毓秀、人杰地灵的青山绿水之间。

在湖南乃至全国基础教育界，湖南师大附中无疑是一所名校。这所由民主革命先驱、中国同盟会湖南分会首任会长禹之谟烈士创办于1905年的百年老校，民国时期就曾闯出"要学习，去广益（湖南师大附中前身）"的鼎鼎大名，早在1960年就被评定为全国教育、文化、卫生、体育、新闻方面社会主义建设先进单位，曾是湖南省首批挂牌的8所重点中学之一。改革开放以来，学校更因办学格高致远、硕果累累而誉满神州，成功打造了金牌摇篮、教改先锋、办学典范、担当楷模等一张张特色名片，是一所文化底蕴深厚、办学成绩卓著的湖湘名校，又是一所在新的历史时期坚持教育传承与创新、积极引领潮流、被社会公认为真心实意全面发展素质教育的窗口学校。

湖南师大附中是大学附中，这是学校鲜明独特的身份标识和得天独厚的资源宝藏。学校位于岳麓书院之旁、河西大学城中，周边大学林立，科研院所簇拥，教育资源尤其是研究资源可谓取之不尽、用之不竭。学校认为，既然是大学附中，就应该具有一定大学气质。创建研究型高中，可以说是大学附中意识的觉醒和对大学气质的主动追求。

一、研究型高中定位的综合考量

创建研究型高中的发展定位，主要是对党和国家普通高中多样化特色发展系列政策的积极响应，是对普通高中多样化特色发展之路的大胆探索。这是最根本的发展路向考量，第二节已经详作分析，这里不再赘述。

除此之外，学校还有如下主要考量。

（一）服务国家战略：在教育"双减"中做好科学教育加法

党的十八大以来，特别是习近平总书记提出创新、协调、绿色、开放、共享新发展理念以来，创新驱动上升为国家发展战略。党的二十大报告强调："必须坚持科技是第一生产力、人才是第一资源、创新是第一动力，深入实施科教兴国战略、人才强国战略、创新驱动发展战略，开辟发展新领域新赛道，不断塑造发展新动能新优势。"创新是驱动发展的第一动力，但创新须以学习力、研究力、创造力为基础，不经系统而扎实的科学教育，创新就可能成为无源之水、无本之木。教育部于2016年9月发布的《中国学生发展核心素养》研究成果，将"人文底蕴、科学精神、学会学习、健康生活、责任担当、实践创新"六大素养确立为中国学生发展核心素养，学习力、研究力、创造力成为中国学生发展核心素养的重要组成部分。

中小学阶段是培养学生创新精神和实践动手能力的最佳年龄段，是形成相对稳定的个体兴趣、专业志趣的关键时段[1]。如果不能适时地实施适合的科学教育，就可能错过学生发展最佳期，断送学生成才可能性。古人云："君子谋时而动，顺势而为。"（语见《吕氏春秋》）中小学校，尤其是示范性普通高中，必须在教育"双减"中做好科学教育加法，自觉将科教兴国战略贯彻落实到大中小幼一体化科学教育全链条、全过程，完善课程体系，整合优质资源，做强科技活动，开展科学研究，植根学生的问题意识、探究习惯、科学精神和学术素养，激发学生好奇心、想象力、探求欲，培育具备科学家潜质、愿意献身科技事业的青少年群体。创建研究型高中，主要目的就是做好科学教育加法，"培育具有研究特质的学生，为培养具有浓厚人文情怀、强烈社会责任感、坚实知识基础、较高研究素养的高素质创新型人才奠定基础"[2]。

（二）顺应教育大势：在探究实践中造就拔尖创新人才

孔子曾说："桓公九合诸侯，不以兵车，管仲之力也。"（语见《论语·宪问》）可见人才之力之至巨至伟。得人才者兴，失人才者衰，人类历史和社会实践反复验证着"人才资源是第一资源，是国家核心竞争力之所在"这一论断。21世纪的竞争从根本上讲是人才的竞争，尤其是高素质创新人才的竞争，拔尖创新人才越来越为社会所急需，培养创新型拔尖人才成为国际教育大趋势。

拔尖创新人才不是拔出来的，而是长出来的，最重要的是齐心协力去培养造就。魏源曾在《默觚下·治篇九》中指出："人材者，求之则愈出，置之则愈匮。"拔尖创新人才如雨后春笋般苗壮成长，在于用心"求之"，而不是漠然"置之"。因此，党的二十大

---

① 李建民．高中阶段学校多样化发展视域下"科学高中"构想［J］．教育研究，2023，44（6）：36－46.

② 谢永红．从优秀走向卓越［J］．教师，2018（1）：6－9.

报告强调："加快建设教育强国、科技强国、人才强国，坚持为党育人、为国育才，全面提高人才自主培养质量，着力造就拔尖创新人才，聚天下英才而用之。"

科研结果证明，14～16 岁是中国青少年科学创造力迅速发展的关键时期，17 岁时基本定型①，而此年龄段，正好是中学学段尤其是高中学段。2020 年 9 月，习近平总书记在科学家座谈会上强调："对科学兴趣的引导和培养要从娃娃抓起，使他们更多了解科学知识，掌握科学方法，形成一大批具备科学家潜质的青少年群体。"② 可见，中小学校必须主动作为，孜孜求之，积极担当拔尖创新人才早期培养的使命责任。研究型高中倡导教师"做学生创新思维的引路人"，引领学生感受知识发现过程，体验科学方法运用，从而培育学生的探究精神、研究习惯和解决问题的能力，提升其学习效能和创新素养，所做的正是拔尖创新人才基础性培养工作。

（三）育人方式改革：在艰难突围中谋求教育模式转型

我国学校教育历史悠久、风格独特，曾经培养出无数知识型、技能型人才，为社会经济发展做出过重大贡献。但是，在知识经济占主导的现代社会，我国学校教育暴露出了越来越多的问题。一是重文明传承，轻知识生成。我国学校教育模式重视知识的学习钻研和记忆储存，却忽视对成果的求思与新知的生成。学生上课记笔记、下课背笔记、练习抄笔记、考后扔笔记，不是主动的学习者和积极的探索者，而是被动的知识接受者和考试应对者，背书和应试能力挺强，动手和创新能力很弱。二是重问题解决，轻质疑能力。我国学校教育模式强调"知其然"且"知其所以然"，追求的是对知识的深刻透彻理解，而不是问题的生成、思维的发散，学生自然也就缺乏创新意识和创造能力。三是重听话服从，轻求异求变。我国学校教育模式强调听话和服从，要求学生按要求做、照规矩办，不喜欢学生质疑或挑战，学生的独特思想和独立思考空间较小。此外，我国学校教育模式重理论而轻实践，重吸纳而轻探寻，重功利而轻素养，重共性而轻个性，重角色教育而轻人格教育，重外在纪律而轻内在能动。③ 总之，我们信奉知识就是力量，追求才高八斗、学富五车，但是严重忽视鲜明个性、独立人格的培植和创新意识、创造能力的培养。正是这些特质，使得我们培养出来的学生，与教育发达国家尤其是西方教育发达国家相比存在一定差距。

英国学者李约瑟曾在《中国科学技术史》一书中提问："中国古代对人类科技发展做出了很多重要贡献，但为什么科学和工业革命没有在近代中国发生？"这个问题，后来

① 胡卫平. 青少年科学创造力的发展与培养［M］. 北京：北京师范大学出版社，2003：89.
② 习近平. 在科学家座谈会上的讲话［N］. 人民日报，2020－09－12（1）.
③ 谢永红. 改革传统育人方式，培养拔尖创新人才［N］. 湖南日报，2018－10－25（8）.

被称为"李约瑟难题"。2005 年，中国"导弹之父"钱学森曾发问，为什么我们的大学总是培养不出杰出的人才？这个问题，后来被称为"钱学森之问"。"李约瑟难题"和"钱学森之问"，实际上就是对上述问题最集中的解读和诊断。如何实现知识型、技能型人才教育模式向创造型、发明型人才教育模式的全面转型？这是高中教育尤其是示范性高中教育无法回避、必须面对的艰深命题。创建研究型高中，就是为了改进传统教育模式，在培育拔尖创新人才方面进行深度改革，实施艰难突围，谋求转型发展。

（四）推进学校发展：在改革创新中从优秀走向卓越

美国管理大师吉姆·柯林斯有一个著名论断：优秀是卓越的大敌。因为人在达到优秀后就会进入高原期，很容易丧失更上一层楼的动力，从而丧失掉走出优秀之高原的锐气，消磨掉攀登卓越之高峰的勇气[①]。湖南师大附中创办于 1905 年，是一所具有优良办学传统的百年名校，享有金牌摇篮、教改先锋、办学典范、担当楷模等社会赞誉，无疑是一所优质高中。但是，她还算不上卓越高中，与世界最顶尖高中学校相比还存在着不小差距。尤其可怕的是，她正面临着"优秀"这一大敌，最突出的表现是教师队伍"三不足"（开拓不足、活力不足、后劲不足）问题。

湖南师大附中拥有较大的骨干教师群体，整体成熟度高，优秀教师比较集中。但是，不少教师成长为骨干教师后深陷高原期、平台期、瓶颈期、倦怠期难以自拔，进入专业化发展"平台"，成长趋于停滞，甚至发展机能萎缩，职业倦怠弥漫。他们更多地通过形式翻新而不是知识更新、经验积累而不是理论指导、实践堆积而不是效率提高来开展教育教学，其工作平实有余而开拓不足，稳健有余而活力不足，厚实有余而后劲不足。因此，学校号召教职工"从优秀走向卓越"，通过研究地教学、研究地管理、研究地服务冲出优秀的高原，冲破发展的瓶颈，成为高素质、专业化、创新型卓越教师。

创建研究型高中，就是要努力打造研究型教师发展共同体，培养大批富于情怀、勤于学习、长于实践、崇尚学术的研究型教师，然后依靠这批高素质研究型教师，培养具有研究特质的学生，从而迈上优质高中再提质、再突破的创新发展道路。

二、研究型高中建设的基本历程

研究型高中建设是一项开创性工作，自然而然具有艰巨性、长期性和复杂性，不可能毕其功于一役。湖南师大附中于 2015 年正式提出创建研究型高中的办学新追求，在此前后一直潜心打磨研究型高中这一学校特色，一直努力建设研究型高中这一特色学校。

---

① 谢永红. 从优秀走向卓越 [J]. 教师，2018（1）：6-9.

（一）问题导向：现代学校建设的实践瓶颈

湖南师大附中创建研究型高中，直接动因是谋求突破在现代教育实验学校建设过程中遭遇的实践瓶颈。

2012 年 7 月，湖南省教育厅下发《关于印发〈长沙市一中、湖南师大附中现代教育实验学校建设实施方案〉的通知》（湘教发〔2012〕40 号），委托长沙市一中和湖南师大附中开展现代教育实验学校建设①。在上级领导和社会各界人士的关心、支持和指导下，经过全校教职工四年多时间的共同努力，湖南师大附中成功建立了"一个制度四个体系"，即现代学校制度和现代教育教学体系、教师专业发展支持体系、学生发展服务支持体系、优质教育资源均衡配置体系，达成了各项预期目标，取得了阶段性成效。《人民教育》《湖南教育》等多家媒体多次刊文宣传推介；2015 年，学校被省教育厅认定为湖南省基础教育课程改革样板学校；2016 年，教学成果《湖南师大附中现代教育实验学校建设的实践与探索》荣获湖南省第四届基础教育教学成果奖特等奖，随后，该成果又喜获 2018 年国家级基础教育教学成果奖二等奖。

现代教育实验学校建设的最大成就，是初步建立了"依法治校、民主治校、学术治校"的现代学校治理体系，促使学校成为制度规范下、民主治理下、学术引领下的现代学校，有力地推进了学校治理体系和治理能力现代化进程。然而，在学术治校方面，湖南师大附中还是遭遇了实践瓶颈。虽然学校坚持以学术引领学校，以专家治理学校，搭建了很多实用平台，采取了很多得力举措，但步子迈得不够大，成效也不够显著；虽然弘扬了科研兴校、科研强教传统并获得"教改先锋""最像大学的中学"等赞誉，但对标学术治校的目标要求，学校自认为还有不小差距。

学术治校陷入瓶颈状态，主要遭遇的是政策缺位、观念惯性、思维定势、课程制约、师资限制等方面障碍或阻力。一是缺乏国家层面政策法令的有力支撑，普通高中学术治校截至目前还处于政策空白状态；二是缺乏对"学术"概念的科学解读，普遍认为普通高中奢谈学术是异想天开，学术治校不切实际；三是缺乏教学研究的有力跟进，教师形成了"一支粉笔，两袖清风，三尺讲台，四季耕耘"的职业思维定势，专业人员的意识不强，专业化发展愿望不强、动力不足；四是缺乏课程支撑，凸显研究特质、具有学术性特征的课程数量不够，质量不高；五是教师学术素养有限，高质量、专业化、创新型教师队伍建设任重道远。

学术治校陷入瓶颈状态，归根结底是在热切呼唤教育家办学的时代却未能切实施行教育家办学。早在 2003 年，时任国务院总理温家宝就在第十九个教师节庆典上提出"教

---

① 谢永红．先锋——湖南师大附中课程改革十五年（2000 - 2015）［M］．长沙：湖南师范大学出版社，2015.

育家办学"。《国家中长期教育改革和发展规划纲要（2010—2020 年）》也强调："造就一批教育家，倡导教育家办学。"进入新时代，习近平总书记在致全国优秀教师代表的信中指出："教师群体中涌现出一批教育家和优秀教师，他们具有心有大我、至诚报国的理想信念，言为士则、行为世范的道德情操，启智润心、因材施教的育人智慧，勤学笃行、求是创新的躬耕态度，乐教爱生、甘于奉献的仁爱之心，胸怀天下、以文化人的弘道追求，展现了中国特有的教育家精神。"党和国家殷切期待通过大批教育家的创新实践探索，寻求更加公平、更高质量的教育发展新形态，然而现实情况却是教育家办学任重道远，最根本的原因是教育界对教育家办学存在误解。

绝大多数中小学教师显然不是教育家，但这并不妨碍教师尤其是校长像教育家那样爱教育、懂教育、办教育。教育家不是天生的，没有人生来就自带教育家光环。古今中外的教育家，无一不是通过长年累月的教育实践，逐渐从经历中淬炼出经验，再将经验升华成理论，从而形成教育思想，最终成为教育家的。教育家不是完成时，而是进行时，是一个动态实现的过程。陶行知、蔡元培、蒋梦麟、陈鹤琴、徐特立、苏霍姆林斯基等都不是成了教育家然后才去办学，而恰恰是在办学过程中渐渐成为教育家。作为新时代人民教师尤其是校长，你可以暂时不是教育家，但不能没有成为教育家的愿望，不能不行走在教育家成长路上。

学术治校推进乏力的刺痛及引发的系列反思，激发了学校"自强不息、追求卓越"的改革动力和发展活力。步入"十三五"后，基于教育综合改革形势、国际教育潮流以及对学校办学方向的理性思考，湖南师大附中提出了创建研究型高中的办学新追求，其主要动因就在于全面优化、强化和深化学术治校体系，全面推进学校治理体系和治理能力现代化建设，并以此为突破口，全面开启优质高中向卓越高中跨越的创新发展新征程。

（二）发展定位：创建研究型高中目标的确立

2015 年 8 月 30 日，谢永红校长（现任党委书记）在《办学新追求：创建研究型高中》的 2015—2016 学年度工作报告中，正式提出创建研究型高中的办学新追求。在随后近两年的时间里，学校开展了组织策划、宣传发动、考察调研、全面论证等系列筹备活动，最终于 2017 年 6 月制定《湖南师大附中研究型高中建设方案》（以下简称《方案》），全面步入创建研究型高中的创新发展新征程。至此，学校完成了创建研究型高中的多样化特色发展定位。

《方案》特别强调：研究型高中不是某种新型体制学校，也并不改变当前普通高中学校的基本性质和根本任务。建设研究型高中，是立足于学校实际，在学校自身办学理念和育人目标指导下的一种自主办学、创新发展行为。建设研究型高中，既是现代教育实验学校建设的巩固与深化，也是学校适应新形势、实现新跨越、塑造新优势的多样化特色发展之壮举。

《方案》明确了创建研究型高中的总体目标："建设研究型高中，培育研究型学生，为培养高素质创新人才奠基。"学校建设研究型高中旨在立德树人，探索为党育人、为国育才的新思路、新途径、新策略，改革普通高中育人方式，提升学生成长成才能力，自觉、主动并积极投身"着力造就拔尖创新人才"的伟大工程，为培养堪当民族复兴大任的时代新人奠定坚实基础。

《方案》对研究型高中建设做出了总体规划（见图 1-1）。这个总体规划可以简明地表达为：一个出发点、两个支撑点、三个着落点、四个着眼点、五个保障点和六个着力点。

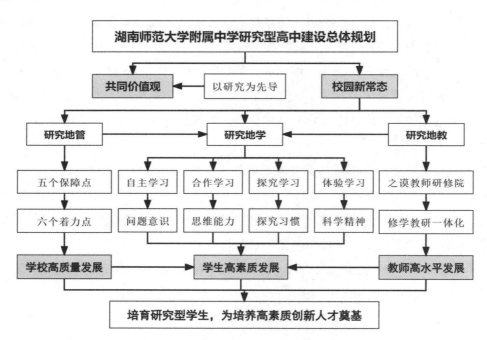

图 1-1　湖南师大附中研究型高中建设总体规划

一个出发点：培育研究型学生，为培养高素质创新人才奠基。建设研究型高中的根本目的是闯出一条立德树人、育人育才新路，提升学生成长成才能力，提高人才培养质量，做好拔尖创新人才培养的基础性工作。

两个支撑点：一是树立"以研究为先导"的共同价值观；二是形成研究地学习、研究地教学、研究地管理（含服务）的校园新常态。这是研究型高中应有的新气象，是研究型高中的办学新样态。

三个着落点：学生发展、教师发展、学校发展。创建研究型高中，就是要实现这三大发展，谋求学生发展、教师发展、学校发展的高层次、高标准、高水平和高质量。

四个着眼点：问题意识、思辨能力、探究习惯、科学精神。这是我们教育教学的基本关注点，是研究型学生培养的主要着眼点，是核心素养尤其是科学素养培育的关键要素。

五个保障点：一是凸显研究特质的人本课程体系；二是基于"三导四学"的研究型课堂体系；三是立足校本研究的教师专业发展体系；四是拔尖创新人才早期培养体系；五是深化学术治校的现代学校治理体系。这些是研究型高中实践探索的目标任务，也是研究型高中建设的基本保障。

六个着力点：一是以增强科学素养为核心，开发研究型课程；二是以问题探究为核心，创设研究型课堂；三是以规律探寻为核心，开展课题研究；四是以专业发展为核心，培养研究型教师；五是以创新体验为核心，搭建研学平台；六是以崇尚学术为核心，营造文化氛围。这些是建设研究型高中的几大路向，更是培养高素质创新人才的几大举措。

建设研究型高中，无疑是一项开创性的工作，既无政策法令可以遵循，也无成熟理论作为支撑，且无成功经验可资学习借鉴。因此，确立创建研究型高中的特色发展定位之后，湖南师大附中遭遇了不少质疑。这些质疑概括起来就一句话：目前国内连研究型大学都为数不多，一所普通高中凭什么创建研究型高中？对此，学校有坚定的信念和立场。

第一，学校认为，"研究"并非神秘难测。研究不应该是专业人员专有的领域，不是专家学者的专利，而且也并不神秘。问题无处不在，有问题就会有研究；人人都会遇到问题，遇到问题时都可以做研究。因此从某种意义上讲，天天可以是研究时，处处可以是研究所，人人可以是研究者。与专业研究人员相比，教师拥有巨大的教育科学研究优势：最了解实际情况，占有丰富的第一手资料，问题与课题随处可见并更切实际，实践探索更直接，调研、试验、应用、推广等更方便，成果更具实践性、实用性和实效性……处于最佳研究位置，占有巨大研究优势，拥有丰富研究资源，具备良好研究条件，教师完全可以而且应该"镕金琢玉，并究其妙"（语见《南史·长沙王叔坚传》），在行动中研究，在实践中创新。

第二，学校认为，"研究型"并非高不可攀。"型"不同于"性"，"性"是性质，偏向于本性特质；"型"是类型，偏向于表现形式。"研究型"只是强调具有研究这一行为特征或样态，属于过程性行为特征描述，并不是终结性评价，有别于强调研究水准与学术高度的"学术型（性）"。我们追求研究型，旨在强调树立"以研究为先导"的共同价值观，将研究理念根植于人才培养全过程，使研究地学习、研究地教学、研究地管理、研究地服务成为校园新常态。

第三，学校认为，"研究型高中"并非标新立异。研究型高中是创新，但绝不是标新。建设研究型高中，旨在探索发现和培养创新人才的途径，培养具有科学素养的高素质创新人才，开展普通高中育人方式改革的实践探索与理论研究，寻求解决教育过程中所遇到问题的方法、措施、途径，从而全面提升教育教学特别是人才培养质量，促进普通高中教育高质量发展。建设研究型高中，不是为了创办一种新型体制学校，而是为了更好地立德树人，提升学生成长成才能力，为着力造就拔尖创新人才打底奠基。

第四，学校认为，"创建研究型高中"并非建造空中楼阁。空中楼阁是虚无玄幻的事物或脱离实际的空想，而研究型高中则是可期可求的愿景和连接未来的蓝图。创建研究型高中不是建造空中楼阁，不会脱离学校改革发展的客观实际，而是从具体国情、地情、校情、生情、教情、学情出发，因地制宜，脚踏实地，坚持"为了学校、在学校中、基于学校"的校本创新实践原则，选取由内而外的生长路径，谋求在学校制度建设、治理体系、课程建构、课堂改革、队伍建设、人才培养、平台搭建、综合评价等方面形成研究特色，闯出特色发展新路。创建研究型高中是脚踏实地、严谨求实的创新发展，绝不是脱离实际、凌空蹈虚的标新立异。

（三）实践探索：研究型高中建设的实践轨迹

研究型高中建设是一项开创性工作，自然而然具有艰巨性、长期性和复杂性，不可能毕其功于一役。对此，我们有清醒的认识，既树立了打攻坚战的决心，也做好了打持久战的准备。自2015年提出创建研究型高中的办学新追求以来，湖南师大附中始终沿着这条创新发展之路不懈求索，其实践探索大致可以分为四个阶段。

1. 第一阶段：定位阶段（2015—2017年）

第一阶段主要完成了研究型高中特色发展定位，其标志性事件包括五个方面。

一是定位。2015年8月30日，谢永红校长（现任党委书记）作了《办学新追求：创建研究型高中》的学年度工作报告，正式提出创建研究型高中的办学新追求。

二是调研。学校组织团队赴北京、上海、深圳、长春等地，对开展过类似实践探索的名校进行专项考察，组织工作专班开展相关文献的梳理和提炼，开展大规模调查研究、专题研讨、意见征求等活动，一方面统一认识、凝聚共识，另一方面集成大量学术性高中或研究型高中建设研究资料、数据及意见建议。

三是定向。学校于2016年初制定《湖南师大附中"十三五"改革与发展规划纲要》，提出"用五到十年时间，将学校建设成为高质量、现代化、研究型、更幸福的卓越高中"，明确创建研究型高中的改革发展路向。

四是规划。学校于2017年6月出台《湖南师大附中研究型高中建设方案》，并于8月30日获得学校第十一届教代会第四次会议审议通过，明确了"建设研究型高中，培育研究型学生，为培养高素质创新人才奠基"的总体目标，绘制了研究型高中建设的规划蓝图、路线图和施工图。

五是启航。2017 年 9 月 1 日，谢永红作了《勠力同心，真抓实干，谱写研究型高中建设新篇章》的学年度工作报告，要求全校师生"谋定而后动"，从"坐而论"转入"起而行"，勠力同心，真抓实干，昂首阔步迈上创建研究型高中的特色发展新征程，从优秀走向卓越，实现优质高中向卓越高中的全新突破、全面提质和历史性跨越。

2. 第二阶段：探索阶段（2017—2020 年）

第二阶段是创建研究型高中的全面探索阶段，围绕《湖南师大附中研究型高中建设方案》，学校组织全校师生从课程开发、课堂改革、课题研究、队伍建设、平台搭建、氛围营造等多个领域，全面展开理论探究和实践探索，掀起了全校性研究型高中建设热潮。

此阶段学校的研究型高中建设具有四个突出特点。

一是行政引领研究型高中建设。学校通过学年度工作报告、开学典礼领导讲话、教职工政治学习、管理工作研讨、寒暑假全员培训及其他节会活动，反复强调全面推进研究型高中建设，实现"高质量、现代化、研究型、更幸福"的办学目标。在全面推进《湖南师大附中研究型高中建设方案》实施基础上，学校以学年度为单位，组织各部门"回头看，向前走"，分头回顾总结阶段建设经验教训，编拟学年度推进方案，实现研究型高中建设的链条式推进和螺旋式提升。学校充分发挥教育督导室"探照灯、显微镜、手术台、推进器、信息库、智囊团"等功能作用，将研究型高中建设总方案和年度推进方案执行落实情况纳入常规内部督导范畴，强化监察督导和过程监理，确保工作推进有序、有力和有效。

二是项目推进研究型高中建设。如前文所述，研究型高中建设有五个保障点，学校据此设立五大项目组，实行项目推进制：课程委员会牵头人本课程体系构建，课程与教学处牵头适应新课程、新教材、新高考要求的研究型课堂范式创设，科研与教师发展处牵头研究型教师队伍建设，科技创新中心牵头拔尖创新人才早期培养，学术委员会牵头将学术治校导向深水区。项目推进制起到了聚焦大项目、推进大变革、培育大成果等突出成效，学校研究型高中特色因此得到了全面彰显。

三是课题深化研究型高中建设。2018 年初，由谢永红校长（现任党委书记）主持的课题"研究型高中建设的校本探索与实践"被立项为湖南省教育科学"十三五"规划重点资助课题（课题批准号：XJK18AJC0005）。学校以该课题为核心，组建了一个由 37 个各级各类研究课题组成的"研究型高中建设课题群"[①]，从不同视域对研究型高中内涵、

---

① 谢永红. 且与时代共潮头——百年名校湖南师大附中改革创新之路 [J]. 湖南教育（D 版），2019（7）：17–19.

性质、特征、价值、意义和实践路向等进行理论探究和实践探索。学校专任教师主持或参与校级以上课题研究的比例超过90%，形成了浓厚的教研科研氛围。

四是基地助力研究型高中建设。2018年底，学校被确认为湖南省"十三五"教育科学研究基地（全省仅15个），成为湖南省唯一设立省级教育科学研究基地的中小学校。基地研究方向为"示范性高中研究型教师队伍建设研究"，旨在系统探索研究型教师专业化发展规律和路径，推动高素质、专业化、创新型教师队伍建设。学校建成湖南省第一所中小学校独立举办的教师发展学校——之谟教师研修院，打造"修学教研一体化"教师专业成长模式，其间完成2项省级重大委托课题（基地专项课题）研究，出版3部学术专著，取得了丰硕的理论和实践成果。

3. 第三阶段：深化阶段（2021—2024年）

2021年8月29日，谢永红校长作了《乘风破浪开新局》的学年度工作报告，指出："十四五"是我国开启全面建设社会主义现代化国家新征程、向第二个百年奋斗目标进军的第一个五年，也是学校全面构建高质量发展体系、决战决胜全面建成研究型中学的关键期。党和国家建设社会主义现代化国家、构建高质量发展体系的时代号令，鞭策学校聚焦改革关键领域，深化研究型高中建设。深化主要体现在三个方面。

一是思想认识的深化。2021年6月，学校制定了《湖南师范大学附属中学"十四五"改革与发展规划》，提出了"建设高质量、学术性、更幸福的研究型中学，实现从优质学校向卓越学校的跨越"的新目标新任务。学校认为，"高质量"是研究型高中的基本追求，"学术性"是研究型高中的基本特征，"更幸福"是研究型高中的基本价值；建设研究型高中，旨在推进普通高中教育高质量发展，提高师生的科学素养、研究能力和学术水平，为学生终身发展服务，对学生幸福人生负责，真正办好人民满意的教育。此规划从高质量、学术性、更幸福三大方面，对研究型中学建设提出了新标准新要求，体现了学校对研究型高中建设的内涵、价值、意义有了更为深入而清晰的认识。

二是研究场域的深化。2021年底，学校被确认为湖南省"十四五"教育科学普通高中教育研究基地（全省共23个），再次成为湖南省唯一设立省级研究基地的中小学校。相对于"十三五"而言，基地研究场域，即各要素所建构的关系[1]有所深化：基地研究方向从单纯地培养研究型教师转向综合地研究普通高中教育，体现了研究领域拓展的深化；基地以湖南师大附中为依托，构建了以湖南师大附中为主体，由4个联合单位和50个协同单位组成的研究共同体，从一校单兵作战转向55个单位协同行动，体现了研究团队建设的深化；基地设立了基地建设领导小组及督导组、指导组、工作组等工作机构，

---

[1]　李全生. 布迪厄场域理论简析［J］. 烟台大学学报（哲学社会科学版），2002（2）：146-150.

成立普通高中教育研究中心，组建树人、强师、提质、治校等研究室，由科研与教师发展处独力行动转向多部门多战线联合行动，体现了研究体制机制建设的深化。

三是学术追求的深化。2021年9月，谢永红校长主持的湖南省教育科学"十三五"规划重点资助课题"研究型高中建设的校本探索与实践"（课题批准号：XJK18AJC0005）顺利结题并获评"优秀"等第。以此为契机，学校进一步强化目标导向和成果导向，将研究型高中建设的重心，从"十三五"时期的全面探索转向"十四五"时期的重点攻关，明确要求在拔尖创新人才早期培养、高中育人方式、人本课程体系、研究型课堂范式、教师专业发展等重点领域"争取大项目、培育大成果、培养大专家"，聚焦重点项目开展创新实践和学术追求，深化研究型高中建设，收获累累硕果。

拔尖创新人才早期培养研究领域。学校在研究中实践，在实践中研究，在取得丰硕的高素质创新人才早期培养成果、全面刷新"金牌摇篮"特色名片的同时，有关拔尖创新人才早期培养的研究课题先后被立项为湖南省教育科学"十四五"规划基地专项课题、首届湖南省基础教育教学改革重点研究项目和高等师范院校基础教育工作研究会2023年度重点研究课题，教改案例《构建拔尖创新人才早期培养体系》获评湖南省首届基础教育创新案例。学校先后在《中小学管理》《中小学校长》《光明日报·教育家》等报刊发表多篇相关论文，在全国多个重要学术场合宣讲推广学校拔尖创新人才早期培养经验。

普通高中育人方式改革研究领域。学校强化学生发展指导，构建多元主体全员参与的全方位全过程指导、全体学生全面而有个性发展的系统育人新机制。专著《育人方式改革：全员育人理论与校本实践研究》出版，并荣获长沙市第二十一届哲学社会科学优秀成果一等奖（全市仅3项）。教学成果《育人方式改革：全员育人理论与校本实践探索》荣获第五届湖南省基础教育教学成果特等奖。

构建人本课程体系研究领域。学校在原有两性四型课程体系基础上，构建了具有鲜明特色的人本课程体系，实现了课程选择多样化、课程资源丰富化、课程实施高效化和课程评价多元化。相关课题被立项为湖南省教育科学"十四五"规划重点课题。谢永红、黄月初主编的"基于新课程标准的课例研究"丛书（共11册）由湖南师范大学出版社出版发行。《人民教育》2021年第17期刊发谢永红校长《以校为本构建基于立德树人根本任务的课程体系——湖南师范大学附属中学构建人本课程体系探索》一文，专题推介学校人本课程体系。

研究型课堂范式研究领域。学校创设"三导四学"研究型课堂范式，提出"以导为主线，以学为中心，以教师三导，促学生四学"的课堂教学理念，建立统一的教学模板，收集大量育人案例、教学课例、调研数据、测评工具等资源。长沙市重大委托课题"新高考背景下选课走班体系构建与实践研究"顺利结题并荣获长沙市教育科学研究优秀成果一等奖。《基于教学评一体化视角的中学"三导四学"实践研究》获准立项为湖南省"十四五"规划重点资助课题。《以选课走班成就卓越高中——湖南师范大学附属中学选课走班体系构建的实践探索》等研究论文公开发表。

教师专业化发展研究领域。学校坚持"慎选良师、精育名师"发展战略,构建"修学教研评一体化"研究型教师校本培养创新模式,出版专著《研究型教师专业发展理论与校本实践研究》(谢永红、黄月初编著),完成多项相关省级规划课题研究。教学成果《普通高中研究型教师校本培养创新实践探索》荣获第五届湖南省基础教育教学成果一等奖并荣获2022年国家级基础教育教学成果二等奖,入选第六届中国教育创新成果公益博览会并作大会宣讲交流。

4. 第四阶段:总结阶段(2024—2025 年)

《湖南师大附中研究型高中建设方案》提出"用五到十年时间建成研究型高中"。因此,2024 年起,湖南师大附中研究型高中建设进入收官,即总结阶段。

开展研究型高中建设专项督导评估。学校组织各部门各战线对标《湖南师大附中研究型高中建设方案》全面回顾总结,对各部门各战线研究型高中建设目标达成度进行全面督导评估,形成《湖南师大附中研究型高中建设成果报告》。

开展研究型高中建设课题研究成果展览活动。学校将研究型高中建设课题群中各级各类课题研究成果制作成展板,组织多场展览、展示、宣讲活动,代表性研究成果在之谟图书馆永久性展出。

出版"从研究走向卓越"系列学术专著。这批专著包括学校篇《研究型高中建设理论与校本创新实践》、校长篇《研究型高中综合治理校长论稿》、教师篇《研究型高中建设课题研究成果汇编》、学生篇《研究型高中拔尖创新人才攀登之路》等。

举办研究型高中建设成果发布会。在 2025 年建校 120 周年校庆期间,学校举办研究型高中建设成果发布会,开展系列学术交流研讨活动。

第二章
研究型高中建设的学理研究

本章提要

　　研究型高中建设是一项生成于实践探索、先行于理论和政策的创新性办学实践，必须全面总结国内外相关创新实践的经验得失，弄清研究型高中的概念内涵、本质特征、功能价值、育人理念、实践逻辑等基础性问题，从而为研究型高中建设提供理论支撑和实践指导。

第一节 研究型高中文献综述

文献综述是研究者围绕研究选题对一定时期国内外相关教育专著、学术论文进行检索查阅、归纳整理和分析研究的综合性论述，是学术创新的基石。① 研究型高中建设是一项生成于实践探索、先行于理论和政策的创新办学实践，首先必须全面总结国内外相关创新实践的经验得失，梳理相关理论研究成果，从中获取有益启示和实践灵感。

一、域外经验： 培养英才，以提高国民科学素养

创建研究型高中，很大程度上是在域外精英教育、拔尖创新人才培养、学术性高中或科学高中建设的触动与启发下自发开展的创新实践探索。美国、英国、法国、日本、韩国、新加坡等发达国家为了提高国民科学素养，动用国家力量实施精英教育，创造并积累了丰富的拔尖创新人才培养经验，为我们创建研究型高中提供了启迪和参考。

（一） 完善机制，保障英才培养

1. 专项立法保障

域外国家注重专项立法，通过专门政策法律为英才教育、拔尖创新人才培养保驾护航。例如，美国专门出台《天才教育法案》和《贾维茨英才学生教育法案》，德国专门制定《中小学英才教育促进计划》，都将拔尖创新人才培养纳入国家事权范畴；法国《教育法典》特别提出，要为智力早熟或表现出特殊才能的学生提供适当的便利条件，使他们能够充分发挥潜能；俄罗斯《联邦教育法》明确规定，国家权力机关和管理机关可以为才华出众的儿童、少年创办英才教育机构。② 国家专项法令、政策，使得中小学开展英才教育显得理直气壮。

2. 专门机构保障

一些国家打造了多样化的精英教育、拔尖创新人才专门培养机构。例如，美国建有特殊高中、州长学校、私立精英高中、综合高中等多种类型的学校，其中特殊高中多为

---

① 李枭鹰. 文献综述：学术创新的基石 [J]. 学位与研究生教育，2011（9）：38－41.
② 李建民. 高中阶段学校多样化发展视域下"科学高中"构想 [J]. 教育研究，2023，44（6）：36－46.

科学高中、学术性高中、研究型高中，其特殊之处往往体现在学科特色、学术水准、招生特权、生源优势、育人方式等方面；日本创办超级理科高中、科学高中等，旨在培养运用先进科技知识、广泛活跃于世界舞台之优秀人才；俄罗斯构建了中小学学科奥林匹克竞赛体系，创办了英才发展中心、高等学校附属学校、天狼星实科中学等培养机构。①据学者研究，域外科学高中、学术性高中、研究型高中等特色学校普遍具有下列特点：独立办学、自主管理、自定课程；学校规模小、班级规模小；开设众多大学才有的精深学术课程，是教育创新的试验场；着重培养学生的创造力和领导力②。相较于国内而言，域外国家创办特色高中、建立专门培养机构多由国家或地方政府统筹，并给予相关学校或机构充分的办学自主权，英才培养的规模更大、质量更优且效果更好。

（二）更新理念，呵护英才成长

在培养目标和理念上，很多国家具有强烈的服务经济社会发展意识，人才培养目标聚焦于与经济发展密切相关的科学、技术、工程学和数学等学科，人才培养理念大多追求卓越与创新，为培养未来科学家奠定基础。例如，美国布朗士科学中学旨在让学生和教师都能体验思维被激发的乐趣；美国史蒂文森中学倡导给孩子们能发挥他们最大潜力所需的必要的智慧、道德和人文价值；美国布鲁克林技术高中旨在为学生提供良好的教育环境，使具有学术天赋的学生能获得在社会和情感方面的良好成长，充分发展他们的智力天赋和解决世界问题的伦理责任心，为数学、科学、工程学、计算机科学和人文艺术科学提供一个良好的科研、发展创新和跨学科研究环境；美国托马斯·杰斐逊科技高中的学校理念是"批判性思维和问题解决能力是解决当代复杂社会问题和伦理问题的关键所在"；韩国首尔科学高中鼓励学生不仅要习得高级和卓越的学术技能，还要把自己发展成为有责任的公民和领导者；新加坡国立大学附属数理中学主张"使学校成为数学和科学教育与研究灵感迸发的源泉"；等等。③

从英才培养理念看，域外国家普遍注重自我意识与学术认知同构、公民意识与国际视野并存、生命价值与领导力共生④。各国均旨在为培养国家领导者和各领域领军人物提供储备力量，因此在培养目标上不仅关注研究能力发展，而且关注社会责任感养成。

（三）探究课程，导航英才趣向

在课程设置上，域外高中学校尤其是科学高中、学术性高中、研究型高中一般以大学预科课程为导向，大量引入研究类课程和相当于大学水平的深造课程，课程设置多样，

① 李建民. 高中阶段学校多样化发展视域下"科学高中"构想［J］. 教育研究，2023（6）：36 – 46.
② 黄睿. 美国学术性高中的研究性学习课程［J］. 现代教学，2012（4）：72 – 74.
③ 王占宝，段会冬，等. 国际视角下的学术性高中建设［M］. 北京：教育科学出版社，2016.
④ 熊万曦. 美国公立学术性高中使命陈述的文本分析——基于对《美国新闻与世界报道》排名前100位高中的研究［J］. 教师教育研究，2016，28（2）：111 – 117.

课程资源丰富，学生选择空间很大。例如，美国布朗士科学中学为学生提供了160门课程，学生有机会进行独立研究；美国托马斯·杰斐逊科技高中三年级学生必须参与高级技术实验研究项目（Senior Technology Laboratory Research Program），该项目包括一年研究项目或一项校外实验室实习；韩国首尔科学高中采用不分年级的以学分为基础的课程体系，开设跨学科课程、高级课程等面向每个学生能力和水平的多样化课程，并提供多种项目供学生选择①。综合起来看，域外国家研究课程实施的基本宗旨，在于开阔眼界，激发潜质，引领志趣，提升素养，强调学生科研能力培养和创新创造力养成，发展面向未来的关键能力和核心素养。

（四）探究学习，激发英才潜力

在教学方面，域外科学高中、学术性高中、研究型高中鼓励探究式学习、小组合作学习、研究性学习等形式，教学形式和方法灵活多样。例如，美国托马斯·杰斐逊科技高中规定每节课90分钟，教师可以根据学生的特殊需要灵活设计课程进度，强调运用整合学习模式，鼓励小组学习②。

国外科学中学还十分注重实验教学，科学实验课所占比重普遍较大，为学生提供了大量开展原创性研究的机会。例如，美国布朗士科学中学为学生提供多种多样的进行原创性研究的机会，研究活动集中在生物科学、物理学和社会科学等领域，注重训练和打磨学生的研究技巧，为他们参加学术竞赛做准备③。

国外科学高中的考核评价方式也注重考查学生的综合素质和能力：注重培养和考查学生数学和科学能力，强调考查学生的实验操作能力、动手能力、语言能力、合作能力和创新能力，注重考查学生的综合素质，重视对课外活动和服务精神的培养与考查。学生毕业考试要求虽然严格，却不拘泥于形式，可以按实际情况灵活处理，有助于科技创新人才和拔尖人才的培养和输出④。

域外国家学术性、研究型高中建设实践启发我们：自上而下的育人理念转变是研究型高中建设有效落地的前提；教育支持体系的包容性、学校管理制度的灵活性、课程选择系统的自主性、教师教学模式的创新性、学生学习方式的延展性、学业评价模式的多元性等元素共同作用，是全面提升学生成长成才能力的必由之路。

---

① 周娟. 研究型学校的基本特征及构建策略研究［D］. 上海：华东师范大学，2012.
② 刘翠航. 美国托马斯·杰斐逊科技高中——创新人才培养模式初探［J］. 基础教育参考，2010（9）：28 - 31.
③ 周娟. 研究型学校的基本特征及构建策略研究［D］. 上海：华东师范大学，2012.
④ 王雪双，孙进. 培育未来的科技英才——国外科学高中的培养模式与启示［J］. 外国中小学教育，2015（6）：20 - 26.

二、国内实践： 创新发展， 以凸显学校办学特色

与域外国家强调个性发展、大张旗鼓开展精英教育不同，国内更加倾向于面向全体全面发展，强调整体提高国民素养，"精英教育"鲜有提及甚至于成为基础教育界的禁区雷池。教育发达地区的少数名校开展了科学高中、学术高中之类创新实践，也大多旨在探寻办学模式、培养模式多样化发展路向，打造鲜明办学特色。

《国家中长期教育改革和发展规划纲要（2010—2020 年)》为普通高中多样化发展的实践探索提供了政策依据，一些富有办学积淀的普通高中在梳理办学传统、定位办学理念的过程中，在国家普通高中多样化发展政策的鼓舞和引领下，受到域外国家特色高中办学理念与创新实践的启发，开始以学术性（型）高中、研究型（性）高中等定位、定向学校改革和发展，开展学校多样化特色发展创新实践。

（一）学术性（型）高中（中学、学校）建设

2010 年以来，普通高中多样化特色发展的政策张力逐渐增强，国内许多优质高中纷纷从国外引入学术高中概念，开展学术性（型）高中建设实践探索。例如，深圳中学提出"建设全球化时代中国卓越的学术性高中"的办学目标，通过课程、教学和文化等方面的系统变革，创建学术性高中育人模式，深化对创新人才成长的理解[1]；北京第十一中学围绕"培养积极、有创造性的终身学习者"的育人目标，构建了基于学生终身发展的、开放多元的、自主选择的"成长课程"，其学术性高中建设主要包括提高学生学术素养和教师学术能力两个方面的内容[2]；东北师大附中"坚持教育家办学之路，建设现代化、国际化的学术型中学"，其学术型中学内涵为"以培养学生学术性发展为目标系统，以学术型课程和活动为培养系统，以学术型教师为促进系统，以学术型校园文化为支持系统的现代新型中学"，试图开辟一条以学术型课程与校本教研引领教师学术性发展、以实践活动引领学生学术性发展、以创新精神引领学术型校园文化建设的特色发展道路。[3] 学术性（型）高中的创新实践，有力地推动了学校的特色发展，也极大地丰富了普通高中多样化发展的类型与样态。

地方教育政策中也出现了建设学术高中的规划设计。例如，温州市《关于推进普通高中高品质发展的实施意见》提出："'十四五'期间，全市计划打造学术高中 10 所以上。"尽管数量计划为"10 所以上"，还属于试水性质，但已经成为地方政府推进普通高中高质量发展的重大举措。

① 王占宝，郑向东，黄睿，等. 建设学术性高中，培养创新型人才——深圳中学创新人才培养模式的探索与实践［J］. 创新人才教育，2013（1）：54–60.
② 建学术性高中 促学校内涵发展——北京市第十一中学［J］. 北京教育（普教），2014（5）：93–94.
③ 史亮，邵志豪. 学术型中学建设的思考与实践［J］. 吉林教育，2017（20）：7–10.

在教育研究领域，学者们对学术性（型）高中的研究也方兴未艾。陈玉琨教授认为，学术性（型）高中是以学术为导向、以高素质科学研究与技术创新能力人才培养为主要任务的高中，时代发展对科学技术人才的需要、深化普通高中人才培养方式、培育基础教育改革领头羊等因素是学术性（型）高中建设的推动力。① 袁桂林教授指出，学术性高中是一种正在探索中的育人模式，目标直接指向创新型人才的培养，培养过程关注学生的探究与知识获得的开放性，预示着一种新的高中学校类型。② 类似理论性成果越来越多，为普通高中开展学术性高中建设实践与探索打开了思路，开阔了视野，提供了指南，奉献了智慧。

（二）研究型（性）高中（中学、学校）建设

国内一些地区和普通高中开展学术性（型）高中建设实践探索，另有部分学校则在尝试创办研究型（性）高中，例如上海市七宝中学、上海中学、武汉市常青第一中学等。上海市七宝中学通过开发和构建凸显研究特质的"金字塔"校本研究型课程体系、开展研究型课堂教学实践探索、构建学生研究能力特色评价指标、构建提升综合素质的研究型校园文化等举措助力研究型高中的建设。③ 上海中学认为"构建具有特色、高选择性的课程体系是研究型、创新型高中走可持续发展之路的关键"，他们对整个高中阶段可选择性课程体系进行整体思考，凸显了学校课程的开放性、专门性、综合性、系统性，强调学生在获取知识的同时，追求志趣指向、学术导向、专业取向、生涯走向。④ 在推进研究型、创新型高中建设过程中，上海中学初步摸索出多个途径：采用强化模式（数学班、科技班、工程班）和一般模式（发展课程和实验组）相结合的方式，探索不同领域创新人才的早期识别和培养模式；立足学生发展和时代要求，持续创新学校课程体系，营造浓郁的学生与教师共同研究的学术探究氛围；构建学校与高校、科研院所、企业等社会资源的对接体系；等等。⑤ 武汉市常青第一中学通过创设研究型课程、培养研究型教师、培育研究型学生、打造研究型文化、探索研究型教育教学新路径，为学生终身学习、教师专业发展提供更广阔的平台。⑥

国内关于研究型（性）高中（中学、学校）的理论文章相对较少，且大多从微观层面总结实践探索经验，缺乏对研究型学校内涵、特征、功能等理论问题的深度探究。例

① 陈玉琨. 为何要建学术性研究型高中 [N]. 中国教育报，2020 – 07 – 26 （3）.
② 袁桂林. 论高中教育机构和培养模式多样化 [J]. 湖南师范大学教育科学学报，2015，14 （2）：58 – 63.
③ 朱越. 浅谈研究型高中创建的实践路径与策略——以上海市七宝中学为例 [J]. 上海教育科研，2020 （3）：62 – 66.
④ 冯志刚. 研究型、创新型高中选课走班改革的追求——以上海中学为例 [J]. 人民教育，2019 （Z2）：59 – 62.
⑤ 冯志刚. 浅析研究型、创新型高中的基本内涵与构建路径 [J]. 上海教育科研，2016 （12）：42 – 46.
⑥ 王梦茜. 建设研究型学校，为师生的终身学习奠基 [J]. 教育家，2020 （34）：71 – 73.

如，李政涛呼吁，要走向研究型学校变革实践，推动新基础教育的开展；① 史树芳主张，要通过建设研究型学校，形成学校办学特色，促进学校发展。② 建设研究型学校成为基础教育改革、学校特色发展的路径。

华东师范大学首批终身教授陈玉琨先生用"学术性研究型高中"避开学术性、研究型之争，并指出"高中属于基础教育范畴，在一般意义上，它只承担传授知识的任务，创造知识是大学的重要职能之一。学术性研究型高中将颠覆这一理念，把培养高中生科学创造与实践能力、为学术性研究型人才奠基作为己任。学术性研究型高中是聚焦于学术，注重学生研究能力培养的学校"，强调"从高中阶段开始建设一批学术性研究型高中，培养一批敢于并善于在科学领域研究、在技术领域创新的人才，无疑是特别重要的任务"。③

三、综合分析：聚焦研究，以强化创新人才培养

研究型高中也好，学术性高中也好，目前还属于新生事物，国内只有少数名校开展创新尝试，客观地说尚未取得系统的、可操作的、富于推广意义的研究成果。综观国内外相关研究文献，大多还都是实践经验的总结推广，处于"术""器"的操作层面，普遍缺乏对于"道、法、术、器、势"的综合考量。道、法、术、器、势，是老子哲学思想的精髓，是中国古代经典方法论。全面审察研究型（学术性）高中建设的道、法、术、器、势，或许可以帮助我们看得更清更远。

（一）道：以人为本

学校是教育人、培养人、发展人的地方，人是教育的出发点、根本点和归宿点。学校教育必须以人为本，关注人的本质发展。关注人的本质发展，就是要关注人的各种需要，包括人的自身发展的需要和社会发展的需要④。因此，以人为本的教育，就是始终不渝地致力于培养学生适应终身发展和社会发展需要的正确价值观、必备品格和关键能力的教育。

什么样的基础教育才能使孩子具备适应未来社会需要的素质和能力？这是全世界各国教育部门当前需要共同面对的一个问题⑤。真正的教育，不仅要使受教育者知道世界是什么样的，还要让教育者研究世界为什么是这样的、怎样让世界更美好，从而成为勇于探索、勇于创新、富有生命力的人⑥。因此，研究型（学术性）高中建设应该"以道

① 李政涛. 走向"研究性学校变革实践"［J］. 教育发展研究，2005（11）：71-73.
② 史树芳. 建设研究型学校　形成办学特色［J］. 北京教育（普教版），2005（4）：17-18.
③ 陈玉琨. 为何要建学术性研究型高中［N］. 中国教育报，2020-07-26（3）.
④ 常力源. 理性办学　内涵发展——常力源办学思想与实践［M］. 北京：教育科学出版社，2015.
⑤ 李玉兰. 什么样的基础教育能适应未来［N］. 光明日报，2016-09-18（8）.
⑥ 王占宝，郑向东，黄睿，等. 建设学术性高中，培养创新型人才——深圳中学创新人才培养模式的探索与实践［J］. 创新人才教育，2013（1）. 54-60.

统术，以术得道"（语见《孙子兵法》），回归"人"这一教育的逻辑原点。研究型（学术性）高中建设的终极使命，是培养面向未来的全面发展的人，帮助学生形成适应终身发展和社会发展需要的核心素养。开展研究型（学术性）高中建设理论探究与实践探索，不可缺失明道的智慧、弘道的精神。

（二）法：着力造就拔尖创新人才

"法"是实现"道"必须遵循的政策法规、宏观战略、指导方针等，创建研究型（学术性）高中所遵循的是《国家中长期教育改革和发展规划纲要（2010—2020 年）》中"探索发现和培养创新人才的途径"之方针，是党的二十大报告中"着力造就拔尖创新人才"之战略。

一些国家动用国家力量扶持英才教育，培养拔尖创新人才是其创办科学高中、学术高中的动机和目的。国内研究型（学术性）高中建设，似乎更多地关注办学而不是育人，不同程度上欠缺培养拔尖创新人才的意识与觉悟，相较而言，深圳中学做得更为到位。他们提出：建设全球化时代中国卓越的学术性高中"其要义就是通过构建学术性高中人才培养模式，将学生培养成为具有丰富生命力的人，在学术素养、专业精神与审美情趣三方面获得提升，奠定其成为创新人才的坚实基础"①。在他们看来，创办学术性高中不是创办一所新型体制的学校，而只是一种"人才培养模式"创新，他们始终关注的是"人"，将学生中学阶段的人格形成、大学阶段的学术发展和面向未来的幸福人生都纳入考虑范畴。这样的发展定位和办学理念，可以说既明道，亦得法。

（三）术：问题，研究

古希腊哲学家、教育家柏拉图曾在雅典城外创办了一个学园，经常与追随者们在此交流，就哲学、数学、天文学等问题进行自由而深入的研究探讨。"问题""研究"作为柏拉图学园的精神遗产被后世继承下来，成为西方科学技术乃至制度创新的法宝。学术性也好，研究型也好，实际上都是这一遗产和法宝的传承与弘扬。

创办学术性或研究型高中，本质上是倡导一种基于问题研究的教育，致力于厚植一片研究的沃土，创造一种研究的气候，引领学生借助问题和研究，"循着科学家们走过的道路，感受知识的发现过程，体验科学方法的运用，并由此培育学生的探究精神、科学研究习惯和解决问题的能力"②，同时变革学习方式，在学习中研究、在研究中学习，进而提升自己的学习和工作效能。国内外不乏关于研究型（学术性）高中建设的"术"的研究，但是太过关注"术"的推陈出新，有意无意回避"问题"，缺乏对这一最根本的

---

① 王占宝，郑向东，黄睿，等. 建设学术性高中，培养创新型人才——深圳中学创新人才培养模式的探索与实践［J］. 创新人才教育，2013（1）：54－60.

② 谢永红. 从优秀走向卓越［J］. 教师，2018（1）：6－9.

"术"的研究。创办研究型（学术性）高中，可以在课程体系、课程资源、课堂改革、特色项目等方面开展"术"的创新实践，但一定要聚焦问题与研究，以实现标本兼治，创造基于问题研究的教育，而不能为了特色而特色。

（四）器：平台，舞台

创办研究型（学术性）高中，不能缺少必要的工具、手段和条件。国内专家学者尤其是高等院校、科研院所的专家教授，往往不太关注"器"的研究。其实"工欲善其事，必先利其器"，创办研究型（学术性）高中，必须拥有丰富的研究资源，搭建多元的学术平台，否则难以实施真正的基于问题研究的教育，难以满足不同潜质学生的发展需要。

国内很多高中学校建构了特色课程体系并开发了大量校本课程，但是大多有课程而无配套教材，有教学而无考核评价，开出了所谓"课程超市"，但货架上却空空如也。器之不具，课将焉附？深圳中学学术性高中建设最令人印象深刻之处，一是深圳市思维研究所、深圳市美育研究所等两个研究所，二是华为创新体验中心、比亚迪创新体验中心、腾讯创新体验中心、光启创新体验中心等七个创新体验中心[①]。有此众"器"，师生科创体验和创新实践活动自然能够丰富多彩。

相较于一般普通高中，研究型（学术性）高中更加注重平台、机制创设，需要充分利用高等院校、科研院所、事业机关、厂矿企业、街道社区等多方资源，想方设法拓展"器"的规模和数量，提升"器"的质量和档次。尽管"君子不器"，但必备条件不可短缺，"着力打造拔尖创新人才"尤其需要搭建平台、提供舞台。

（五）势：时势、形势、地势、情势、趋势等

《史记·孙子吴起列传》："善战者，因其势而利导之。"作战要因势利导，教育也要因势利导，必须顺应时势、看清形势、利用地势、洞察情势、符合趋势，不可逆势而行。目前，国内有关研究型（学术性）高中建设的争议还比较多，质疑声此起彼伏，甚至于普通高中拔尖创新人才早期培养，也被不少人提出异议，这显然是在"势"的把握上出了偏差。研究型（学术性）高中应开民智、养伟器之需而生，需要具备一定的客观条件。但个别学校不从实际出发，盲目跟风，落入所谓"模仿陷阱"[②]，是典型的地势、情势判断失误。

总之，研究型（学术性）高中理论探究和实践探索，还有不少误区有待破除，还有不少堡垒有待打通，还有不少问题有待解决。

---

① 王占宝，郑向东，黄睿，等. 建设学术性高中，培养创新型人才——深圳中学创新人才培养模式的探索与实践［J］. 创新人才教育，2013（1）：54-60.

② 程丹丹，葛新斌. 现代化视域下的普通高中多样化发展：特征、情境与选择［J］. 基础教育参考，2021（9）：12-16.

第二节 研究型高中内涵性质

孔子曰："名不正则言不顺，言不顺则事不成。"(《论语·子路》) 建设研究型高中，首先必须深刻认识和理解"研究型高中"的内涵、本质和特征。概念界定有文献定义和自行定义之分①。目前有关"研究型高中"的文献定义众说纷纭，都有参考价值，但客观地说均欠全面与精准，难以令人信服。建设研究型高中本就是一项生成于实践、先行于理论和政策的开创性复杂工程，比较稳妥的做法，是综合政策法令、理论文献和客观实际，自行界定研究型高中概念，使其内涵清晰，范围明确，富有个性而又便于操作。

一、研究型高中的主要概念解析

（一）关于"研究"

"研究"一词，《辞源》的解释是"穷究事理"②，《辞海》的解释是"钻研，推究；用科学方法探求事物的本质和规律"③，英文 research 则含有研究、调查、探索等语义。从词义上看，研究就是对事物真相、性质、规律等进行积极探索。这一点毫无疑义，有争议的地方主要在于：教师尤其是中小学教师该不该、能不能、要不要从事研究？

现实中，不少中小学教师是不做研究的。他们觉得教育科研是专业人员的事情，作为一线教师只要执行、操作、落实就够了，没有必要也没有时间去做研究。殊不知，中小学教师本就是"履行教育教学职责的专业人员"(《中华人民共和国教师法》)，同科学家、大学教授、医生、律师一样属于专业技术人员，既有执行、操作、落实的责任，也有学习、研究、创新的义务。著名心理学家皮亚杰曾说："中小学教师正是因为脱离了科学研究才失去了应有的学术声誉和专业地位，不能像科学家、大学教授、医生、律师等职业一样享有受人尊敬的专业地位；教师只有通过投身教育科研才能使自身获得应有的尊严，使教育成为既科学又生动的学问。"④ 可见，中小学教师理应开展基于实践的教育研究，成为实干家和研究者。

---

① 肖化移，易志勇. 教育科研课题研究实用手册 [M]. 长沙：湖南人民出版社，2020.
② 辞源：第 3 册 [M]. 北京：商务印书馆，1981：2340.
③ 辞海 [M]. 上海：上海辞书出版社，1979：3747.
④ 让·皮亚杰. 教育科学与儿童心理学 [M]. 傅统先，译. 北京：文化教育出版社，1981：22-26.

　　前美国教育研究会会长布克汉姆（Buckingham）曾在《为教师的研究》一书中说："教育研究不应该是专业人员专有的领域，它没有不同于教育自身的界限。实际上，研究根本不是一个领域，而是一种方法，一种观念。"① 20 世纪 60 年代，英国学者斯腾豪斯首次提出"教师成为研究者"理论，其理论假设是，研究不是专业人员的专利，而只是一种方法、一种观念，教师完全有能力对自己的教育行动加以反思、研究与改进，提出最贴切的改进建议，而且这种研究最直接最适宜，往往比外来研究者更实用更深刻②。可见，研究并不神秘，中小学教师完全可以而且应该树立研究观念，应用研究方法，在行动中研究，在实践中创新，成为"镕金琢玉，并究其妙"的实干家和研究者。

　　研究型高中的研究，包括教师的研究，还包括学生的研究。教师的研究不同于专家学者的研究，其目的不是为了创新教育理论，而是侧重于寻求解决教育过程中所遇问题的方法、措施、途径，从而改善教育教学实践，提升教育质量效果。教师成为研究者，根本目的是"做学生创新思维的引路人"，引领和指导学生开展基于真实情境的问题探究，培养学生的社会责任感、实践能力和创新精神。当然，学生的研究，也并不要求学生发现什么科学规律或定理，而在于引导、指导学生借助研究这种方法，开展类似科学研究的探究实践，重走科学家们走过的创新之路，感受知识发现的过程，体验科学方法的运用，并由此培育学生的探究精神、科学素养和解决问题的能力，提升学习和工作效能。

（二）关于"研究型"

　　"型"，在《说文解字》中释作"铸器之法也"，即铸造器物的模具，引申为样式、种类、典范、法式等。型不同于性：型是类型，性是性质；型属外在特征，性为内在本质；型强调行为特征和样态，性强调根本属性和品质。研究"是一种方法，一种观念"，相对而言比较适合归于"型"之范畴。

　　从字面看，"研究型"即以研究为特征的一种类型。研究伴随问题而生，有问题就应该有研究，研究的过程就是发现问题、分析问题、解决问题的过程。问题无所不在，高等院校有，中小学校也有，发现问题就可以加以研究。研究是一种方法，并非专业人员的专利，中小学教师完全可以而且应该参与研究。因此，研究型完全可以成为中小学校的办学追求。

　　研究型不同于学术型（性）。研究型强调具有研究这一行为特征和职业样态，属于过程性描述；学术型（性）则强调具有较高研究水平甚或学术高度，侧重终结性评价。社会上不少人士对于中小学建设研究型、学术型（性）学校颇有微词，其实，他们质疑

---

　　①　宁虹."教师成为研究者"的理解与可行途径［J］. 比较教育研究，2002（1）：48－52.
　　②　康万栋. 教师成为研究者的教育意义［J］. 天津师范大学学报（基础教育版），2010，11（3）：51－53.

的并非中小学师生从事研究之行为能力，而是中小学师生追求学术的能力水准。对于中小学来说，学术也许真的高不可攀，但是研究却可以"从我做起、从现在做起、从身边小事做起"，而且大有可为，值得大力作为。

我们认为，纠结于研究型或学术型（性）之名，没有太大必要，研究是过程，学术是结果，研究须以学术为追求，学术须以研究为舟楫，二者实处于同一链条，具有密切而不可分割的联系。因此，华东师范大学终身教授陈玉琨先生将此类特色高中定位为"学术性研究型高中"，并定义为"以学术为导向，以高素质科学研究与技术创新能力人才培养为主要任务的高中"①。

（三）关于"研究型高中"

研究型高中之名应该源自研究型大学。自德国柏林大学率先倡导研究型教育组织、约翰·霍普金斯大学最早建立研究型大学起，研究型大学最基本的特征就是"教学与研究相结合"②。2020 年 9 月，习近平总书记在科学家座谈会上指出："要加强高校基础研究，布局建设前沿科学中心，发展新型研究型大学。"新型研究型大学的重大使命，一是研，成为基础研究的主力军和重大科技突破的生力军；二是教，成为创新人才培养的主阵地③。因此，研究型大学并不神秘，无非研究、教学兼顾，培养拔尖创新人才。从这个意义上讲，提出创建研究型高中的办学追求，创设基于问题研究的教育，从而更好地立德树人，提升学生成长成才能力，为培养创新拔尖人才打底奠基，似乎并没有什么不妥。

研究与问题形影不离，教育实践中总会不断涌现各种各样的新问题，因而任何教育实践都离不开基于教育现场的原生态的问题研究。"离开了原生态的教育研究，离开了扎根性教育研究，离开了教育行动研究，教育知识就变得不可靠，或者不那么用得上。"④事实上，大量的原创性、实用性教育知识，都生成于教育实践过程之中，唯有扎根教育第一线，才能创生出既科学又生动、既可行又适用的教育知识。中小学都是真实而生动的原生态教育现场，是生成有用、实用、好用的教育知识的理想场所，中小学教师必须既做教育知识的继承者和使用者，也做教育知识的发现者和生产者，成为教育理想追求者、教育理论修习者、教育实践反思者、教研科研行动者。唯有如此，才能适应新时代教育改革与发展的需要，才能更好地履行为党育人、为国育才的职责使命。

研究型大学归根结蒂是大学，是育人高地，主要功能是培养人才，在致力科学研究、科技创新的同时，要培养造就具有科研素养、创新潜力的高层次研究型人才。新时代国

---

① 陈玉琨. 为何要建学术性研究型高中［N］. 中国教育报，2020－07－26（3）.
② 陈学恂. 中国近代教育史教学参考资料：下册［M］. 北京：人民教育出版社，1987：132.
③ 李锋亮. 新型研究型大学应该"新"在哪儿［N］. 科技日报，2022－02－24（6）.
④ 朱小蔓，等. 教育职场：教师的道德成长［M］. 北京：教育科学出版社，2004：156.

家正在"着力造就拔尖创新人才",研究型大学义不容辞,理当成为拔尖创新人才培养的重要基地。中小学的主要功能也是培养人才,而且也承担着拔尖创新人才早期培养的职责使命。尽管所培养的人才、所担负的责任、所起到的作用,与研究型大学不可同日而语,但却处于人才成长链条上的关键环节,不能因为中小学从事的只是人才培养的基础性工作,就轻视甚至无视其意义和价值。换个角度看,拔尖创新人才成长周期往往是漫长的,即便博士研究生毕业,也不见得就成了拔尖创新人才,这也就是说,研究型大学所从事的其实也只是拔尖创新人才基础性培养,与研究型高中并无本质区别。

目前,国内尚无"研究型高中"的明确和权威定义。参照《教育部关于"十三五"时期高等学校设置工作的意见》(教发〔2017〕3号)"研究型高等学校主要以培养学术研究的创新型人才为主,开展理论研究与创新"之定位,研究型高中应该以培养具有科学素养的高素质创新人才为主,专注于基于问题研究的教育,潜心寻求解决教育过程中所遇到问题的方法、措施、途径,从而提升教育教学质量和学生成长成才质量。研究型高中强调研究与教育相结合,将研究理念根植于人才培养全过程,学校不仅有浓厚的研究氛围,有研究型的教师和研究型学生,有研究型的校本课程、研究型课堂,还有师生开展研究所需的各种资源和条件,研究地学习、研究地教学、研究地管理、研究地服务成为校园新常态。

湖南师大附中的研究型高中,是在自身办学理念和育人目标指导下的一种自主办学发展样态,以"培育研究型学生,为培养高素质创新人才奠基"为人才培养目标,立足校本实践开展实践探索与理论研究,主动寻求解决教育过程中所遇到问题的方法、措施、途径,从而提升教育教学质量和人才培养质量。

二、研究型高中的本质内涵解析

研究型高中是普通高中多样化特色发展的创新发展类型,是在学校办学理念、育人目标指导下的一种自主办学样态,其本质内涵可以从多个方面作出解读。

(一)研究型高中是基于问题研究的教育样态

人的思维以问题为起点,教育科研以问题为导向。"问题""研究"是柏拉图学园留下的宝贵精神遗产,也应该成为中小学创新发展的制胜法宝。《现代汉语词典》中"问题"释义有五:①要求回答或解释的题目;②须要研究讨论并加以解决的矛盾、疑难;③关键,重要之点;④事故或麻烦;⑤属性词,有问题的,非正常的,不符合要求的。①中小学是原生态教育现场,上述五类问题可以说无处不在,无时不有,而且大多数都是

① 中国社会科学院语言研究所词典编辑室. 现代汉语词典(第7版)[M]. 北京:商务印书馆,2016:1375 – 1376.

躲不过绕不开的，必须敏锐发现、精准提出、科学分析并妥善解决。党的二十大报告指出："问题是时代的声音，回答并指导解决问题是理论的根本任务。"习近平总书记曾强调："我国哲学社会科学应该以我们正在做的事情为中心，从我国改革发展的实践中挖掘新材料、发现新问题、提出新观点、构建新理论。"教育研究的着眼点、着力点正是"我们正在做的事情"，应该立足校本实践，抓住教育教学实践中遇到的具有普遍性、代表性、必然性、关键性的真实问题，开展"为了学校、在学校中、基于学校"的校本研究。问题是创新的起点，研究是创新的基石，中小学教师必须全面强化问题意识，聚焦问题不无视，直面问题不回避，在捕捉问题、研究问题、解决问题的过程中推进学校的改革和发展，提升教育教学和人才培养质量。从某种意义上讲，中小学教育本就应该是一种基于问题研究的教育，中小学校都应该成为研究型学校。

不少一线教师存在着"研究高不可攀、学术高深莫测"意识和依赖心理，认为中小学教育现场上存在的问题，自有专家学者去研究，一线教师只要应用、执行、落实就行了，没有必要也没有能力开展研究。其实，一线教师最有理由成为研究者，他们身处原生态教育现场，亲历教育教学全程，每天沉浸在鲜活的教育情境中，能随时随处发现不和谐、不舒服的地方，会遇上有待研究的问题，甚至亟需破解的难题，而这一切，正是开展教育研究最重要的资源和条件。研究不是专家的专利，人人都可能遇到问题，遇到问题就可以做研究；研究并不神秘，问题无处不在、无时不有，一有问题就可以做研究；研究更非高不可攀，一线教师大都经历过正规师范教育，都接受过规范学术训练，从事基础研究力所能及。《中华人民共和国教师法》明确指出："教师是履行教育教学职责的专业人员。"既然是专业人员，从事专业研究就是应尽义务而不是额外负担。因此，对于中小学教师来说，处处应是研究地，天天应是研究时，人人应是研究者。

基于问题的研究，对于学生而言也不是难事。研究型高中旨在培育研究型学生，自然要求学生参与基于真实情境的问题研究，开展类似科学研究的探究实践。但是，学生的研究，并不是严格意义上的学术研究，而是与日常学习生活同步进行的研究性学习、探究性学习、体验式学习，从本质上讲是一种以问题为主线的新型学习方式。学生的研究，并不要求创新什么知识理论或发现什么科学规律，而只是希望学生能够循着科学家们走过的路，感受知识的发现过程，体验科学方法的运用，"能像科学家那样思考、像工程师那样发明、像艺术家那样创造以及像各行各业的领军人才那样成为各级政府的智库"①。参与这样的研究，学生能挣脱灌输式教学的无奈、接受性学习的被动、应试性训练的折磨，往往会学得更加积极主动，并且兴味盎然。组织学生开展力所能及的研究活动，贴合中学生想象力丰富、好奇心旺盛的天性和本能，有利于培育学生的科学精神、

---

① 陈玉琨.为何要建学术性研究型高中［N］.中国教育报，2020－07－26（3）.

批判思维、探究习惯和解决问题的能力，非但不是难事，而且是培养高素质创新人才的大好事，是新时代基础教育必须补上的重要功课。

（二）研究型高中是育人方式改革的积极探索

中小学阶段是培养学生创新精神和实践动手能力的最佳年龄段，应该注重学生创新潜能挖掘和科学素养培植。国务院办公厅《关于新时代推进普通高中育人方式改革的指导意见》（国办发〔2019〕29号）提出，要"积极探索基于情境、问题导向的互动式、启发式、探究式、体验式等课堂教学，注重加强课题研究、项目设计、研究性学习等跨学科综合性教学，认真开展验证性实验和探究性实验教学"。研究型高中顺应这一改革大势，致力于普通高中育人方式的全面变革。

我国学校教育一直没能正面回答"钱学森之问"，也一直在试图挣脱传统育人方式的羁绊困扰。我国学校教育历史悠久、风格独特，曾培养出了无数知识型、技能型人才，为社会经济发展做出过重大贡献。但在知识经济占主导的现代社会，暴露出了越来越多的问题，如"要求学生'听话'，不喜欢学生质疑或挑战，不允许学生有独特的思想和独立的思考，不要求学生有求异思维和创造能力……严重忽视鲜明个性、独立人格的培植和创新意识、创造能力的培养"[1]。如何实现知识型、技能型人才教育模式向创造型、发明型人才教育模式的全面转型？唯有改革传统育人方式，在"着力造就拔尖创新人才"方面进行深度变革，实施艰难突围。

研究型高中的育人追求是培养高素质创新人才，"创新人才是思维、能力与精神指向知识创新的人才，知识创新在本质上就是发现问题和解决问题，而发现问题与解决问题都必须依赖研究。研究作为知识创新活动，不仅通向知识创新的终端，其过程本身也是创新思维、创新能力与创新精神发育与生长的土壤"[2]。研究过程是研究型高中教育教学活动的灵魂，与研究型大学侧重"知识创新的终端"不同，研究型高中更看重问题研究过程，更看重研究的育人功能价值。研究型高中以"成民族复兴之大器"为使命，实行基于问题研究的教育，积极引领学生借助研究这一方式方法，重走科学家们走过的创新之路，感受知识生发的过程，体验科学方法的运用，培养学生的问题意识、思辨能力、探究习惯、科学精神，以及适应终身发展和社会发展需要的正确价值观、必备品格和关键能力。因此，建设研究型高中，从本质上讲是普通高中育人方式改革的一种创新样式、一项积极探索。

---

① 谢永红. 改革传统育人方式，培养拔尖创新人才［N］. 湖南日报，2018-10-25（8）.
② 王占宝，郑向东，黄睿，等. 建设学术性高中，培养创新型人才——深圳中学创新人才培养模式的探索与实践［J］. 创新人才教育，2013（1）：54-60.

（三）研究型高中是有选择地追求卓越的发展方式

办学的高品位追求，是坚持理性办学、内涵发展，像教育家一样有选择地追求卓越[①]。卓越，就是超绝出众，卓尔不凡。追求卓越，就是习近平总书记在 2022 年北京冬奥会、冬残奥会总结表彰大会上强调的"执着专注、一丝不苟，坚持最高标准、最严要求，精心规划设计，精心雕琢打磨，精心磨合演练，不断突破和创造奇迹"[②]。追求卓越不可盲目，无论师生发展还是学校发展，都应该有选择地追求卓越。

1. 学生要有选择地追求卓越

多元智能理论认为，每个人都具备语言智能、数理逻辑智能、音乐智能、空间智能、身体运动智能、人际交往智能、自我认识智能等多种智能[③]，其中有优势智能，也有弱势智能。每个人都具有某一方面或几方面的发展潜力，只要能适时地为他们提供适合的教育和训练，加上个人的主观努力，人人皆可成才，人人都能出彩。这里的"适合的教育和训练"就是有选择，"主观努力"就是执着追求，"成才、出彩"就是走向卓越。每个人的智能组合都不相同，每个人都有自己的兴趣、爱好、个性、特长，必须根据自己的志趣、禀赋、潜质有选择地追求卓越，而不能"面面俱到"贪多求全。百科全书式遄才、全才在现实社会中其实是不存在的，尤其是在知识更新越来越快、学科分化越来越细的信息时代，谁都不可能无所不知，无所不能。

从另一个角度看，社会需求也是多元化的，各行各业都需要卓越人才。这样的卓越人才，可以是创新型领袖人才，也可以是高素质劳动者；可以是商界精英，也可以是网络高手；可以出在航空航天界，也可以出在餐饮服务业。学校培养人才，一是要满足不同潜质学生的发展需要，二是要满足经济社会对多样化人才的需求，因此，必须不拘一格降人才，而不能一把尺子量到底，必须鼓励学生有选择地追求卓越，培养学生适应终身发展和社会发展需要的正确价值观、必备品格和关键能力，促进学生全面而有个性、主动而生动地发展。

2. 教师要有选择地追求卓越

强国必先强教，强教必先强师。教师是立教之本、兴教之源，有卓越的教师才会有卓越的教育，有卓越的教育才会有卓越的人才。新时代人民教师只有像习近平总书记期待的那样，成为"大先生""好老师""系扣人""引路人""筑梦人"，才能真正担负起为党育人、为国育才的使命责任。

---

① 常力源. 理性办学　内涵发展——常力源办学思想与实践 [M]. 北京：教育科学出版社，2015.
② 本报评论部. 追求卓越，不断突破和创造奇迹——大力弘扬北京冬奥精神 [N]. 人民日报，2022 - 04 - 19 (5).
③ 霍华德·加德纳. 哈佛大学当代心理教育名著：多元智能 [M]. 沈致隆，译. 北京：新华出版社，1999.

中共中央、国务院发布的《关于全面深化新时代教师队伍建设改革的意见》（中发〔2018〕4号）指出："到2035年，教师综合素质、专业化水平和创新能力大幅提升，培养造就数以百万计的骨干教师、数以十万计的卓越教师、数以万计的教育家型教师。"这是教师队伍建设顶层设计和宏观规划，从教师个体专业发展看，由"骨干教师"走向"卓越教师"甚至"教育家型教师"，正是新时代人民教师专业发展的卓越追求。然而，教师"闻道有先后，术业有专攻"，且禀赋、志趣、个性、特长等各不相同，必须从各自实际出发，有选择地追求卓越。"骨干教师→卓越教师→教育家型教师"的成长路向相同，"综合素质、专业化水平和创新能力大幅提升"的发展途径相同，但是选择的具体内涵应该不尽相同，追求的具体方式应该不尽相同，卓越的具体程度也应该不尽相同，都要行走在教育家成长路上，但必须有选择地追求卓越。

3. 学校要有选择地追求卓越

党和国家正在大力推进普通高中多样化特色发展，中小学获得了多样化办学、特色化发展的政策红利和创新机遇，都有机会、有条件迈上追求卓越的改革发展快车道。但是，每所学校都具有不同的校情、生情、教情、学情，都具有独特的办学传统、理念、特色、风格，都应该从各自办学实际出发，选择并确立可以最大限度满足学生发展、教师发展和学校发展需要的创新发展目标，因地制宜地追求卓越。研究型高中一般是地方示范性高中，办学起点较高，优质资源丰富，生源质量可靠，师资力量强大，有条件、有实力、更有必要选取"科研兴校、科研强教"的创新发展道路，从研究走向卓越，从而更好地履行为党育人、为国育才的职责使命。

（四）研究型高中是谋求教育过程公平的有益尝试

"教育公平"是近年来国家宏观教育政策的高频词，也是办人民满意教育的出发点、立足点和落脚点。目前，我国基础教育全面发展，九年义务教育进一步巩固，学前教育普及水平大幅提高，高中阶段教育基本普及，人民群众"有学上"的愿望基本满足，已经进入谋求高质量发展、内涵式发展、特色化发展的新阶段。我们已经确保了"有教无类"的教育机会公平，当务之急是必须切实保障"因材施教"的教育过程公平。

《达喀尔行动纲领》里说：向所有人提供受教育的机会是胜利，但如果不能向他提供保证质量的教育，那不过是一种"空洞的胜利"[①]。因此，基础教育改革发展必须进入深水区，必须从确保"有学上"走向"上好学"，注重内涵性教育公平，"在幼有所育、学有所教上不断取得新进展，在学有良教、学有优教上不断取得新进展……不是选择适合教育的儿童，而是创造适合儿童的教育，为每个学生提供适合的教育，让所有学生都

---

① 中国教科文全委会秘书处. 达喀尔纲领——全民教育：履行我们集体的承诺［J］. 世界教育信息，2000（9）：24－27.

成长为有用之才"①。

中共中央、国务院于 2019 年 2 月发布的《中国教育现代化 2035》指出，要"更加注重面向人人。坚持有教无类，保障每个人平等受教育权利，努力提供公平、优质、包容的教育"；同时强调，要"更加注重因材施教。面向学习者个性化、多样化的学习和发展需求，完善教育体系，创新体制机制，改进培养模式，努力使不同性格禀赋、不同兴趣特长、不同素质潜力的学生都接受符合自己成长需要的教育"。可见，教育公平既要确保有教无类，又需做到因材施教。教育公平绝不是提供相同的教育，而应该是提供适合的教育；绝不是实施不加区别的教育，而应该是因人而异的教育②。2017 年全国教育工作会议工作报告明确指出："现代教育的重要特征，就是要面向学习者个性化、多样化的学习和发展需求，因材施教，促进学习者释放潜能……'真正的教育公平不排斥卓越'。"中小学校在切实保障面向全体、有教无类的同时，理应满足有潜质学生的发展需要，为他们脱颖而出创造条件，这既是对学生个体差异的基本尊重，也是对有志趣、有天赋、有潜力的学生的最大公平。

建设研究型高中的终极追求，一是谋求普通高中多样化有特色发展，扩大优质资源，促进教育公平均衡发展；二是满足不同潜质学生的发展需要，促进人人成人成才，个个都有人生出彩的机会。研究型高中潜心谋求因材施教的过程公平，其"价值取向应体现六个特征：一是关注学生基本素质和基本能力；二是面向全体学生，多元发展等值；三是注重发展学生个性与兴趣；四是关注选择能力、生活能力和规划能力；五是尊重学生主体地位，提供丰富的学习内容；六是培养学生终身学习能力"③。教育的逻辑原点是人，必须以人为本，为每一个学生提供适合的教育，尽最大的努力满足学生个性化、差异化、多样化、特色化发展需求。

（五）研究型高中是中学大学教育衔接的创新实践

各学段教育衔接问题是当前教育领域一个亟待解决的问题。2019 年，中共中央办公厅、国务院办公厅印发的《加快推进教育现代化实施方案（2018—2022 年)》要求："搭建沟通各级各类教育、衔接多种学习成果的全民终身学习立交桥。"在各学段的教育衔接中，中学与大学教育衔接问题尤为严重，究其原因，主要是教育功利化倾向所致：中学教育功利化倾向直接体现为应试，大学教育功利化倾向直接体现为就业，两种不同的功利化需求致使中学教育和大学教育走向截然不同的方向，即中学教育走向应试技能训练

---

① 杨银付. 深层次的教育公平如何实现［N］. 光明日报，2019 - 10 - 16（13）.
② 谢永红. 成民族复兴之大器：拔尖创新人才早期培养 40 载坚守与超越［J］. 中小学管理，2023（9）：5 -
9.
③ 霍益萍. 普通高中现状调研与问题讨论［M］. 上海：华东师范大学出版社，2010：3 - 4.

模式，大学教育走向专业技能训练模式①。正是这种训练模式的急剧变化，导致大学新生在观念、习惯、方式方法等各方面出现诸多不适应。这种不适应在学习方面表现尤其突出：中学行之有效、屡试不爽的那一套，到了大学基本没有用武之地，曾经的学霸纷纷坠入失落的低谷；大学亟须的问题探究能力、信息检索能力、动手操作能力、合作分享能力等，学生因为缺乏相应训练而几乎一片空白，曾经的学霸纷纷陷入本领恐慌。正因为如此，《普通高中课程方案》（2017 年版 2020 年修订）强调，普通高中要达成三大培养目标：一是使学生具有理想信念和社会责任感；二是使学生具有科学文化素养和终身学习能力；三是使学生具有自主发展能力和沟通合作能力。② 三大培养目标，为高中向大学的平稳过渡开辟了通道，搭建了桥梁。

普通高中承担着为高等院校输送合格人才的教育责任，而研究型高中则承担着为研究型大学输送合格人才的教育责任。研究型大学的重大使命是培养拔尖创新人才，因而对于普通高中所输送的生源要求也比较高，在全面而有个性发展的基础上，还要求具有怀疑性、批判性、建设性与创造性。目前国内著名高校纷纷推出领军计划、英才计划、卓越计划、攀登计划等改革举措，就是基于拔尖创新潜质人才选鉴培养方面的综合考量。研究型高中应该主动做好与研究型大学的人才培养衔接，潜心培育学生问题意识、思辨能力、探究习惯和科学精神，为拔尖创新潜质人才的茁壮成长奠定坚实基础。这既是对党和国家"着力造就拔尖创新人才"号令的坚决响应，也是研究型高中和研究型大学教育衔接的应有之义。研究型高中基本上都是地方示范性高中，生源质量普遍比较高，可谓"得天下英才而教育之"，为满足这些可造之才的发展需要，也应该主动对标研究型大学的标准和需求，全面强化与研究型大学的教育衔接，积极探索小中大一体化拔尖创新人才贯通式培养的路径和方式。

研究型高中所践行的理念是"科研兴校、科研强教"，是"教师成为研究者"，是"教而不研则浅，研而不教则空"，而研究型大学最大的特征是"教学与研究相结合"③。两者都重教，都以教书育人、培养栋梁为天职；两者都重研，都以革故鼎新、创新发展为追求。从这个角度看，研究型高中和研究型大学虽然层次不同，但特质近似，具有教育衔接的良好基础、便利条件和作为空间。

三、研究型高中的内在动能解析

研究型高中之名源自研究型大学，但绝对不是对研究型大学的刻意模仿或曲意攀附，

---

① 邵志豪. 高中与大学衔接须回归育人本质［N］. 中国教育报，2022 - 03 - 30（5）.
② 中华人民共和国教育部. 普通高中课程方案［M］. 北京：人民教育出版社，2020：2 - 3.
③ 陈学恂. 中国近代教育史教学参考资料：下册［M］. 北京：人民教育出版社，1987：132.

而是对"教学与研究相结合"理念的觉悟与回归。建设研究型高中，不是可有可无的特色发展定位，而是势在必行、不得不为的改革发展举措；不是纯为各种外在因素所驱策，而是具有其内在的改革发展动能。

（一）促进人的全面而有个性发展

人的全面发展是马克思主义基本原理之一，其基本特征是平等地发展、完整地发展、和谐地发展、自由地发展和充分地发展。青少年身心发展具有顺序性、阶段性、差异性、不均衡性、可塑性、互补性等基本特征①，因此教育应当从其身心发展实际出发，循序渐进，因材施教，努力满足学生多样化、个体化、差异化、特色化发展需求，促进其全面而有个性、主动而生动地发展。

教育部于2016年9月发布《中国学生发展核心素养》，强调中国学生发展核心素养包括人文底蕴、科学精神、学会学习、健康生活、责任担当、实践创新六大素养②，其本质就是马克思主义"人的全面发展"理论的中国化表达。传统高中教育过于关注文化知识的学习，偏重文化基础的夯实，正如华裔诺贝尔奖获得者朱棣文所讲属于"COPY（拷贝）式教育"，至少在尊重与发展学生多元智能方面背离了人的全面发展理论。建设研究型高中，致力于提升学生的问题意识、思辨能力、探究习惯和科学精神，培育具有浓厚人文情怀、强烈社会责任感、坚实知识基础和较高研究素养的高素质创新人才，这是促进人的全面发展的应有之义，是满足学生全面而有个性发展的必然之举。

（二）满足不同潜质学生的发展需要

《国家中长期教育改革和发展规划纲要（2010—2020年）》强调："推进培养模式多样化，满足不同潜质学生的发展需要。探索发现和培养创新人才的途径。"满足不同潜质学生的发展需要，是多样化发展的动因和目的，也是培养高素质创新人才的准则和关键。

中学阶段不是学生思维能力最强的时期，但却是学生思维能力发展最快的时期：初一学生的抽象思维逐渐发展，并渐占优势；初二学生逐渐从感情走向理性，从经验型向理论型发展过渡；从初三开始，学生发散思维发展明显加速；高一学生已经具备辩证逻辑思维能力，而高二学生思维的完整结构开始建立③。伴随着思维能力的不断发展和增强，中学生的创新意识和能力、运用创造力解决问题的能力也不断增强，而其多元智能发展也呈现出越来越明显的个体差异性，不同潜质学生的发展需求也出现了多样性、层次性和个性色彩。"好的教师应该总是对学生以后能够取得的成就抱乐观的态度……应该

---

① 孙俊三，雷小波. 教育原理［M］. 长沙：湖南教育出版社，2007.
② 赵婀娜，赵婷玉.《中国学生发展核心素养》发布［N］. 人民日报，2016-09-14（1）.
③ 曹才翰，章建跃. 中学数学教学概论［M］. 北京：北京师范大学出版社，2008.

理解所有的学生都能够取得巨大的进步，理解学生的学习潜力是无穷的"①，应该千方百计为学生提供适合的教育，满足不同潜质学生的发展需要。

传统中学教育强调"知其然"并"知其所以然"，追求对已有知识的深刻透彻的理解，却不重视思维训练和创新能力培养；重视解决学生学习上的问题，却不重视学生问题意识的培养②。老师们以将学生教得没有问题为荣，满足于预设问题的解决，不善于将学生的问题教成更多的问题，殊不知这本身就是教育的最大问题。因此，中小学教育迫切需要关注学生的问题意识和思辨能力，迫切需要培养学生的探究习惯与科学精神。2020年9月，习近平总书记在科学家座谈会上大声疾呼："对科学兴趣的引导和培养要从娃娃抓起，使他们更多了解科学知识，掌握科学方法，形成一大批具备科学家潜质的青少年群体。"③ 从人的成长规律上看，"具备科学家潜质的青少年"比比皆是，关键是要给予适合的教育，满足不同潜质学生的发展需要。

（三）适应现代学习观的转型发展

自20世纪50年代以来，学习观理论经历了行为主义学习论、认知主义学习论、信息加工学习论、人本主义学习论、建构主义学习论等迭代嬗变，已经由学习内容的掌握转向了学习本身，学会学习已经变得比学习知识更重要、更有意义。例如，发现学习理论强调学生根据教师提出的事实和问题，独立探究、自行发现相应原理，"使学生像一名数学家思考数学、像一名历史学家思考历史那样，使知识的获得过程体现出来"；建构主义学习理论认为，学习是学生根据自己的经验背景，对外部信息进行主动选择、加工和处理，生成个人的意义或自己的理解，从而建构知识的过程④。

现代学习观要求中小学从"授人以鱼"转向"授人以渔"，促使学生改变上课记笔记、下课背笔记、考试考笔记、考后扔笔记的传统学习方法，成为主动的学习者和积极的探索者。建设研究型高中适应了现代学习观的转型发展，通过组织学生自主学习、合作学习、探究学习和体验学习，在"研究地学习"的过程中培养学生勇于开拓的创新精神、求真务实的科学精神和开放交流、互动共进的合作精神。

（四）谋求研究型教师的理想化成长

中共中央、国务院发布的《关于全面深化新时代教师队伍建设改革的意见》（中发〔2018〕4号）提出："到2035年，教师综合素质、专业化水平和创新能力大幅提升，培养造就数以百万计的骨干教师、数以十万计的卓越教师、数以万计的教育家型教师。"如

---

① 张文军，钟启泉. 教师教育课程改革的国际趋势［J］. 教育发展研究，2012，32（10）：1－6.
② 谢永红. 改革传统育人方式，培养拔尖创新人才［N］. 湖南日报，2018－10－25（8）.
③ 习近平. 在科学家座谈会上的讲话［N］. 人民日报，2020－09－12（1）.
④ 孙俊三，雷小波. 教育原理［M］. 长沙：湖南教育出版社，2007.

何成为高素质、专业化、创新型教师？最理想的方式是教师成为研究者，在研究性变革实践中更新个人实践知识，产生鲜活的教育思想①。

《中华人民共和国教师法》第一章第三条明确指出："教师是履行教育教学职责的专业人员。"但是，相当多的中小学教师却误以专业为职业，有教书匠的踏实，而无教育家的意气，缺乏专业精进愿望、自我成长意识和主体价值追求。他们一届接着一届教，教着教着，突然发现自己只会教那些东西，专业水平竟然降低到了所教学生的水平，"失去了应有的学术声誉和专业地位，不能像医生、律师、科学家和大学教授等职业一样，享有受人尊敬的专业地位"，"教师只有通过投身教育科研才能使自身获得应有的尊严，使教育成为既科学又生动的学问"②。

教师专业发展，并不是从理论学习到实践应用的线性过程，而是一个在实践体验的基础上结合经验进行反思的渐进过程。教师要成为深思熟虑的实践者，必须系统地、批判性地探究自己和同伴的教育实践，成为批判的探究者③。《礼记·学记》有云："是故学然后知不足，教然后知困。知不足，然后能自反也；知困，然后能自强也。故曰，教学相长也。"教育教学实践过程中难免有"不足"与"困"，唯有"知不足""知困"，并且"能自反""能自强"，才能教学相长，实现专业发展。教师是专业人员，完全有能力自主开展以反思实践、行动研究为主要方式的教育研究与创新实践，改进自己的教育实践，建构自己的教育知识，而且"采取研究的态度能够从一个否认个人的尊严和迷信外部权威的教育制度中把教师和学生解放出来"，在更好地成全学生的同时，实现综合素质、专业化水平和创新能力的大幅提升，收获研究型教师的理想成长。

① 康万栋. 教师成为研究者的教育意义 [J]. 天津师范大学学报（基础教育版），2010，11（3）：51-53.
② 让·皮亚杰. 教育科学与儿童心理学 [M]. 傅统先，译. 北京：文化教育出版社，1981：22-26.
③ 张文军，钟启泉. 教师教育课程改革的国际趋势 [J]. 教育发展研究，2012，32（10）：1-6.

第三节 研究型高中建设策略

建设研究型高中，其根本目的在于解决教育教学中面对的实际问题，改进教育教学实践，提高教育教学质量，促进学生全面而有个性发展。研究型高中建设是一项开创性工作，具有艰巨性、长期性和复杂性，不可能毕其功于一役，既需要树立打攻坚战的决心，也必须做好打持久战的准备。

一、研究型高中建设可行性分析

习近平总书记指出："中国的教育必须按中国的特点和中国的实际办，要扎根中国、融通中外，立足时代、面向未来，发展中国特色、世界水平的现代教育。"① 建设研究型高中，是从学校特点、办学实际出发，"发展中国特色、世界水平的现代教育"的开拓之举，尽管是一项生成于实践、先行于理论和政策的开创性复杂工程，但是不仅具有重要性、必要性和迫切性，而且切实可行，具有可行性。

本书第一章已经就研究型高中建设的政策可行性、理论可行性等作了论析，这里侧重从中小学教师教育研究之角度，阐说其技术可行性。

研究型高中是以学术为导向、以研究为特色的普通高中，"研究为先导"是其共同价值观，也是其行为共识。研究型高中建设是否可行，在很大程度上取决于教师成为研究者是否可行。早在 20 世纪 60 年代，英国学者斯腾豪斯等就提出"教师成为研究者"并掀起一场影响深远的国际性运动，"研究根本不是一个领域，而是一种方法，一种观念"的理念早已深入人心。但在我国，研究仍属于神秘领域和专家学者的专利，对教师成为研究者，特别是中小学教师成为研究者，尚未达成共识，应然期待和实然存在之间有着明显距离。

那么，中小学教师为什么要成为研究者？能不能成为研究者？

（一）中小学教师成为研究者，理所应当

《中华人民共和国教师法》第一章第三条明确指出："教师是履行教育教学职责的专

---

① 习近平. 坚持中国特色社会主义教育发展道路，培养德智体美劳全面发展的社会主义建设者和接班人［N］. 人民日报，2018 – 09 – 11（1）.

业人员。"专业人员与一般职业技术人员最大的区别，就在于有能力反思、研究和改进自己的专业实践，从而丰富专业知识，提升专业能力。新时代人民教师尤其应该进行教学研究，成为研究型教师或反思型教师。中共中央、国务院发布的《关于全面深化新时代教师队伍建设改革的意见》强调："支持教师和校长大胆探索，创新教育思想、教育模式、教育方法，形成教学特色和办学风格，营造教育家脱颖而出的制度环境。"《中学教师专业标准（试行）》明确要求广大教师"主动收集分析相关信息，不断进行反思，改进教育教学工作"，"针对教育教学工作中的现实需要与问题，进行探索和研究"。教育部发布的《关于加强新时代教育科学研究工作的意见》（教政发〔2019〕16 号）更明确指出："鼓励支持中小学教师增强科研意识，积极参与教育教学研究活动，不断深化对教育教学改革的规律性认识，探索适应新时代要求的教书育人有效方式和途径，推进素质教育发展。"相关政策文件，都在大力倡导并殷切期待新时代人民教师成为研究者，实现经验型教师向研究型教师转型发展。

21 世纪是实现中华民族伟大复兴的攻坚期、收官期，党和国家对教育事业的战略定位、历史使命和目标任务提出了崭新的和更高的要求，特别是殷切期待涌现大批高素质、专业化、创新型教师，担当提升国民整体素质、培养拔尖创新人才的重大使命。党的十八大以来，习近平总书记心系教师、关爱教师，提出了大先生、引路人、好老师、筑梦人、系扣人等热切期盼和深情嘱托，为新时代人民教师专业化发展提供了指路明灯和基本遵循。教师素质决定了教育质量，只有优秀教师才能培养出优秀人才。置身伟大时代，面对新要求与新挑战，中小学教师应当明确新使命，展现新担当，心怀"国之大者"，争做研究型教师，不断更新教育理念，静心钻研教育规律，积极拥抱教育变革，善于吸纳新理论、新知识、新技术，潜心为党育人、为国育才，努力为全面建设社会主义现代化国家、全面推进中华民族伟大复兴添砖加瓦，做出应有贡献。

前面章节已经就此进行多维度阐析，这里不作赘述。

（二）中小学教师成为研究者，实属必需

科学的教育离不开教育的科学，教育实践与教育研究必须相伴而行，不偏不废。《礼记·学记》有云："是故学然后知不足，教然后知困。"教育教学过程中，教师难免会"知不足""知困"。何以弥补不足，走出困境？唯有自强不息，学而不厌，诲人不倦，研而不休。

1. 开展教育教学活动，需要教师成为研究者

教育教学过程中会遇到种种新情况，遭遇种种新矛盾，滋生种种新问题，需要通过研究去一一破除与化解。要深入研究学生，既要爱生如子，又须知生如父，拥有全面、丰厚的学生知识，成为知人、懂心的学生专家；要深入研究课程，不单做课程执行者、

实施者，还要做课程研究者、开发者、评价者；要深入研究教材，精准把握新课标新理念，实现对新教材的正确解读、转化和运用；要深入研究教法学法，密切关注碎片化学习、人机交互式学习、跨界学习、深度学习等新型学习方式，努力向学生提供适合的教育；要深入研究育人方式，全面探索新时代育人方式改革的新途径新举措，切实提高育人水平和质量。

2. 提升教育教学质量，需要教师成为研究者

教育研究的起因是教育教学遭遇困难与困惑，动机是实践中存在的许许多多的"不知道"和"想知道"，目的是促进教育教学，提高效率质量。教育研究可以减负、降耗、止损、增效，可以促进学生深度学习，可以帮助学生形成高阶思维，是有效开展教育教学活动、全面提升教育教学质量，尤其是人才培养质量的必经之途。目前，中小学校园里拼体力、拼汗水、高消耗、低效益等现象十分普遍，各种不科学做法严重制约着更高质量、更有效率、更加公平、更可持续的教育发展目标的最终实现，亟待人们在实践中探索，在研究中改进。建设高质量教育体系已经成为国家战略，中小学教师不能置身事外，必须立足实践开展深度研究，促进深度改革，提升教育质量，为推进教育高质量发展添砖加瓦，贡献才智。

3. 促进教师专业成长，需要教师成为研究者

教育教学与教育科研紧密结合，是造就高素质、专业化、创新型教师的基本途径。古今中外著名教育家都是教育实践家，都是在教育教学、管理服务过程中边总结、边反思、边实验、边提炼，从而逐渐成长成熟，最终成为名家的。实践表明：一线教师积极参与教育科研，自觉学习理论、更新观念，以科研带教研，以教研促教改，对提高教师自身素质大有裨益。研究可强化教育阅读，可优化教育实践，可细化教育观察，可实化教育调查，可深化教育思考，可物化教育成果，可促使教师成为教育理想的追求者、专业书刊的博览者、教育热点的关注者、教学实践的反思者、专家学者的同行者、草根研究的践行者、教育写作的爱好者……高质量、专业化、创新型教师不是评出来的，也不是捧出来的，必须在实践中探求真知，在经历中丰富储备，在反思中淬炼经验，在研究中增长才干。唯有成为研究者，教师才能成为深思熟虑的实践者，实现高水平专业成长。

4. 追求职业人生幸福，需要教师成为研究者

中小学教师职业环境特殊，"年年岁岁生相似，岁岁年年课相同"，因而比较容易产生职业倦怠。很多教师一旦站稳讲台成为骨干教师甚至优秀教师，也就步入专业发展高原期，陷于成长瓶颈状态，热情会降下来，性子会缓下来，办事会拖起来，脾气会大起来，笑容会僵起来，耐心会少下去，负能量也会多起来。今天的成熟教师，肯定是昨天的新手，但不一定成为明天的专家。究其原因，主要就是未能战胜职业倦怠，走出专业发展平台期。苏霍姆林斯基曾说："如果你想让教师劳动能够给教师一些乐趣，使天天上课不致变成一种单调乏味的义务，那你就应当引导每一位教师走上从事一些研究的这条幸福的道路上来。"① 叶澜教授也说："只有用创造的态度去对待工作的人，才能在完整意义上懂得工作的意义和享受工作的欢乐。"② 研究不仅是一项重要的专业活动，而且意味着尊严、成长、幸福、快乐，既是教师专业发展的自强、自新之路，也是教师职业人生的幸福、快乐之源。

（三）中小学教师成为研究者，优势明显

一线教师最有理由成为研究者，因为他们在研究上得天独厚。身处教育实践现场，亲历教育教学全程，每天沉浸在鲜活的教育情境中，能及时发现不和谐、不舒服的地方，会真实遇上有待研究的问题，甚至亟需破解的难题，而这一切，正是研究得以进行的基石和依托。事实的确如此，教师成为研究者，是由教师所处最佳位置决定的。在中小学教育科研这一领域，中小学教师相对而言优势明显。

1. 研究位置更好

中小学教师是教育教学研究的"当事人"，置身教育教学一线，身临教育教学现场，直面教育教学真实情境，调研更方便，观察更细致，了解更全面，感触更真切，这种"现场感"为一线教师所独有，甚至为专业人士所歆羡。另一方面，中小学教师工作场域是立体化、全方位、综合性的，从课程到教学，从课内到课外，从学习到生活，从表现到心理，从学校到家庭……方方面面，构成一个真实、完整而立体的教育生态。一线教师可以全息感知中小学教育教学情境，多维透视周遭的教育现象与问题困惑，这是得天独厚的便利，也是无可比拟的优势。专家学者就不同了，他们毕竟是中小学教育教学的旁观者。即便深入了解，也终归隔着一层；即便身临其境，也并非身在其中；纵有"一日看尽长安花"的本领，也难免常常出现"明足以察秋毫之末，而不见舆薪"之遗憾。相比于专业人士，中小学教师在中小学教育教学研究方面，无疑处于最佳位置，具有便利条件。

2. 研究资源更真

中小学教师研究的就是教师自己教育教学过程中所遇到的问题，事情亲力亲为，事实耳闻目见，个案知情知由，情况知根知底，全都是第一手材料，又实又真，可信可靠。与专家学者相比，中小学教师具备与即时性、原生态鲜活材料零距离接触的突出优势，仿佛亲手在竹海中挖取竹笋，亲自在密林里采撷菌菇，占尽"食材"之便。而在基础教

---

① 瓦·阿·苏霍姆林斯基. 和青年校长的谈话 [M]. 赵玮，等，译. 上海：上海教育出版社，1983：85－86.
② 叶澜. 新编教育学教程 [M]. 上海：华东师范大学出版社，1991：15.

育科研方面，专家学者常常依赖"来料加工"，其研究资源是调研、咨询、观测、采集甚至采购来的，新鲜度甚至真实性难免都要打不少折扣。正因如此，一线教师的课例、案例、教育叙事、教学实录等，如今都具有了特殊价值，已经渐渐成为相关专家学者眼中的宝贵资源。

3. 研究内容更实

中小学教师教育研究讲究立足校本，要求"为了学校，在学校中，基于学校"。他们研究的问题是教育教学过程中所遇到的真实问题，切实际；研究的内容是解决教育过程中所遇到问题的方法、措施、途径，可实操；研究的目的是改善教育教学实践，提高教育教学质量，合实用。中小学教师的研究成果，一般具有一看就明白、拿来就能用的特点，能方便一线教师"运用脑髓，放出眼光，自己来拿"（鲁迅《拿来主义》），能促进一线教师互启互发、共享共赢。相较而言，专家学者一般侧重于宏观建构、理论创新，相对而言比较务虚，其研究成果往往"高大上"，不一定全都能接地气、切实用、有实效。

4. 研究见效更快

中小学教师的研究旨在"寻求解决教育过程中所遇到问题的方法、措施、途径，从而改善教育教学实践，提升教育质量效果"[①]。其研究为了实践、立足实践、服务实践，要求从实践中来、到实践中去，所研究出来的方法、措施、途径等，可以而且需要迅速投入使用，力争立竿见影产生实效。中小学教师身处教育教学一线，既处于最佳研究位置，也具有检验、应用、推广研究成果的便利，研究与应用之间的"最后一公里"可以方便地打通，成果生成与实践检验可以无缝地对接。相比之下，专家学者的理论成果则往往需要回到他人的实践中去反复检验、不断完善，见效速度一般较慢，过程一般较长。

（四）中小学教师成为研究者，切实可行

"教师成为研究者"来自"专业人员即研究者"的启示，其理论假设是：教师有能力对自己的教育行动加以反思、研究与改进，由教师自己来研究改进专业实践是最直接、最适宜的方法[②]。事实上，中小学教师成为研究者，既有能力，也有条件。

1. 教师有能力成为研究者

教师是履行教育教学职责的专业人员，开展的是专业性教育教学实践，理应融实践、研究于一体。研究不是专家的专利，也并不神秘，问题无处不在、无时不有，一有问题就都应该去研究；人人都会遇问题，一遇问题就都可以做研究。聚焦自己或同伴教育教

---

① 谢永红. 从优秀走向卓越 [J]. 教师, 2018 (1): 6-9.
② 康万栋. 教师成为研究者的教育意义 [J]. 天津师范大学学报（基础教育版）, 2010, 11 (3): 51-53.

学实践过程中所遇真实问题开展校本研究，中小学教师完全力所能及，绝不会力不从心。

换个角度看，绝大多数教师都接受过正规师范教育，都具备教科研的通识和基础，都熟悉教科研的基本流程和规则，都拥有教科研的方法与技能，人人都可算得上是"科班出身"，应该完全胜任一般意义上的教科研活动。中小学教师的教育研究，主要是想自己的事、说自己的话、解决自己遇到的问题、写出自己的思考或心得……这些事情，教师几乎人人都做过，而且天天在做着，只需变自发为自觉、变随意为有意、变无序为有序、变单纯追求成效为适时物化成果，就成了真正意义上的教育研究。只要真正忠诚党的教育事业，真心关注学生成长需求、关注教育实践与实际、关注教育质量与效率、关注自身教育实践改善，教师完全可以成为研究型教师，在教科研方面大展拳脚、大显身手。

2. 教师有条件成为研究者

教育研究的对象是教育现象和教育实践，目的是实现理论与实践的融通，解决教育教学实践中遇到的具体问题。教师置身教育教学一线，亲身投入教育教学实践，直面各种教育教学现象和具体、复杂的现实问题，实际上正好处于最佳研究位置。教育教学过程中，教师难免会遭遇诸多问题：教育理想与现实的冲突，教育理论与实践的碰撞，教育理念与践行的错格，教育教学中的困扰、困难、困惑甚或困局，教学预期与课堂实际生成之间的落差，良好愿望与现实达成之间的反差……这一切，都具有珍贵的研究价值，都是宝贵的研究资源。罗丹说："这个世界不是缺少美，而是缺少发现美的眼睛。"教育实践中也并不缺少研究资源，所缺少的也许正是一双发现问题的眼睛和一颗勇于探究的心。

事实上，与专业研究人员相比，教师拥有巨大的教育研究优势：最了解实际情况，占有丰富的第一手资料，问题与课题更切实际，研究更加直接，调查、实验、应用等更加方便，成果更具实践性、实用性和实效性。处于最佳研究位置，拥有丰富研究资源，具备良好研究条件，占有巨大研究优势，中小学教师完全可以成为研究者。如果可以研究却不去做研究，是不为也，非不能也，只能从教师自身找原因。

教与研是共生互补、相辅相成的，研究不是额外负担，而是专业性教育实践不可分割的组成部分。教师成为研究者，并不是要教师在教育教学之外去做另外一件事，而是在教育教学过程中研究探索。因此，中小学教师成为研究者非常必要，而且现实可行。

阻碍教师成为研究者的，主要是下述错误观念。

（1）研究"高大上"，日常用不上

研究与实践"两张皮"是研究大忌，真正的教研科研必须从实践中来、到实践中去。其实，日常教育教学中，备学生就是研究学生，备教材就是研究教材，备教法就是研究教法，作反思就是研究教学，改作业就是学情调查，成绩分析就是信息整合，课例案例就是物化成果，分享交流就是成果推广……教师日常工作的点点滴滴，都可以为教育研究提供或积累素材与数据，甚至可以直接生成研究成果。研究哪里"高大上"？哪里"用不上"？

（2）研究太艰难，自己够不上

做研究往往都是"啃硬骨头"，而且往往都是"摸黑赶路"，自然比较艰难。尤其对于初涉研究的中小学教师，开展教研科研往往费心费时费力，而且还可能吃力不讨好，自然更是艰难。马克思曾经告诫人们："在科学上是没有平坦的大路可走的，只有那在崎岖小路上不断攀登不畏劳苦的人，才有希望到达光辉的顶点。"叶剑英元帅曾作诗云："攻城不怕坚，攻书莫畏难。科学有险阻，苦战能过关。"可见，从事研究工作，必须不畏艰难，敢于攀登。其实，研究都有一个由生到熟的过程：生手阶段，难免困难重重；一旦驾轻就熟，就会发现熟能生巧，甚至熟能生趣，研究就会真正成为一种工作方式、一种职业态度，甚至成为一种生活需要或一种人生乐趣。

（3）时间太紧张，研究顾不上

教师工作时间普遍超长。据相关调查，中小学教师周平均工作时间达到 50.27 小时，远远超过法律规定的 40 小时，90% 的教师都需要在周末继续完成工作①；班主任和高中教师（特别是毕业班教师）的工作时间则更长，休息时间被占几乎成为家常便饭。在这种情况下，要老师们抽出时间去从事教育研究，的确困难不小。然而，搞研究本就需要与时间赛跑，需要"五加二""白加黑"，需要争分夺秒、焚膏继晷、废寝忘食。搞科研还必须发扬"钉子精神"，像钉子一样浑身是钻劲和挤劲。鲁迅先生就曾说过："时间就像海绵里的水一样，只要愿挤，总还是有的。"事实上，即便是专职研究人员，也鲜有成块成整的时间供研究之用；而且越是成功人士，其"时间颗粒"往往就越小。很多大专家、大学者的时间，常常比中小学教师还紧张，但这丝毫没有妨碍他们皓首穷经、著作等身，可见时间并不是个常量，而是个变量。时靠人挤，事在人为，只要真正全身心投入，时间总会有的。

（4）工作太辛苦，研究赶不上

一线教师，尤其是毕业班教师、班主任教师，确实很辛苦，经常忙得像转个不停的陀螺，但再忙也不应该"赶不上"研究。一方面，工作和研究不可截然分割，教师应该研究地管理、研究地教学、研究地指导、研究地服务，不应该"只赶路不看路"、只工作不研究，抑或"说起来重要，做起来次要，忙起来不要"。另一方面，辛苦、忙碌是事实，但是"衣带渐宽终不悔，为伊消得人憔悴"的背后，也有可能存在低质量的忙

---

① 陈静勉，肖洋，王烁绚，等. 中小学教师工作时间结构与分配研究 [J]. 教育导刊，2020（6）：36 – 44.

碌、低效率的辛劳，而其原因往往正是研究不够，需要通过研究去挤净水分，提质增效。为什么必须苦干？为什么必须加班加点？为什么必须讲那么多课？为什么非得刷那么多题？为什么不能慢下来静下来？……越是辛苦、忙碌，越应该研究，越应该抽时间去咀嚼去沉淀，去反馈去反思，去探究去创新。

也许有人会说教师身处教育教学一线，难免"当局者迷，旁观者清"，难免"不识庐山真面目，只缘身在此山中"。这是客观事实，也有一定道理。但是，旁观者清实际上是有条件的，并不是所有旁观者在所有情况下都能做到清。通常情况下，旁观者清的难度要比当局者大，清的程度也要比当局者低，毕竟是旁观他人的东西，隔了一层往往也就离清远了几许。庐山长约 25 千米，宽约 10 千米，群峰间散布冈岭 26 座、壑谷 20 条、岩洞 16 个、怪石 22 处，水流在河谷发育裂点，形成许多急流与瀑布，共 22 处，溪涧 18 条，湖潭 14 处，真要做到"横看成岭侧成峰，远近高低各不同"是非常困难的。相对说来，庐山上的农夫、樵夫、挑夫等当局者"身在此山中"，处于亲历其事、身临其境的最佳位置，虽有可能"不识庐山真面目"，但对于所在之处的局部庐山或微观庐山，相对于旁观者而言，或许了解得更真切更真实，认识得更清楚更深入。

（五）中小学教师成为研究者，具体可操

中小学教师教育研究具有特定内涵和特殊意义。常力源校长认为："学校教育科研是对学校教育教学实际工作中问题的思考和探索，发现教育实践背后的本质和规律，目的在于改进教育教学工作，提高教育教学质量，提升教师的专业素养，促进学校的整体发展。"他还强调："在这个定义中，有一个核心内容就是学校教育科研来源于教育教学的实践，由实际的教育教学问题引起。因此，学校要把教育科研定位于教育教学管理的实际工作，一定要立足校本，课题来源于实践，研究扎根于实践，成果服务于实践，发现实际问题，研究实际问题，解决实际问题，才能体现学校教育科研的核心价值。"[①] 正因如此，中小学教师成为研究者，非常具体，具有实践性、可操作性。

在基础教育教学研究领域，中小学教师的研究跟专家学者的研究有所不同：

一是视角有别。中小学教师所研究的是自身教育实践过程中所遇到的问题，是当事人视角；专家学者所研究的一般是他人（中小学教师）的教育教学活动，是旁观者视角。

二是目的有别。中小学教师的研究，旨在寻求解决教育过程中所遇到问题的方法、措施、途径，改善教育教学实践，重在实践探索；专家学者的研究，往往旨在创生新的教育理论，重在理论创新。

三是方式有别。中小学教师侧重于寻求，主要采取情况调查、实践总结、实验比较、

---

① 常力源. 理性办学　内涵发展——常力源办学思想与实践 [M]. 北京：教育科学出版社，2015：100.

教育反思等方式，从实事中求是，在经验中提升，其方式相对个性化；专家学者则侧重于创建，自然必须采用规范的研究方法和严格的研究范式，恪守创建教育理论的程式规训，其方式强调规范化。

四是着眼点有别。中小学教师着眼于效果，关注提升教育质量效果，期望能反哺教育教学实践，收到立竿见影之效；专家学者着眼于成果，关注创建教育理论，旨在繁荣教育教学理论，推进教育决策科学化。

中小学教师的研究不单有着特定内涵，而且具有特殊价值。与专家学者侧重追求理论建树、学术价值不同，中小学教师的研究，其价值追求相对更加多元、更加丰富。

1. 追求成果

古人云："言必信，行必果。"既然搞教研科研，自然要追求成果。同专家学者一样，中小学教师教育研究也追求成果，也试图发现教育实践背后的本质和规律，寻求解决教育过程中所遇到问题的方法、措施、途径，从而有所发现、有所创新，生成理论性或实践性成果。有所区别的是，专家学者的研究成果多以论文、专著、研究报告等形式呈现；中小学教师的研究成果则不限于这些，教育叙事、教学课例、教育案例、调查报告、实验方案、教育随笔等，都可以作为研究成果。换言之，专家学者的研究成果主要是理论性成果，教师的研究成果则主要是实践性成果。理论性成果也好，实践性成果也好，都是研究成果，都具有学术价值，都值得尊重和珍惜。

实践性成果往往只需在实践探索基础上多走一步、深挖一层就能生成，其获取相较而言常常更便捷、更容易。而且，如果愿意在实践性成果基础上挖井式掘进、螺旋式升华，往往就能凝练出理论性成果，中小学教师的研究就有可能达到专家学者同等的层次与高度。从近年国家级基础教育教学成果奖和教育科学研究成果奖获奖情况看，中小学教师创生的成果比重、分量越来越大，这就很能说明问题。一切理论都源于实践，绝不可忽略教育教学实践的研究功能，也绝不可轻视中小学教师实践性成果的学术价值。

2. 追求成效

中小学教师的研究旨在改善教育教学实践，改进教育教学工作，提高教育教学质量。与专家学者普遍关注成果不同，中小学教师更加关注成效，更加强调发现实际问题，研究实际问题，解决实际问题。正因为这样，中小学教育科研必须坚持"为了学校、在学校中、基于学校"的校本原则，密切联系客观实际，潜心研究自身或同伴教育教学实践过程中遇到的实际问题，全面提升教育教学质量和人才培养质量，为学校改革与发展挖掘潜力、增强动力、注入活力。

事实上，成效常常比成果更有意义，更值得追求。恩格斯在《在马克思墓前的讲话》一文中介绍说："在马克思看来，科学是一种在历史上起推动作用的、革命的力量。

任何一门理论科学中的每一个新发现——它的实际应用也许还根本无法预见——都使马克思感到衷心喜悦；而当他看到那种对工业、对一般历史发展立即产生革命性影响的发现的时候，他的喜悦就非同寻常了。"① 科学发现的成果让马克思"感到衷心喜悦"，而科学发现的成效则让马克思的喜悦"非同寻常"，个中原因不言而喻。中小学教师的教科研绝不能止步于成果，而必须反哺教育教学实践并产生实际成效，使教科研成为"起推动作用的、革命的力量"。

3. 追求成长

中小学教师的教育科研"不是为了出成果，而是为了出人才"（陈玉琨教授语）。中小学开展教育科研，倡导教师成为研究者，最根本的目的不是"出成果"而是"出人才"，即唤起教师对教育理想信念的追求，激励教师对教育原理规律的探求，促使他们成为高素质、专业化、创新型教师，从而培养学生"敢于担当、勇于开拓的创新精神，实事求是、求真务实的科学精神，开放交流、互动共进的合作精神，善于研究、乐于研究的研究能力和素养，以及终身学习的理念和行动"②，为培养堪当民族复兴大任的时代新人奠定坚实基础。

事实上，教研科研可强化阅读，促使教师畅游书山，廓开视野；可细化观察，促使教师关注现实，增广见识；可实化调查，促使教师深入生活，洞察人生；可优化实践，促使教师降低消耗，减负增效；可深化思考，促使教师把握规律，提高认识……相对于"出成果"来说，"出人才"恐怕更是教研科研，特别是中小学教师教研科研最大的价值和意义所在。常力源校长曾强调："如何促进教师的发展？如何解决教师的知识保鲜问题和教师职业倦怠问题？关键是做科研。科研是教师走向研究型、专家型教师，成长为名师的必由之路。"③

4. 追求成范

中小学教师教育研究的终极追求是更好地立德树人，更好地履行为党育人、为国育才的职责使命。教师的研究具有示范性，能够领着学生干、做给学生看，让学生"循着科学家们走过的路，感受知识的发现过程，体验科学方法的运用，并由此培育学生的探究精神、科学研究习惯和解决问题的能力，提升自己的学习和工作效能"④。教师是研究者，更是育人者，中小学教师教研科研，根本目的是言传身教、率先垂范，"做学生创新思维的引路人"。

---

① 马克思，恩格斯. 马克思恩格斯全集：第3卷 [M]. 中共中央马克思恩格斯列宁斯大林著作编译局，译. 北京：人民出版社，1998：575.
② 谢永红. 从优秀走向卓越 [J]. 教师，2018（1）：6-9.
③ 常力源. 理性办学　内涵发展——常力源办学思想与实践 [M]. 北京：教育科学出版社，2015：101.
④ 谢永红. 从优秀走向卓越 [J]. 教师，2018（1）：6-9.

中小学教师不能把创新思维、研究素养的培养重担全部推卸给高等院校。"一个人如果在中学阶段不具备研究精神，不了解研究前景，没掌握研究方法，没养成研究习惯，那又怎么能快速地融入大学的研究氛围之中？"① 因此，中小学教师必须以培养堪当民族复兴大任的时代新人为己任，努力培养具有浓厚人文情怀和强烈社会使命感、有较高研究素养、能够用科学方法论探索世界并创造生活的卓越人才。而要做到这一点，教师自身必须成为研究者，成为高素质、专业化、创新型教师。有人说，教育最可怕的是"一群不读书的教师在拼命教书"。浙江大学孙元涛教授甚至说："一个没有研究的教师就像一个技术很差的医生，工作越勤快对人的伤害就越大。"这些言论虽然有过激之处，但也道出了教育研究的不可或缺。教师的研究除了可以减负、降耗、止损、增效，更重要的是可以示范，引领学生开展基于问题的研究，促进学生深度学习，帮助学生形成高阶思维。

二、研究型高中建设的基本原则

美国桥水基金创始人瑞·达利欧曾说："我一生中学到的最重要的东西，是一种以原则为基础的生活方式，是它帮助我发现真相是什么，并据此如何行动。"② 原则就是现实世界背后的因果规律，利用原则去指导实践，将极大地提升目标达成率。研究型高中是基于问题研究的普通高中，需要树立以研究为先导的共同价值观，形成研究地学习、研究地教学、研究地管理、研究地服务的校园新常态，必须遵循一些基本原则，才能确保研究型高中建设有力、有序、有效。

（一）基于真：聚焦问题的真实研究

研究的核心价值在于求真，研究型高中的研究，必须是立足校本的真实研究，而不能是作秀式、应景式、运动式虚假研究。习近平总书记于 2021 年 9 月 1 日在中央党校（国家行政学院）中青年干部培训班开班仪式上强调，要"听真话、察真情，真研究问题、研究真问题"。研究型高中的研究，是为教育教学实践服务的，必须立足教育教学真实情境，聚焦自身或同伴教育教学过程中存在或出现的真实问题，开展实事求是的真实研究，绝不能弄虚作假、装模作样。

1. 要研究真问题

真问题就是指那些客观存在的具有一定研究价值、别人没有研究过或研究还不深入、

---

① 谢永红. 晓日瞳瞳一岁初：新年校长绘新图——踏上研究型高中建设新征程［N］. 中国教育报，2019－01－02（06）.

② 瑞·达利欧. 原则［M］. 刘波，綦相，译. 北京：中信出版集团，2018：6.

尚未得到有效解决的问题①。这些问题在师生日常学习、工作、生活中无所不在，但却很容易被忽略。孔子曾说："人莫不饮食也，鲜能知味也。"（《中庸》）真问题就像吃饭喝水，人们天天都在吃喝，却很少有人真知其味成为美食家。如果缺乏由表及里、见微知著的敏锐性、好奇心和洞察力，完全可能发现不了习以为常的事物背后潜伏的矛盾、深层次的问题。黑格尔有句名言："熟知未必真知。"因为"熟知"，于是司空见惯，不觉得有问题，不愿意去深究，认识就停留在表面上或浅层次，最终熟视无睹，与"真知"失之交臂。从某种意义上说，教育科学研究往往就是与见怪不怪、熟视无睹作抗争。唯有"于不疑处有疑"（张载《经学理窟·义理篇》），透过表象，深入实质，把握客观事物的本质规律与内在联系，才能捕捉到有价值的、鲜活的、亟待解决的真问题，才能开展有意义、有价值的真研究，才能实现感性认识向理性认识的升华跨越。

2. 要联系真实际

研究必须实事求是。实事求是的基点是"实事"，是联系实际，掌握实情。教育研究的第一要务，是深入教育教学第一线，全面关注师生的学习生活实际、思想心理实际、精神作风实际、成长发展实际等，充分掌握第一手的真实、客观、有用的信息材料。身处教育教学第一线，并不等于深入教育教学第一线，因为如果只是"身处"，容易见多不怪，熟视无睹，最终宝山空回，一无所获。"涉浅水者得鱼虾，涉深水者得蛟龙"，研究型高中的研究，一定要聚焦问题，一沉到底，精于掘源头水，善于探问题沟，敢于捅矛盾窝，采用多种方式方法，力求真实、准确、全面、深透地了解实际情况，并密切联系客观实际，开展"为了学校、在学校中、基于学校"的理论探究和实践探索，发现教育教学实践背后的本质和规律，寻求解决教育教学过程中所遇到问题的方法、措施、途径。

3. 要开展真研究

研究有真有假：求真务实、实事求是的研究，就是真研究；弄虚作假、哗众取宠的研究，就是假研究。教育部于 2019 年 10 月发布的《关于加强新时代教育科学研究工作的意见》（教政发〔2019〕16 号）强调："坚持实事求是、理论联系实际，发扬科学家精神，推动形成求真务实、守正创新、严谨治学、担当作为的优良学风，营造风清气正、民主和谐、互学互鉴、积极向上的学术生态。"真研究就必须像科学家一样，具有胸怀祖国、服务人民的爱国精神，勇攀高峰、敢为人先的创新精神，追求真理、严谨治学的求实精神，淡泊名利、潜心研究的奉献精神，集智攻关、团结协作的协同精神，甘为人梯、奖掖后学的育人精神②。真研究必须遵循科研规律，加强学术自律，抵制急功近利，力戒投机取巧，自觉防范各种学术不端行为。陈玉琨教授曾说，教育科研"不是为了出成

---

① 王军. 真研究问题才能解决真问题［N］. 学习时报，2022 – 01 – 10（2）.
② 胥伟华. 弘扬新时代科学家精神［N］. 人民日报，2021 – 06 – 16（13）.

果，而是为了出人才"。出成果需要真研究，出人才更需要真研究。叶澜教授曾指出："只要是真实的、有质量的、有力度的学校改革实践，就会在改变、发展学校的同时，改变、发展教师。"① 唯有真研究，才能促进教师专业成长；也唯有真研究，教师才能言传身教，真正成为"学生创新思维的引路人"，从而真正提升学生的问题意识、思辨能力、探究习惯和科学精神，为拔尖创新人才茁壮成长奠定基础。

（二）敏于行：立足校本的行动研究

中小学教育科研必须服务教育教学，是指向校本实践的行动研究。所谓校本，一是为了学校，二是在学校中，三是基于学校。"为了学校"是宗旨，中小学教育科研要以解决学校所面临的实际问题、改善学校教育教学实践为指向；"在学校中"是前提，研究的问题要客观存在于学校中，问题要在学校中解决，要由学校中的人即老师和学生来解决；"基于学校"是原则，要基于校情、生情、教情、学情，不脱离实际，不贪大求全，不好高骛远。中小学教育科研不能只是坐而论道，而应起而行之；不能只是枯坐书斋冥思苦想，而应该立足校本身体力行。

1. 要积极参与教育研究

中小学教师是履行教育教学职责的专业人员，必须融专业实践与专业研究为一体，应该以研究者的姿态出现在教育教学实践过程之中，而不能远离教育科学研究。长期以来，中小学教师在职业生活中习惯于听从、执行、模仿，而缺乏自主、自省、自悟，缺乏批判、反思、创新，缺乏对教师专业地位、主体价值的追求。教育部在《关于加强新时代教育科学研究工作的意见》（教政发〔2019〕16 号）指出："鼓励支持中小学教师增强科研意识，积极参与教育教学研究活动，不断深化对教育教学改革的规律性认识，探索适应新时代要求的教书育人有效方式和途径，推进素质教育发展。"虽然还只是"鼓励支持"，但深蕴着明确的导向和热切的期盼。钱伟长先生曾说："你不上课，就不是老师；你不搞科研，就不是好老师。""教学没有科研作为底子，就是一个没有观点的教育，没有灵魂的教育。"校园生活是教育理论创生的沃土，教育实践是教育思想涌动的源泉，新时代人民教师应该成为研究者，成为具有教育敏感性、批判性思维和开拓创新精神的研究型教师。唯有如此，才能真正担当起为党育人、为国育才的时代使命，成为高素质、专业化、创新型卓越教师。

2. 要积极投身行动研究

中小学教育科研以教育教学行动（包括活动、行为、情节等）为研究对象，是指向

---

① 叶澜. 在学校改革实践中造就新型教师——《面向 21 世纪新基础教育探索性研究》提供的启示与经验[J]. 中国教育学刊，2000（4）：58－62.

校本实践的行动研究。行动研究是一种有目的、有计划地系统探究教育行动中具体问题，从而提高教育行动有效性的研究方法，具有为行动而研究、在行动中研究、由行动者研究、从行动中来再回到行动中去等鲜明特点。绝大多数中小学教师都能静心教书、潜心育人，有的甚至到了"衣带渐宽终不悔，为伊消得人憔悴"的程度。但是，中小学校园里，拼体力、拼汗水、高消耗、低效益等现象十分普遍：或只凭经验，不讲规律；或只会苦干，不会巧干；或只知灌输，不知激活；或只善授鱼，不善授渔；或只重智力因素，不重非智力因素……这些不科学的教育行动，严重制约着更高质量、更有效率、更加公平、更可持续的教育发展目标的最终实现，亟待人们通过研究加以改进。苏霍姆林斯基曾有一个著名论断："如果你想让教师劳动能够给教师一些乐趣，使天天上课不再变成一种单调乏味的义务，那你就应当引导每一位教师走上从事一些研究的这条幸福的道路上来。"① 在教育行动基础上辅以"从事一些研究"，"镕金琢玉，并究其妙"，教师就走上了专业发展的自新之路，就找到了职业生涯的幸福之源。

（三）聚于微：扎根实践的微观研究

中小学教师职业生涯很特殊，扮演着"传道受业解惑"者、班级组织领导者、学涯生涯导航者、心理健康维护者、家校联络协调者等多重角色，他们时时刻刻在多重角色间切换，显得异常忙碌。在此种情形之下，中小学教师教育科研应当扎根实践，开展微观研究。微观研究具有问题实、规模小、用时短、成本低、见效快、应用广和人人可研究、时时可开展、处处可进行、年年可持续等突出特点，是中小学教师教育科研最理想的方式方法。

1. 要坚持"教学即研究"理念

教师成为研究者，并不是要求教师在教育教学之外去做另外一件事，而是在教育教学中研究探索，教育教学与教育研究共生互补，有机统一。对于真正的研究型教师而言，教学即研究。教师日常工作的点点滴滴，都可以为教育研究提供或积累素材与数据，甚至可以直接生成研究成果。只要扎根并深耕于教学一线，将研究融入日常教学全过程，备课就成了策略性研究，上课就成了临床性研究，反思就成了探索性研究，听评课就成了比较性研究，案例就成了描述性研究，考试就成了诊断性研究……研究就成了教师的一种专业自觉、职业智慧和生活方式。

2. 要坚持"问题即课题"理念

问题是课题的逻辑起点，课题由有价值的问题转化而来。所谓"问题即课题"，就是把日常教育教学过程中遇到的具体问题进行即时梳理、筛选和提炼，将其中具有价值、

---

① 瓦·阿·苏霍姆林斯基. 和青年校长的谈话［M］. 赵玮，等，译. 上海：上海教育出版社，1983：85 - 86.

值得解决且亟待解决的问题升华成研究课题。这种课题为解决教育教学实践中具体的、微观的真实问题而确立，因而被称为微型课题或微课题。微课题具有切口小、成本低、周期短、见效快等基本特征，其选题务实、内容平实、过程踏实、成果真实，非常适合中小学教师。中小学教师的工作场域是立体化、全方位、综合性的，从课程到教学，从课内到课外，从学习到生活，从表现到心理，从学校到家庭……可以全息感知中小学教育教学生态，多维透视周遭的教育现象与问题困惑，问题滚滚而来，微课题就会源源不断。中小学教师开展微课题研究，问题俯拾皆是，立项简单易行，研究灵动不拘，结题快速高效，应用便利直接，具备得天独厚的资源便利和无可比拟的研究优势。利用微课题，推动大科研，应该是中小学教育科研的主要方式和基本途径。

3. 要坚持"成长即成果"理念

言必信，行必果。教育科学研究，自然要追求成果，要发现教育实践背后的本质和规律，要寻求解决教育过程中所遇到问题的方法、措施、途径，要生成实践性成果或理论性成果。但是，中小学教育科研还有两个重要功能：一是"教师成为研究者"，借力教育科研，提升教师专业素养，引领教师专业成长；二是"做学生创新思维的引路人"，引领学生开展研究性学习、探究性学习、体验性学习等，"在教育'双减'中做好科学教育加法，播撒科学种子，激发青少年好奇心、想象力、探求欲，培育具备科学家潜质、愿意献身科学研究事业的青少年群体"[①]。无论是自主开展研究，还是指导学生研究，目标都指向成长，正如华东师范大学陈玉琨教授所言："教育科研，不是为了出成果，而是为了出人才。"科学研究是最锻炼人的，研究的过程，就是"出人才"的过程；而教育科研"出成果"的根本目的，也是为了更好地"出人才"。因此，相对于成果而言，成长恐怕更是教研科研，特别是中小学教师教研科研最大的价值和意义所在。

（四）贵于和：多方参与的协作研究

中小学教育科研往往需要多方合力完成，需要能人担纲、高人指点、贵人相助、众人协同。一方面，一线教师精力、时间、经验都有限，教学任务重，工作压力大，通常情况下难以独力承担教育科研任务；另一方面，"君子生非异也，善假于物也"（《荀子·劝学》），教育科研本就需要善于多方借力、借智、借势，站在巨人的肩膀上走向成功。孟子曾说："天时不如地利，地利不如人和。"（《孟子·公孙丑下》）"人和"是事业胜利最重要的、起决定作用的因素。中小学教育科研，最怕的是领导没时间做、教师没精力做、自己没心情做，缺乏研究氛围和团队，得不到基本的必要的支持。研究型高中必须树立"以研究为先导"的共同价值观，形成研究地学习、研究地教学、研究地管理、研究地服务的校园新常态，努力构建校本研究"雁阵"，实现上下同欲，整体推进。

---

① 习近平. 加强基础研究，实现高水平科技自立自强［J］. 求是，2023（15）：3-6.

1. 要发挥头雁作用

群雁高飞头雁领，头雁决定雁阵的前进方向，决定雁阵的精神状态，决定雁阵的前途命运。中小学教育科研，特别需要这样的头雁，需要校本研究领头雁身先士卒、率先垂范，发挥导向、示范、引领、带动作用，率领群雁朝着共同目标同心协力、奋勇前行。校本研究领头雁，首先是学校领导，"欲政之速行也，莫善乎以身先之"（《孔子家语·入官》），凡事领导带好头，工作就好发动，项目就好推进，就容易形成同频共振、众志成城的局面。除了领导干部，学术委员、学科组长、名师工作室首席名师、课题主持人、项目负责人等，都要做教育研究领头雁，以身作则，率先垂范，身体力行，做好表率。做好校本研究领头雁，必须真抓实干，而不能装模作样；必须求真务实，而不能弄虚作假；必须统筹兼顾，而不能大包大揽；必须攻坚克难，而不能挑肥拣瘦。领头雁不是位于前头的雁，而是飞在前头的雁，不仅是组织者、指挥者，更应是参与者、践行者，不仅带着大家干，而且做给大家看。唯有带头真干实干大干，才能真正发挥头雁作用，形成雁阵效应，取得研究型高中建设成效，推动党的教育事业阔步前进。

2. 要引领群雁齐飞

研究型高中建设需要上下同欲、群策群力，既需要头雁领航，更需要群雁齐飞，需要凝心聚力，同舟共济。首先要注重扶植强雁，信任并紧紧依靠教研科研骨干，让能人担纲，并积极发挥传帮带效能；其次要注重培育雏雁，精心培养教研科研后备人才，让他们在跟飞、伴飞中不断成长成熟；最后要注重扶助弱雁，帮助他们扬长处补短板，促使他们紧跟雁阵不掉队。一个人可能走得更快，但一群人才能走得更远，研究型高中需要建立起学习共同体、教学共同体、反思共同体、研究共同体、实践共同体、发展共同体等互助合作的团队，需要形成上下一心、各尽所能、群雁齐飞的理想局面。

3. 要借重雁阵智慧

雁阵是充满合作智慧的：编成"人"字队形，比其他队形能多飞行70％以上路程；借助身边大雁羽翼产生的空气动力，能使飞行更加省力；飞行过程中适时交换左右位置，能均衡借力缓解疲劳……研究型高中建设雁阵，也应该强化组织和协调，如构建学科教研纵向横向互联网络、构建研究型教师修学教研评一体化研修体系、构建英才培育一制（导师制）两化（专业化、专职化）管理体制、构建教育集团联学联研联培联赛联动机制等，都可以充分发挥雁阵效应，有效提升工作效率。

三、研究型高中建设实践路向

研究型高中建设必须从实际出发，根据特定的校情、生情、学情、教情及其他办学实际情况因地制宜，因此，研究型高中建设的实践路向因校而异，不可以生搬硬套、机械模仿。湖南师大附中自2015年起提出创建研究型高中的办学新追求，开展了"建设高质量、学术性、更幸福的研究型高中"的创新实践探索。这里以湖南师大附中为例，探讨研究型高中建设的实践路向。

（一）研究型高中建设的实践方位

教育哲学认为，学校应该树立立体发展观。"所谓立体发展观就是将学校的品质比作立方体，原点是核心教育理念，长度是持续发展，宽度是协调发展，高度是特色发展。"[①] 学校的改革和发展，建立在科学定位并谋求持续发展、特色发展、协调发展的基础上。湖南师大附中于 2012 年接受省教育厅委托开展现代教育实验学校建设，经过五年多时间的探索实践，初步构建了"依法治校、民主治校、学术治校"的现代学校治理体系（见图 2－1）。这个体系的原点是现代学校综合治理，长度是依法治校，建设制度规范下的现代学校以实现可持续发展；宽度是民主治校，建设民主治理下的现代学校以实现协调发展；高度是学术治校，建设学术引领下的现代学校以实现特色发展。

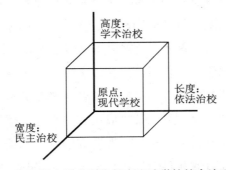

图 2－1 湖南师大附中现代教育实验学校综合治理示意图

湖南师大附中现代教育实验学校建设取得了突出成就和显著成效，其阶段性成果荣获 2016 年湖南省第四届基础教育教学成果特等奖和 2018 年国家级基础教育教学成果二等奖。但是，学校认为，学术治校是现代教育实验学校建设的核心和关键，而恰恰是在学术治校方面，学校自觉改革力度不够大，步子迈得不够大，存在巨大上升空间。因此，步入"十三五"后，学校基于教育综合改革形势、国际教育潮流和学校办学方向的综合研判和理性思考，提出了创建研究型高中的办学新追求，目的就是要在全面巩固现代教育实验学校建设成就的基础上，全面地优化、强化和深化学术治校体系，全面开启优质高中向卓越高中跨越的创新发展新征程。因此，研究型高中建设是湖南师大附中适应新形势、实现新跨越、塑造新优势的创新发展之路，也是现代教育实验学校建设的延续与深化。

（二）研究型高中建设的实践目标

根据《湖南师大附中研究型高中建设方案》，湖南师大附中研究型高中建设的实践目标包括总体目标和具体目标。

---

① 邵志豪，解庆福．学术型中学建设的理论与实践研究［M］．北京：人民教育出版社，2022：40.

1. 总体目标

湖南师大附中研究型高中建设总体目标是：建设研究型高中，培育研究型学生，为培养高素质创新型人才奠基。创建研究型高中，不是为了创办一种新型体制学校，也并不改变普通高中学校的基本性质和根本任务，其根本目的是立德树人，闯出一条更好地为党育人、为国育才的创新之路，其出发点、着眼点和落脚点是提升学生成长成才能力，提高人才培养质量，做好高素质创新人才培养的基础性工作。

党的二十大报告指出"教育、科技、人才是全面建设社会主义现代化国家的基础性、战略性支撑"，强调"我们要坚持教育优先发展、科技自立自强、人才引领驱动，加快建设教育强国、科技强国、人才强国，坚持为党育人、为国育才，全面提高人才自主培养质量，着力造就拔尖创新人才，聚天下英才而用之"。教育、科技、人才三者之中，教育举足轻重，因为教育是科技发展的先导和人才涌现的基础。新时代学校教育，必须聚焦立德树人根本任务，自觉服务科教兴国战略、人才强国战略、创新驱动发展战略三大国家战略，潜心为党育人、为国育才，培养堪当民族复兴大任的时代新人。

研究型高中是基于问题研究的普通高中，以普通高中教育为基点，以问题研究为媒介，致力于高素质创新人才早期培养，可以说是基础教育阶段教育、科技、人才三大要素融为一体的最佳模式。湖南师大附中以"成民族复兴之大器"为己任，全力建设高质量、学术性、更幸福的研究型高中，充分发挥研究的育人功能和价值，全面提升学生的问题意识、思辨能力、探究习惯和科学精神，努力为有志趣、有天赋、有潜力的青年学生提供适合的教育，从根本上讲，是对科教兴国战略、人才强国战略、创新驱动发展战略的积极呼应，是对着力造就拔尖创新人才的教育大势的主动对接，是对普通高中育人方式改革的积极探索，是对为党育人、为国育才职责使命的坚定履行。

2. 具体目标

《湖南师大附中研究型高中建设方案》在总体目标之下，设定了三个具体目标：学校发展目标、教师发展目标、学生发展目标。

（1）学校发展目标：建设研究型高中

《湖南师范大学附属中学"十三五"改革与发展规划纲要（2016—2020年)》提出："用五到十年时间，将学校建设成为高质量、现代化、研究型、幸福的卓越高中。"《湖南师范大学附属中学"十四五"改革与发展规划（2021—2025年)》提出："建设高质量、学术性、更幸福的研究型高中，实现从优质学校向卓越学校的跨越。""研究型"由"卓越高中"的一个特色，变成普通高中的一种类型，体现了学校改革与发展目标的笃定和深化。"高质量、学术性、更幸福的研究型高中"的定位，也使研究型高中建设目标更加具体明确。

学校认为，"高质量"是研究型高中的基本追求，建设研究型中学就是要建立高质量发展体系，实现学生成长高质量、教师发展高质量和学校办学高质量；"学术性"是研究型中学的基本特征，建设研究型中学必须营造研究地学习、研究地教学、研究地管理、研究地服务的校园新常态，提升管理服务、教育教学和深度学习的学术趣向和学术水平；"更幸福"是研究型中学的基本价值，建设研究型中学必须坚持共享发展理念，引领全校师生树立正确的幸福观，提升师生幸福感和幸福指数，切实办好人民满意的教育。

"高质量、学术性、更幸福的研究型高中"的发展定位，同样构建了一个立体发展矩阵（见图2-2）。

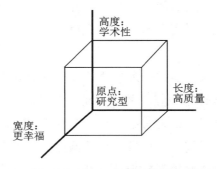

图2-2 湖南师大附中研究型高中发展定位示意图

该立体发展矩阵中，研究型是原点，是学校改革与发展的目标定位和价值追求；高质量是长度，唯有确保学生成长高质量、教师发展高质量和学校办学高质量，学校才能拥有持续发展的基石和保障；学术性是高度，研究型高中必须从行政思维走向学术思维，积极开展基于问题研究的教育教学实践，实现注重问题研究、学术追求的特色发展；更幸福是宽度，建设研究型高中必须以"发展为了人民、发展依靠人民、发展成果由人民共享"为宗旨，努力提升全校师生的幸福指数，谋求学校的共享发展和协调发展。

（2）教师发展目标：培养研究型教师

教师是立教之本、兴教之源，研究型高中靠教师去建设，研究型课程靠教师去开发，研究型课堂靠教师去运作，研究型学生靠教师去培养，因此，培养研究型教师是建设研究型高中的关键性、决定性目标。

中华民族伟大复兴需要创新人才去实现，而创新人才需要高素质、专业化、创新型教师去培养。中共中央、国务院发布的《关于全面深化新时代教师队伍建设改革的意见》（中发〔2018〕4号）指出："到2035年，教师综合素质、专业化水平和创新能力大幅提升，培养造就数以百万计的骨干教师、数以十万计的卓越教师、数以万计的教育家型教师。"2019年初颁布的《中国教育现代化2035》，将"建设高素质、专业化、创新型教师队伍"列为教育现代化十大战略任务之一，成为加快教育现代化、建设教育强国的战略基石。新时代人民教师必须谋求"综合素质、专业化水平和创新能力"三个方面的大幅提升，成为高素质、专业化、创新型教师。

湖南师大附中于 2018 年被确认为湖南省"十三五"教育科学研究基地，研究方向为示范性高中研究型教师队伍建设研究。基地以"建设高素质、专业化、创新型教师队伍"为目标，开展"示范性高中研究型教师的内涵、价值和培养途径研究""新时代示范性高中师德师风建设校本研究"等省级重大委托课题研究，系统探究研究型教师内涵、特征、价值和成长规律。学校认为，研究型教师应以"好老师、大先生、筑梦人、系扣人、引路人"为追求，以解决教育教学实际问题、提高学生成长成才质量为己任，集教育理想追求者、教育理论修习者、教育实践反思者、教研科研行动者于一身，成为富于情怀、勤于学习、长于实践、崇尚学术的卓越教师。这样的研究型教师，显然就是高素质、专业化、创新型卓越教师。

富于情怀、勤于学习、长于实践、崇尚学术，构成湖南师大附中研究型教师专业发展的立体发展矩阵。富于情怀是原点和基点，研究型教师要具有家国情怀和教育情怀，理想信念坚定，道德情操高尚，仁爱之心炽热，个性修养良好；勤于学习是宽度，研究型教师必须坚持业务学习，系统掌握所教学科的课程体系、理论知识和专业技能，具有广博的教育知识和精深的学科知识，成为学习型社会的示范者和终身学习的笃行者；长于实践是长度，研究型教师是实干家，要扎根教育教学一线，在科学的教育观、人才观、质量观、学生观指导下有效开展教育教学实践，教育教学经验丰富，教书育人成效显著，形成鲜明的教育教学特色甚至独特风格；崇尚学术是高度，研究型教师要善于在实践中发现问题、研究问题，要有切实的解决办法、踏实的教研科研态度和务实的学术追求。

（3）学生发展目标：培育研究型学生

建设研究型高中的终极追求是立德树人，培育具有问题意识、思辨能力、探究习惯、科学精神的研究型学生，为培养在社会各个领域具有浓厚人文情怀、强烈社会责任感、坚实知识基础和较高研究素养，能用科学方法探索世界、创造生活的高素质创新人才奠定基础。

党的二十大报告强调："教育是国之大计、党之大计。培养什么人、怎样培养人、为谁培养人是教育的根本问题。"湖南师大附中将校训"公勤仁勇"确立为附中学子的人生底色和成长成才标杆，要求学校所培养的研究型学生成为具有附中气质的未来强者。何谓未来强者？就是能够担当民族复兴大任的时代新人。何谓附中气质？就是校训中的公勤仁勇。[①] 校训"公勤仁勇"，基本内涵是天下为公、勤敏以行、求仁履实、敢为人先，是"具有附中气质的未来强者"的基本特质，更是对"培养什么人、怎样培养人、

---

① 何金燕，李国斌．立德树人成大器——记全国文明校园湖南师大附中 ［N］．湖南日报，2018 - 04 - 21 （4）．

为谁培养人"这一教育的根本问题的科学解答。

培养研究型学生，还包括培养造就拔尖创新后备人才。习近平总书记曾强调："对科学兴趣的引导和培养要从娃娃抓起，使他们更多了解科学知识，掌握科学方法，形成一大批具备科学家潜质的青少年群体。"[①] 中小学阶段是培育逻辑思维、语言能力、想象力、创造力等创新素养的关键期，中小学须主动作为，在落实"双减"中做好科学教育加法，积极担当拔尖创新人才早期培养的使命责任。早在 20 世纪 80 年代初期，湖南师大附中就启动了拔尖创新人才早期培养工作，并从全面发展、个性发展、家国情怀、全球视野等维度强化育人价值引领，明确提出"素质全面，个性优良，成民族复兴之大器，做人类进步之先锋"的育人目标。进入新时代特别是启动研究型高中建设以来，学校聚焦"培育研究型学生，为培养高素质创新人才奠基"之目标，充分利用示范性高中、集团化办学和大学附中的独特优势，努力构建"小学中学衔接"和"中学大学对接"的拔尖创新人才共育机制，以学科竞赛、体艺竞技、科创体验为突破口，积极探索拔尖创新人才小中大一体化贯通式培养新路径[②]，打造出了"科学教育见长，人文素养厚重"的学科特色和育人特色。

（三）研究型高中建设的实践路径

研究型高中应该具有下述基本特征：有以研究为先导的研究型校园文化，有凸显研究特质的校本课程体系，有研究气韵流动的研究型课堂，有崇尚学术的研究型教师，有科学素质良好的研究型学生，有浓厚的研究氛围，有研究所需的必要设施和资源，等等。建设研究型高中，须以培养学生科学素质、提升教师研究能力为着眼点和着力点，在课程建设、课堂教学、队伍建设、育人模式、运行机制、环境建设等方面开展创新实践。

《湖南师大附中研究型高中建设方案》主要设定了六大实践路径：

1. 以科学素养为核心开发研究型课程

在开齐、开足、开好国家基础性课程前提下，开发品质塑造类、创造创新类、研究方法类、技能操作类、特长培养类等凸显研究特质的课程。开发多领域、跨学科的综合校本课程和各类研学旅行课程。开发初中与高中之间、高中与大学之间有效衔接类课程。促进各类社团活动、社会实践体验活动课程与研究性学习课程的有机结合，逐步构建以提升学生科学素养为核心的、分阶段、阶梯式的校本研究型课程体系。

2. 以问题探究为核心创设研究型课堂

增强学生的问题意识，强化课堂的问题导向，建立问题化课堂教学体系，不断提高

---

① 习近平. 在科学家座谈会上的讲话 [N]. 人民日报，2020 – 09 – 12 (01).

② 谢永红. 成民族复兴之大器：拔尖创新人才早期培养 40 载坚守与超越 [J]. 中小学管理，2023 (9)：6 – 9.

课堂教学中问题研究的比例、含量、层次和质量。探索以自主学习、合作学习、探究学习、体验学习为主体的课堂教学范式，构建不同类别、不同学科、不同课型的研究型课堂模型。采取分项选课、分类走班、分层授课、分别辅导的多样化课堂教学形式，落实整体化、差异化、个性化、自主化的现代教学组织原则。创建"互联网＋"背景下的各学科课外研学新模式，组织学生开展研究性学习、实践体验、实验操作、野外科考等个性化研学活动，培养探究意识和研究习惯。

3. 以规律探寻为核心开展课题研究

以"湖南师大附中研究型高中建设的实践与探索"课题为核心构建"研究型高中建设课题群"，将重大课题研究与学校中心工作推进有机结合，通过行动研究，及时解决研究型高中建设中的困难和问题，总结研究型高中建设的经验教训，探寻研究型教师、研究型学生成长规律和研究型高中建设规律，开展研究型高中建设的实践探索和理论研究。认真实施研究性学习课程，切实指导学生开展研究性学习课题及其他小课题研究，改革接受式学习方式，增强学生的问题探究意识，发展学生信息检索能力和动手操作能力，培养科学态度和创新精神，提升沟通、合作与分享的能力。

4. 以专业发展为核心培养研究型教师

建设教师发展学校之谟教师研修院，顶层系统设计教师专业发展模型，组织教师开展修学教研一体化专业研修，强化目标驱动，打通发展通道，组建研究型教师发展共同体，助力教师的专业成长。引领教师开展以案例剖析、课例研究为主的反思性实践探索，着力于教育教学过程中的问题研究和问题解决，使问题研究成为教师的生活方式和工作习惯。

5. 以创新体验为核心搭建研学平台

组建科技创新中心，加强服务于研究的硬件、软件建设，创设基于个性化的学习环境，为培养研究型教师和研究型学生创造良好条件。全面拓宽学生参加全球学科活动渠道，组织或鼓励更多学生参加国际国内学科竞赛、科技创新、模联及其他学科性活动，拓宽师生全球化视野，提升学校国际竞争力。

6. 以崇尚研究为核心营造文化氛围

建设主动发展、主动研究、主动创新的工作文化和学习文化，打造崇尚学术、激励创新、鼓励发表不同意见的宽松环境，让学习、交流、合作、创新等成为全校师生共同追求的目标和自觉的行为，使学校成为鼓励创新、大胆实践、不断反思、追求特色、合作共享、充满活力和具有不断自我更新能力的研究型成长共同体。

本书后续章节，将对上述六大实践路径作详尽阐析，此处不作赘述。

第三章
以科学素质为核心培育研究型学生

本章提要

　　创建研究型高中的终极追求是改革普通高中育人方式，培育研究型学生，为培养高素质创新人才奠基，从而更好地践行为党育人、为国育才的初心使命。湖南师大附中以"成民族复兴之大器"为育人追求，以"三全育人"为核心改革育人方式，以科学素质为核心培育研究型学生，打造了"科学教育见长、人文素养厚重"的教学特色和育人特色，在拔尖创新人才早期培养领域闯出了新路，做出了实绩。

第一节　培育研究型学生与发展科学素质

科学素质是国民整体素质的重要组成部分，提升青少年科学素质，对建设教育强国、科技强国、人才强国具有重大意义。中小学必须主动服务科教兴国战略、人才强国战略、创新驱动发展战略等国家战略，切实在教育"双减"中做好科学教育加法，积极引领学生从功利导向的被动学习转向志趣导向的主动学习，致力培养学生适应终身发展和社会发展需要的正确价值观、必备品格和关键能力，造就堪当民族复兴大任的时代新人。

一、科学素质视域下的中小学科学教育

中小学阶段是培育逻辑思维、语言能力、想象力、创造力等科学素质，培养学生创新精神和实践动手能力的最佳年龄段，应该注重学生创新潜能的挖掘和科学素质的培植。中小学科学素质教育，是国家基础教育改革的核心理念和重点领域，是全面提升中国学生发展核心素养的关键指标和主要路径。

（一）我国科学素质教育政策文件梳理

1985 年 5 月，邓小平同志在改革开放后的第一次全国教育工作会议上作了《把教育工作认真地抓起来》的重要讲话，强调："国力的强弱、经济发展后劲的大小，越来越取决于劳动者的素质，取决于知识分子的数量和质量。一个十亿人口的大国，教育搞上去了，人才资源的巨大优势是任何国家比不了的。有了人才优势，再加上先进的社会主义制度，我们的目标就有把握达到。"同年发布的《中共中央关于教育体制改革的决定》明确指出："在整个教育体制改革过程中，必须牢牢记住改革的根本目的是提高民族素质，多出人才，出好人才。"自此，提高整个中华民族的思想道德素质和科学文化素质，成为基础教育综合改革的最强音、总基调和主旋律。

1. 科学素质教育倡导期（1988—1994 年）

20 世纪 80 年代，各国围绕提高国民科学素质之目标，开展基础教育综合改革热潮。美国于 1985 年制定科学技术教育"2061 计划"，提出"为全美国人的科学"的口号，出台《国家科学教育标准》；英国于 1992 年发布《国家科学课程教育目标和要求》，全面推行科学素质教育课程改革；加拿大于 1995 年制定《科学教育成果的共同框架》，科学

教育成为国民教育核心内容和行为共识；南非于 1996 年出台《南非科学课程评估指南》，对科学素质教育作了较为明确的规定。① 尽管科学教育的内容、科学素质的界定五花八门，但国际上有关国民科学素质教育的战略规划、行动指南层出不穷，所引发的科学素质教育改革浪潮更是风起云涌。

相较于国外的狂飙突进，我国明显更为谨慎稳重。首先，我国没有急于全面推行科学素质教育课程改革，而是从局部试点入手。1988 年 5 月，原国家教育委员会决定，先在上海市和浙江省开展义务教育阶段科学课程改革试点，改革的主要内容是在九年义务教育的初中阶段，以"自然科学"综合课程取代分科教学的物理、化学、生物、地理等学科课程。其次，我国没有急于出台计划、标准、指南之类，而是从调查研究入手。自 1989 年起，中国科协、国家科委等部门组织了多轮次公众科学素质的区域抽样调查或全国普查，较为全面地掌握了我国公众（18~69 岁）科学素质状况、影响因素等多方面的信息资料，为国家制定宏观政策并有针对性地开展科学素质教育提供了参考数据和客观依据。

科学素质教育倡导期的标志性政策文件主要有三：

一是 1991 年 10 月国家中小学教材审定委员会审定通过的《义务教育全日制初级中学自然科学教学指导纲要（试用）》。此纲要巩固了上海市、浙江省义务教育阶段科学课程改革试点成果，指出："初中自然科学是一门初步认识自然现象、自然规律的课程。通过本课的学习，使学生具有作为社会主义公民必定具备的科学素质，为他们以后参加社会主义建设，适应现代生活和进一步学习科学文化知识打下必要的基础。"其首次提出"科学素质"之命题，强调科学素质是社会主义公民基本素养，对学生终身发展具有奠基作用。

二是 1993 年中共中央、国务院颁布的《中国教育改革和发展纲要》（中发〔1993〕3 号）。此纲要强调："中小学要由应试教育转向全面提高国民素质的轨道，面向全体学生，全面提高学生的思想道德、文化科学、劳动技能和身体心理素质。"基础教育改革矛头直指"应试教育"，改革目标则指向"全面提高国民素质"，其中就包括"文化科学"素质。

三是 1994 年 12 月中共中央、国务院颁发的《关于加强科学技术普及工作的若干意见》（中发〔1994〕11 号）。此意见指出："提高全民科技素质，保障国民经济持续、快速、健康发展，促进两个文明建设作为科普工作的中心任务。"其提出"全民科技素质"概念，强调提高全民科技素质事关国计民生，是推进经济发展、文明建设的战略支撑和根本保障。

---

① 陈首. 科学素质建设：国外在行动［J］. 科学学研究，2007，25（6）：1057 – 1062.

2. 科学素质教育探索期（1995—2005 年）

1995 年，江泽民同志在全国科技大会上发表重要讲话，首次正式提出"科教兴国"这一具有划时代意义的重要理念，标志着我国教育界、科技界全面进入科学素质教育探索期。他指出："科教兴国，是指全面落实科学技术是第一生产力的思想，坚持教育为本，把科技和教育摆在经济、社会发展的重要位置，增强国家的科技实力及向现实生产力转化的能力，提高全民族的科技文化素质。"从此，科教兴国成为国家战略举措，提高全民族的科技文化素质成为国家战略任务。

科学素质教育探索期的标志性政策文件主要有四：

一是 1999 年 6 月中共中央、国务院出台的《关于深化教育改革　全面推进素质教育的决定》（中发〔1999〕9 号），强调"实施素质教育就是全面贯彻党的教育方针，以提高国民素质为根本宗旨，以培养学生创新精神和实践能力为重点，造就有理想、有道德、有文化、有纪律的德智体美等全面发展的社会主义事业建设者和接班人"。培养创新精神和实践能力，成为素质教育的重点，成为提高国民素质的根本。自 2000 年 1 月起，教育部陆续颁布《全日制普通高级中学课程计划（试验修订稿）》，九年义务教育全日制初级中学物理、化学、生物、历史、地理等学科的教学大纲（试用修订版），《全日制义务教育科学课程标准（实验稿）》等课程改革政策与制度文件，全面加快构建符合素质教育要求的基础教育课程体系，着力培养和提升学生的创新精神和实践能力。特别是 2001 年 6 月颁布的《基础教育课程改革纲要（试行）》（教基〔2001〕17 号），标志着我国新一轮基础教育课程改革的全面启动，也指明了中小学科学素质教育改革发展的方向。

二是 2000 年 11 月科技部、教育部等多部委联合推出的《2001—2005 年中国青少年科学技术普及活动指导纲要》（国科发政字〔2000〕516 号）。此纲要指出："加强科学技术教育，提高全民族尤其是青少年的科技素质，是保障持续增强我国国家创新能力和国际竞争力的基础性工程。"其提出了新时期青少年科学技术普及活动的目标和原则，指出"青少年科学技术普及活动的基本内容包含科学态度，科学知识、技能，科学方法、能力以及科学行为、习惯等四部分"。青少年成为科学素质教育的主要对象，提高青少年的科技素质成为提高国民素质的重点。

三是 2002 年 6 月第九届全国人民代表大会审议通过的《中华人民共和国科学技术普及法》。这是我国也是世界上第一部科普法，对于强化科学技术普及工作、提高公民的科学文化素质具有深远影响和重大意义。《中华人民共和国科学技术普及法》特别强调："各类学校及其他教育机构，应当把科普作为素质教育的重要内容，组织学生开展多种形式的科普活动。"中小学开展科学素质教育，不但得到政策的支持，而且获得了法律的保障。

　　四是 2004 年 3 月国务院颁布的《2003—2007 年教育振兴行动计划》（国发〔2004〕5 号），提出"实施新世纪素质教育工程"，强调"全面贯彻党的教育方针，以培养德智体美等全面发展的一代新人为根本宗旨，以培养学生的创新精神和实践能力为重点，继续全面实施素质教育"。新世纪素质教育工程的重点是"培养学生的创新精神和实践能力"，是提升学生的科学素质。

3. 科学素质教育强化期（2006—2011 年）

　　2006 年 1 月 9 日，全国科技大会在北京人民大会堂隆重举行。这是新世纪召开的第一次全国科技大会，被誉为"科技发展的又一次里程碑"①。会议提出了加强自主创新、建设创新型国家的战略目标，确定了"自主创新、重点跨越、支撑发展、引领未来"的指导方针，强调"深化教育教学改革，推进素质教育，着力培养学生的独立思考能力和动手能力。加强科学普及工作，广泛传播科学思想，形成崇尚科学、尊重人才的社会风尚，提高全民族的科学文化素质"。这次盛会为我国科学素质教育政策的进一步完善奠定了基础。

　　科学素质教育强化期的标志性政策文件主要有四：

　　一是 2006 年 2 月国务院颁布的《国家中长期科学和技术发展规划纲要（2006—2020 年)》（国发〔2006〕6 号）。此纲要要求："以促进人的全面发展为目标，提高全民科学文化素质。在全社会大力弘扬科学精神，宣传科学思想，推广科学方法，普及科学知识……组织开展多种形式和系统性的校内外科学探索和科学体验活动，加强创新教育，培养青少年创新意识和能力……要深化中小学教学内容和方法的改革，全面推进素质教育，提高科学文化素养。"这些要求殷切而具体，体现了对"科学文化素质"内涵认识的不断深入和培养路径的不断清晰。

　　二是 2006 年 3 月国务院颁发的《全民科学素质行动计划纲要（2006—2010—2020 年)》（国发〔2006〕7 号）。此纲要提出了全民科学素质行动计划"十一五"期间的目标任务、基本措施和 2020 年前的阶段性目标，明确了"政府推动，全民参与，提升素质，促进和谐"的行动方针。其将"未成年人科学素质行动"列为四大重点工程之首，要求"完善基础教育阶段的科学素质教育，提高学校科学素质教育质量"。此纲要首次为"科学素质"概念作出界定："公民具备基本科学素质一般指了解必要的科学技术知识，掌握基本的科学方法，树立科学思想，崇尚科学精神，并具有一定的应用它们处理实际问题、参与公共事务的能力。"

　　三是 2007 年初国家发改委、教育部等八部门联合发布的《关于加强国家科普能力建

---

① 李津. 中国自主创新时代来临——2006 年全国科技大会关键词［J］. 科技中国，2006（2）：20 - 27.

设的若干意见》（国科发政字〔2007〕32 号）。此意见提出了"十一五"期间加强国家科普能力建设的主要任务，明确要求"完善中小学科学素质教育体系，提高科学素质教育水平"，指出了强化中小学科学素质教育的三大举措：促进中小学科学课程的改革与发展，加强中小学科学素质教育基础设施建设，积极开展多种形式的未成年人科普活动。

四是 2010 年 7 月颁布的《国家中长期教育改革和发展规划纲要（2010—2020 年）》。这是进入 21 世纪之后我国的第一个教育规划，是指导全国教育改革和发展的阶段性纲领性文件。此规划纲要明确指出：国家中长期教育改革和发展的战略主题是"坚持以人为本、全面实施素质教育"，战略重点是"面向全体学生、促进学生全面发展，着力提高学生服务国家服务人民的社会责任感、勇于探索的创新精神和善于解决问题的实践能力"。提升学生的创新能力、实践能力，成为教育改革发展的国家战略。

4. 科学素质教育深化期（2012 年至今）

党的十八大以来，以习近平同志为核心的党中央坚持把教育摆在优先发展的战略位置，强调扎根中国、融通中外、立足时代、面向未来，全面深化教育领域综合改革，一批标志性与引领性的改革举措取得明显成效，教育公共服务水平和教育治理能力不断提升，中国特色社会主义教育制度体系进一步完善。伴随教育综合改革的持续深入和教育事业的突飞猛进，以培养学生社会责任感、创新精神、实践能力为核心的科学素质教育也不断深化。特别是习近平总书记于 2023 年 2 月在中央政治局第三次集体学习时作出"要在教育'双减'中做好科学教育加法，激发青少年好奇心、想象力、探求欲，培育具备科学家潜质、愿意献身科学研究事业的青少年群体"的重要指示之后，科学教育成为基础教育界的共识、热点和焦点。

科学素质教育深化期的标志性政策文件主要有五：

一是 2016 年《全民科学素质行动计划纲要实施方案（2016—2020 年）》（国办发〔2016〕10 号）。此方案提出了"到 2020 年……公民具备科学素质的比例超过 10%"的目标，明确"2017—2020 年为深入实施阶段"，要求"以重点人群科学素质行动带动全民科学素质整体水平跨越提升"。青少年被列为四类重点人群之首位，"青少年的科学兴趣、创新意识、学习实践能力明显提高"被列为科学素质行动的首要目标。

二是 2017 年 9 月中共中央办公厅、国务院办公厅发布的《关于深化教育体制机制改革的意见》。此意见特别强调："在培养学生基础知识和基本技能的过程中，强化学生关键能力培养。培养认知能力，引导学生具备独立思考、逻辑推理、信息加工、学会学习、语言表达和文字写作的素养，养成终身学习的意识和能力。培养合作能力，引导学生学会自我管理，学会与他人合作，学会过集体生活，学会处理好个人与社会的关系，遵守、履行道德准则和行为规范。培养创新能力，激发学生好奇心、想象力和创新思维，养成创新人格，鼓励学生勇于探索、大胆尝试、创新创造。"认知能力、合作能力、创新能力等被确认为"学生关键能力"，科学素质内涵进一步具体化、明确化。

三是国务院办公厅于 2019 年 6 月颁布的《关于新时代推进普通高中育人方式改革的指导意见》（国办发〔2019〕29 号）。此意见明确提出："改进科学文化教育，统筹课堂学习和课外实践，强化实验操作，建设书香校园，培养学生创新思维和实践能力，提升人文素养和科学素质。"同时强调"积极探索基于情境、问题导向的互动式、启发式、探究式、体验式等课堂教学，注重加强课题研究、项目设计、研究性学习等跨学科综合性教学，认真开展验证性实验和探究性实验教学"，培养学生的创新思维和实践能力，这些都成为深化课堂教育改革的重要内容和有力举措。

四是 2021 年 6 月国务院印发的《全民科学素质行动规划纲要（2021—2035 年）》（国发〔2021〕9 号）。此纲要提出了"2025 年目标：我国公民具备科学素质的比例超过15%，各地区、各人群科学素质发展不均衡明显改善"和"2035 年远景目标：我国公民具备科学素质的比例达到 25%，城乡、区域科学素质发展差距显著缩小，为进入创新型国家前列奠定坚实社会基础"两大阶段目标，提出了五项提升行动和五项重点工程，"青少年科学素质提升行动"一如既往，位列提升行动之首。

五是 2023 年 5 月教育部等十八部门发布的《关于加强新时代中小学科学素质教育工作的意见》（教监管〔2023〕2 号）。此意见要求中小学"着力在教育'双减'中做好科学素质教育加法"，"推动中小学科学素质教育学校主阵地与社会大课堂有机衔接，提高学生科学素质，培育具备科学家潜质、愿意献身科学研究事业的青少年群体，培养社会主义建设者和接班人，为加快建设教育强国、科技强国、人才强国，全面建设社会主义现代化国家夯实基础"。科学素质教育，成为中小学素质教育和人才培养的重点和关键。

（二）中小学科学素质教育现状与对策

自 2006 年 3 月国务院颁发《全民科学素质行动计划纲要（2006—2010—2020 年）》（国发〔2006〕7 号）以来，经过政府和社会各界人士的共同不懈努力，我国公民科学素质从 2001 年的 1.4%（美国同期为 6.9%）[①]，提升到 2010 年的 3.3%，再提升到 2015 年的 6.2%；2018 年第十次中国公民科学素质调查数据显示，我国公民具备科学素质的比例达到了 8.5%，正接近 2020 年底达到 10.0%的预期目标[②]。尽管如此，我国公民具备科学素质的比例仍远低于国外科技发达国家，而且发达地区与欠发达地区、东部与西部地区、城市与农村地区，以及不同群体、不同行业之间发展仍不平衡，存在着显著差异。

那么，作为"重点人群科学素质行动"中的重点，我国中小学科学素质教育的情况

---

① 金振蓉. 中国人科学素质怎么样［N］. 光明日报，2002 - 01 - 25 (4).
② 喻思南. 我国具备科学素质公民比例超百分之八［N］. 人民日报，2018 - 09 - 07 (3).

如何？遭遇到了哪些问题？应当如何破解？

1. 中小学科学教育现状剖析

中小学是科学教育主阵地。习近平总书记于 2020 年 9 月在科学家座谈会上强调："对科学兴趣的引导和培养要从娃娃抓起，使他们更多了解科学知识，掌握科学方法，形成一大批具备科学家潜质的青少年群体。"2023 年 2 月，在中央政治局第三次集体学习时，习近平总书记又指出："要在教育'双减'中做好科学教育加法，激发青少年好奇心、想象力、探求欲，培育具备科学家潜质、愿意献身科学研究事业的青少年群体。"2021 年 6 月颁布的《全民科学素质行动规划纲要（2021—2035 年）》（国发〔2021〕9号）不但将"实施青少年科学素质提升行动"置于五大行动之首，而且特别强调要"提升基础教育阶段科学教育水平"。党和国家殷切期待中小学从建设教育强国、科技强国、人才强国之大局出发，立足校本实际开展生动活泼、丰富多彩的科学教育，提升青少年科学素质，为拔尖创新人才的茁壮成长奠定坚实基础。

近年来，国内中小学科学教育总的趋势是好的，取得的成效也比较明显。主要表现为：

一是在政府、高校、社会机构的统筹协调下建立了大量基地、联盟、实验区、实验校等，特别是 2024 年初教育部在全国范围内确认 125 个科学教育实验区、994 所科学教育实验校（《教育部办公厅关于推荐首批全国中小学科学教育实验区、实验校的通知》教监管厅函〔2023〕12 号）。

二是开展以"满足不同潜质学生发展需要"为指向的多样化、特色化办学创新实践，以深圳中学、上海中学、上海市七宝中学、东北师大附中、湖南师大附中等国内名校为代表的大批研究型高中、学术性高中、科学高中等应运而生。

三是普遍重视与强化研究性学习、综合社会实践、劳动教育、理化生实验操作、信息技术等课程实施，学生实践能力得到明显增强。

四是强化拔尖创新人才早期培养，涌现了不少切实可行的选鉴共育模式、创新实践经验和典型案例。华东师大二附中、华中师大一附中等学校的相关教学成果荣获 2022 年国家级基础教育教学成果一等奖。

但是，由于理念还未完全更新，思想还未完全统一，认识上还存在着种种误区，中小学科学教育实践也出现不少现实问题。

（1）片面的科学教育

受传统教育教学观念的影响，中小学科学教育片面强调"知其然，知其所以然"，坚持知识导向而不是素养导向，追求对科学知识原理的深刻理解而不是问题生成与思维发散，致力于将学生教得没有问题而不是培养学生的问题意识。科学素质"是一个人的科学认知水平、科学认知能力、科学实践能力和科学精神的综合表现"①，培养学生科学素质需要兼顾科学知识、科学方法、科学意识、科学品质、科学精神、科学思维、科学探究能力等诸多方面，而不能"重知识结论直接传授，轻学生自主探究；重系统、陈旧的学科体系，轻科学技术的新发展；重科学研究实用价值，轻科学研究经历"②。片面的科学教育，培养的是被动的知识接受者和考试应对者，不是主动的学习者和积极的探索者，显然不利于提升学生的科学素质，不利于"培育具备科学家潜质、愿意献身科学研究事业的青少年群体"，不利于营造讲科学、爱科学、学科学、用科学的良好社会风气。

（2）功利的科学教育

教育短期化、功利化是我国教育的顽疾痼障，基础教育更可以说是重灾区，长期以来处于"说的做不了，做的说不得"状态，直接导致中小学科学教育功利化：开展实验教学，不是为了提高实践操作能力，而是为了提高考试分数；参加冬（夏）令营、科考营之类活动，不是为了提升科学素质，而是为了增加综合素养评价"含金量"；组织学科奥赛或其他竞赛，不是为了培养科学家潜质人才，而是为了获得直接保送或降分录取资格；参与强基计划、领军计划、英才计划、卓越计划、攀登计划等高校招生改革行动，不是为了获取终身发展优质平台，而是为了铺平理想大学升学通道……科学教育目标如此短期化，行为如此功利化，谈何提升青少年科学素质？更谈何"以重点人群科学素质行动带动全民科学素质整体水平跨越提升"（《全民科学素质行动计划纲要实施方案（2016—2020 年）》）？

（3）狭隘的科学教育

科学教育与人文教育不可分离，"人文社会科学与自然科学的相互渗透、人文教育与科学教育的交叉融合是科学、技术和社会发展的要求和必然结果。推进人文教育和科学教育的融合，是实施素质教育、培养创新人才和取得原创性科研成果的关键性措施"③。目前，中小学科学教育普遍比较狭隘，眼里只有数学、物理、化学、生物、信息等自然科学，而将文学、历史、政治、艺术等统统排斥在科学教育范畴之外；进行数理化生信等学科教学时也只教专业知识，而忽视其中蕴含的德育内涵、人文精神、审美能力的融会贯通。《全民科学素质行动计划纲要（2006—2010—2020 年）》明确要求："完善基础教育阶段的科学教育，提高学校科学教育质量，使中小学生掌握必要和基本的科学知识与技能，体验科学探究活动的过程与方法，培养良好的科学态度、情感与价值观，发展

①　刘家颖. 科学素质教育的新型设计——英国"国家科学课程教学目标和需求"评析［J］. 化学教育，1998（5）：45－48.

②　孔繁成. 中小学科学素养教育存在的问题及解决策略［J］. 中国教育学刊，2006（6）：67－68.

③　周远清. 树立新的教育理念　推进科学教育与人文教育的融合［J］. 中国大学教学，2002（Z1）：4－5.

初步的科学探究能力，增强创新意识和实践能力。"中小学科学教育绝对不能只停留在"掌握必要和基本的科学知识与技能"的浅表层次，必须走出狭隘，全面提升学生科学素质。

（4）孤立的科学教育

中小学是科学教育主阵地，但是绝不能关起门来孤立地开展科学教育，而应该开门办学，谋求大中小、家校社的一体联动，"推动中小学科学教育学校主阵地与社会大课堂有机衔接"（教育部等十八部门，《关于加强新时代中小学科学教育工作的意见》），构建一体化推进、社会化协同、智慧化传播、国际化合作的科学教育生态圈。目前，中小学科学教育普遍比较"内向"，不注重整合校内外科学教育资源，不注重年级学段的有机衔接，不注重学科间的融通渗透，不注重与高等院校、科研院所的主动对接，不注重家校社协同育人机制的构建完善。习近平总书记曾说："绳短不能汲深井，浅水难以负大舟。"中小学必须充分利用科学教育社会大课堂，增加绳长，丰沛水量，更好地履行为党育人、为国育才的职责使命。

（5）倾斜的科学教育

《国家中长期教育改革和发展规划纲要（2010—2020 年）》明确指出，国家中长期教育改革和发展的战略重点是"面向全体学生、促进学生全面发展，着力提高学生服务国家服务人民的社会责任感、勇于探索的创新精神和善于解决问题的实践能力"。可见，以提高学生社会责任感、创新精神和实践能力为指向的科学教育，必须"面向全体学生"，而不能只让少数"尖子""苗子"受益。目前，中小学科学教育存在着奥赛热、清北崇拜、唯金牌是图等倾向和问题，都是将科学教育向少数人倾斜，而不是面向全体学生，都是实行所谓"精英教育"，而不是全面培养和提升学生的问题意识、思辨能力、探究习惯、科学精神。这种科学教育向少数人倾斜的做法，显然违背公平原则，也不符合国家倡导科学教育的初心本意。

2. 中小学科学教育对策举措

中小学阶段是培育逻辑思维、语言能力、想象力、创造力等科学素质的黄金期，中小学是提升青少年科学素质的主阵地。《学记》指出："时过然后学，则勤苦而难成。"一旦错过最佳时机，学习必然事倍功半。因此，习近平总书记强调："要在教育'双减'中做好科学教育加法，激发青少年好奇心、想象力、探求欲，培育具备科学家潜质、愿意献身科学研究事业的青少年群体。"但是，做好科学教育加法不能一"加"了之，不能只做单一维度的努力。党的二十大报告强调："要以科学的态度对待科学，以真理的精神追求真理。"做好科学教育加法，必须以科学的态度对待，用科学的方式开展，要兼顾高度、长度、深度、宽度等多维向度，真正促使学生全面而有个性、主动而生动的发展。

（1）要提升学生发展高度

"培育具备科学家潜质、愿意献身科学研究事业的青少年群体"，"愿意献身科学研究事业"是关键要素，没有献身科学的宏图壮志，纵具备科学家潜质也没有多大意义。科学无国界，但科学家有祖国。做好科学教育加法，必须立德树人，切实履行为党育人、为国育才的职责使命，坚定学生为国家战略服务、为民族复兴奉献的理想信念，增强学生做顶天立地中国人的志气、意气、骨气和豪气，引领学生将"小我"融入"大我"，厚植家国情怀，强化社会担当，努力成为堪当民族复兴大任的时代新人。培养什么人、怎样培养人、为谁培养人是教育的根本问题，也是做好科学教育加法的根本问题。

（2）要延伸学生发展长度

爱因斯坦曾在《论教育》一书指出："人们常常简单地认为学校就是把尽可能多的知识传授给学生的工具，这是错误的认识。学校的目标应是培养能够独立思考、独立行为，又视对社会的奉献为其人生第一要义的个人……教育就是忘记了在学校中所学的一切之后剩下的东西。"① 做好科学教育加法，重点不在传授科学知识，而在培育科学素质。伴随学生"不畏劳苦沿着陡峭山路攀登"并最终"达到光辉的顶点"（马克思语）的，往往不是印在书本上那些现成的科学知识，而是诸如好奇心、想象力、问题意识、思辨能力、探究习惯、科学精神之类科学素质。"爱之深则为之计深远"，做好科学教育加法，要为学生未来着想，为学生长远利益着想，为学生终身可持续发展着想。不能只"授人以鱼"，而应"授人以渔"；不能只"给人猎物"，而应"给人猎枪"；不能止步于科学教育活动、科学知识普及的表面繁荣，而应致力于培育学生适应终身发展和社会发展需要的正确价值观、必备品格和关键能力。

（3）要挖掘学生发展深度

浅尝难得真味，浅水难养蛟龙，做好科学教育加法，要适度在"深"字上做文章。

一是要培养学生深度志趣。对科学教育，绝大多数学生是感兴趣的。但是他们的兴趣可能只是一时兴趣，可能只能维持"三分钟热度"。知之者不如好之者，好之者不如乐之者，而乐之者不如志之者。兴趣是最好的老师，但必须提升为乐趣和志趣，才能走实、走深、走远。

二是要引领学生深度学习。中小学生具有好奇、多变、不稳定、不持久等身心特征，其学习容易停留在印象化、浅表化、碎片化、机械化的浅层状态。做好科学教育加法，一定要想方设法促进学生深度学习，促使学生"知其然→知其所以然→知其所以必然→知其所以不得不然"。形成了高阶思维，才能站得高看得远并看得透。

---

① 范蕊．"教育就是忘记了在学校所学的一切之后剩下的东西"——从爱因斯坦《论教育》中想到的［J］．教书育人，2004（10）：8－9．

三是要鼓励学生深度思考。科学的本质特征是求真，求真取决于"求思之深而无不在"（王安石《游褒禅山记》）。做好科学教育加法，一定要积极探索基于情境、问题导向的互动式、启发式、探究式、体验式等课堂教学，引领学生深度思考，重走科学家们走过的求是、求真之路，感受知识发现的过程，体验科学方法的运用。唯有如此，提升学生科学素质才能落地走实。

（4）要拓展学生发展宽度

科学素质包括自然科学和人文科学的科学理论、科学知识、科学思维、科学方法、科学技能、科学态度、科学精神、科学品质、科学道德等。做好科学教育加法，要树立"大科学教育观"，努力拓展学生科学素质发展的宽度，不能只顾自然科学不顾人文科学，不能只顾知识技能不顾精神道德。钱学森先生曾指出，科学工作者不单要懂自己的专业，还要懂艺术，培养自己的情趣，这样才能成为一个大师级的科学家。① 理想的科学家潜质，应该是既具有良好的数理思维，又具有良好的哲学思维、文学修养和审美情趣；既具有扎实的专业知识，又具有与交叉学科知识有关的广博知识储备。做好科学教育加法，要努力践行"科学教育见长、人文素养厚重"的育人理念，促进学生人文底蕴、科学精神、学会学习、健康生活、责任担当、实践创新等各类核心素养的全面发展。

二、科学素质教育与研究型学生培养

陈玉琨教授曾说："在我国，从高中阶段开始建设一批学术性研究型高中，培养一批敢于并善于在科学领域研究、在技术领域创新的人才，无疑是特别重要的任务。"② 建设研究型高中的根本目的是培养"敢于并善于在科学领域研究、在技术领域创新"的研究型学生，为培养高素质创新人才奠定基础。研究型学生最大行为特征是善于研究地学习，最大的素质特征是具有问题意识、思辨能力、探究习惯、科学精神。培养研究型学生与提升青少年科学素质，具有同质性、一致性和统一性。

（一）科学素质教育的内涵与结构要素

科学教育的根本目的是提升学生科学素质，其实质就是科学素质教育。科学素质教育在国外的提法为"科学素养教育"（Scientific Literacy Education）③。《辞海》对"素质"的解释是"人或事物在某些方面的本来特点和原有基础"，对"素养"的解释是"经常修习涵养。如艺术素养、文学素养等"，可见素质和素养原本是有区别的。现实中人们普遍认为，人的素质是以人的先天禀赋为基质，在后天环境和教育影响下形成并发

---

① 张继东，姜琨，关鑫. 当代科技工作者的科学素养与人文素养的统一［J］. 教育教学论坛，2013（8）：169-170.

② 陈玉琨. 为何要建学术性研究型高中［N］. 中国教育报，2020-07-26（3）.

③ 张红霞. 科学素养教育的意义及本土化诠释［J］. 清华大学教育研究，2002（4）：20-26.

展起来的内在的、相对稳定的身心发展特质，这样素质和素养就差不多同义了。唯其如此，我国的相关政策文件和研究文章中，科学素养与科学素质常常相提并论，没有严加分别。

科学素质的内涵，学术界至今仍无定论。一方面，科学素质本就是一个多维度的系统性概念，随着研究的不断深入，其维度也在不断增加，其内涵也就难免随之泛化和模糊化；另一方面，科学发展日新月异，科学素质内涵也自然会因科学发展，以及时代背景、社会文化环境等因素而动态发展和深化。国内外关于科学素质内涵的界定，取得的共识主要有：科学素质是一种身心发展的内在品质；科学素质具有多个维度和多元要素；科学素质应作多层面、多角度解读；科学素质应结合不同教育背景综合考量；科学素质可以通过学校教育、环境影响等途径动态实现；科学素质可以从低到高不断提升；等等。

学者们站在不同角度对科学素质的构成要素做出了各自不同的分类，归纳起来主要有三要素说、四要素说、五要素说、六要素说、十要素说等。影响最大的应该是国际科学素质发展中心（芝加哥）主任米勒的科学素质三维模式。米勒全面总结了以往理论研究和相关测量评价，结合自己的研究，于1983年在《科学素质：一个概念和经验的回顾》一文中提出著名的三维模式：关于科学概念的理解；关于科学过程和科学方法的认识；关于科学、技术和社会的相互关系的认识①。这一模式以大量实证数据为基础，抓住了科学素质的核心，在学术界得到了较为普遍的认同。我国开展的多次科学素质全民普查，主要采用的就是相对权威的米勒标准。

针对科学素质教育，我国已经制定了相关国家教育政策，科学素质的内涵也有了国家层面的统一界定。国务院颁布的《全民科学素质行动计划纲要（2006—2010—2020年)》和《全民科学素质行动计划纲要（2021—2035年)》都认为"科学素质是国民素质的重要组成部分"，前者指出："公民具备基本科学素质一般指了解必要的科学技术知识，掌握基本的科学方法，树立科学思想，崇尚科学精神，并具有一定的应用它们处理实际问题、参与公共事务的能力。"后者指出："公民具备科学素质是指崇尚科学精神，树立科学思想，掌握基本科学方法，了解必要科技知识，并具有应用其分析判断事物和解决实际问题的能力。"两个定义大同小异，都强调科学素质由科学精神、科学思想、科学方法、科学知识和科学能力等要素构成。

1. 科学精神

科学精神是人们在长期的科学实践活动中形成的共同信念、价值标准和行为规范的总称。科学精神内涵极其丰富，各类文献中常常提及的求实精神、实证精神、探索精神、

---

① 魏冰. 西方科学素养理论的形成与发展［J］. 外国中小学教育，2003（6）：16–18.

理性精神、创新精神、怀疑精神、独立精神、原理精神、进取精神、协作精神、包容精神、开放精神、民主精神、献身精神等，都是其有机组成部分。科学精神是科学素质的核心，中小学科学教育必须将弘扬科学精神尤其是科学家精神融入课堂教学和课外实践活动，贯穿于育人全链条。为此，《全民科学素质行动计划纲要（2021—2035 年）》特别强调："突出科学精神引领。践行社会主义核心价值观，弘扬科学精神和科学家精神，传递科学的思想观念和行为方式，加强理性质疑、勇于创新、求真务实、包容失败的创新文化建设，坚定创新自信，形成崇尚创新的社会氛围。"

2. 科学思想

科学思想是指在各种特殊科学认识和研究方法的基础上提炼出来的、能够发现和解释其他同类或更多事物的合理观念和推断法则。科学素质高最为重要的标志，就是通过科学教育形成了科学思想与方法，并运用它们去解决现实问题。联合国教科文组织曾在一份文件上举过一个生动的例子："我们能确信计算三角形面积公式一定是重要的吗？很多人在校外生活中使用三角公式最多不超过一次；更重要的是获取它的思想方法，通过分割一个表面成为一些简单的小块，而且用不同的方法重新组成这个图形来求它的面积值。"① 《义务教育课程方案和课程标准（2022 年版）》提出了"大概念教学"新理念，主张变"宽而浅"的学习为"少而深"的学习，构造出大脑内合宜的"主干道"，掌握"少而重要"的专家思维方式②。大概念教学主要着眼于"思"，主要解决思想问题，因为只要想对了，做自然不成问题。

3. 科学方法

科学方法是指人们在认识和改造世界的实践活动中所遵循、运用并总结出来的符合科学原则的各种途径、方式和手段，是人们揭示奥秘、获取新知、探索真理的思路、程序、规则、技巧和模式。得其法者事半功倍，不得法者事倍功半。课程与教学论中有两个著名追问：一个是来自英国教育家斯宾塞的斯宾塞之问——什么知识最有价值？一个是来自美国教育学者菲德尔的菲德尔之问——怎样学习知识才有价值？③ 两个追问的基本结论：掌握科学思想方法比学习科学知识更为重要。原联合国教科文组织总干事纳依曼曾说："今天教育的内容 80% 以上都应该是方法，方法比事实更重要。""80% 以上"之比例不一定科学，"方法比事实更重要"的判断也有可商榷之处，但是方法之重要不言而喻。科学的本质是求实、求是、求真，中小学开展科学教育，必须引导学生严谨求实、实事求是、求真务实，在"研究地学习"的过程中感受知识发现的过程，体验科学

---

① 韩传才，鞠庆成. 初中生数学素养培养探讨［J］. 中学生数理化（学研版），2012（12）：89.
② 中国教师报. 何谓大概念？大概念教学如何实施？［N］. 中国教师报，2012 – 12 – 29（4）.
③ 刘徽. 大概念教学：素养导向的单元整体设计［M］. 北京：教育科学出版社，2022：3.

方法的运用，重走科学家们走过的求是求真之路，逐渐将科学方法内化为自己的思维方式和行为方式，形成科学的世界观和方法论，实现科学素质的全面提升。

4. 科学知识

科学知识是人类在改造世界的实践中所获得的经验和认识的总和，是外部世界的事物、现象的规律性反映。科学知识的每一个概念都经过实践的千锤百炼，无论其发生发展过程，还是其内涵与外延，通常都蕴含着丰富的背景和来源、经验与意义、方法与思想，都弥足珍贵。但是，这并不意味着科学知识是永恒的真理，只能崇拜不容置疑，只能被动接受不能主动求思，只能"COPY（拷贝）式学习"（华裔诺贝尔奖获得者朱棣文语）不能在探究中生成。新课程理念强调，课程教学应贴近学生的生活，充分利用学生原有的认知和生活经验，促使他们在探究的情境中通过实践获得感悟和发现，进而建构知识体系。但是在中小学教学实践中，知识导向仍起主导作用，重标准答案而轻智慧开发、重知识结论传授而轻学生自主探究、重现成知识教学而轻科学技术新发展新成果、重科学研究实用价值而轻科学研究真实背景真实历程，已经成为中小学科学教育普遍存在的问题①。科学知识是提升科学素质的基础和媒介，但是如果不能正确汲取和科学传承，也有可能成为提升科学素质的障碍甚至坟墓。

5. 科学能力

科学能力是保证人们顺利进行科学探究活动所必需的较稳定的心理特征。科学能力内涵比较广泛，既包括科学探究活动中必需的智慧能力，如观察能力、思维能力、想象能力、实际操作能力、创造能力等，也包括综合能力，如阅读能力、自学能力、表达能力等。美国学者加德纳博士认为，每个人都拥有多元智能：言语智能、数理逻辑智能、空间智能、动觉智能、音乐智能、交际智能、自知自省智能、存在智能、自然探索智能等②，其中多项智能属于科学能力范畴，可见每个人都具有发展科学能力的条件和可能。能力发展随年龄增长而变化，童年期和少年期是能力发展最重要的时期：从三四岁到十二三岁，能力发展与年龄增长几乎等速，十八至二十五岁（也有人说是四十岁）间达到顶峰。抓住中小学生能力发展窗口期开展科学能力培育，十分重要而且必要，因此《普通高中课程方案（2017年版2020年修订）》确立的培养目标是"进一步提升学生综合素质，着力发展核心素养，使学生具有理想信念和社会责任感，具有科学文化素养和终身学习能力，具有自主发展能力和沟通合作能力"③。培养目标中的关键词，主要就是素养和能力。

①　孔繁成. 中小学科学素养教育存在的问题及解决策略 [J]. 中国教育学刊，2006（6）：67–68.
②　霍华德·加德纳. 智能的结构 [M]. 沈致隆，译. 北京：中国人民大学出版社，2008：8–10.
③　中华人民共和国教育部. 普通高中课程方案 [M]. 北京：人民教育出版社，2020：10.

（二）科学素质教育与中国学生发展核心素养

2013 年 5 月，教育部基础教育二司委托北京师范大学林崇德教授牵头开展"我国基础教育和高等教育阶段学生核心素养总体框架研究"项目研究。项目组历时三年集中攻关，于 2016 年 2 月发布了《中国学生发展核心素养征求意见稿》；在广泛征求并吸纳多方意见建议的基础上，经教育部基础教育课程教材专家工作委员会审议，形成研究成果，并于 2016 年 9 月 13 日在北京师范大学举行研究成果发布会，被誉为课程改革的关键、课程标准的源头、教育评价的风向标的《中国学生发展核心素养》正式发布。

1. 《中国学生发展核心素养》的基本内容

2014 年 4 月，教育部印发《关于全面深化课程改革落实立德树人根本任务的意见》（教基二〔2014〕4 号），正式提出"核心素养"这一概念，也正式开启国内核心素养研究热潮。研究学生发展核心素养是落实立德树人根本任务的一项重要举措，也是适应世界教育改革发展趋势、提升我国教育国际竞争力的迫切需要。

《中国学生发展核心素养》认为，"核心素养是学生在接受相应学段的教育过程中，逐步形成的适应个人终身发展和社会发展需要的必备品格与关键能力"①。中国学生发展核心素养，以科学性、时代性和民族性为基本原则，以培养"全面发展的人"为核心，分为文化基础、自主发展、社会参与三个方面，综合表现为人文底蕴、科学精神、学会学习、健康生活、责任担当、实践创新六大素养，具体细化为国家认同等十八个基本要点②。一个核心、三个方面、六大素养、十八个基本要点，构成中国学生发展核心素养的总体结构框架（如图 3 - 1）。

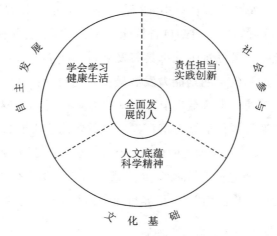

图 3 - 1　中国学生发展核心素养总体框架

---

① 林崇德 . 21 世纪学生发展核心素养研究［M］. 北京：北京师范大学出版社，2016：29.
② 核心素养研究课题组 . 中国学生发展核心素养［J］. 中国教育学刊，2016（10）：1 - 3.

（1）文化基础

重在强调能习得人文、科学等各领域的知识和技能，掌握和运用人类优秀智慧成果，涵养内在精神，追求真善美的统一，发展成为有宽厚文化基础、有更高精神追求的人。文化基础方面主要体现为两大素养：一是人文底蕴，包括人文积淀、人文情怀、审美情趣等基本要点；二是科学精神，包括理性思维、批判质疑、勇于探究等基本要点。

（2）自主发展

重在强调能有效管理自己的学习和生活，认识和发现自我价值，发掘自身潜力，有效应对复杂多变的环境，成就出彩人生，发展成为有明确人生方向、有生活品质的人。自主发展方面主要体现为两大素养：一是学会学习，包括乐学善学、勤于反思、信息意识等基本要点；二是健康生活，包括珍爱生命、健全人格、自我管理等基本要点。

（3）社会参与

重在强调能处理好自我与社会的关系，遵循现代公民所必须遵守和履行的道德准则和行为规范，增强社会责任感，提升创新精神和实践能力，促进个人价值实现，推动社会发展进步，发展成为有理想信念、敢于担当的人。社会参与方面主要体现为两大素养：一是责任担当，包括社会责任、国家认同、国际理解等基本要点；二是实践创新，包括劳动意识、问题解决、技术运用等基本要点。

2. 中国学生发展核心素养与科学素质教育

《中国学生发展核心素养》所关注并确立的核心素养，重点有二：一是必备品格，二是关键能力。必备品格的重点是责任担当，关键能力的重点则是学习能力、实践能力和创新能力。总体上看，《中国学生发展核心素养》体现了对科学素质的高度重视和孜孜以求。

（1）"文化基础"方面的科学素质教育

文化是人存在的根和魂。《中国学生发展核心素养》中"文化基础"包括人文底蕴、科学精神两大素养，体现了人文底蕴、科学精神兼备的科学素质追求。其中"科学精神"包括理性思维、批判质疑、勇于探究等基本要点，要求学生崇尚真知，能理解和掌握基本的科学原理和方法；尊重事实和证据，有实证意识和严谨的求知态度；逻辑清晰，能运用科学的思维方式认识事物、解决问题、指导行为；具有问题意识，能独立思考、独立判断；思维缜密，能多角度、辩证地分析问题，做出选择和决定；具有好奇心和想象力；能不畏困难，有坚持不懈的探索精神；能大胆尝试，积极寻求有效的问题解决方法；等等。这些要求，显然都属于科学教育范畴，都是为了培育并提升学生的科学素质。

（2）"自主发展"方面的科学素质教育

自主性是人作为主体的根本属性。《中国学生发展核心素养》中"自主发展"包括学会学习、健康生活两大素养，体现了对 21 世纪教育四大支柱"学会做人、学会做事、学会合作、学会求知"① 的积极响应。其中"学会学习"包括乐学善学、勤于反思、信息意识等基本要点，要求学生能正确认识和理解学习的价值，具有积极的学习态度和浓厚的学习兴趣；能养成良好的学习习惯，掌握适合自身的学习方法；能自主学习，具有终身学习的意识和能力等；具有对自己的学习状态进行审视的意识和习惯，善于总结经验；能够根据不同情境和自身实际，选择或调整学习策略和方法；能自觉、有效地获取、评估、鉴别、使用信息；具有数字化生存能力，主动适应"互联网＋"等社会信息化发展趋势；具有网络伦理道德与信息安全意识；等等。学习能力是科学素质的基本要素，乐学善学、勤于反思、信息意识都是科学素质教育的重要组成部分。

（3）"社会参与"方面的科学素质教育

社会性是人的本质属性。《中国学生发展核心素养》中"社会参与"包括责任担当、实践创新两大素养，而"着力提高学生服务国家服务人民的社会责任感、勇于探索的创新精神和善于解决问题的实践能力"正是《国家中长期教育改革和发展规划纲要（2010—2020 年)》提出的教育改革和发展战略重点。"社会参与"中的"实践创新"包括劳动意识、问题解决、技术运用等基本要点，要求学生在主动参加的家务劳动、生产劳动、公益活动和社会实践中，具有改进和创新劳动方式、增强劳动效率的意识；善于发现和提出问题，具有解决问题的兴趣和热情；能依据特定情境和具体条件，选择制定合理的解决方案；具有在复杂环境中行动的能力；理解技术与人类文明的有机联系，具有学习掌握技术的兴趣和意愿；具有工程思维，能将创意和方案转化为有形物品或对已有物品进行改进与优化；等等。这些要求都是对科学素质中实践能力、创新精神的强调和强化。

（三）科学素质教育与研究型学生培育

科技是第一生产力，人才是第一资源，创新是第一动力。党的二十大报告指出："我们要坚持教育优先发展、科技自立自强、人才引领驱动，加快建设教育强国、科技强国、人才强国，坚持为党育人、为国育才，全面提高人才自主培养质量，着力造就拔尖创新人才，聚天下英才而用之。"人才来源无非两大路径：一是镕金琢玉，着力造就拔尖创新人才；二是广开贤路，聚天下英才而用之。中小学是"着力造就拔尖创新人才"的基础性、关键性环节，必须在教育"双减"中做好科学教育加法，致力于提升学生的科学素质，培育高素质创新型学生，助力拔尖创新人才茁壮成长。

湖南师大附中创建研究型高中的着眼点、出发点和落脚点是"培育研究型学生，为

---

① 联合国教科文组织国际教育发展委员会. 学会生存——教育世界的今天和明天 [M]. 北京：教育科学出版社，1996：5.

培养高素质创新人才奠基"。学校将"高素质创新人才"定位为研究型学生，确立了"培育素质全面、个性优良，具有家国情怀、国际视野、创新精神和实践能力的研究型学生"的育人目标。学校以"成民族复兴之大器"为育人追求，潜心"培育具有研究特质的学生，为培养在社会各个领域具有浓厚人文情怀、强烈社会责任感、坚实知识基础和较高研究素养，能用科学方法探索世界、创造生活的高素质创新型人才奠基"（参见附录《湖南师大附中研究型高中建设方案》）。

在培育研究型学生的过程中，学校始终抓住问题意识、思辨能力、探究习惯、科学精神等关键要素，全面提升学生的科学素质。

1. 问题意识

问题是学习的动力源，是研究的出发点，是新知识、新方法、新思想的种子。爱因斯坦曾说："提出一个问题往往比解决一个问题更重要。因为解决问题也许仅是一个数学上或实验上的技能而已，而提出新问题，新的可能性，从新的角度去看旧问题，却需要有创造性的想象力，而且标志着科学的真正进步。"[①] 习近平总书记也曾指出："从某种意义上说，理论创新的过程就是发现问题、筛选问题、研究问题、解决问题的过程。"[②] 问题意识就是科学意识，培育研究型学生的核心就是强化学生的问题意识，提升学生的科学素质。孔子提出"不愤不启，不悱不发"，孟子主张"尽信书，则不如无书"，陈献章断言"小疑则小进，大疑则大进"，陆九渊认为"为学患无疑，疑则有进"，发现问题的敏锐、筛选问题的智慧、研究问题的勇毅、解决问题的自信，自古就是我国教育思想中的精髓，也应该成为新时代中小学科学素质教育的自觉。

2. 思辨能力

"思辨"一词源于《中庸》"博学之，审问之，慎思之，明辨之，笃行之"之句。所谓"思"指的是分析、推理、判断等思维活动；所谓"辨"指的是对事物的情况、类别、事理等的辨别分析。思辨能力包括六种核心能力，即阐释、分析、推论、评价、解释和自我调控，可分为元思辨能力（自我调控能力）和思辨能力两个层次[③]。长期以来，国内中小学教育教学存在着一定程度的"思辨缺席症"，"教师永远是对的"或"学生必须服从教师"等观念根深蒂固。我们要求学生"听话"，不喜欢学生质疑或挑战，不允许学生有独特的思想和独立的思考，不要求学生有求异思维和创造能力，不主张学生有"独立之精神、自由之思想"[④]。因此，《普通高中课程方案（2017 年版 2020 年修订）》

---

① 沃伦·贝格尔. 如何提出一个好问题 [M]. 常宁，译. 天津：天津科学技术出版社，2022：158－162.

② 崔新建，李翠玲. 把握理论创新的实践导向 [N]. 人民日报，2017－10－24（14）.

③ 文秋芳. 中国外语类大学生思辨能力现状研究 [M]. 北京：外语教学与研究出版社，2012：86－96.

④ 谢永红. 改革传统育人方式 培养拔尖创新人才 [N]. 湖南日报，2018－10－25（8）.

强调学生要"敢于批判质疑，探索解决问题，勤于动手，善于反思，具有一定的创新精神和实践能力"，语文等学科的课程标准更明确提出"发展思辨能力，提升思维品质"①。"学而不思则罔，思而不学则殆"（《论语·为政》），强化学生思辨能力培养，已经成为中小学教育教学尤其是科学素质教育的当务之急。

3. 探究习惯

探究是科学研究的基本方法，是人类探索和了解自然、获得科学知识、解决科学问题的主要途径。苏霍姆林斯基曾指出："在人的心灵深处，总有一种根深蒂固的需要，这就是希望自己是一个发现者、研究者、探索者。"② 引导学生广泛参与探究实践，是激发中小学生好奇心、想象力和探求欲的法门，是培养学生科学兴趣、提升学生科学素养的良方。新一轮课程改革提出"自主、合作、探究"理念，全面倡导探究性学习和探究式教学：《普通高中课程方案（2017 年版 2020 年修订）》及各学科课程标准中均强调"引导学生经历探究过程"；教育部等十八部门发布的《关于加强新时代中小学科学教育工作的意见》强调"推进基于探究实践的科学教育"，要求"实施启发式、探究式教学"，探究实践成为中小学科学教育的基础，成为中小学课堂教学的主要方式。培养研究型学生，主要目的是组织学生通过探究实践，循着科学家们走过的探究之路，感受知识的发现过程，体验科学方法的运用，并由此培育学生的科学精神、探究习惯和解决问题的能力。

4. 科学精神

科学精神是科学的灵魂，是科学素质的核心，也是中小学科学教育的基本内容。习近平总书记强调："科学成就离不开精神支撑。"③《中华人民共和国科学技术进步法（2021 年修订）》明确规定："学校及其他教育机构应当坚持理论联系实际，注重培养受教育者的独立思考能力、实践能力、创新能力和批判性思维，以及追求真理、崇尚创新、实事求是的科学精神。"国家从价值取向、实现路径、行为准则等维度对科学精神的内涵作出了清晰界定，为新时代中小学开展科学素质教育、弘扬科学精神和科学家精神树立了鲜明导向，提供了重要遵循。

---

① 中华人民共和国教育部. 普通高中课程方案［M］. 北京：人民教育出版社，2020：10.
② 瓦·阿·苏霍姆林斯基. 给教师的建议［M］. 杜殿坤，译. 北京：教育科学出版社，1984：69 – 72.
③ 习近平. 在科学家座谈会上的讲话［N］. 人民日报，2020 – 09 – 11（1）.

第二节 培育研究型学生与培养社会责任感

湖南师大附中建设研究型高中的总体目标是"培育研究型学生、为培养高素质创新人才奠基"。为此，学校以增强科学素养为核心，开发研究型课程；以问题探究为核心，创设研究型课堂；以规律探寻为核心，开展课题研究；以促进专业发展为核心，培养研究型教师；以创新体验为核心，搭建研学平台；以崇尚研究为核心，营造文化氛围。种种路径举措，都只为闯出一条育人育才新路，提升学生成长成才能力，提高人才培养质量，做好高素质拔尖创新型人才培养的基础性工作。其具体内容将分散在本书其他各章节阐说，本节侧重论析以社会责任感为核心的育人价值引领问题。

党的二十大报告强调："教育是国之大计、党之大计。培养什么人、怎样培养人、为谁培养人是教育的根本问题。育人的根本在于立德。"培育研究型学生，必须德育先行，强化育人价值引领。国务院颁布的《全民科学素质行动规划纲要（2021—2035年）》（国发〔2021〕9号）强调，青少年科学素质提升行动须"将弘扬科学精神贯穿于育人全链条。坚持立德树人，实施科学家精神进校园行动，将科学精神融入课堂教学和课外实践活动，激励青少年树立投身建设世界科技强国的远大志向，培养学生爱国情怀、社会责任感、创新精神和实践能力"。《中国学生发展核心素养》也将"责任担当"列为六大核心素养之一。无论是提升学生科学素质，还是发展学生核心素养，社会责任感都是关键要素和重中之重。新时代青少年是中华民族伟大复兴中国梦的"梦之队"，必须树立学成报国、强国有我的社会责任感和时代使命感，成为堪当民族复兴大任的时代新人，成为德智体美劳全面发展的社会主义建设者和接班人。

祖国、社会、责任、荣誉，是每位学生都必须认真扣好的"人生第一粒扣子"。古人说："大事难事看担当，逆境顺境看襟度。临喜临怒看涵养，群行群止看识见。"（金缨《格言联璧》）人生最要紧的几步，起关键作用的常常是担当、襟度、涵养、识见等核心素养。自古以来，我国知识分子就有"修身、齐家、治国、平天下"的高瞻远瞩，就有"为天地立心，为生民立命，为往圣继绝学，为万世开太平"（张载"横渠四句"）的壮志宏图，就有"风声雨声读书声声声入耳，家事国事天下事事事关心"（明东林党领袖顾宪成所撰联）的经世传统，就有"读圣贤书，所为何事？而今而后，庶几无愧"（文天祥《绝命词》）的磊落胸怀。培养学生责任感，也是国际教育主旋律。有哈佛预备学校之称的美国著名私立高中安多佛学校，其校徽上刻有"不为自己"字样，培养学生的责任意识、服务意识成为学校的首要任务；著名的英国伊顿公学要求每个学生"离开中学时，应有贡献社会的愿望，否则就被视为学校教育的失败者"。有社会责任感，成为学生发展核心指标。2021年7月1日，习近平总书记在庆祝中国共产党成立100周年大会上的讲话中强调："新时代的中国青年要以实现中华民族伟大复兴为己任，增强做中国人的志气、骨气、底气，不负时代，不负韶华，不负党和人民的殷切期望！"因此，"作为为社会各行各业领军人才培养奠基的学术性研究型高中，应当把学生社会责任感的培养放在重要位置"①。

湖南师大附中于2012年正式启动湖南省教育科学"十二五"规划重点课题"高中生社会责任感培养的校本路径研究"（课题编号：XJK011BDY006）研究工作，取得丰硕的理论探究和实践探索成果。课题于2016年获准结题并获评"优秀"等第，《中小学德育》2017年第4期刊发我校《高中生社会责任感培养的校本路径研究》（谢永红、郭在时）、《在班级建设中培养学生责任意识》（朱修龙）、《激活资源，培养学生社会责任感》（谢兰萍）、《用科学的评价促进学生社会责任感培养》（黄雅芩）等系列文章，研究成果《高中生社会责任感培养的校本路径研究》于2018年荣获湖南省第四届教育科学研究优秀成果奖。

一、对高中生社会责任感的调查研究

2013年初，课题组编制《湖南师大附中学生社会责任感现状调查问卷》，对学生社会责任感发展状况进行问卷调查。问卷从对自己负责、对他人负责、对国家负责、对人类负责、对自然负责5个维度设置24个情境，要求学生根据自身情况作出选择或判断，据此测评学生社会责任感水平。

（一）主要调研结果

通过调查发现，普通高中学生社会责任感主要有以下三种表现：

一是责任意识强，责任行为弱。通过与学生个别交流、与家长沟通和观察学生在校表现可以发现，学生对于社会责任感在认知层面水平比较高，大多数学生都知道应该对自己、对他人、对国家、对人类和对环境负责。但是，落实到具体行动中，不少同学往往不知道如何做到甚至很难做到。有多位老师在访谈中提到，在组织班会讨论过程中或单独与学生谈话时，学生往往表现出较高的责任感，例如都会说为了自己将来能够考上好大学、为了不让父母操心、为中华之崛起而读书、无益身心事莫为等，但是在具体执

---

① 陈玉琨. 为何要建学术性研究型高中［N］. 中国教育报，2020－07－26（3）.

行过程中，却连上课专心致志认真听讲、按质按量完成学习任务都做不到。有位老师曾经以爱护公物、保持校园环境为专题召开了一次主题班会，班会上同学们纷纷表示应该爱惜课桌椅、维持教室干净整洁，但班会过后，在课桌椅上乱刻乱画现象仍然普遍，教室整洁状况也并不理想，校园捡拾字纸也未能成为自觉自愿。由此看来，学生社会责任感意识是有的，但是知行尚未合一，行为表现方面还比较弱，还未将社会责任感意识内化于心、外化于行，变成自主自觉的行为习惯。

二是"特殊身份"学生社会责任感更强烈。这里的"特殊身份"主要指的是学生干部身份、党校学员身份、各类荣誉获得者身份等。具有特殊身份的学生相较于普通学生来说，社会责任感程度普遍要更高。例如，在对待学习上，这类特殊身份的学生往往具有更高的要求，有较为明确的学习目标；在处理与同学的关系上，这类特殊身份的学生往往是普通学生的榜样，能够主动在学习、生活尤其校园活动中给予普通学生帮助和指导。"特殊身份"对于学生而言是一种重要的外在激励机制，能够督促学生形成更高的社会责任感；也正是因为具有较高的社会责任感，在各方面表现都较为出色，这类学生才会成为学生干部、党校学员或者获得各类荣誉。"特殊身份"与学生社会责任感具有相辅相成的关系。

三是学生的社会责任感在不同方面表现程度不同。通过分析调查问卷发现，学生的社会责任感在不同维度表现程度不同，其中"对自己负责"这一维度的分数明显高于其他维度。除了调查问卷，在平时对学生的观察上也可以发现，学生对自己负责的意识和行为较为明显，例如，高中学生对自己学业成绩的关注度普遍比较高，而对社会生活、对国家时政、对自然环保的关注则比较少，如果不是为了考试需要不得不偶尔关注，不少学生将基本处于"两耳不闻窗外事"状态。

（二）主要调研结论

1. 社会责任感培养必须破除"唯分数论"等顽瘴痼疾

高考依然是普通高中的头等大事，唯分数论、唯升学率、清北崇拜等应试教育的顽瘴痼疾依然甚嚣尘上，高中学生所关注的依然是分数、排名、升学。分数高、排名靠前、升入理想大学，可以掩盖学生其他方面的欠缺；只要会刷题、会考试，其他方面都可以忽略不计。因此，目前高中学生"各人自扫门前雪，莫管他人瓦上霜"观念比较普遍，深陷"内卷"之中难以自拔。家庭教育更是如此，只要孩子学习成绩好，大多数家长可以包容小孩的一切；至于社会责任感强弱，他们普遍不太或者暂时不太放在心上。从调查问卷反馈的数据来看，学生"对自己负责"方面的表现明显优于其他方面，而且"对自己负责"主要体现为对自己的学业负责，也呈现出极为浓厚的应试色彩。

2. 社会责任感培养必须少"说教"多践行

绝大多数中小学培养学生社会责任感的主要方式是学科教学渗透、主题班会教育、国旗下讲话等，大多为"说教"性质。经过不断灌输，学生"知、情、意"水平提高了，说到社会责任感时往往头头是道。但是，因为普通高中升学压力大，学校必须以教学为中心，不可能安排足够丰富的提升社会责任感的实践活动，学生的"知"不能及时落实于"行"，从而导致学生责任意识强、责任行为弱。王阳明先生曾说："知者行之始，行者知之成。"（语见《传习录》）高中生社会责任感培养必须做到知行合一，实现认知和践行的统一，不能是光说不练的假把式。

3. 社会责任感培养必须以独生子女为重点对象

"要致富，先修路，少养孩子多种树"的口号曾风行一时，国家曾强力推行计划生育政策，有效调控了生育率和人口增长速度，却也造就了大量独生子女家庭。独生子女因为长期受长辈宠爱，普遍养成了任性、娇气、依赖性强、以自我为中心等不良习惯，最突出问题便是社会责任感缺失，具体表现是重个人轻集体、重物质轻精神、重享受轻付出、重逃避轻担当等。独生子女问题，由家庭小环境和社会大环境共同造成，其社会责任感培养需要学校、家庭、社会共同发力，这也是他们成为社会责任感培养重点对象的一个重要原因。

4. 社会责任感培养必须注重正向强化

俗话说，好孩子是夸出来的。事实上，他人的关注尤其是称许，能够极大地促进学生的积极行为。学生干部、学生中的党校学员、学校各类评比中的优秀学生、有特殊才能的特长学生等，平时受关注度高，是教师经常表扬的对象，是同学羡慕不已的佼佼者，是家长口中叨叨不休的"别人家的孩子"。在多种光环映照之下，这部分学生对他人、对社会也会产生较高的关注度，在外力的助推下形成较高水平的社会责任感。其实每个学生都有值得称道之处，也都有获得称许的权利和需要，用赞许之法放大他们的优点，能够激发他们的上进心、自我效能感和社会责任感。因此，树立榜样，正向强化，是培养高中学生社会责任感的主要路向。

二、高中生社会责任感培养的校本实践

（一）明确培养目标

"责任担当"是《中国学生发展核心素养》确立的六大核心素养之一，包括社会责任、国家认同、国际理解三大要点。其中，社会责任的重点是"自尊自律，文明礼貌，诚信友善，宽和待人；孝亲敬长，有感恩之心；热心公益和志愿服务，敬业奉献，具有团队意识和互助精神；能主动作为，履职尽责，对自我和他人负责；能明辨是非，具有

规则与法治意识，积极履行公民义务，理性行使公民权利；崇尚自由平等，能维护社会公平正义；热爱并尊重自然，具有绿色生活方式和可持续发展理念及行动等"。国家认同的重点是"具有国家意识，了解国情历史，认同国民身份，能自觉捍卫国家主权、尊严和利益；具有文化自信，尊重中华民族的优秀文明成果，能传播弘扬中华优秀传统文化和社会主义先进文化；了解中国共产党的历史和光荣传统，具有热爱党、拥护党的意识和行动；理解、接受并自觉践行社会主义核心价值观，具有中国特色社会主义共同理想，有为实现中华民族伟大复兴中国梦而不懈奋斗的信念和行动"。国际理解的重点是"具有全球意识和开放的心态，了解人类文明进程和世界发展动态；能尊重世界多元文化的多样性和差异性，积极参与跨文化交流；关注人类面临的全球性挑战，理解人类命运共同体的内涵与价值等"①。

　　"责任担当"是培育研究型学生的核心目标。湖南师大附中确立的育人目标是"培养素质全面、个性优良，具有家国情怀、国际视野、创新精神和实践能力的研究型学生"，其中"家国情怀、国际视野"都指向社会责任感培养。学校从为党育人、为国育才的根本宗旨出发，根据党和国家相关政策法令及中国学生发展核心素养的具体要求，结合校情、生情、学情、教情等具体实际，从对自己负责、对他人负责、对国家负责、对人类负责、对自然负责等维度设定湖南师大附中学生社会责任感培养目标体系（如表3-1），成为培育研究型学生的价值引领和基本遵循。

表3-1　湖南师大附中学生社会责任感培养目标体系

一级目标	二级目标	三级目标
对自己负责	勤于修身 主动发展	行为文明，处理理性；自尊自爱，自律自重；勇于承认并修正错误，不断完善自我。能够自主进行学业规划、生涯规划；学习态度端正，积极投身自主学习、合作学习、探究学习和体验学习；诚信应考，珍惜个人名誉。积极提升综合素质，主动发展个性特长，不断追求自我完善和价值实现。
对他人负责	仁爱守信 履行义务	注重人际交往，懂得尊重他人，为人诚朴，谨守信用，懂得感恩，富有爱心，乐于分享，见义勇为。
		尊老孝亲，勤俭节约，勇于承担应尽的家庭责任和义务。
		具有仁爱情怀、团队意识、协作能力和奉献精神，主动承担团队、集体事务，遵规守纪，尽职尽责。
		积极履行公民义务，理性行使公民权利；崇尚自由平等，能维护公平正义；恪守道德法纪，讲重文明素养；主动参与社区服务和志愿者服务。

---

① 林崇德. 21世纪学生发展核心素养研究［M］. 北京：北京师范大学出版社，2016.

（续表）

一级目标	二级目标	三级目标
对国家负责	国家认同筑梦中华	具有家国情怀；了解中国共产党历史和光荣传统，听党话，跟党走；了解国情历史，认同国民身份，自觉捍卫国家主权、尊严和利益；自觉践行社会主义核心价值观，具有"成民族复兴之大器"的理想信念和宏图壮志；尊重民族文明成果，弘扬民族传统文化和社会主义先进文化。
对人类负责	尊重差异放眼全球	具有全球意识和开放的心态，了解人类文明进程，尊重世界文化多元性和差异性，关注人类面临的全球性挑战，理解人类命运共同体的内涵与价值。
对自然负责	敬畏自然保护环境	正确处理人与自然的关系，尊重自然；遵循生态规律，具有可持续发展理念；热爱自然，善于发现，欣赏自然之美；爱护自然环境，主动参与保洁、植树等生活劳动，追求绿色生活方式。

（二）探索培养路径

中学阶段是培养学生社会责任感的关键时期。为了培育研究型学生，促使他们"成民族复兴之大器，做人类进步之先锋"，湖南师大附中开展了一系列理论探究和实践探索，闯出了高中学生社会责任感培养创新路径。

1. 从责任经验出发提高责任认知

责任认知是指责任主体对自己所承担责任的认识，即对责任内容与意义的认识，以及对责任及其行为的正确感知、判断、理解和评价的能力。它是责任行为产生的心理依托和精神基础，个体只有具有明晰而正确的责任认知，才能自觉而坚定地履行自己所承担的责任和义务①。提高学生责任认知水平不能单纯采取灌输、传授、训练等方式，而应该从学生的责任经验出发，通过鲜活事实、真实故事、典型案例等引出问题，引导学生分析、判断、评价，从感性走向理性，而后形成结论，提升认知。经验来源于实践经历，往往正是认知的开始。高中生已经拥有一定生活经历，有过担责履责方面的实践体验或观察思考，积累了一定的"责任经验"。这些责任经验，是培养学生社会责任感的宝贵资源和重要机缘。

中学生具有较强自我意识，逆反心理逐渐严重，在接受外来教育、规范、制约等"刺激"时容易产生与大多数人对立、与常理相悖的心理状态或情绪反应。培养其社会责任感的过程中，如果单纯采取灌输、传授、训练等方式，比较容易触发其对抗情绪、逆反心理；而从学生生活实际出发，充分调动其责任经验，往往能够激趣、导疑、启思、促悟，收获良好教育效果。湖南师大附中无论是主题班会，还是国旗下的讲话，在开展

---

① 谢永红，郭在时. 高中生社会责任感培养的校本路径研究［J］. 中小学德育，2017（4）：50 – 53.

社会责任感培养时都要求结合学生的真实生活体验，调动学生的责任经验。例如组织学生研讨"老人摔倒扶不扶""公交车座位让不让""路上字纸捡不捡""中国式过马路跟不跟""遇到街道乞讨给不给""父母生二胎反对不反对""爱国行为能不能过激""中小学生抢灾救险要不要提倡"等社会生活现象。这些主题教育活动，因为调动了学生的责任经验而生活化、趣味化，能引发学生对责任担当的思考，提升学生对社会责任感的认知、判断和评价能力，从而提高学生的责任认知水平。

2. 在鲜活的社会生活场景中引导渐染

社会责任感不是凭空产生的。人只有在现实的生活关系、实践活动过程中才能真实地体会社会责任，生成责任意识，激发担责、履责、尽责的行动，因此培养社会责任感应该源于生活、通过生活、为了生活。社会责任感的培养固然需要榜样示范、说服灌输、教学渗透等方法技巧，但更重要的是通过学生日常学习生活、实践活动课程等进行生活化、全方位的引导渐染，使他们在耳濡目染、潜移默化中升华责任经验，提升责任认知，强化责任意识，优化责任行为。

高中生生活空间相对比较狭窄和单纯，主要生活在家庭和校园里，相对比较封闭，距离"社会"相对较远，比较容易"两耳不闻窗外事"，成为不通世务的"书呆子"。尽管家庭生活、校园生活也都属于社会生活，但"圈子"太小，内容太单一，而且由于经过家长、教师的"过滤""提纯"，与真实而鲜活的社会生活相距甚远，很难真正地全面全方位培养学生对自己负责、对他人负责、对国家负责、对人类负责、对自然负责等社会责任感。因此，培养学生社会责任感，必须扩展学生生活空间，创造真实而鲜活的社会生活场景。一方面，要家校协同，凝聚合力，打造社会责任感培养生态圈，着重提升学生对自己负责、对他人负责的责任认知；另一方面，要实行开门办学，走向大千世界，通过研究性学习、社区服务、社会实践、社团活动、研学旅行、野外科考等途径举措对学生进行立体化社会责任感教育。此外，现代信息技术高度发达，网络虚拟生活已经成为学生生活的重要部分，学校还应注重培养学生参与网络公共交往的能力，引导学生理解网络交往基本公共伦理，遵守网络道德规范，逐渐形成网络责任自律。

湖南师大附中创设"四大节三体验两服务一学习"社会实践活动平台，并且坚持近30年从未辍止。"四大节"指科技节、体育节、艺术节、社团节，是对校园生活的丰富和优化。"三体验"指军营、农村、企业三大生活体验活动，是对社会生活的扩充和场景化。学校调动多方资源，建立近50个校外社会实践活动基地，其中军营生活体验活动基地建在湖南省军区教导大队、湖南省消防培训基地、国防科技大学、湖南省警察学院等；农村生活体验活动基地分布于浏阳、宁乡、韶山、攸县、安化、汝城、衡山等市县；企业生活体验活动基地涵盖湘绣、陶瓷、花炮、茶叶生产等湖南传统产业，以及汽车制造、电子科技、钢铁生产、机械制造、新能源等现代产业。"两服务"指社区服务和志愿者服务，是组织学生常态化走向社会生活的实践活动方式。"一学习"指研究性学习，是组织学生深度了解和研究社会生活的实践活动方式。学生是学校人，更是社会人，不能"两耳不闻窗外事，一心只读圣贤书"，而应广泛接触社会，从实践出发，朝生活开放，向内心求证①。

此外，学校还定期开展寻访伟人足迹、远志夏令营、野外科学考察、重走校址三迁办学路、知名高校访学、国际友校互访等丰富多样的实践活动，组织学生走向社会和自然，开展研究性学习、旅行体验相结合的校外研学活动，培养其理想信念、社会责任感及自理自立、互勉互助、艰苦朴素、吃苦耐劳等生活品质。学校认为，学生生命成长是一个知、情、意、行和谐发展的过程，教师不能越俎代庖，只能学生自主体验、感悟与内化。学校必须克服重重困难，顶住层层压力，抗住种种风险，制度化、常态化、规范化组织学生走向社会生活，全方位培养学生社会责任感，精心呵护学生的全面而有个性发展。

3. 在多角色体验中走向自觉自悟

德国教育家斯普朗格曾说："教育的最终目的不是传授已有的东西，而是要将人的创造力量诱导出来，将生命感、价值感唤醒。"② 培养社会责任感不能只"传授已有的东西"，不能由外向内灌输，学生被动接受；而应该充分组织学生身体力行，促使学生内心世界与外部世界无缝对接，从而产生道德情感和道德意识，实现社会责任感等精神生命的自我觉悟③。

（1）多角色体验

皮亚杰曾说："青少年必须学会担任现实世界中成人的实例角色。这不仅包括认知方面的发展，而且包括相应的情感的发展。"④ 尽可能地让学生扮演不同的角色，承担不同的责任，有利于社会责任感的培养。学生干部就是因为既是学生角色又是干部角色，有机会获得不同角色的责任体验，能够换位思考和动态调整，其社会责任"知、情、意、行"和谐发展的水平相对较高。换个角度看，让同一学生走向社会，在不同组织和团队中扮演不同角色，也能有效提升学生的责任认知。例如，走出校门，作为社会公民，他们懂得遵守法纪法规，恪守社会公德；参与社区服务活动，作为志愿者，他们懂得服务社区、社会是每个公民应尽的责任；参加野外考察，作为研究者，他们懂得亲近、敬畏自然，珍惜自然资源，保护自然环境；参加国外游学，作为国际交流使者，他们懂得必

---

① 谢永红. 校长价值领导的终极关注 ［N］. 中国教育报，2018 – 07 – 04 (7).
② 邹进. 现代德国文化教育学 ［M］. 太原：山西教育出版社，1992：132.
③ 谢永红，郭在时. 高中生社会责任感培养的校本路径研究 ［J］. 中小学德育，2017 (4)：50 – 53.
④ 皮亚杰. 发生认识论原理 ［M］. 王宪钿，等，译. 北京：商务印书馆，1995：162.

须自觉维护国家形象，自觉传播中华优秀文化。提供给学生的角色体验越丰富，学生对责任内涵的理解则越丰富，未来适应社会的能力也就越强。角色体验的丰富性有赖于实践活动的多样化，这就是新课程特别强调综合社会实践活动课程的原因。

（2）深层次体验

青少年具有好奇、多变、不稳定、不持久等身心特征，其社会生活体验容易只凭一时兴趣，维持三分钟热度，止步于浅表层次，因此应该引导学生深层体验和理性思考。例如，组织学生参加农村生活体验活动，安排学生进驻农户家庭，与农民"三同"（同吃、同住、同劳动），日晒雨淋、蚊叮虫咬之下，学生兴致很容易淡化，责任情感很容易消泯。因此"三同"之余，还应组织学生就农村基层组织建设、农村产业结构调整、科技下乡、土地流转、农村教育、留守儿童、农村社保、农村环保等具体问题展开调研或进行研究性学习和微课题研究，促使他们深入而全面认识"三农"问题，产生改造农村的强烈责任感、使命感。综合社会实践活动课程，不能停留在"活动"层面，而应该提升到"课程"高度，只有达到足够的体验深度，才能达成理想的育人效度。综合社会实践活动课程，不仅是培养学生社会责任感的优质平台，而且是培养高素质研究型学生的重要路径。

（3）反复性体验

培养社会责任感不可能一蹴而就，需要反复刺激、不断强化，是一个不断生长、动态实现的过程。培养社会责任感的教育活动应该丰富多彩，而且应该坚持不懈，确保学生拥有多样化、反复性体验机会。湖南师大附中坚持开展综合社会实践活动课程30年而不辍，"四大节三体验两服务一学习"之外，每个学期安排学生开展义卖活动，利用节假日走上街头兜售自己的创意制作、书画作品等，以劳动所得帮助有困难的人；在橘子洲社区设立"爱心超市"，常态化开展慰问、捐赠老弱病残活动，在访贫问苦中提升责任认知；在长沙县湘雅博爱医院附近设立"慢天使爱心屋"，定期组织"蓝精灵"志愿者前去开展志愿服务；等等。这样的恒常活动和反复体验，能够培养学生的同理心、共情力，促使学生主动融入、深度体验和积极思考，从而升华思想，陶冶情操，实现共同体理念、大家庭意识、责任感认知等的全面强化和深化。

（4）综合性体验

培养学生社会责任感，可以开展专题教育活动，也可开展综合实践活动。综合实践活动，尤其是走向社会、走向大自然的综合社会实践活动，学生的责任体验更加丰富更加深刻。例如，开展"湘江长沙段水污染及治理问题"的研究性学习活动，学生在实地考察和问题探究过程中，不单意识到环境污染问题的触目惊心、错综复杂和积重难返，而且能认识到问题背后的观念淡薄、情感冷漠、利益博弈、管理薄弱等系列深层次问题，获得的体验往往是多元的、综合的和深刻的；而且往往是这样的综合社会实践活动，最能激发学生披露真相、改变现状的冲动愿望，实现对自己的责任、对他人的责任、对社会的责任、对国家的责任、对自然的责任的全面提升和强化。

4. 依靠生涯规划教育提升社会责任感

生涯规划教育不单帮助学生筑梦未来，而且引导学生关注社会。学生进行生涯规划，就必须了解社会现状，把握发展大势，准确自身定位，清晰社会责任。因此，生涯规划教育是有效提升学生社会责任感的重要载体。生涯规划教育，能较好地帮助学生将个人理想和社会理想有机结合起来，将"小我"融入"大我"，将社会责任内化为自觉行动，从而强化社会责任意识，提升社会责任认知，对培养学生社会责任感意义重大，绝不是有些人所认为的多此一举。

湖南师大附中设立了生涯规划指导中心，开设了生涯规划教育课程，开展"对话职场·预见未来"系列活动，积极引领学生正确认识自我，树立理想信念，开阔眼界视野，科学规划生涯过程和成长方向，增强在生活中担当各种角色的意识和责任。学校创设生涯规划教育"认识自我""内心求证""专业选择"三部曲，内容包括：

高一阶段，通过开设心理教育与生涯规划指导课程、开展心理测量和咨询辅导、开导职场生活体验、召开生涯规划主题班会等方式，组织学生在实践体验活动中"认识自我"，认知自己的兴趣、爱好，发现潜在能力和趣向特长。

高二阶段，通过主题教育活动、社会实践活动、研究性学习活动等，组织学生"内心求证"，引导学生思考自己适合什么、应该选择什么、对自己的未来将担负怎样的责任，激发其求知欲和发展欲。

高三阶段，调动学生家长资源和社会资源，开展"职业面对面"交流、职业选择讲座、职场体验活动、高考专业选择与志愿填报辅导等活动，普及专业、职业基础知识，启动实质性的专业选择，初步明确职业走向和社会角色定位，增强责任意识。

生涯规划教育促使学生将对自己的关注同对他人、集体、社会、国家、自然的关注有机结合起来，在感受职业、感受社会过程中将社会责任感内化为精神追求，外化为自觉行动，促进了学生全面而有个性、主动而生动的发展。

5. 借力新媒体辅助社会责任感培养

新媒体技术高速发展，学生与新媒体关系越来越密切，受新媒体影响也越来越大。毛主席曾说，文化思想阵地我们不去占领，敌人就会占领。新媒体也是这样，我们不去占领，各种不良信息就会铺天盖地扑向青少年学生，腐蚀他们的灵魂，侵害他们的身心。社会上流行一种说法：想要孩子变坏，给他一部手机就够了。虽有些危言耸听，却也道出了不良信息危害之巨大、为祸之深远。新媒体不能堵，只能疏。学校应该智慧地运用新媒体来强化并改进校园德育，一方面积极引导、指导、督导学生全面抵御各种不良信息侵蚀，另一方面充分利用各种正能量信息资源对学生进行理想信念、社会责任感教育，帮助学生树立正确的世界观、人生观、价值观。

事实上，新媒体具有开阔胸怀视野、增广见识才学、体察世态人情、培养多角度看事物能力等积极作用，各种正能量信息能够帮助学生"开眼看世界"，促使学生"家事国事天下事事事关心"，促进对学生社会责任感的培养。湖南师大附中有一门全校学生必修的校本课程"新闻收视"，每天由学生电视台将中央电视台新闻联播剪辑成 20 分钟精华版，在全校新闻收视时间（每天下午 15∶50～16∶10）统一播放，由班主任组织全体学生认真收看。每班设立电教委员，负责班级网络、设备及手机管理。学校创办蓝天作文网，并利用"12KM 作文"、原创作文网等，建立"网络作文本"，让学生通过电脑终端、手机 App 上传作文，师生进行交互式评点，收效显著。

6. 落实全员育人导师制解决个性化问题

学生并不是教育出来的，而是成长起来的。他们置身于互相关联而又各具特色的成长生态中，接受的并非单源性的"育"，而是多源性的"染"。他们从街头巷尾、亲戚朋友、网络媒体、书籍影视，乃至公交车上、斑马线上等受到的"教育"，甚至多于且大于学校教育。因此，新时代学校教育，不单要调动内部育人主体全员育人，而且要努力构建学校育人、家庭育人、社会育人、环境育人、文化育人、网媒育人、榜样育人及学生自育的全方位育人系统，最大限度地"仿生"或者说"复原"学生成长生态①。

每个学生的成长轨迹、发展基础、家庭环境各不相同，其责任经验、责任意识、责任认知等存在个体差异性，采用"大水漫灌"方式常常收效甚微，必须"精准滴灌"，实施个别化的社会责任感培养。湖南师大附中全面推行全员育人导师制，给每位学生配备成长导师，针对学生实际情况和需要进行思想启导、学业辅导、实践指导、学术引导、生活帮导、心理疏导、生涯向导、专业训导，形成目标定位恰当、内容科学有序、实施切实可行、评估多元可信的成长向导课程体系，全方位服务学生成长成才和终身发展。"手拉手、一对一"的全面、全过程、全方位导育方式，特别适合解决学生社会责任感培养中的各种个性化问题，有利于提高社会责任感培养的针对性和实效性。2022 年，学校教学成果《育人方式改革：全员育人理论与校本实践探索》荣获湖南省第五届基础教育教学成果特等奖。

培养学生社会责任感，还有很多途径和方式，例如学校文化熏陶、学校教学渗透、班级生活塑造、科学评价促进等。限于篇幅，不再赘述。

---

① 刘翠鸿. 改革高中育人方式，优化学生成长生态——访湖南师范大学附属中学校长谢永红 [J]. 湖南教育（D 版），2021（9）：7－9.

第三节　培育研究型学生与培养创新型人才

党的二十大报告指出："教育是国之大计、党之大计。培养什么人、怎样培养人、为谁培养人是教育的根本问题。"教育事关立党立国、兴党兴国，必须精准确立"培养什么人"的育人目标，科学抉择"怎样培养人"的实践路径，始终恪守"为谁培养人"的根本宗旨，坚定不移并坚持不懈地为党育人、为国育才，培养堪当民族复兴大任的时代新人。

湖南师大附中创建研究型高中的目标任务是培养"素质全面，个性优良，具有家国情怀、国际视野、创新精神和实践能力的研究型学生"，为培养高素质创新人才奠定基础。研究型学生是高素质创新人才的发展类型，而高素质创新人才则是研究型学生的发展目标。研究型高中的育人使命就是全面提升研究型学生的社会责任感、创新精神和实践能力，为他们成长为高素质创新人才厚植志趣素养，奠定坚实基础。

一、研究型学生的内涵要素

研究型学生的基本特质是注重基于真实情境的问题研究。弄清研究型学生的内涵，首先必须弄清研究的内涵和中学生开展研究的重要性、必要性和可行性。

（一）中学生开展研究的适切性和可行性

中学生要不要、能不能开展研究？答案是肯定的。"教师成为研究者"理论早期倡导者布克汉姆（Buckingham）曾指出："教育研究不应该是专业人员专有的领域，它没有不同于教育自身的界限。实际上，研究不是一个领域，而是一种态度。"① 既然研究只是一种方法、一种观念，专业人员可以研究，教师可以研究，中学生自然也可以研究。早在 20 世纪 40 年代，陶行知先生就在他的《创造宣言》一文中提出："处处是创造之地，天天是创造之时，人人是创造之人。"② 可见研究、创造都不神秘，都不是专业人员专有的领域和独享的专利。青少年是全面建设社会主义现代化国家的后备军，是实现中华民族伟大复兴中国梦的梦之队，必须从小爱科学、学科学、讲科学、用科学，用科学知识、

---

① 宁虹．"教师成为研究者"的理解与可行途径［J］．比较教育研究，2002（1）：48－52.
② 陶行知．创造宣言［M］．南京：江苏凤凰文艺出版社，2018：19－20.

科学思想、科学精神武装头脑，绝不能被排挤在研究殿堂之外。

1. 研究是普通高中学生的必修课程

研究不单是研究型学生高素质创新发展的必经之途，而且已经成为普通高中学生的必修课程。2000 年 2 月，教育部颁布《全日制普通高级中学课程计划（试验修订稿）》，正式将"研究性学习"列入综合实践活动必修课程。随后，国务院发布的《关于基础教育课程改革与发展的决定》和《基础教育课程改革纲要（试行）》以法规形式进一步明确了"研究性学习"的课程定位与课程性质。2001 年，教育部下发《普通高中"研究性学习"实施指南（试行）》（教基〔2001〕6 号），要求"学生在教师指导下，从自然、社会和生活中选择和确定专题进行研究，并在研究过程中主动地获取知识、应用知识、解决问题"。《普通高中课程方案（2017 年版 2020 年修订）》要求学生"敢于批判质疑，探索解决问题，勤于动手，善于反思，具有一定的创新精神和实践能力"，并明确规定"综合实践活动共 8 学分，包括研究性学习、党团活动、军训、社会考察等，其中研究性学习 6 学分（要求完成 2 个课题研究或项目设计，以开展跨学科研究为主）"。这一系列的课程改革举措，都要求普通高中学生树立研究观念，运用研究方法，开展研究活动，发展研究能力。高中学生应该积极投身综合实践活动课程学习，自主开展力所能及的类似于科学研究的学习活动，在探究实践过程中形成善于质疑、乐于探究、勤于动手、勇于求新的科学态度和学术素养，提升社会责任感、创新精神和实践能力。

2. 研究是普通高中学生的学习方式

研究是探究与发现知识的创新过程，也是学习与掌握知识的学习过程，从接受性学习走向探究性学习，已经成为新时代育人方式改革的重点。长期以来，我国普通高中教育受传统观念、功利主义、应试教育等多方面因素影响，育人方式比较封闭保守，"重视知识的学习钻研和记忆储存，却忽视对成果的求思与新知的生成。学生上课记笔记，下课背笔记，考试考笔记，考后扔笔记，不是主动的学习者和积极的探索者，而是被动的知识接受者和考试应对者，背书和应试能力挺强，动手和创新能力很弱"①。新一轮普通高中课程改革提出"自主合作探究"的学习理念，要求改变课程实施过于强调接受学习、死记硬背、机械训练、刷题应试等现状。2019 年 6 月，国务院办公厅颁布《关于新时代推进普通高中育人方式改革的指导意见》（国办发〔2019〕29 号），强调"积极探索基于情境、问题导向的互动式、启发式、探究式、体验式等课堂教学，注重加强课题

---

① 谢永红. 改革传统育人方式　培养拔尖创新人才［N］. 湖南日报，2018－10－25（8）.

研究、项目设计、研究性学习等跨学科综合性教学,认真开展验证性实验和探究性实验教学"。2023 年 5 月,教育部办公厅颁布的《基础教育课程教学改革深化行动方案》(教材厅函〔2023〕3 号)明确提出:"针对讲得多做得少,学生对科学技术缺乏内在兴趣等问题,深化中小学科学教育改革,强化做中学、用中学、创中学,激发青少年好奇心、想象力、探求欲,提升学生解决实际问题的能力,发展学生科学素养。"育人方式改革的系列重大举措,本质上是为了推进学习方式改革,纠正接受性学习、拷贝式学习、机械重复学习等不良方式;而学习方式改革的核心,则是开展基于真实情境的问题导向式学习,在类似科学探究的过程中获取科学知识,体悟科学方法,提升科学素养。

3. 研究是学生身心发展的内在需要

建构主义理论认为,学习不是教师向学生简单传递知识,而是学生通过亲身感知、直接体验、主动观察、实验操作等方式,以现有经验为生长点,针对实践探索主动构建自己的知识的过程①。国际经济合作与发展组织(OECD)曾对知识进行重新分类,将建立在整体经验基础之上的、只可意会不可言传亦难以诉诸文字的知识称为"缄默知识(Tacit Knowledge)",认为唯有自主探究、深入体验才能获取缄默知识②。心理学、教育学的很多新理论新观念,都特别强调实践探索,强调以问题为基础、以探究活动为过程的综合性学习。事实上,只要教师能够适时地给予适当的引导、指导、督导,学生是愿意并且乐于在学习过程中发现问题、研究问题和解决问题的。苏霍姆林斯基曾指出:"在人的心灵深处,总有一种根深蒂固的需要,这就是希望自己是一个发现者、研究者、探索者。"中小学阶段正好是好奇心、想象力、探求欲最为旺盛的黄金阶段,是促使他们成为发现者、研究者、探索者的关键时期。这个时期的瓦特,会对蒸汽冲动壶盖现象饶有兴趣;这个时期的牛顿,会因为苹果从树上掉落而冥思苦想;这个时期的法布尔,会为了看蚂蚁搬运食物而流连忘返;这个时期的爱迪生,会因为鸡蛋孵化小鸡而跃跃欲试……组织中小学生开展一些基于真实情境的探究实践活动,能点燃他们的热情,激发他们的兴趣,挖掘他们的潜能,满足他们的需要。陈玉琨教授认为:"高中生正处在最具想象力、最有好奇心的人生阶段,在高中阶段开发他们与生俱来的'天性和本能'以及认识自然与社会的心智的无穷潜力,无疑是最佳选择。"③ 中小学理应为他们提供适合的教育,引领他们在探索研究过程中主动地获取知识、提升素质,形成终身学习、终身发展的能力,实现全面而有个性、主动而生动的发展。

---

① 陈琦,张建伟.建构主义学习观要义评析〔J〕.华东师范大学学报(教育科学版),1998(1):61 – 68.
② 陈世华,董丰钧.缄默知识理论及其化学教育意义〔J〕.化学教育,2002(11):4 – 8.
③ 陈玉琨.为何要建学术性研究型高中〔N〕.中国教育报,2020 – 07 – 26(3).

4. 研究是科学素质提升的重要途径

做好科学教育加法、提升国民科学素质已经成为国家战略，科学教育已经成为基础教育综合改革的热点和焦点。科学教育不能简单地一加了之，唯有着力培养并提升学生的问题意识、思辨能力、探究习惯、科学精神，才有实际意义；科学素质不可能一蹴而就凭空生成，唯有在日常的具体的实践探索活动中才能逐渐习得。教育部等十八部门发布的《关于加强新时代中小学科学教育工作的意见》（教监管〔2023〕2号）指出，中小学科学教育必须"重在实践，激发兴趣"，要求"以学生为本，因材施教，推进基于探究实践的科学教育，激发中小学生好奇心、想象力和探求欲，培养学生科学兴趣，引导学生广泛参与探究实践，做到学思结合、寓教于乐，自觉获取科学知识、培养科学精神、提升科学素质、增强科技自信自立、厚植家国情怀，努力在孩子心中种下科学的种子，引导孩子编织当科学家的梦想"。探究实践是科学教育的基础，是提升科学素质的途径，在教育"双减"中做好科学教育加法，必须注重知识学习与探究实践的有机结合，坚持"做中学、用中学、创中学"，在以问题、情景、项目为中心的研究过程中动态实现科学素质的提升。

当然，中小学生的研究与专业人员的研究是不可同日而语的。《普通高中"研究性学习"实施指南（试行）》指出："研究性学习强调学生通过自主参与类似于科学研究的学习活动，获得亲身体验，逐步形成善于质疑、乐于探究、勤于动手、努力求知的积极态度，产生积极情感，激发他们探索、创新的欲望。"可见，学生的研究本质上是一种"类似于科学研究的学习活动"，其目的不是为了发现什么科学规律或定理，而主要是希望学生凭借研究这一态度和方式，循着科学家走过的探求之路，感受知识的发现过程，体验科学方法的运用，并由此培育学生的探究精神、科学素质和解决问题的能力。

学生的研究具有自主性，研究课题由学生自主确定，研究过程由学生自主掌控，学生是研究主体，教师只起主导作用。学生的研究具有开放性，面向校内校外各类真实问题，不受学科拘束，涉及范围广泛；其还具有过程性，强调在实践探索过程中得到历练，不苛求生成学术成果或创造发明；学生的研究还具有学习性，研究是学习方式，研究过程是排疑解难、探索新知的学习过程，而不是创造知识的科研过程；其也具有实践性，强调学生身体力行，课题源于实践，研究为了实践，探究依靠实践，成果回馈实践。高中学生身心发展已经初步成熟，具备了一定的知识基础、思维能力和实用技能，加之拥有"希望自己是一个发现者、研究者、探索者"的天性本能，从学习生活实际出发按照科学研究程式适度地、适量地开展一些探究实践活动，是力所能及的，也是切实可行的。

（二）研究型学生的基本内涵和发展要素

研究型学生的确切说法应该是研究型中学生或中学研究型学生。中学研究型学生与大学研究型学生（硕士研究生和博士研究生）"在质上相同，在量上存在差异"①。所谓"在质上相同"，是指都强调研究，都注重提升问题意识、思辨能力、探究习惯、科学精神等科学素质；所谓"在量上存在差异"，是指处于不同发展阶段，其学习力、思维力、创新力、行动力甚至意志力等呈现不同水平和状态。中学对研究型学生的培养对标大学对研究型学生的基础性定向培养，二者具有明确的对应关系。换言之，中学研究型学生为大学研究型学生打底奠基，是大学研究型学生的预备阶段和初步形态。中学研究型学生和大学研究型学生都是高素质创新潜质人才，处于同一条人才培养链条之上。

中学研究型学生是个全新概念，国内外尚无公认的确切的内涵界定。湖南师大附中创建研究型高中的目标任务是"培育研究型学生，为培养高素质创新人才奠基"。学校将研究型学生定义为：素质全面，个性优良，具有家国情怀、国际视野、创新精神和实践能力的高素质创新潜质人才。

学校从全面发展、个性发展、家国情怀、国际视野等维度强化育人价值引领，明确提出"素质全面，个性优良，成民族复兴之大器，做人类进步之先锋"的育人追求，并将其确定为研究型学生的发展要素。

1. 素质全面

素质全面建立在人的全面发展基础上。人的全面发展是马克思主义的基本原理之一，其基本内涵是平等地发展、完整地发展、和谐地发展、自由地发展和充分地发展②。湖南师大附中据此提出了全员发展、全面发展、特殊发展、和谐发展四大发展理念。全员发展是群体意义上的全面发展，要求面向每一位学生，促进每一位学生平等而全面地发展；全面发展是整体意义上的全面发展，要求面向学生的每一个方面，促进学生德智体美劳完整而全面地发展；特殊发展是个别意义上的全面发展，要求面向每一位学生的特点、特长、特色等，让人人都获得人生出彩的机会，促进学生充分而全面的发展；和谐发展是集体意义上的全面发展，要求面向每一位学生成长背景、环境、学涯、生涯等，让人人都受到适合的教育，促进学生和谐而全面地发展。

研究型学生必须素质全面。关于素质全面的具体内涵，教育部发布的《普通高中课程方案和语文等学科课程标准（2017 年版 2020 年修订）》（教材〔2020〕3 号）作了三个方面的阐说：

---

① 邵志豪，解庆福. 学术型中学建设的理论与实践研究［M］. 北京：人民教育出版社，2022：50.
② 谢永红，等. 育人方式改革：全员育人理论与校本实践研究［M］. 长沙：湖南师范大学出版社，2019：5.

"具有理想信念和社会责任感。初步形成正确的世界观、人生观和价值观。热爱祖国，拥护中国共产党。弘扬中华优秀传统文化，继承革命文化，发展社会主义先进文化，培育和践行社会主义核心价值观，增强文化自信，树立为中国特色社会主义、人民幸福、民族振兴和社会进步作贡献的远大志向。遵纪守法，履行公民义务，行使公民权利，维护社会公平正义，具有法治意识、道德观念。热心公益、志愿服务，具有奉献精神。尊重自然，保护环境，具有生态文明意识。维护民族团结，树立国家总体安全观，捍卫国家主权、尊严和利益。

"具有科学文化素养和终身学习能力。掌握适应时代发展需要的基础知识和基本技能，丰富人文积淀，发展理性思维，不断提升人文素养和科学素养。敢于批判质疑，探索解决问题，勤于动手，善于反思，具有一定的创新精神和实践能力。具有强烈的好奇心、积极的学习态度和浓厚的学习兴趣。能够自主学习，独立思考，形成良好的学习习惯和适合自身的学习方法。学会获取、判断和处理信息，具备信息化时代的学习与发展能力。

"具有自主发展能力和沟通合作能力。坚持锻炼身体，养成积极健康的行为习惯与生活方式，珍爱生命，强健体魄。自尊自信自爱，坚韧乐观，奋发向上，具有积极的心理品质。具有发现、鉴赏和创造美的能力，具有健康的审美情趣。学会独立生活，热爱劳动，具备社会适应能力。正确认识自我，具有一定的生涯规划能力。文明礼貌，诚信友善，尊重他人，与人和谐相处。学会交流与合作，具有团队精神和一定的组织活动能力，具备全球化时代所需要的交往能力。尊重和理解文化的多样性，具有开放意识和国际视野。"①

培养研究型学生，不能只盯着少数"天才、精英"，不能只栽培少量"学霸、尖子"，更不能放任学生"野蛮发展、霸蛮发展、畸形发展、瘸脚发展"②，必须以培养全面发展的人为核心，全面提升全体学生的正确价值观、必备品格和关键能力，促进全体学生德智体美劳全面发展。唯有全面发展的人，才能称得上是素质全面的人。

2. 个性优良

马克思、恩格斯认为，人的全面发展是每一个成员的劳动能力、社会关系和个性的充分自由的全面发展。也就是说，全面发展本身就包括共性与个性的全面发展，人的全面发展本质上就应该是全面而有个性的发展。个性受遗传、环境、教育等多方面因素影响，由兴趣、爱好、信念、性格、气质、能力等多种个体性成分构成，具有多元而复杂的内涵。以创造者为例，有学者采用因素分析法归纳了创造者 22 个方面个性特征（如表 3 - 2）③。

---

① 中华人民共和国教育部. 普通高中课程方案 ［M］. 北京：人民教育出版社，2020：2 - 3.
② 王楚松. 校长的精神追求 ［M］. 湖南：湖南师范大学出版社，2007：46.
③ 陈龙安. 创造性思维与教学 ［M］. 北京：中国轻工业出版社，1999：156.

表 3 – 2　创造者个性特征因素

1. 冒险性	12. 不从众
2. 好尝试	13. 积极进取
3. 富于兴趣	14. 富于情感
4. 好奇追寻	15. 敏觉的
5. 幽默、嬉戏的	16. 行动上的
6. 变通的	17. 创造的
7. 富于想象	18. 复杂的
8. 勇于表达	19. 独立的
9. 开放、激进	20. 好质问
10. 忍受不明的	21. 好假设猜想
11. 自我的	22. 实证的

姑且不论这一归纳全不全面、确不确切，光看这些个性特征的描述，就不难发现其中大多是正向正能因素，但也含有负向负能成分，例如"冒险性""幽默、嬉戏的""开放、激进"等因素中就包含着需要改进之处。中学生尚处于身心快速发展阶段，其个性更具自然性、复杂性和发展性。虽说"江山易改，本性难移"，但明显的性格缺陷如偏执、傲慢、自以为是、自我中心等还是应该积极加以疏导并促其改进。培养研究型学生更是如此，不但要确保其有个性地发展，而且要促使其个性优良，能够全面客观地认识自己，具有科学的世界观、人生观、价值观，积极的人生态度，优良的意志品质，正确的发展动机、价值取向与情感态度，等等。

3. 成民族复兴之大器

"成民族复兴之大器"强调砥砺家国情怀。家国情怀是中华民族优秀传统文化的精粹。《礼记·大学》"修身、齐家、治国、平天下"的理念，屈原的"路漫漫其修远兮，吾将上下而求索"的誓言，范仲淹"先天下之忧而忧，后天下之乐而乐"的襟怀，林则徐"苟利国家生死以，岂因祸福避趋之"的豪情……家国情怀世代相传，成为中华儿女的文化基因。爱国奉献、责任担当，是家国情怀的精髓，也是新时代青少年的必立之德、必备之品。研究型学生必须以"成民族复兴之大器"为目标追求，坚定学成报国、强国有我的理想信念，厚植家国情怀，永葆爱国之心，长怀复兴之志，常思治平之策，敬守兴邦之职，自觉将"小我"融入"大我"，在爱国奉献中实现个人价值，成就出彩人生。

"成民族复兴之大器"要求强化责任担当。梁启超先生曾在《呵旁观者文》中说："知责任者，大丈夫之始也；行责任者，大丈夫之终也。"舞台再大，不上台永远是旁观者；平台再好，不参与永远是局外人；知识再多，不致用永远是书呆子；能力再强，不行动永远是失败者。研究型学生必须以"成民族复兴之大器"为目标追求，激发"知责任"的内生动力，增强"行责任"的能力本领，涵养敢于担当的锐气、善于担当的才气、乐于担当的豪气，努力成为有理想、有本领、有担当的堪当民族复兴大任的时代新人。

4. 做人类进步之先锋

"做人类进步之先锋"强调学生具有国际视野，强化国际理解。

在不少中小学生心目中，认为国际社会离自己很遥远，国际事务跟自己没关系。其实，"无穷的远方，无数的人们，都与我有关。"（鲁迅《且介亭杂文附集·这也是生活》）。2013 年 3 月，习近平总书记在莫斯科国际关系学院发表重要演讲，首次提出人类命运共同体理念。他指出："这个世界，各国相互联系、相互依存的程度空前加深，人类生活在同一个地球村里，生活在历史和现实交汇的同一个时空里，越来越成为你中有我、我中有你的命运共同体。"当今，以经济全球化为核心的全球化水平越来越高，亟需培养学生的"开眼看世界"的意识、知识和能力，强化学生"天下大同"的价值取向和理想追求。

2016 年发布的《中国学生发展核心素养》研究成果中，"国际理解"被列为核心素养要点之一，要求学生"具有全球意识和开放的心态，了解人类文明进程和世界发展动态；能尊重世界多元文化的多样性和差异性，积极参与跨文化交流；关注人类面临的全球性挑战，理解人类命运共同体的内涵与价值"[①]。随着中国日益走近世界舞台的中央，国际关系中的中国元素空前增加，全球视野、国际理解显得越来越重要和必要。研究型学生必须胸怀祖国、放眼世界，站在"人类命运共同体"的高度，从人类发展大趋势、世界发展大变局、中国发展大历史之视角，正确认识、应对和处置同"无穷的远方，无数的人们"的关系，坚守文明进步的立场，成为人类进步之先锋。

二、培育研究型学生与拔尖创新人才早期培养

党的二十大报告强调："教育、科技、人才是全面建设社会主义现代化国家的基础性、战略性支撑。必须坚持科技是第一生产力、人才是第一资源、创新是第一动力，深入实施科教兴国战略、人才强国战略、创新驱动发展战略，开辟发展新领域新赛道，不断塑造发展新动能新优势。"创新的关键是人才，人才的成长靠教育。中小学阶段是培养科学素质、创新精神的黄金时期，是"着力造就拔尖创新人才"的基础性、关键性环节，中小学校尤其是示范性高中应该致力于培育研究型学生，为培养高素质创新人才奠定基础。

---

① 林崇德. 21 世纪学生发展核心素养研究［M］. 北京：北京师范大学出版社，2016：29－32.

（一）研究型学生与创新型人才

建设研究型高中根本目标任务是培育研究型学生。陈玉琨教授曾指出："学术性研究型高中以培养一批能像科学家那样思考、像工程师那样发明、像艺术家那样创造以及像各行各业的领军人才那样成为各级政府的智库为己任。"① 他所描述的培养对象具有四个方面的特征：一是广义性，涵盖科学、艺术、各行各业，不限于某一狭窄领域；二是学习性，强调以科学家、工程师、艺术家、领军人物为样板，朝着拔尖创新型人才发展目标前进；三是过程性，要求能够"思考""发明""创造"和服务社会，强调思考、创新的过程而不是结果；四是研究性，指出必须强化科学思维、创新意识、奉献精神的教育培养，引导学生思考、发明、创造、服务，在研究性学习过程中提升科学素质，实现卓越成长。

普通高中培养的研究型学生显然还不是创新型人才。创新型人才"以能够创造出新的观念和新的产品为标志"②，而研究型学生则大都还不具备"创造出新的观念和新的产品"的能力，还只是接受科学教育、创新教育的学习者。然而，研究型学生和创新型人才，却有很多相通之处。

1. 研究型学生、创新型人才都不是天生的，而是后天培养的

天赋、遗传、智商等因素虽然客观存在，但是无论是研究型学生还是创新型人才，最根本因素还是后天影响和教育。魏源曾说："人材者，求之则愈出，置之则愈匮。"（语见《默觚下·治篇》）所谓"求之"，一是求之于外，即"聚天下英才而用之"；二是求之于内，即"得天下英才而教育之"。求之于外，难度通常较大，成本通常较高；求之于内，才是解决问题的根本路径。这就是党和国家大力倡导做好科学教育加法、着力增强学生的创新精神和实践能力的根本原因。

研究型学生、创新型人才都是可以培养造就的，只要提供适合的教育，他们心灵深处"希望自己是一个发现者、研究者、探索者"（苏霍姆林斯基语）的内在需要就可能被点燃和激发，就可能在"像科学家那样思考、像工程师那样发明、像艺术家那样创造"的过程中一步步成为科学家、工程师、艺术家。因此，郑泉水教授曾断言："依据目前的实践和认知，我认为对人的成长而言，创新教育可能是最有效、最好的教育。"③

2. 研究、创新都不神秘，而是人人可以掌握的方式

"教师成为研究者"理论早期倡导者布克汉姆曾断言："研究不是一个领域，而是一种态度。"既然只是一种态度，那自然人人可以采用、人人可以树立。研究如此，创新也

---

① 陈玉琨. 为何要建学术性研究型高中［N］. 中国教育报，2020-07-26（3）.
② 邵志豪，解庆福. 学术型中学建设的理论与实践研究［M］. 北京：人民教育出版社，2022：51.
③ 郑泉水. 关于创新型人才选拔评价的思考与实践［J］. 中国考试，2024（1）：3-5.

如此。从语义结构上看，"创新"由两个字组成："创"意为创造，指方式途径；"新"意为新事物新理念，指目的结果。创造出新事物新理念，一是需要观念，即创新志趣、创新意志、创新精神等；二是需要方法，即不拘泥于传统，勇于尝试新思路、新方式、新技术，能够独到地思考、精心地设计、深入地研究和不懈地求索。可见，研究和创新都具有观念、方法之性质，都不是专业人员、创新人才的专属领域，而是人人可以树立的观念和掌握的方式。

赵勇博士曾说："人人都有创造力，人人都有创新创造的潜能，而教育就是要培养每个人的创造力，因此创新创造创业能力教育不是局限于一小部分学生，而是面向全体学生。"① 培养创造力应该面向全体学生，足以说明基于问题研究的教育、创新能力教育是人人需要和人人适宜的，中小学大力开展这类科学教育，可以营造人人皆可成才、人人尽展其才的良好教育生态，可以促使人人都有人生出彩的机会。

3. 研究型学生、创新型人才具有同质性、一致性

湖南师大附中的研究型学生，是指具有问题意识、思辨能力、探究习惯、科学精神的高素质创新潜质人才。创新型人才，通常是指具有创新意识、创新精神、创新思维、创新知识、创新能力并具有良好的创新人格，能够通过创造性劳动取得创新成果，在某一领域或行业为社会发展和人类进步做出创新贡献的专业人才。由此可见，研究型学生和创新型人才交集广泛，具有同质性。

创新型人才具有如下突出特征：一是终身学习力，能够不断完善自己的知识体系，夯实创新创造的基础；二是坚定的志趣，能够化兴趣为事业，从知之者、好之者走向乐之者并最终走向志之者；三是超强问题意识，目光如炬，善于捕捉、洞察问题甚至善于制造问题；四是勇敢无畏精神，不单敢为人先，而且敢于面对并接受失败，敢于在失败后继续勇往直前；五是脚踏实地的品格，不唯上，不唯书，只唯实，一切从实际出发，求真务实，实事求是。这些突出特征，正好就是研究型学生必须重点发展的科学素养；也正因为这样，培养学生的社会责任感、创新精神和实践能力才会成为党和国家教育改革主旋律。

学术界认为，创造力分为四个层次：微创造、小创造、职业性创造和大创造②，层次不同，但都属于创造性活动，都具有提升创造力、培养创新型人才的功能效用。中小学研究性学习、项目化学习、微课题研究、小发明小创造等，就属于微创造、小创造，

---

① 赵勇. 国际拔尖创新人才培养的新理念与新趋势［J］. 华东师范大学学报（教育科学版），2023，41（5）：1－15.

② 赵勇. 国际拔尖创新人才培养的新理念与新趋势［J］. 华东师范大学学报（教育科学版），2023，41（5）：1－15.

其本身就是培养创新型人才的有机组成部分。

4. 研究型学生、创新型人才是同一个发展连续体上的不同阶段

研究型学生是创新型人才的初级阶段，培养研究型学生旨在为培养高素质创新人才奠定基础；创新型人才是研究型学生的发展目标，培养研究型学生是为了"在孩子心中种下科学的种子，引导孩子编织当科学家的梦想"（教育部等十八部门，《关于加强新时代中小学科学教育工作的意见》）。研究型学生、创新型人才处于同一条人才成长链条（典型性成长链条）之上，是"同一个发展连续体上的不同阶段"①（如图 3 - 2）。

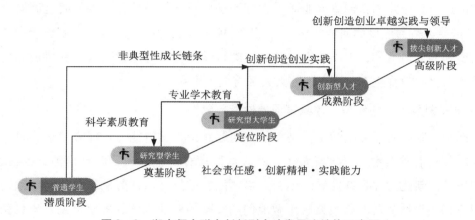

图 3 - 2 湖南师大附中创新型人才发展连续体示意图

换个角度看，研究型学生和创新型人才是"一种量变和质变的关系"：研究型学生属于量变，需要在创新意识、创新知识、创新精神、创新实践和创新能力的基础性教育中日积月累，需要在"众里寻他千百度"的过程中实现量的增长；创新型人才属于质变，是在研究型中学生、研究型大学生甚至研究工作者的持续量变后的破茧成蝶，是"蓦然回首，那人却在灯火阑珊处"的茅塞顿开。郑泉水教授曾指出："创新人才成长的关键期是 14 ~ 40 岁。"② 这个年龄段，从性质上讲都属于量变期，培养研究型学生（包括研究型大学生）就处于这个时期。其所以是关键期，就因为它是创新型人才发展连续体的打底奠基、定向定位阶段，是创新型人才成长链条中的核心环节，是绝对不容错过的机会窗口期。从这个意义上讲，中小学开展基于探究实践的科学教育、培养具有较高科学素质的研究型学生，深具可行性、重要性、必要性和迫切性。

（二）中小学拔尖创新型人才早期培养

拔尖创新人才是国之重器，是实施人才强国战略的重要支撑。"拔尖"就是超出一

---

① 邵志豪，解庆福. 学术型中学建设的理论与实践研究［M］. 北京：人民教育出版社，2022：50 - 51.

② 郑泉水. 关于创新型人才选拔评价的思考与实践［J］. 中国考试，2024（1）：5.

般，在次序、等级、成就、价值等方面居领先或优先地位。如果说，创新型人才是富于开拓性、具有创造力、能开创新局面、对社会发展做出创造性贡献的人才，那么，拔尖创新人才则是创新型人才中的优秀分子和杰出代表，是各行各业各领域的弄潮式领军人物，是能够为社会发展带来突破式价值的卓越人才。培养人才不容易，培养创新型人才更不容易，培养拔尖创新人才的难度更是不言而喻。然而，抢占日益激烈的国际竞争主动权，践履中华民族伟大复兴的历史使命，又迫切需要我们"全面提高人才自主培养质量，着力造就拔尖创新人才，聚天下英才而用之"。因此，着力造就拔尖创新人才，不是选择题，而是必答题，是新时代教育工作者必须自觉服务的国家战略，是各级各类学校义不容辞的时代使命和责任担当。

着力造就拔尖创新人才，与培育研究型学生并不矛盾。赵勇博士曾指出："一个社会及其经济的发展不可能是几个拔尖创新人才可以完成的。虽然普通人看到了少数几个名人的创造创新和创业能力带来了苹果、微软、亚马逊、谷歌、腾讯、阿里巴巴、特斯拉等创新企业，但每一个创新企业都必须由许多创造创新和创业的人才来支撑。所以，从实质上来看，拔尖创新人才的成功，需要在大量创新创造创业人才培养的基础上才能实现。"① 事实上确实如此，拔尖创新人才的确可能带来突破性价值甚至改变世界，但是，他们只是创新创造创业雁阵中的头雁，他们的突破性成功必须倚凭众多高素质创新人才齐心协力。培养拔尖创新人才，不是建造空中楼阁，不能幻想一蹴而就，而必须狠抓基础性环节，从培养研究型学生特别是研究型中学生做起。正因如此，习近平总书记谆谆告诫基础教育工作者："对科学兴趣的引导和培养要从娃娃抓起，使他们更多了解科学知识，掌握科学方法，形成一大批具备科学家潜质的青少年群体"，"要在教育'双减'中做好科学教育加法，激发青少年好奇心、想象力、探求欲，培育具备科学家潜质、愿意献身科学研究事业的青少年群体"。

由此可知，中小学培养研究型学生，是培养高素质创新人才的基础工程，是"着力造就拔尖创新人才"的关键环节，是践行为党育人、为国育才初心使命的应有之义和必然之举。

湖南师大附中将培养研究型学生定位为"拔尖创新人才早期培养"。自改革开放以来，学校以解答"钱学森之问"为己任，以"成民族复兴之大器"为追求，全力开展基于探究实践的科学素质教育，致力于培育研究型学生，为培养高素质创新人才奠基。2023 年 9 月，全国中文核心期刊《中小学管理》刊发《成民族复兴之大器：拔尖创新人

---

① 赵勇. 国际拔尖创新人才培养的新理念与新趋势［J］. 华东师范大学学报（教育科学版），2023，41（5）：1－15.

才早期培养 40 载坚守与超越》一文，全面推介学校的相关创新实践和经验做法。

1. 拔尖创新人才早期培养的历程回眸

早在 20 世纪 80 年代，湖南师大附中就开展了拔尖创新人才早期培养的实践探索。40 多年的科学素质教育创新实践，大致可分为四个阶段：

第一阶段（1980—1990 年），萌芽阶段。学校开展了整体教育实验班、超常发展教育实验班、个性特长实验班等系列创新实践尝试，致力于促进学生全员发展、全面发展、特殊发展、和谐发展。主要改革成果《教育实验与全面发展——湖南师大附中整体教育实验的探索》荣获国家首届教育科学优秀成果二等奖。中国工程院院士刘少军、华为海思总裁何庭波等拔尖创新人才就曾受益于这一系列教改实践。

第二阶段（1990—2000 年），起步阶段。学校于 1990 年起正式举办理科实验班，以五大学科国际奥林匹克竞赛为抓手，大力开展科学素质教育，全面打造"科学教育见长，人文素养厚重"的育人特色，拔尖创新人才早期培养进入起步阶段。1991 年，郭早阳同学荣获第 32 届国际数学奥赛银牌；1992 年，李翌同学夺得第 23 届国际物理奥赛金牌。从此，学校国际奥赛夺牌一路辉煌，每年都有斩获，几乎没有间断。

第三阶段（2000—2015 年），提升阶段。进入新世纪后，学校总结 20 年拔尖创新人才早期培养经验，从全面发展、个性发展、家国情怀、全球视野等维度强化育人价值引领，提出了"素质全面，个性优良，成民族复兴之大器，做人类进步之先锋"的育人目标，通过新课程改革和现代教育实验学校建设等教改项目，构建了拔尖创新人才早期培养支持服务体系。学校五大学科奥赛全面开花，国际奥赛金牌总数、奖牌总数长时间位居全国榜首，被誉为"金牌摇篮"。

第四阶段（2015 年至今），深化阶段。学校提出创建研究型高中的办学新追求，致力于全面提升学生的问题意识、思辨能力、探究习惯、科学精神。学校成立科技创新中心，设立教育集团拔尖创新人才早期培养名师工作室，积极探索拔尖创新人才大中小贯通式培养新路径，成为全国中小学科学教育实验学校和湖南省拔尖创新人才联合培养基地。学生入围强基计划、领军计划、英才计划、卓越计划、攀登计划，学科奥赛国家代表队、国家集训队、省代表队人数常年居全省第一、全国前列。

40 多年坚守枝繁叶茂，40 多年超越桃李芬芳。自 1991 年以来，学校共有 1216 人获国家金牌，307 人入选国家集训队，63 人跻身国家代表队。截至 2023 年底，学生参加学科奥赛共获国际金牌 36 枚、银牌 13 枚，洲际金牌 13 枚，金牌总数和奖牌总数均居全国前列。近三年入选清华大学丘成桐数学领军计划、物理攀登计划，以及北京大学数学英才计划、物理卓越计划人数近 50 人，位列全省首位、全国前列。截至 2023 年，丘成桐女子数学竞赛共举办三届，学校每届都有 2 位以上学生荣获该项奖励。

2. 拔尖创新人才早期培养的附中策略

拔尖创新人才不是自然生长出来的，而是精心培养出来的。清代学者魏源曾说："人材者，求之则愈出，置之则愈匮。"拔尖创新人才正是如此，唯有上下同欲用心"求之"，才有可能出现习近平总书记所期待的"人才像井喷一样涌现出来"的理想局面。中小学是"着力造就拔尖创新人才"的基础性、关键性环节，尤其应当识其势、明其道、得其法、讲其术、备其器，切实解决认识不足、定位不准、衔接不畅、协同不力等系列问题，凝心聚力做好拔尖创新人才早期培养。

道、法、术、器、势是中国古代道家管理思想和智慧的结晶，其解释五花八门，其理解更是众说纷纭，简单来说就是遵循规律，重视策略，巧用方法，借力工具，顺势而为。湖南师大附中认为，拔尖创新人才早期培养的基本策略，就是要识势、明道、得法、讲术、备器，把握创新发展大势，凝聚科学教育共识，增强智慧育人本领，搭建选鉴培育平台，探索小中大一体化贯通式培养路向，全面践行为党育人、为国育才的初心使命。

（1）识其势：乘势而为做弄潮

《史记·孙子吴起列传》道："善战者，因其势而利导之。"作战要因势利导，育人也要乘势而为。拔尖创新人才早期培养必须顺应时势、把握局势、洞察情势、符合趋势，精准研判形势抢抓机遇，主动变革方式科学育人，促进学生全面而有个性发展，培养堪当民族复兴大任的时代新人。

一是要顺应国际竞争的大势。当前，世界百年未有之大变局加速演进，中华民族伟大复兴进入攻坚克难期和决战决胜时。国际竞争归根结蒂是科技、人才、教育的竞争。科技已成为第一生产力，人才已成为第一资源，创新已成为第一动力，创新力已成为国家发展的动力源泉、综合国力的核心指标、国家竞争力的关键要素。培养拔尖创新人才，是国际教育发展的大势大潮，是国际教育竞争的热点焦点。

二是要把握国家战略的大势。党的二十大报告强调："加快建设教育强国、科技强国、人才强国，全面提高人才自主培养质量，着力造就拔尖创新人才，聚天下英才而用之。"着力造就拔尖创新人才，事关科教兴国、人才强国、创新驱动发展战略的全面实施，是全面建设社会主义现代化国家的根本大计和基础工程，是新时代学校教育的基本职责和重大使命。

三是要明察教育发展的大势。教育是国之大计、党之大计。近年来，国家接连出台《关于新时代进一步加强科学技术普及工作的意见》《全民科学素质行动规划纲要（2021—2035 年）》《关于加强新时代中小学科学教育工作的意见》等政策法令，其核心就是要在教育"双减"中做好科学教育加法,一体化推进教育、科技、人才高质量发展。强化科学教育,培养创新人才,是教育发展的时代要求和必然趋势。

(2)明其道:循道而行担大任

中小学是"着力造就拔尖创新人才"的基础性环节,但普遍存在三大问题:一是认识不足,定位不准,未能达成拔尖创新人才早期培养共识;二是衔接不畅,协同不够,未能建立拔尖创新人才选鉴共育机制;三是师资不强,导育不力,未能打造拔尖创新人才早期培养专业化团队。究其根本,主要在于"道不同不相为谋":站位不高、定位不准,自然难免认识不足、行动迟缓、衔接不畅、协同不够、导育不力。中小学必须明大道、担大任,主动将拔尖创新人才早期培养的使命责任担在肩上、落在行上,而不是推给别人或只是挂在嘴上。

一是要深明人的全面发展之道。人是教育的根本点、着眼点、出发点和归宿点,教育必须关注人的本质发展,关注人的自身发展需要和社会发展需要。什么样的教育能促使孩子具备适应终身发展和社会发展需要的正确价值观、必备品格和关键能力?这是教育工作者必须深思叩问、深刻领悟的育人大道。真正的教育,不仅要使孩子知道世界是什么样的,还要让孩子明确世界为什么是这样的和怎样让世界更美好,因此,勇于探索、勇于创新、富有生命力的人,才是全面而有个性发展的人,才是终身可持续发展的人。

二是要深明拔尖创新人才成长之道。中小学阶段是培养学生创新精神和实践动手能力的最佳年龄段,是形成相对稳定的个体性向、专业志趣的关键时段。习近平总书记强调:"对科学兴趣的引导和培养要从娃娃抓起,使他们更多了解科学知识,掌握科学方法,形成一大批具备科学家潜质的青少年群体。"人误地一时,地误人一年;师误生一时,则误生一世。值守在青少年成长成才的机会窗口,中小学教师必须深明人才成长大道,深明为党育人、为国育才大道,自觉在教育"双减"中做好科学教育加法,积极担当拔尖创新人才早期培养的使命责任。

三是要深明拔尖创新人才培养之道。培养拔尖创新人才不只是高等院校的事情,中小学校和高等院校应当一体联动衔接贯通,而不能各自为政封闭割裂。培养拔尖创新人才与教育公平并不矛盾,教育机会公平必须捍卫,教育过程公平也要维护,中小学理应为创新潜质学生提供适合的教育,这是对个性禀赋的基本尊重,也是对有天赋、有志趣、有潜力学生的最大公平。培养拔尖创新人才不同于精英教育,不能只盯着少数尖子,而要面向全体学生;不能只关注其学业水平和所谓"精英意识",而要培养其面向未来所必备的创新精神、创新品质、创新思维和创新人格。

(3)得其法:科学培养开新局

韩愈在《马说》中指出,"千里马常有",怕就怕"策之不以其道,食之不能尽其材，鸣之而不能通其意"。中小学拔尖创新人才早期培养，一定要拥有伯乐一样的识才本领和育人智慧。得其法者事半功倍，不得其法者事倍功半。培养拔尖创新人才，必须遵循教育规律，贯彻党的教育方针，确立科学的人才观、成才观、教育观。

一是要恪守立德为先原则。立德树人是教育的根本任务，培养什么人、怎样培养人、为谁培养人是教育的根本问题。拔尖创新人才早期培养必须以立德为先，帮助学生扣好人生第一粒扣子。要从全面发展、个性发展、家国情怀、全球视野等多维向度强化育人价值引领，不单要做学生学习知识、创新思维的引路人，而且要做学生锤炼品格、奉献祖国的引路人，积极引领青少年立大志、明大德、担大任，使其成为有理想、有本领、有担当的德智体美劳全面发展的社会主义建设者和接班人。要培养堪当民族复兴大任的时代新人，而不是应试狂魔、刷题机器、精致利己主义者。

二是要构建一体联动机制。目前，大中小学段割裂、育人链条脱节、家校社资源分散、缺乏教育协同等问题较为突出。中小学应当从实际出发，因地制宜地整合优质资源，打通育人壁垒，构建跨领域、跨区域、跨学校、跨学段、跨学科的联培共育体系，通过向内挖潜早期培养、向上对接贯通培养、向下衔接前置培养、向外连接联合培养、向网链接智慧培养等多种方式，实现学校主阵地与社会大课堂的一体联动，形成内筑生态圈、外建协同体的理想格局。

三是要实施基于研究的教育。问题、研究是创新之法宝，培养拔尖创新人才就是要积极引领学生发现问题、研究问题、解决问题，从而培育其问题意识、思辨能力、探究习惯和科学精神。科学的本质特征是求真，科学教育必须"千教万教教人求真，千学万学学做真人"（陶行知语）。拔尖创新人才早期培养，一定要实施基于问题研究的教育，探索互动式、启发式、探究式、体验式等课堂教学，引领学生深度思考、深入探究，重走科学家们走过的求是求真之路，感受知识发现过程，体验科学创新规律，在朝着科学家目标奋进的漫漫求索路上实现拔尖创新人才的卓越成长。

（4）讲其术：因材施教新人

培养拔尖创新人才，需要在课程、教法、学法、师资、设施等方面作精准匹配，为其提供适合的教育，满足不同潜质学生的发展需要。因材施教是中华民族千锤百炼的教育思想，尊重差异性、不搞一刀切，是拔尖创新人才早期培养的必由之道。

一是要讲重慧眼识才之术。创新潜质人才不等于早慧儿童，不能按照早慧儿童标准去选拔，否则爱因斯坦、牛顿、霍金、华罗庚、罗家伦等都将不符合选鉴标准。创新潜质人才不等于全才通才，人人都具有多元智能，但其智能存在强弱、主次、优劣之分；人人都有创新潜质，但往往只能适用于某一特定领域，不可能通用于所有领域。金无足赤，人无完人，求全责备必然"天下无马"（韩愈《马说》）。创新潜质人才不等于尖子学生，所谓"尖子"往往只是学业水平能力拔尖，不一定是道德修养、问题意识、思辨能力、探究习惯、科学素养等综合素质拔尖。培养拔尖创新人才应该重点考查学生天赋、志趣、激情、毅力等内驱性因素，应该不拘一格降人才，绝不能堕落成"变相掐尖"。

二是要讲重智慧育人之术。要开活国家课程，将创新思维、科学方法融会渗透到学科学习之中，激发中小学生好奇心、想象力和探求欲。要开发创新课程，推进基于问题探究的科学教育，满足学生科创普修、人文精修、专长深修、竞赛专修等课程需求。要创设探究课堂，引导、指导、督导学生自主学习、合作学习、探究学习和体验式学习，构建以问题为载体、以自主研习和合作探究为主体的课堂教学样态。要开实研究性学习课程，引导学生广泛参与项目式学习、探究性活动。要搭建科创活动平台，引领学生广泛参与实地考察、科学探究、科普体验、科创实践等活动，努力在孩子心中编织科学梦想，撒播创新种子。

三是要讲重师资培养之术。培养拔尖创新人才，要依靠高素质、专业化、创新型教师。一方面，要采取专业引领、同伴互助、自主研修相结合的方式，精心培养富于情怀、勤于学习、长于实践、崇尚学术的研究型教师。另一方面，要创设"一制两化三级四体"管理体制，提升拔尖创新人才早期培养导师的专业水平和育人能力。"一制"即教练制，实行并落实主教练责任制；"两化"即专业化、专职化，让专业人员集中精力专司其职；"三级"指构建工作室、工作站、工作点三级网络；"四体"指组建年级教练协作体、班级教练协作体、学科教练协作体和教练师徒协作体。

（5）备其器：筑台铺路促成长

"工欲善其事，必先利其器。"拔尖创新人才早期培养需要肥沃土壤、适宜气候和优良环境，必须搭建多元平台，提供必要条件，为其茁壮成长筑好台铺好路。目前，中小学基础性办学条件已经大大改善，但从着力造就拔尖创新人才角度看，还有很多工作要做。

一是搭建青少年心智测试平台。心智检测是拔尖创新潜质人才选鉴的必要环节，学业检测、健康检测等都不能完全替代心智检测。尽管人才选鉴是一个动态过程，但心智检测参考价值巨大，有利于潜质人才的早发现早培养。目前，基础教育界普遍缺少青少年心智测试平台，更缺少青少年心智测试机制，亟需多方协同搭建平台并建章立制，提升中小学心智检测能力水准。

二是搭建青少年创新体验平台。拔尖创新人才需要点燃，科技创新体验则是最佳点燃方式。目前国内除教育发达地区少数名校之外，中小学科技创新体验场馆实在太少，与国外发达国家差距甚大。见少识浅，会迟滞学生好奇心，限制学生想象力。政府和科技企事业单位宜大力支持，协助中小学广泛搭建科技体验平台，形成创新教育"场效应"。

三是搭建青少年展示锋芒平台。好孩子是夸出来的，拔尖创新人才是"秀"出来的。目前，国内为中小学生提供的牛刀小试机会越来越少，很多有意义的竞赛、竞技活动，都出于追求教育公平、规范办学行为之类考量而被限制或取消了。培养拔尖创新人才，不适宜"十年磨一剑，霜刃未曾试"，而应该多方搭建青少年展示锋芒的平台舞台，让有天赋、有志趣、有潜力的孩子获得"秀"出来、"冒"出来的机会。

3. 拔尖创新人才早期培养的附中经验

拔尖创新人才培养是一项极其复杂的系统工程，不是只从高等院校才开始，基础教育阶段早发现、早选拔、早培养，对拔尖创新人才脱颖而出和顺利成长具有奠基作用。湖南师大附中从 20 世纪 80 年代起，就开展了拔尖创新人才早期培养的创新实践探索，历经 40 余载坚守与超越，取得了显著育人成效，也积淀了丰富育人经验。

（1）找准根源，澄清拔尖创新人才早期培养的认识误区

中小学阶段是培养学生创新精神和实践动手能力的最佳年龄段，是形成相对稳定的个体倾向、专业志趣的关键时段。培养拔尖创新人才是新时代基础教育义不容辞的使命责任。但是，中小学教师对此普遍定位不准、认识不足，存在着明显的思想认识误区。开展拔尖创新人才早期培养必须上下同欲，凝心聚力，因此，首先必须帮助教师走出误区、凝聚共识。认识澄清了，步调才会统一，行动才会有力，育人才会有效。

统一思想提高认识，关键是要找准思想认识误区的根源。

根源之一：追求机会公平，忽略过程公平。中小学培养拔尖创新人才违背教育公平，是最具代表性的思想认识误区之一。追求并确保教育公平，无疑是正确的；但不应该绝对化、简单化，尤其不应该将培养拔尖创新人才置于教育公平的对立面。教育公平绝不是相同的教育，而应该是适合的教育；绝不是不加区别的教育，而应该是因人而异的教育。有教无类的教育机会公平要切实保障，因材施教的教育过程公平也要坚决捍卫。天资聪颖的孩子是客观存在的，绝不能让这些千里马"祗辱于奴隶人之手，骈死于槽枥之间"（韩愈《马说》），而应该因材施教，为他们提供适合的教育。这既是对个体差异的基本尊重，也是对有天赋、有志趣、有潜力的学生的最大公平。

根源之二：高筑学段壁垒，忽略协同育人。在不少中小学教师看来，着力造就拔尖创新人才是高等院校的事情，中小学只能且只应从事基础教育教学，没有培养拔尖创新人才的职责义务，也不具备相应的能力水平。在他们眼里，中小学校与高等院校是两种完全不同的教育，除了生源供需之外没有别的联系。殊不知从人才成长角度看，中小学校与高等院校属于同一个发展连续体，"教"虽有异"育"却相通，应该密切协作，切实做好育人衔接，共同为人才成长保驾护航。郑泉水教授曾说："大学阶段仅是创新教育

的龙头,创新人才成长的关键期是 14～40 岁。因此,要真正实现创新教育,必须要从中小学开始。"① 中小学是培养拔尖创新人才的基础阶段,但却是关键时期,因为一旦错过这个关键期,就可能贻误学生发展最佳期,错失英才成长的可能性。所以,中小学必须积极承担拔尖创新人才早期培养的职责使命,主动参与拔尖创新人才培养系统工程,将责任担在肩上而不是推给别人,绝不可事不关己高高挂起,绝不可置身事外袖手旁观。

根源之三:片面追求升学,忽略人才培养。一方面,受片面追求升学率等传统观念影响,中小学教师普遍存在一个错误观念:培养拔尖创新人才会分散师生精力和优质资源,不利于中考、高考成绩和升学率的整体提升。他们心目中,只有"育分",没有"育人",只求学生考出好分数,满足高一级学校录取需要,不怎么考虑甚至根本不考虑学生获得好发展、得到适合的教育及其成长的需要。中考、高考本来是人才识别选拔的标尺,但却异化为人才同质发展的怪兽,成为基础教育疯狂"内卷"、只育分不育人的根源。另一方面,中考命题区分度越来越小,人才选拔功能自然也就越来越弱;义务教育阶段基本上实行摇号招生、片区招生等政策,维护了教育公平均衡,但也影响了学生中客观存在的奇才、偏才、怪才的识别选拔;高校招生更是一把尺子量到底,长期陷入系统性忽视天赋异禀学生的尴尬境地。总体看来,无论是中小学教育教学,还是现行招生政策,对"分"的关注超过对"人"的关注,对升学的痴迷超过对育人的用心。颠覆应试教育,仍然是开展科学教育、培养创新人才的最大课题和最大难题。

根源之四:"仇视"掐尖早培,株连科学教育。很多人对掐尖、早培等教育乱象很反感,连带着也"恨"上了拔尖创新人才早期培养。其实,拔尖不等于掐尖,因为拔尖不只看文化成绩;早期培养不等于早培,因为早期培养不只搞文化学习;培养拔尖创新人才不等于精英教育,因为拔尖创新人才早期培养是面向全体的科学素质教育。中小学开展拔尖创新人才早期培养,是以"做学生创新思维的引路人"为行动共识,面向全体学生,全面提升学生的问题意识、思辨能力、探究习惯、科学精神,从而在学生心底根植创新精神、创新品质、创新思维和创新人格,种下科学的种子,编织当科学家的梦想。这一切,都是青少年面向未来所必须厚植的核心素养,是堪当民族复兴大任的时代新人所必须涵养的正确价值观、必备品质和关键能力。这样的科学素质教育应该成为国民教育的必修课,而不应该是精英教育的专享课。

根源之五:一味清北崇拜,埋没可造之才。清华北大上线,已成为不少普通高中尤其是县域高中的最高追求,社会也普遍存在着严重的"清北崇拜"倾向。为了考上清华北大,不少原本有天赋、有志趣、有潜力的可造之才,不得不深陷反复刷题、机械应考

---

① 郑泉水.关于创新型人才选拔评价的思考与实践 [J].中国考试,2024 (1):3-5.

的污池泥潭，在过度应试训练的过程中锋芒挫缩，"泯然众人矣"（王安石《伤仲永》）。这更是严重背离了着力造就拔尖创新人才之宗旨。其实，考上清华北大的学生，未必就是拔尖创新人才；考上了清华北大，也不意味着就能够成为拔尖创新人才。能考上清华北大可喜可贺，没考上清华北大绝不等于就没有成为拔尖创新人才的希望。天资卓越的学生，最需要的是富于针对性的精准培养和超常规的主动生动发展，不一定非进清华北大不可。为了完成所谓"清北指标"而实行"封山育林""学苗地方保护主义"，则更是偏离了拔尖创新人才培养目标，有悖于人才成长规律。

（2）立德树人，把握拔尖创新人才早期培养的育人航向

党的二十大报告强调："教育是国之大计、党之大计。培养什么人、怎样培养人、为谁培养人是教育的根本问题。育人的根本在于立德。"着力造就拔尖创新人才是为党育人、为国育才的重大举措和具体行动，必须全面贯彻党的教育方针，落实立德树人根本任务，培养德智体美劳全面发展的社会主义建设者和接班人，造就堪当民族复兴大任的时代新人，而不能培养应试狂魔、刷题机器、精致利己主义者。湖南师大附中坚持立德为先，从目标引领、价值引领、行为引领、文化引领等多个方面树标立范，全面全程为拔尖创新人才早期培养保驾护航。

一是强化育人目标引领。斯大林有句名言："伟大的精力只是为了伟大的目标而产生的。"拔尖创新人才早期培养，首先必须明确"培养什么人"和"为谁培养人"，必须有正确的目标引领。明确的育人目标，既是教师的工作目标，可以引领教师凝聚"伟大的精力"锚定目标精准发力；又是学生的发展目标，可以引领学生凝聚"伟大的精力"锚定目标砥砺前行。《湖南师大附中研究型高中建设方案》的总体目标是"建设研究型高中，培育研究型学生，为培养高素质创新人才奠基"。学校将研究型学生定位为"素质全面，个性优良，具有家国情怀、国际视野、创新精神和实践能力的高素质创新潜质学生"，并将其设定为拔尖创新人才早期培养的育人目标，要求教师以"成民族复兴之大器"为己任，恪尽为党育人、为国育才的职责使命，要求学生以"成民族复兴之大器"为追求，坚定学成报国、强国有我的理想信念。

二是强化育人价值引领。价值观是人生之舵，是发展动力之根，是生命活力之源。拔尖创新人才早期培养离不开正确的价值引领。一方面要将社会主义核心价值观内化于心、外化于行，成为"日用而不知"的精神内核；另一方面要将社会主义核心价值观融入拔尖创新人才早期培养具体行动，积极引导并督导学生立大志、明大德、担大任，成为有理想、有本领、有担当的时代新人。拔尖创新人才早期培养是一项重要、特殊而复杂的系统工程，必须以社会主义核心价值观为思想定盘星和行动压舱石，综合考量国际竞争大势、国家发展战略、立德树人根本任务、人才成长客观规律等多重因素，形成特

色化育人价值理念。湖南师大附中在全面践行社会主义核心价值观的基础上，从全面发展、个性发展、家国情怀、全球视野等维度强化育人价值引领，提出"素质全面，个性优良，成民族复兴之大器，做人类进步之先锋"的拔尖创新人才早期培养价值理念，积极引领学生树立正确的世界观、人生观、价值观，以及发展观、成才观，形成适应终身发展和社会发展需要的正确价值观、必备品格和关键能力。

三是强化育人文化引领。林语堂先生曾说："文章有味，大学亦有味。味各不同，皆由历史沿袭风气之所造成，浸润熏陶其中者，逐染其中气味。"校园文化是学校的"味"，能让师生"逐染其中气味"，既是彰显学校个性魅力的名片，也是一种潜移默化的教育力①。拔尖创新人才就像种子，离不开合适的栽培，更离不开合适的土壤，其中最核心的是育人文化氛围。湖南师大附中特别注重育人文化建设，谢永红书记曾强调："我们要培养素质全面、个性彰显（后改为'个性优良'）的学生，培养具有附中气质的未来强者。对于未来强者，我是这样理解的，我们培养的学生，要在将来成为生活的强者、事业的强者和时代的强者。所谓附中气质，就是我们校训中的公勤仁勇——公者无私，天下为公；勤者不匮，勤敏以行；仁者无忧，仁爱为本；勇者无惧，勇毅以任。"②秉承"公勤仁勇"的校训，湖南师大附中明确了"以人为本，兼容并蓄"的办学理念，确立了"理性办学、内涵发展"的工作方针，构建了"依法治校、学术治校、民主治校"的现代学校治理体系，形成了"科学教育见长，人文素养厚重"的育人特色、"科研兴校，全面育人"的管理特色和"自强不息，追求卓越"的文化特色。学校在校门附近树立"公勤仁勇"和"成民族复兴之大器"两方文化石（校训石和大器石），成为学校的精神旗帜，召唤着老师们爱国敬业，无私奉献，召唤着学子们不畏艰难，奋发进取。

四是强化育人行动引领。拔尖创新人才早期培养需要上下同欲，步调一致，同频共振，同向发力，需要建立行为准则，达成行动共识。湖南师大附中将"公勤仁勇"的校训文化与"'吃得苦、霸得蛮，扎硬寨、打硬仗'的湖湘精神、'经世致用、兼收并蓄、心忧天下、敢为人先'的湖湘文化"③有机结合，凝合成天下为公、勤勉笃行、求仁履实、敢为人先的全校师生行动共识——"天下为公"强调社会责任感，"勤勉笃行"强调终身学习力，"求仁履实"强调实践能力，"敢为人先"强调创新精神。学校要求教师遵照习近平总书记指示——"做学生锤炼品格的引路人，做学生学习知识的引路人，做学生创新思维的引路人，做学生奉献祖国的引路人"，要求学生在"四个引路人"的引领下锤炼品格、学习知识、勇于创新、奉献祖国，不断提升自己的社会责任感、创新精

---

① 谢永红，陈迪勋，刘进球. 以文化人，润泽学子 [J]. 湖南教育（D），2016（9）：19–20.
② 齐林泉. 公勤仁勇培养未来强者 [N]. 中国教育报，2015–04–16（8）.
③ 杜家毫. 革命理想高于天 [N]. 湖南日报，2020–09–15（2）.

神和实践能力。学校还确立了"以研究为先导"的共同价值观，倡导并引领全校师生研究地学习、研究地教学、研究地管理、研究地服务，促使他们成为国计民生的关注者、专业书刊的博览者、实践探索的反思者、草根研究的践行者，成就"志于道，据于德，依于仁，游于艺"（《论语·述而》）的君子之学。

（3）聚焦潜质，增强拔尖创新人才早期培养的选鉴本领

培养的前提是发现，所以韩愈断言"世有伯乐，然后有千里马"。能否拥有伯乐般慧眼识才的过硬本领，取决于我们是否将选鉴目光指向"不同潜质学生的发展需要"［《国家中长期教育改革和发展规划纲要（2010—2020 年)》］。每个人都"希望自己是一个发现者、研究者、探索者"（苏霍姆林斯基语），但这种根深蒂固的需要潜藏在人的心灵深处，没有伯乐般的慧眼发现不了，不能聚焦潜质也识别不出。

增强拔尖创新人才早期培养的潜质人才选鉴本领，必须破除、克服传统人才选鉴流程中存在的系列观念性、机制性缺陷。

一是不能只重才学不重德行。"德"是做人的根本，"才"是立身的依托；"德"是成事的基础，"才"是成事的保证。司马光曾说："才德全尽谓之圣人，才德兼亡谓之愚人，德胜才谓之君子，才胜德谓之小人。凡取人之术，苟不得圣人，君子而与之；与其得小人，不若得愚人。"（语见《资治通鉴·纪事本末卷一·三家分晋》）可见，无论育人还是选才，德行都是第一考量，如果德才不可得兼，"与其无德而近于小人，毋宁无才而近于愚人"（曾国藩语）。然而，传统人才选鉴特别是现行招生制度，往往重才不重德、见分不见人，这既违背了德才兼备、以德为本的基本原则，又不符合立德树人、以德为先的时代要求。拔尖创新人才是国之重器，应该以"堪当民族复兴大任的时代新人"为理想追求，绝不能沦落为精致利己主义者。拔尖创新人才早期培养选拔鉴别，一定要突出理想信念、道德情操、情怀志趣，要积极引领青少年立大志、明大德、担大任，成为有理想、有本领、有担当的德智体美劳全面发展的社会主义建设者和接班人。

二是不能误以早慧为创新潜质。早慧是客观存在的，古往今来流传着无数天才、神童的精彩传说。但要知道，"创新不等于早慧"①。早慧强调天赋、遗传、智力等因素，而创新强调好奇心、爱思考、会提问、敢冒险等非智力因素；早慧可以通过智商、竞赛、比试、实操等标准化测评筛选出来，而创新潜质需要长周期、全过程、动态性测评才能选拔出来。最重要的是，早慧属于方仲永般的少数超常儿童，而创新潜质属于所有人，人人都具备创新愿望、倾向和可能性，人人渴望成才，人人皆可成才。因此，不能按照筛选早慧儿童的方式选拔创新潜质人才，否则爱因斯坦、牛顿、霍金、华罗庚、罗家伦

---

① 郑泉水. 关于创新型人才选拔评价的思考与实践［J］. 中国考试，2024（1）：3.

等都将不符合选鉴标准。

三是不能按全才标准衡量潜质人才。金无足赤，人无完人，选鉴拔尖创新潜质人才，最忌求全责备。人人都具有多元智能，但其智能存在强弱、主次、优劣之分；人人都有创新潜质，但往往只能适用于某一特定领域，不可能通用于所有领域。科学人才观有四个特点：一是广泛性，人人皆可成才，行行都出状元；二是全面性，兼容并蓄，德智体美劳全面发展；三是特殊性，个性彰显，实现全面而有个性成长；四是适应性，博学多能，能满足社会多元化需求。因此，拔尖创新潜质人才选鉴必须摒弃全才观、通才观，将促进全面而有个性发展、适应社会多元化需要作为人才培养标准，形成多样化育人目标体系，从而真正满足不同潜质学生的发展需要。

四是不能用掐尖方式来选鉴潜质人才。拔尖创新潜质人才选鉴绝不是掐尖。掐尖是招生乱象，是唯升学、唯分数、唯学历、唯文凭等顽瘴痼疾作祟的表征，是对教育公平的践踏。掐尖强调的是文化成绩，看重的是单纯的学业能力，选拔的是传统意义上的所谓优生；拔尖创新潜质人才选鉴强调天赋、志趣、激情、毅力等内驱性因素，看重的是美德素养、问题意识、思辨能力、探究习惯、科学精神等综合素质，既可能是传统意义上的优生，也可能是屈居分数线之下但具有无限发展可能的成长型人才。因此，应该不拘一格降人才，绝不能只采取纸笔测试这一种方式，让选鉴拔尖创新潜质人才堕落成"变相掐尖"。

（4）筑台铺路，搭建拔尖创新人才早期培养的选鉴平台

每个人都拥有语言、数理、空间、动觉等多元化智能，而且都既具备优势智能，也存在弱势智能。因此，拔尖创新潜质人才的识别选鉴至关重要，中小学必须主动寻求多方支助，搭建多样化甄选识鉴平台，促使慧眼识才走出经验化、主观化的小胡同，走向技术化、智慧化的大世界。

一是搭建青少年心智测试平台。心智检测能在一定程度上甄别区分青少年优势智能与弱势智能，能相对准确地判断预测青少年智能发展目标与方向，对于选鉴拔尖创新潜质人才具有重大意义和参考价值。基础教育界学业检测、健康检测等已常规化和常态化，但普遍缺少青少年心智测试平台，更缺少青少年心智测试机制。尽管目前流行于世的智商测试、心理测试、创造力测试等"许许多多的测试都不具备判断个体能力和预测未来成就的能力"，"测试时得高分的未来并不一定参与创新创造创业，也不一定是最具创造力的；得低分的未来不一定没有创造力，也不一定就不参与创新创造创业活动"[1]，但是

---

① 赵勇. 国际拔尖创新人才培养的新理念与新趋势 [J]. 华东师范大学学报（教育科学版），2023，41（5）：1 - 15.

科学检测的区分、预测、评价等功能是客观存在的，检测数据的科学运用常常能产生激活、激发、激励等效用，对于人才培养特别是拔尖创新人才早期培养有益无害。

二是搭建青少年创新体验平台。拔尖创新人才需要"点燃"，科技创新体验常常是最佳点燃方式。没有经历过的事情，往往很难感同身受；亲身体验是最好的老师，是人生最珍贵的开悟机遇和发展资源。有学者提出"接触发明效应"，认为成长于某一个在某项技术上发明率高的地方的人，更有可能成为这方面的发明人，因为他们接触这方面发明的机会多于其他地方的人①。教育部等十八部门发布的《关于加强新时代中小学科学教育工作的意见》（教监管〔2023〕2号）也特别强调："组织中小学生前往科学教育场所，进行场景式、体验式科学实践活动。"目前国内除教育发达地区之外，中小学科技创新体验平台实在太少，与发达国家中小学差距较大。"科学教育的灵魂就是要形成一种创新的生态"②，广泛搭建科技创新体验平台，为青少年提供丰富的场景式创新体验，真正实现"校园无围墙，课堂无边界"，就能打造科学教育生态圈，形成科学教育场效应，对于人才培养特别是拔尖创新人才早期培养意义重大，影响深远。

三是搭建青少年展示锋芒平台。好孩子是夸出来的，拔尖创新人才更是"秀"出来的。青少年表现欲强，渴望通过展示自己以获得理解、肯定和尊重；而潜在的表现欲转化为现实的表现行为，需要表现机会、展示平台作为中介。"十年磨一剑，霜刃未曾试"（贾岛《剑客》）是不适合于青少年教育培养的；长期处于"食不饱，力不足，才美不外见"（韩愈《马说》）状态，就算是千里马也将无异于常马。拔尖创新人才的茁壮成长，既需要大环境，也需要小机会；既需要大舞台，也需要小平台。要不拘一格降人才，多方搭建青少年展示锋芒的平台舞台，让有天赋、有志趣、有潜力的孩子获得秀出来、冒出来的机会，真正满足不同潜质学生的发展需要。

四是搭建青少年特殊培育平台。拔尖创新人才往往是有特殊才能，同时也是有特殊性格的人，培养他们，需要在课程、教法、学法、师资、设施等方面作精准匹配，不能"策之不以其道，食之不能尽其材，鸣之而不能通其意"（韩愈《马说》）。传统教学过度强求统一，妨碍了个性发展，不利于学生扬长避短，根据独特禀赋发展独特智能。顺应天赋，释放天性，开发潜能，才能促使学生全面而有个性发展。因材施教是中华民族千锤百炼的教育思想，尊重差异性、不搞一刀切，是培养拔尖创新人才的必由之路。为促使有天赋、有志趣、有潜力的学生脱颖而出，在一定范围和程度上为实验班、奥赛班、创新班等放行或松绑，让分类分层教学真正落地，非常重要，很有必要。

---

① 赵勇. 国际拔尖创新人才培养的新理念与新趋势［J］. 华东师范大学学报（教育科学版），2023，41（5）：1－15.

② 朱华伟. 深圳中学：以"科教融合"提升学校科学教育水平［J］. 中小学管理，2023（6）：23－25.

（5）打通壁垒，构建拔尖创新人才早期培养的共育体系

在制约中小学拔尖创新人才早期培养诸因素中，开辟学苗识别、选拔、培育绿色通道，是一个巨大障碍。目前，国内大中小学段割裂，育人链条脱节；家校社资源分散，缺乏教育协同，诸如此类问题较为突出。中小学应当从实际出发，因地制宜地挖掘、整合、利用各种资源，打通壁垒，构建跨领域、跨区域、跨学校、跨学段、跨学科的联动共育体系，谋求拔尖创新人才早期培养学校主阵地与社会大课堂的有机衔接，形成内筑生态圈、外建协同体的理想格局。

一方面，要深入挖潜，筑实夯牢学校主阵地。

为党育人、为国育才，学校无疑是主阵地。对于拔尖创新人才早期培养，中小学大有可为：要开活国家课程，将创新思维、科学方法融会渗透到学科学习之中，激发中小学生好奇心、想象力和探求欲；要开发创新课程，推进基于探究实践的科学教育，满足学生科创普修、人文精修、专长深修、竞赛专修等课程需求；要创设探究课堂，引导、指导、督导学生自主学习、合作学习、探究学习和体验式学习，构建以问题为载体、以自主研习和合作探究为主体的课堂教学样态；要开实研究性学习课程，引导学生广泛参与项目式学习探究，使"研究地学"成为学生的学习习惯和生活方式；要搭建研究型活动平台，引领学生广泛参与科学探究、科普体验实践，努力在孩子心中撒播创新种子，编织科学梦想。如何筑牢夯实学校主阵地，本书第四章将详作阐说，这里按下不表。

另一方面，要多措并举，搭好拓宽社会大课堂。

拔尖创新人才早期培养是关涉教育全链条的系统性工程，必须内外联动，形成多方互动、齐抓共管、协同育人的家校社共育机制。

一是要向上对接，联合高等院校开展拔尖创新人才贯通培养。基础教育和高等教育是同一条人才成长链条上的不同环节，基础教育侧重科学素质教育，旨在打底奠基；高等教育侧重专业学术教育，旨在定向定位。二者不单是生源供需关系，还是人才共育关系。高等院校培养拔尖创新人才优势明显，中小学开展拔尖创新人才早期培养，必须主动"向上对接"，可以联合高等院校创建拔尖创新人才共育基地，共建实验室、科普站、培育班等，可以开设中国大学先修课程（CAP），特别重要的是全面对接强基计划、领军计划、英才计划、卓越计划、攀登计划等高校人才培养改革举措。总之，要充分利用高等院校及当地科研院所的优势优质资源，主动迈上基础教育与高等教育共育拔尖创新人才的探索之路。

二是要向下衔接，主动联合相关学段开展创新人才前置培养。"得天下英才而教育之"（《孟子·尽心上》），是人生第三大快乐，也是拔尖创新人才早期培养的关键。俗话说："要想饭香，必须米好。"要培养好拔尖创新潜质人才，"苗子"的甄别选拔十分重

要。国内中小学教育各自为政现象较为严重，各学段间壁垒森严甚至"老死不相往来"，极不利于拔尖创新人才早期培养。中小学要加强横向、纵向互动和学段育人衔接，至少集团办学成员校之间、划片招生生源校之间、对口帮扶合作校之间，应当构建育人共同体，常态化开展联教、联研、联培、联赛等活动，逐渐建立学苗甄别选拔的有效机制，切实解决好各个学段之间的衔接培养难题。

三是要向外连接，整合社会资源开展拔尖创新人才联合培养。教育部等十八部门联合推出的《关于加强新时代中小学科学教育工作的意见》（教监管〔2023〕2号）特别强调"用好社会大课堂"。拔尖创新人才早期培养，不单要抓好大中小衔接育人，而且要注重家校社协同育人。中小学要积极调动家长资源，激发家长参与人才共育的积极性；要主动争取学校周边科研院所、厂矿企业、实践基地的支持配合，开展科技体验与项目化学习实践；要多方融通国际课程，借鉴国外英才培养课程和培养模式，不断提高拔尖创新人才早期培养水平和能力。

四是要向网链接，利用信息技术及多媒体资源开展拔尖创新人才智慧培养。钱学森先生曾预言：未来教育 = 人脑 + 电脑 + 网络[①]。拔尖创新人才早期培养是一种"为未来、向未来、创未来"的教育，一定要树立未来教育意识，充分借助电脑、网络开展智慧育人。如今，现代信息技术已经高度发达，"互联网 + "智慧平台已经基本建成，学生"开眼看世界"条件已经非常优越。拔尖创新人才早期培养不能坐井观天，应该充分利用在线智慧院校、智能教室、仿真实验室、虚拟厂矿医院、电子图书馆等智慧学习空间，多方链接科学教育、科普体验等智慧学习资源，积极探索基于区块链、大数据等新技术的拔尖创新人才智慧培养模式。

（6）强化师训，建设拔尖创新人才早期培养的教师队伍

拔尖创新人才早期培养工作专业性较强，必须由高素质、专业化、创新型教师领衔担当。中共中央、国务院发布的《关于全面深化新时代教师队伍建设改革的意见》（中发〔2018〕4号）提出"到2035年，教师综合素质、专业化水平和创新能力大幅提升，培养造就数以百万计的骨干教师、数以十万计的卓越教师、数以万计的教育家型教师"，《中国教育现代化2035》（中发〔2019〕20号）提出"造就党和人民满意的高素质、专业化、创新型教师队伍"。高素质、专业化、创新型，是新时代人民教师的定位和方向，也是拔尖创新人才早期培养教师队伍建设的标准和要求。

湖南师大附中于2015年提出创建研究型高中的办学新追求，2017年启动研究型高中建设工程，2018年成为湖南省"十三五"教育科学示范性高中研究型教师队伍建设研究

---

① 李萍.互联网＋基础教育在初中语文教学中的应用［J］.读与写，2017（8）：28－32.

基地，多年来坚持全力培养研究型教师。学校先后开展"示范性高中研究型教师的内涵、价值和培养途径研究""新时代研究型高中师德师风建设校本研究"等省级重点课题研究，系统探究研究型教师的内涵、特征、价值和成长规律，构建起"修学教研一体化"教师培养模型。在此过程中，学校提出教师培养要注重四大融合——师德涵养和专业培训融合、知识传授和技能训练融合、教育意识和科研能力融合、提升智慧与增强情商融合，并通过专家引领、同伴互助、自主研修、项目促进等路径举措，培养了大批富于情怀、勤于学习、长于实践、崇尚学术的研究型教师。（详见本书第五章）

第四章

以问题探究为核心构建研究型课程

本章提要

　　培育研究型学生的关键是培养学生发现问题、提出问题、研究问题进而解决问题的能力，增强学生以社会责任感、实践能力和创新精神为核心的科学素质，必须开发研究型课程，打造研究型课堂，开展研究性学习活动，实施基于问题研究的教育，全面培养学生的问题意识、思辨能力、探究习惯和科学精神。

第一节　问题探究与研究型课程

　　21世纪是一个知识化、学习化、智慧化时代，面向未来的学校教育，必须适应复杂多变的21世纪的需要，构建一种具有开放性、整合性、变革性的新课程体系，使其不再只是特定知识体系的载体，而成为师生共同参与的自主学习、合作学习、探究学习、体验学习系统。培养"素质全面，个性优良，具有家国情怀、国际视野、创新精神和实践能力"的研究型学生，尤其应该构建精准匹配培养目标的研究型课程体系，开展基于问题探究、探究实践的研究型教学和研究性学习，全面提升学生的科学素质，培养其适应终身发展和社会发展需要的正确价值观、必备品格和关键能力。

一、问题、课题与问题意识培养

　　问题是研究的灵魂，研究的过程从某种意义上讲就是问题探究的过程，研究型课程就是以问题探究为核心的特色课程。

（一）问题与课题

1. 问题的内涵和价值

　　何谓"问题"？各类汉语词典解释大同小异，概括起来主要有四：①要求回答或解释的题目；②需要研究讨论并加以解决的矛盾、疑难；③关键，重要之点；④事故或意外。中小学科学素质教育及培育研究型学生所要关注的"问题"，显然是"需要研究讨论并加以解决的矛盾、疑难"。毛泽东同志曾在《反对党八股》一文中指出："什么叫问题？问题就是事物的矛盾。哪里有没有解决的矛盾，哪里就有问题。"[①] 生活中充满大大小小、各种各样的矛盾，也就充满大大小小、各种各样的问题：有的是理论问题，有的是实践问题；有的是客观问题，有的是主观问题；有的是实质问题，有的是表象问题；有的是既有问题，有的是新生问题；有的是已决问题，有的是未决问题；有的是主要问题，有的是次要问题……问题无处不在，无时不有，有问题就可以探究实践，就可以创新创造，因此，陶行知先生曾经断言："处处是创造之地，天天是创造之时，人人是创造

---

　　① 毛泽东. 毛泽东选集：第3卷［M］. 北京：人民出版社，1991：830–846.

之人。"①

疑是思之始、学之端。科学研究表明：事物的现象和规律作为纯粹客观存在，并不能直接进入人的大脑成为思维的直接对象；只有从是什么、为什么、会怎样、该怎样等维度提出疑问之后，事物的现象和规律才会转化为有人的主观性融入的"问题"，才能进入大脑成为思维的直接对象。② 蒸汽掀动壶盖，人们觉得理所当然，瓦特一质疑一探究，发明蒸汽机车；苹果从树上掉落，人们觉得天经地义，牛顿一质疑一探究，发现了万有引力。学习也是如此，教科书上的知识也需要学生去质疑、去探究，才能真正转化为学生"适应终身发展和社会发展需要的正确价值观、必备品格和关键能力"。郅庭瑾教授认为："如果不经过自己思考，使已有的知识得以改进、扩展和重组，从而应付新的情况解决新的问题，而只是一味僵化地积累知识，过分地依赖知识，就会不仅变成机械呆板的、无用的知识，而且会导致顽固的思维惰性和思维定势，使人不愿意或者不能够打破旧有的思维习惯，轻信已有知识的真理性地位，丧失怀疑的精神和能力，从而阻碍了思维能力的发展。"③ 教师是履行教育教学职责的专业人员，主要职能是"传道受业解惑"，毫无疑义应当教给学生知识；但是不能"填鸭式""满堂灌"，必须引导学生质疑问难，组织学生实践探究。唯有基于问题探究、实践探索的知识学习，才能真正达成提升学生问题意识、思辨能力、探究习惯、科学精神的目的与效果。

2. 课题与研究性学习课题

"问题即课题"的理念曾在基础教育界风行一时，有一定道理，但并不确切。"即"意为"就是"，相当于等号，但实际上问题与课题之间不能画等号。课题来源于问题，问题可转化为课题，但是问题不等于课题。

能够成为研究课题的问题，必须具备几个基本条件：一是真实，最好是亲身经历并发现，客观、真实且普遍存在；二是有价值，具有研究价值与意义，能真正解决问题；三是尚未解决，长期困扰人们，亟待解决；四是有可能解决，力所能及，能够做成。能够当作科研课题加以深入研究的问题，必须具备四大特性：一是客观性，基于教育教学实践，客观真实且具普遍意义；二是专业性，具有专业价值与意义；三是创新性，不能重复别人的研究；四是兴趣性，感兴趣，能主动、持续、深入开展。④ 可见，科学研究意义上的课题，必须是经过提炼的、值得深入探究的亟待解决并尚处于待解决状态的真实问题，而不是所有问题。

当然，中小学开展科学素质教育、培育研究型学生，没有必要将研究性学习课题的

---

① 陶行知. 创造宣言 [M]. 南京：江苏凤凰文艺出版社，2018：19 - 20.
② 黄甫全. 关于教育研究中的问题意识 [J]. 华南师范大学学报（社会科学版），2003（4）：119 - 124.
③ 郅庭瑾. 教会学生思维 [M]. 北京：教育科学出版社，2001：66.
④ 龚国胜. 关于问题与课题关系的思考 [J]. 教育研究与评论（中学教育教学），2009（5）：15 - 17.

标准规定得如同科学研究课题那么严格。《普通高中"研究性学习"实施指南（试行）》（教基〔2001〕6号）指出："研究性学习强调学生通过自主参与类似于科学研究的学习活动，获得亲身体验，逐步形成善于质疑、乐于探究、勤于动手、努力求知的积极态度，产生积极情感，激发他们探索、创新的欲望。"可见，学生的研究是一种"类似于科学研究的学习活动"，其性质不是科研而是学习，其目的不是为了创新科学知识、发现科学规律，而是希望学生凭借研究的态度和方式，循着科学家走过的探求之路，感受知识的发现过程，体验科学方法的运用，从而培育学生的问题意识、思辨能力、探究习惯和科学精神，提升学生的科学素质。因此，学生的研究课题可以不同于专业人员（包括中小学教师）的研究课题，不一定都必须是专业性问题，不一定都有很高研究价值，甚至不一定都是尚未解决的问题。

3. 中小学学生的问题与课题

从中小学开展科学素质教育、培育研究型学生的角度看，"问题即课题"的提法相对而言更为适宜。中小学生参与"类似于科学研究的学习活动"，其提出的问题完全可以更加生动活泼和丰富多彩，其进行的课题研究完全可以更加多层次、多样化。只要是从日常学习、生活中捕捉到的真实问题，能够激发其好奇心、想象力和探究欲，有助于培育他们的社会责任感、创新精神和实践能力，都不妨纳入研究性学习课题范畴。陈玉琨教授曾指出："学术性研究型高中以培养一批能像科学家那样思考、像工程师那样发明、像艺术家那样创造以及像各行各业的领军人才那样成为各级政府的智库为己任。"[①]能够像科学家、工程师、艺术家、领军人才那样思考、发明、创造、奉献就行了，重在学习而不是学术，重在过程而不是结果，重在成长而不是成果。

中小学生开展"类似于科学研究的学习活动"，应该尽可能解决学生自己遇到、发现并提出的问题。美国教育家布鲁巴克曾说："最精湛的教育艺术，遵循的最高准则，就是学生自己提问题。"[②] 师问生答，是中小学最常见的教学方法，但其激发、激活效能常常难以充分发挥。究其根源，除了问题的科学性、层次性、开放性等方面的原因外，主要在于问题是教师根据教学需要精心设计的，是教师布疑而不是学生存疑，是学生被动答疑而不是主动质疑。爱因斯坦曾说："提出一个问题往往比解决一个问题更重要。因为解决问题也许仅是一个数学上或实验上的技能而已，而提出新问题、新的可能性，从新的角度去看旧问题，却需要有创造性的想象力，而且标志着科学的真正进步。"[③] 质疑是创新性学习的起点，唯有真正发现并提出了问题，才能激活学生心灵深处"希望自己是

---

① 陈玉琨. 为何要建学术性研究型高中［N］. 中国教育报，2020 – 07 – 26（3）.

② 蒋福军. 历史教学中引导学生提出问题的几点策略［J］. 内蒙古师范大学学报（教育科学版），2010，23（6）：128 – 129.

③ A. 爱因斯坦，L. 英费尔德. 物理学的进化［M］. 上海：上海科学技术出版社，1962：66.

一个发现者、研究者、探索者"（苏霍姆林斯基语）的根深蒂固的需要，才能发展学生的求异思维、思辨能力、探究习惯和创新精神，才能促使学生拥有"独立之精神、自由之思想"（陈寅恪语）。

（二）中小学生问题意识培养

1. 传统与背景

学问学问，学则必问；学起于思，思源于疑。古人曾将为学过程概括为"博学之，审问之，慎思之，明辨之，笃行之"（《礼记·中庸》）。"审问"意为详细、深入地质问与讨论，是为学之枢纽，因为它是求知（博学）之利器，是思考（慎思）的起点，是研究（明辨）的灵魂，是实践（笃行）的基石。"审问之，慎思之，明辨之"的过程，实质上就是提出问题、分析问题、解决问题的问题探究过程；古人提出的为学过程，实际上就是广泛学习、问题探究、实践运用的活学活用过程。

自古以来，我国历代教育家无不重视学生问题意识的培养。孔子不但强调"学而不思则罔，思而不学则殆"（《论语·为政》），而且是"每事问"（《论语·八佾》）的典范，一部《论语》就是他与学生的问答实录。孟子断言"尽信书，则不如无书"（《孟子·尽心下》），主张读书必须善疑，要有自己的思考与主见。"文王智而好问，故圣；武王勇而好问，故胜"（《淮南子·主术》），说明了古圣先贤成功之道，启发我们要善问好问。东汉王充指出"学之乃知，不问不识"（《论衡·卷二十六·实知篇》），认为学习和质疑是学习知识的基本途径。韩愈说"师者，所以传道受业解惑也"，将解除学生疑惑列为教师主要职能。宋代理学大家张载认为"在可疑而不疑者，不曾学；学则须疑"（《经学理窟·学大原下》），朱熹认为"读书无疑者，须教有疑，有疑者，却要无疑，到这里方是长进"（《朱子语类·学五》），指出读书学习就是一个提出问题、分析问题、解决问题的过程。诸如此类的言论不胜枚举，都从不同视角强调了主动思考、积极提问、自主探究的重大意义和价值。

马克思曾深刻指出："主要的困难不是答案，而是问题。"增强问题意识，坚持问题导向，是马克思主义理论与实践的鲜明特征，是党和国家引领历史性变革并取得历史性成就的宝贵经验，也是全面建成社会主义现代化强国、以中国式现代化全面推进中华民族伟大复兴的时代要求。党的二十大报告强调："必须坚持问题导向。问题是时代的声音，回答并指导解决问题是理论的根本任务。今天我们所面临问题的复杂程度、解决问题的艰巨程度明显加大，给理论创新提出了全新要求。我们要增强问题意识，聚焦实践遇到的新问题、改革发展稳定存在的深层次问题、人民群众急难愁盼问题、国际变局中的重大问题、党的建设面临的突出问题，不断提出真正解决问题的新理念新思路新办法。"问题就是时代的口号，解决问题就是对时代的回应。使命越重大，事业越伟大，问题就会越复杂，也就更有必要增强问题意识，坚持问题导向，更有必要提升发现问题的敏锐、正视问题的勇毅、探究问题的智慧和解决问题的才干。

新时代是创新的时代，而创新始于敢于并善于质疑。2013年7月，习近平总书记在中国科学院考察时指出："'学贵知疑，小疑则小进，大疑则大进。'要创新，就要有强烈的创新意识，凡事要有打破砂锅问到底的劲头，敢于质疑现有理论，勇于开拓新的方向，攻坚克难，追求卓越。"2016年5月在哲学社会科学工作座谈会上，他又强调："理论创新只能从问题开始。从某种意义上说，理论创新的过程就是发现问题、筛选问题、研究问题、解决问题的过程。"中小学开展科学素质教育、培养高素质创新人才，也"只能从问题开始"。陶行知先生曾在《每事问》一诗中写道："发明千千万，起点是一问。禽兽不如人，过在不会问。智者问得巧，愚者问得笨。人力胜天工，只在每事问。"① 发现问题、提出问题是人类最宝贵的品质，是创新创造的前提，是创新精神的萌芽，也是创新教育的根本。中小学开展科学素质教育、培养高素质创新人才，必须致力于学生问题意识培养，促使学生主动思考、积极提问、自主探究。

2. 价值与意义

提出问题意味着启动，解决问题意味着结束，因此，提出问题往往比解决问题更为重要。问题是创新的出发点，是创造的根本点，是贯彻于科学探究始终的主旋律。英国科学哲学家波普尔（Karl Popper）曾指出："科学与知识的增长永远始于问题，终于问题——愈来愈深化的问题，愈来愈能启发大量新问题的问题。"② 科学史上很多重大发明创造，与其说是问题解决者所成就，毋宁说是问题寻求者所促成。例如伽利略对亚里士多德"自由落体定理"的修正、哥白尼对天主教会"地球中心说"的质疑、惠更斯对牛顿"光是一种微粒流"的否定等。意识到问题存在，常常是思维的起点；强烈的问题意识，常常是思维的动力；而具有强烈问题意识的思维，才能成为活跃性、深刻性、独特性、创造性思维。因此，中小学开展科学素质教育、培育研究型学生，必须聚焦问题意识培养，真正激发学生的好奇心、想象力和探求欲，努力在孩子心中种下科学的种子，引导孩子编织当科学家的梦想。

"问题意识"一词最早见于著名科学家钱学森的著作《关于思维科学》，是用来描述直觉思维的形成过程的。学校教育意义上的问题意识，是指学生在认知活动中意识到一些难以解决的、疑虑的实际问题或理论问题时产生的一种怀疑、困惑、焦虑、探究的心理状态。这种心理状态驱使学生积极思维，不断提出问题和解决问题，是思维的一种问

---

① 陶行知. 陶行知全集：第7卷［M］. 成都：四川教育出版社，1991：50.
② 波普尔. 科学知识进化论：波普尔科学哲学选集［M］. 纪树立，译. 北京：生活·读书·新知三联书店，1987：184.

题性心理品质①。韩愈曾说："人非生而知之者，孰能无惑？"（《师说》）质疑问难是人类与生俱来的本能，更是知识学习、思维活动、实践探索的起点。中小学教育教学的过程，本质上就是师生双方不断发现问题、提出问题、探究问题并解决问题的过程，而问题意识能够促进师生不断怀疑、质疑、剖疑、释疑、解疑，从有疑走向无疑再产生新疑。因此，新课程改革要求"教师应当引导学生不断地提出问题，使学习过程变成学生不断提出问题、解决问题的探索过程"②。

培养学生问题意识，意义重大。

一是有利于发挥学生的主观能动性和主体作用。学生带着有个性、有价值、有挑战性的疑难问题去主动学习，其求知欲、学习兴趣、探究热情等内在动机才能充分激发，其主观能动性才能充分发挥。

二是有利于激发学生的好奇心、想象力和探求欲。问题是思维的起点，也是思维的动力，能够帮助学生发现寻常事物中的非常之处，体悟常见现象中的难窥之秘，破解未知世界中的未解之谜，能够充分满足他们心灵深处"希望自己是一个发现者、研究者、探索者"（苏霍姆林斯基语）的根深蒂固的需要。

三是有利于培养学生的创新精神和实践能力。不断地怀疑、质疑、析疑、释疑，能够帮助学生破除"教科书永远是对的""学生必须听话"等观念，促使学生敢于冲破羁绊，敢于挑战权威，敢于除旧布新，敢于开拓进取，从而拥有独立思考和独特见解，拥有求异思维和创造能力，拥有陈寅恪先生所倡导的"独立之精神、自由之思想"。

四是有利于提升学生的核心素养和成长成才能力。在问题的驱策下，学生能够更为积极主动地开展自主学习、合作学习、探究学习和体验学习，能够在探究型、项目化、合作式学习活动中全面提升其人文底蕴、科学精神、学会学习、健康生活、责任担当、实践创新等核心素养，全面发展其适应终身发展和社会发展需要的正确价值观、必备品格和关键能力。

在具体课堂教学过程中，培养学生问题意识，还有活跃课堂气氛、促进认知发展、提升思维能力、提高教学效率等作用，这里不作赘述。

3. 重点与途径

中小学问题意识培养的重点，是引导学生主动思考、积极提问、自主探究。中共中央、国务院于 2019 年 6 月颁布的《关于深化教育教学改革全面提高义务教育质量的意见》，明确要求中小学优化教学方式，包括"注重启发式、互动式、探究式教学""引导学生主动思考、积极提问、自主探究""开展研究型、项目化、合作式学习"等。教育

① 姚本先. 论学生问题意识的培养 [J]. 教育研究，1995（10）：40 – 43.
② 李瑾瑜. 课程改革与教师角色转换 [M]. 北京：中国人事出版社，2003：118.

部制定的《普通高中课程方案（2017 年版 2020 年修订）》特别强调"敢于批判质疑，探索解决问题，勤于动手，善于反思，具有一定的创新精神和实践能力"。2022 年 3 月发布的《义务教育课程方案（2022 年版）》也强调"乐学善学，勤于思考，保持好奇心与求知欲……乐于提问，敢于质疑，学会在真实情境中发现问题、解决问题，具有探究能力和创新精神"。这些规定和要求，概括起来说主要就是主动思考、积极提问、自主探究三个方面，就是问题意识、思辨能力、探究习惯、科学精神等科学素质。

（1）主动思考

所谓主动思考，就是不依赖外力促进而自觉、自主、自动地进行分析、综合、推理、判断等思维活动。"学而不思则罔，思而不学则殆"（《论语·为政》），但思考有主动、被动之分，唯有主动思考，才能拥有必要的思考广度、深度和效度。中学生正处于人生"第二反抗期"①，自我意识渐强，反对干涉限制，追求独立自主，喜欢自主思维，善于表现自己。处于这一身心发展阶段的中学生，内心深处"希望自己是一个发现者、研究者、探索者"（苏霍姆林斯基语）的根深蒂固的需要变得非常迫切，正是培养主动思考态度和能力的关键时期。

然而，我国传统育人方式"强调传承人类文明成果，重视知识的学习钻研和记忆储存，却忽视对成果的求思与新知的生成。学生上课记笔记，下课背笔记，考试考笔记，考后扔笔记，不是主动的学习者和积极的探索者，而是被动的知识接受者和考试应对者，背书和应试能力挺强，动手和创新能力很弱"②。这种育人方式的最大弊端，一是主客颠倒，学生的主体地位没有得到尊重；二是思考缺席，学生的思维能力没有得到培养。因此，主动思考成为新课程、新课标、新教材系列改革的热点焦点。

主动思考与被动思考，看起来学生都在思考，但本质和效能上却有霄壤之别。能够主动思考，具备自主提出问题、分析问题、解决问题的能力，是创新型人才的突出特征；培养学生主动思考的态度和能力，是培养高素质创新型人才的重要渠道。中小学生的主动思考，难以做到完全"不依赖外力"，其怀疑、质疑、析疑、释疑、解疑的全过程，都离不开外力尤其是教师的引导、指导和督导。培养学生主动思考的态度和能力，一定要科学处理主体与主导的关系，尊重并确保学生的思考主体地位。

（2）积极提问

所谓积极提问，就是学生在学习过程中机敏地发现问题、准确地提炼问题、勇敢地提出问题、大胆地陈述思考的系列自觉行为。清代学者刘开在《问说》一文中说："君子之学必好问。问与学，相辅而行者也。非学无以致疑，非问无以广识；好学而不勤问，

---

① 石艳，王嘉欣."第二反抗期"与校园暴力［J］. 教育科学研究，2010（8）：61 - 64.
② 谢永红. 改革传统育人方式　培养拔尖创新人才［N］. 湖南日报，2018 - 10 - 25（8）.

非真能好学者也。"问是学的核心，学的过程实质上就是学习者不断生疑、质疑、释疑、解疑的过程。

提问，是中小学最为常见、最为普遍的课堂教学方式，郑金洲教授甚至提出了"问题教学"概念①。但在实践过程中，这种基于苏格拉底"产婆术"理论的提问教学方法，普遍存在着两大问题：一是提问的主体不是学生而是教师，不是学生提问而是学生被提问，不是学生积极提问而是学生被动提问；二是提问的目的不是为了学习而是为了教学，考虑的主要是教学内容的有效传授、教学目标的顺利达成和教学过程的有序推进，属于教学问题而不是学习问题，属于教师问题而不是学生问题。

师问生答是启发式教学的基本形态，但启发式教学须以"不愤不启，不悱不发。举一隅不以三隅反，则不复也"（《论语·述而》）为原则。"愤"意为冥思苦想仍不得其解，"悱"意为急于表达却说不出来，"愤"和"悱"的状态实际上就是学生主动思考、积极提问的心理状态。有效的启发式或问题化教学，必须建立在学生主动思考、积极提问的基础上，否则难收启智增慧、提升素养之功。

课堂教学过程中，教师自然可以而且应该提问，但教师的提问应该具有启思激问效能，能够一石激起千重浪，促使学生乐于提问、敢于提问、善于提问、勤于提问，绝不能成为用"满堂问"包装出来的"满堂灌"。促进学生积极提问，还要树立"质疑无错观"，绝不歧视、嘲笑、打压那些看起来有些"肤浅"甚至"怪诞"的问题，只要是学生所提出的问题，都应该尊重、肯定和善待，要精心呵护学生的问题敏感性、提问积极性、质疑愉悦感和释疑成就感，要当心"你的教鞭下有瓦特，你的冷眼里有牛顿，你的嘲笑里有爱迪生"（陶行知语）。

（3）自主探究

所谓自主探究，就是学生在教师的引导、指导和督导下充分发挥主观能动性，通过动脑、动嘴、动手、动眼，积极参与提出问题、分析问题、解决问题的学习活动，从而获得知识、掌握技能、领悟思想、提升素养。

学生的学习过程和科学家的研究过程本质上并无分别，都是一个发现问题、分析问题、解决问题的过程。正因为这样，《美国国家科学教育标准》提出："科学探究指的是科学家们用来研究自然界并根据研究所获事实证据做出解释的各种方式。科学探究也指学生构建知识、形成科学观念、领悟科学研究方法的各种活动。"②《普通高中"研究性学习"实施指南（试行）》也指出："研究性学习强调学生通过自主参与类似于科学研究

① 丁念金. 新课程课堂教学探索系列：问题教学［M］. 福州：福建教育出版社，2005.
② 国家研究理事会. 美国国家科学教育标准［M］. 戢守吉，金庆和，梁静敏，等，译. 北京：科学技术文献出版社，1999：30.

155

的学习活动，获得亲身体验，逐步形成善于质疑、乐于探究、勤于动手、努力求知的积极态度，产生积极情感，激发他们探索、创新的欲望。"

自主探究有两个基本特征：一是自主完成，二是问题探究。自主就是学生自己积极主动，不受别人支配，其探究性学习行为具有自觉性、自立性、自为性和自律性。探究则是一个围绕特定问题多方寻找证据、运用创造性思维和逻辑推理解决问题，并通过评价与交流等方式形成共识的过程，包括问题、证据、解释、交流等要素①。自主探究建立在内在动机、问题意识、积极思维、自控自律基础上，培养中小学生自主探究能力必须循序渐进，不可急于事功。虽然自主探究特别强调"自主"二字，但是中小学生自主意识、自主能力还有限，还离不开教师的巧妙引导、悉心指导和全程督导，应该以学生为主体、以教师为主导，遵循"控制性探究→指导性探究→引导性探究→自主性探究"②的进阶规律，针对性组织探究活动，渐进式提升自主能力。

目前中小学在培养学生自主探究能力方面误区不少，存在神化、僵化、泛化、功利化等弊端：或误认为自主探究高不可攀，中小学生能力不足无法胜任，是为神化；或误认为中学生自主探究等同于科学研究，从问题、程式到成果都苛求规范、严谨和创新，是为僵化；或误认为围绕问题开展的问答、咨询、交流、争辩等都是探究，处处滥贴"自主探究"标签，是为泛化；或误认为自主探究的目的是出成果、获奖励、摘金夺银促升学，是为功利化。认识是行为的先导，培养中小学生自主探究能力必须充分认识到，中小学生的自主探究属于"类似于科学研究的学习活动"，旨在组织学生"做中学、用中学、创中学"，从而提升其社会责任感、创新精神和实践能力，培养适应终身发展和社会发展需要的正确价值观、必备品格和关键能力。

以主动思考、积极提问、自主探究为重点，发展和培养中小学生问题意识，要讲究方式方法。

第一，要唤醒学生。中小学生具有好奇心重、想象力丰、探求欲旺、表现欲强等身心特质，其内心深处潜藏着"希望自己是一个发现者、研究者、探索者"（苏霍姆林斯基语）的强烈需要，唤醒了这一切，他们就能滋生出强大的愿问、好问、敢问的内在动力。

第二，要调动学生。主动思考、积极提问、自主探究都强调学生之动，而学生之动需要教师调动。教师要采用诱导式、情境式、悬念式、连锁式、对照式、穷举式、刨根式、剥笋式等多样化方法，并创设平等、和谐、民主、友好的氛围环境，激发学生问难

---

① 胡卫平. 思维型教学理论操作指南：思维型教学理论核心问题解析［M］. 上海：上海科技教育出版社，2022：135－156.

② 胡卫平. 思维型教学理论操作指南：思维型教学理论核心问题解析［M］. 上海：上海科技教育出版社，2022：135－156.

兴趣，激励学生质疑勇气，激活学生积极思维，激昂学生创新热情。

第三，要指导学生。学生提出的问题越来越具有深度、广度、梯度、坡度、跨度，离不开教师的引导、指导和督导。在充分尊重学生主体的前提下，教师要发挥主导作用，要夯实学生的知识基础，丰富学生的生活观察，扩展学生的社会实践，增强学生的思维能力，不断提升学生提问的敏感度、深广度和创新度。

第四，要爱护学生。中小学生所提问题有时候难免低幼、肤浅、偏狭甚至怪诞，而他们偏偏又特别敏感自尊，既好表现又好面子，格外在乎他人态度和评价。因此一定要树立"质疑无错观"，鼓励独立思考、独特见解，鼓励标新立异、异想天开，允许出现错误，允许保留意见，允许质疑辩解，允许发表异议。主动思考、积极提问、自主探究中最难得的是主动、积极、自主，如果不注意爱护学生，牺牲的正是主动性、积极性、自主性，那将成为不可承受之痛。

二、问题化教学与问题化学习

（一）提问教学与问题化教学

1. 提问教学

我国自古以来就推崇"问"，倡导"博学之，审问之，慎思之，明辨之，笃行之"（《礼记·中庸》），重视学生质疑品质的培养。但是，在儒学主导的政教体系和"万般皆下品，唯有读书高""学而优则仕"等传统观念的影响之下，"博学""审问""慎思""明辨"皆为"读书穷理"（朱熹语）服务，目的是解决读书过程中遇到的疑难问题，以期"日以义理浸灌其心，庶几学识可以渐开，而心术群归于正也"（方苞《钦定化治四书文·序》）。传统育人方式特别注重对书本知识、理论的深刻透彻的理解，讲究"知其然，知其所以然"，而不是问题的生成、思维的发散，"我们有多样的办法和足够的能力，将学生的问题教成没有问题，却没有培养出学生的问题意识，没能将学生的问题教成更多的问题"[①]。这样培养出的学生，知识基础扎实，但问题意识薄弱；理论功底厚实，但实践能力不强。曾经有人发现：中国留学生在美国学习时，成绩比美国学生好得多；但是多年以后，成果却比美国学生少得多。造成这种差距的原因何在？杨振宁先生曾一针见血地指出："中国学生不及美国学生思维活跃，不善于提问。"[②]

中小学生本来好奇心强，思维活跃，最喜欢"打破砂锅璺（问）到底"。然而，经过多年学校教育后反而变得木讷、迟钝、沉默，原因何在？主要在于我们实行的是"提问教学"。我们的课堂教学也是有问有答的，我们也注重启发、诱导，但是，我们的

---

① 谢永红. 改革传统育人方式 培养拔尖创新人才 ［N］. 湖南日报，2018－10－25（8）.

② 周安昌. 勤于思考 善于质疑 ［J］. 陕西教育（教学），2006（4）：25.

"问"围绕的是教学目标任务，为的是让学生跟着教师预设的思路走，为的是让教学预设顺利达成并显得秩序井然。我们的"问"有五大特征：一是提问由教师主宰，学生只有答问权而没有质疑权；二是问题因教材而设，大体是教材内容的问题化呈现，且是预设性问题而非情境式、生成性问题，缺乏激趣、启思、促问、导探功能；三是多为比较低层次的认知提问，如知识性提问、理解性提问、应用性提问等，且答案明确唯一，在教材上划记即可，没有必要也没有机会自主探究；四是多为单一学科问题，人为阻隔了多学科间的密切联系，不利于学生调动知识积累展开多维度立体化思考；五是指向问题消灭，以解除学生疑惑为务而不是鼓励学生生成更多新问题。学生长期处于这样的无权提问、无脑答问、无需思辨、无疑可问状态，好奇心、想象力、探求欲长期被压抑被强制蛰伏，久而久之自然就难免产生问题疲劳、问题无聊、问题无感等消极情绪，最终走向问题麻木。

这种以师问生答为基本特征的提问教学，并不是问题化教学。

2. 问题化教学

问题化教学又叫问题教学、问题式教学、问题驱动教学等，其渊源可以追溯到古希腊苏格拉底的"产婆术"（精神助产术、接生术）。苏格拉底认为自己是智慧的产婆，他不直接向学生传授具体知识，而是通过问答、交谈、争辩、诱导等方式，将学生导向预定的结论，使学习者在获得知识的同时又能获得思维方法①。1975 年，苏联教学科学博士马赫穆托夫在他的专著《问题教学的理论和实践》中，正式提出"问题教学"理论。他主张采取精心设问、多向交流方式，引导学生发现并探究问题，通过思想碰撞、思维交锋、消解权威等方式培养学生的批判精神②。其后，问题教学法在国外广泛传播，教学应该建立在问题情境创设、问题的提出与解决基础上的理念得到广泛认同并成为行动共识，以至于西方国家家长最关心的不是孩子在学校考了多少分而是问了多少问题。

进入新世纪特别是党的十八大以来，培养学生敢于质疑、勇于创新精神品质成为我国基础教育课程改革主题和主流。2001 年 5 月，国务院颁发《关于基础教育改革与发展的决定》（国发〔2001〕21 号），其中第 23 条强调"开展研究性学习，培养学生提出问题、研究问题、解决问题的能力"。2001 年 6 月，教育部印发《基础教育课程改革纲要（试行）》（教基〔2001〕17 号），明确要求中小学校"改变课程实施过于强调接受学习、死记硬背、机械训练的现状，倡导学生主动参与、乐于探究、勤于动手，培养学生搜集和处理信息的能力、获取新知识的能力、分析和解决问题的能力，以及交流与合作的能力"。

---

① 胡小勇，祝智庭. 问题化教学研究纵揽：理论与流派［J］. 中国电化教育，2005（2）：18 – 22.
② 问题解决教学的研究课题组. 关于"问题教学"［J］. 临沂师范学院学报，2000（4）：44 – 46.

随着新课程、新课标、新教材改革的不断推进，"以学生为主体、以问题为中心"的教学理念日益深入人心。2005 年，福建教育出版社出版了郑金洲教授主编的"新课程课堂教学探索系列"丛书，推出《对话教学》《互动教学》《生成教学》《自主学习》《合作学习》《探究学习》《问题教学》《参与教学》《体验教学》《开放教学》等著作，研究教学形态，重构课堂文化，系统而全面地推广新课程重过程、重体验、重探究的新教学理念①。其中《问题教学》（作者：丁念金）一书对问题教学的历史发展、基本原理、实施策略和要点作了详细论析、阐释，在国内首倡"问题教学"。2005 年，胡小勇、祝智庭等在前人研究基础上提出"问题化教学"模式，主张以一系列精心设计的类型丰富、质量优良的有效教学问题（问题链）来贯穿教学过程，培养学习者解决问题的认知能力与高级思维技能，实现其对课程内容持久而深入的理解②。至此，国内"问题教学""问题化教学"研究和实践渐成气候。

问题化教学以问题为中心和载体来组织教学。所谓"以问题为中心"，是指将问题贯穿于教学各环节，以提出问题、分析问题、解决问题为纽带来组织教学全过程。所谓"以问题为载体"，是指通过问题探究开展类似于科学研究的学习活动，组织学生主动思考、积极提问、自主探究，培养学生的问题意识、思辨能力、探究习惯和科学精神。问题化教学的课堂教学步骤一般为"三环"：一是生成问题环节，创造问题情境，发现并提出问题；二是探究问题环节，自主或合作探究问题，分析并解决问题；三是发展环节，及时反馈与验证，在应用中解决问题并进一步拓展问题或发现更多问题。有效的问题化教学，需要构建四个系统：一是程序系统，包括问题的发现、提出与收集整理；二是逻辑系统，包括问题的归纳、定向和整合提炼；三是操作系统，包括问题的探究、解决与检验应用；四是评价系统，包括问题探究成果的评议、反馈与交流展示。

具体实施过程中，问题化教学一般依据思维五步法设置五大要素：第一，学生要有一个真实的经验情境，要对活动本身感兴趣；第二，在这个情境内部产生一个真实的问题，作为思维的刺激物；第三，他要占有知识资料，从事必要的观察，对付这个问题；第四，他必须负责有条不紊地展开他所想出的解决问题的方法；第五，他需要且有机会通过应用检验他的观念，使这个观念意义明确。③ 概括起来说，就是情境、问题、资源、探究和检验五个要素。

目前，国内国外关于问题化教学的具体实施，已经有较多和较深的研究，这里不作过多介绍和阐析。

---

① 郑金洲. 新课程课堂教学探索系列［M］. 福州：福建教育出版社，2005.
② 胡小勇，祝智庭. 问题化教学研究纵揽：理论与流派［J］. 中国电化教育，2005（2）：18－22.
③ 崔友兴，蔡林，陈瑞君. 问题教学法与探究教学法比较分析［J］. 当代教育理论与实践，2011，3（8）：1－3.

（二）提问主体与问题化学习

1. 教师提问与学生提问

问题化教学通常是按照教师精心设计的"问题链"有目的、有计划、有组织地展开的，教师是教学的设计者、问题的提出者、探究的组织者及质量的评估者，自始至终居于核心地位。这就导致了一系列新问题：问题是教师预设并提出的，而不是学生在特定情境中自然生成并自主提出的，学生是被提问者而不是积极提问者，是被动思考者而不是主动思考者，探究的是教师的问题而不是自己的问题，探究活动受教师控制而不由自主……正因如此，现实中的问题化教学与传统的提问教学一样，也出现了"设问多，提问少；问题多，思维少；答问多，探究少；互动多，思考少；预设多，生成少"等问题，结果教师越来越爱问也越来越会问，而学生越来越不喜欢答问，也越来越不会提问，越来越缺乏问题意识，最终造成"年级越高、举手越少"甚至"课堂沉默"[①]的普遍现象。

问题显然出在提问上。问题化教学和提问教学一样，都是教师提问而不是学生提问，而教师提问与学生提问的性质、效能截然不同。第一，教师提问为教学目标而设，属于预设性问题；学生提问因特定情境而生，属于生成性问题。第二，教师提问为的是传授知识，属于专业性教学问题；学生提问为的是探究真相，属于探究性学习问题。第三，教师提问经过深思熟虑且已有成熟答案，属于封闭性问题；学生提问需要现场探究并常无标准答案，属于开放性问题。第四，教师提问是代替学生怀疑和质疑，是强制性仿真问题；学生提问是设身处地或身临其境真疑真问，是主动性真实问题。第五，教师提问是按照书本知识的内在逻辑而精心设计的问题链条，是恒定不变的程序性问题；学生提问是按照自己思维的运行进程而动态生成的问题火花，是活泼多变的发展性问题。教师提问和学生提问，即便问题一模一样，问题探究的热度、程度和效度也不可同日而语。

亚里士多德有一句广为流传的名言："思维是从疑问和惊奇开始的。"这里所说的"疑问和惊奇"，显然不可能由别人越俎代庖，而只能由思维者自己内心真实地产生。唯有对事物或现象产生真实而不是伪装的"疑问和惊奇"，学生才可能在好奇心、想象力、探求欲的刺激和驱策下投入问题探究，展开思维活动。美国教育家布鲁巴克曾说："最精湛的教学艺术，遵循的最高准则，就是学生自己提问题。"[②] 李政道博士也曾指出："提出疑问是探究的起点，它能激发学生探究欲望从潜能状态转化到活跃状态；而缺乏质疑精神，不敢、不善于提出问题，科学探究能力的培养就成为空中楼阁。"[③] 因此，相对于

---

① 滕明兰. 大学生课堂沉默的教师因素 [J]. 黑龙江高教研究，2009（4）：146–148.
② 蒋福军. 历史教学中引导学生提出问题的几点策略 [J]. 内蒙古师范大学学报（教育科学版），2010，23（6）：128.
③ 陈爱苾. 借鉴多元智能理论与实践研究：课程改革与问题解决教学 [M]. 北京：首都师范大学出版社，2004：12–15.

教师提问而言，学生提出问题更能促进学生的思维活动，更能激发学生的探究欲望，培养学生的质疑精神，提升学生的探究能力。

2. 学生提问与问题化学习

头脑不是一个要被填满的容器，而是一束需要被点燃的火把。建构主义学习理论认为：知识不是通过教师传授给学生的，而是学习者在一定的情境，即社会文化背景下，借助其他人（包括教师和学习伙伴）的帮助，利用必要的学习资料，通过积极思考、主动建构的方式而获得的①。布鲁纳发现式教学理论也强调，教学过程中教师不能喧宾夺主，把所有知识都讲解给学生听，而要给学生留有思考的余地，引导学生独立思考、自主发现问题，然后通过学生的亲自参与去获取知识②。可见，课堂教学中必须尊重学生的主体地位，调动学生的学习自觉性、积极性与主动性，激发学生主动思考、积极提问、自主探究的愿望和热情。

近年来，问题化学习（Problem-Based Learning，简称 PBL）从医学教育领域逐渐走向基础教育领域。问题化学习是以问题为驱动，以培养学习者的问题意识、批判性思维的技巧及问题解决的实践能力为主要目标的学习③，是以学生为主体、以问题为中心、以问题探究为驱动的开放式学习方式。问题化学习的最大特征是"问题化地学"，要求以学习者对问题的自主发现与提出为开端，用有层次、结构化、可扩展、可持续的问题系统贯穿学习过程，通过系列问题的解决，实现知识的整体建构。④ 问题化学习强调"问题必须是学生在其未来的专业领域可能遭遇的'真实世界'的非结构化的问题，没有固定的解决方法和过程"，需要学生竭尽所能去破解和克服，而且不是所有学习活动都包含着问题解决⑤。从这些描述中不难看出，问题化学习实际上是一种"类似于科学研究的学习活动"：第一，它具有问题性，以问题为中心并以问题为驱动；第二，它具有自主性，以学生为主体，学生自主质疑、析疑、释疑、解疑；第三，它具有开放性，问题情境开放，问题领域开放，问题探究开放，问题解决方案开放；第四，它具有过程性，强调问题探究过程，强调培养学生主动思考、积极提问、自主探究的能力，关注出人才而不强求出成果。

新时代基础教育综合改革，也特别强调问题化学习。教育部《普通高中"研究性学习"实施指南（试行）》（教基〔2001〕6 号）特别强调："在研究性学习过程中，学习的内容是在教师的指导下学生自主确定的研究课题，学习的方式不是被动地记忆、理解

---

① 张建伟，陈琦. 从认知主义到建构主义［J］. 北京师范大学学报（社会科学版），1996（4）：75－82.
② 王柱，夏欢. 对布鲁纳"发现教学法"的再认识［J］. 教书育人，2002（1）：10－11.
③ 钟启泉. 研究性学习教师读本：研究性学习国际视野［M］. 上海：上海教育出版社，2003.
④ 徐谊. 利用问题化学习促进有效教学［J］. 现代教学，2017（Z3）：111－113.
⑤ 钟启泉. 研究性学习教师读本：研究性学习国际视野［M］. 上海：上海教育出版社，2003.

教师传授的知识，而是敏锐地发现问题、主动地提出问题、积极地寻求解决问题的方法、探求结论的自主学习的过程。"2019 年 6 月，国务院办公厅下发《关于新时代推进普通高中育人方式改革的指导意见》（国办发〔2019〕29 号），其中特别强调："积极探索基于情境、问题导向的互动式、启发式、探究式、体验式等课堂教学，注重加强课题研究、项目设计、研究性学习等跨学科综合性教学，认真开展验证性实验和探究性实验教学。"相关政策文件很多，其课堂教学改革创新举措，共同指向强化学生问题化学习，提升学生主动思考、积极提问、自主探究的意识和能力，培养学生的社会责任感、创新精神和实践能力。

3. 学生问题意识培养

同问题化教学一样，问题化学习遭遇的最大困扰也是学生问题意识薄弱甚至缺失。问题化学习以学生主动思考、积极提问为前提，一旦学生看不到问题、提不出问题，问题化学习就会无以为继。宋代朱熹曾说："读书无疑者，须教有疑。"（《朱子语类·学五》）李政道先生也曾强调："要创新，需学问，只求答，非学问；要创新，需学问，问愈透，创更新。"① 授人以鱼不如授人以渔，给人猎物不如给人猎枪，唯有引导学生"有疑"，指导学生"学问"，问题化教学、问题化学习才能顺利实施并切实有效。培养问题意识，是培养创新精神、实践能力及科学素质的起点和基点，学生唯有能问、敢问、勤问并会问，才可能激活好奇心、想象力和探求欲，进而在"做中学、用中学、创中学"的过程中实现问题意识、思辨能力、探究习惯、科学精神等科学素质的全面提升。

前文已就问题意识培养的传统与背景、价值与意义、重点与途径等作了全面阐析，这里再强调两点：

（1）培养学生问题意识，要破除"提问是教师的专利"的观念

教师要不要、能不能提问？回答是肯定的。无论是问题化教学，还是问题化学习，都需要教师提问来"一石激起千重浪"。高质量的教师提问，不单能最大程度保障教学目标达成和知识结构完整，而且能充分激发学生好奇心、求知欲和积极思维，促使学生主动思考、积极提问、自主探究。但是，教师提问不能代替学生提问，教师不能霸占课堂而牺牲学生提问。问题不仅是教师教学的心脏，也是学生学习的心脏②，问题是学习的原因、动力、起点和贯串始终的主线，是学生认知活动特别是发现学习、探究学习、研究性学习的核心要素。学生是课堂学习的主体，也应该是提出问题、分析问题、解决问题的主体。"最精湛的教学艺术，遵循的最高原则，就是学生自己提问题"（布鲁巴克语），学生提问比教师提问更为重要、更为关键、更有价值。因此，教师应该尊重并捍卫

---

① 刘茜，祁雪晶. 李政道：问愈透，创更新 [N]. 光明日报，2010－10－31（2）.
② 冯进. 论数学问题对数学发展的影响 [J]. 科学技术与辩证法，2002（5）：43－47.

学生的主体地位，将怀疑权、思考权、提问权、讨论权归还给学生，培养他们好问的品质、敢问的勇气、勤问的习惯和善问的能力。学生的问题意识增强了，问题化教学或问题化学习才会有意义。

（2）培养学生问题意识，要坚持四项原则

一是主体性原则。学生是学习的主体，也是问题的主人，教师要树立"以学生为中心"的教育理念，尊重并捍卫学生的主体地位，提升学生积极提问的自觉性、自主性和自立自律水平能力。

二是全体性原则。要面向全体学生，激活每一个学生心灵深处"希望自己是一个发现者、研究者、探索者"（苏霍姆林斯基语）的根深蒂固的需要，而不能只盯着少数几个提问积极分子。

三是基础性原则。要夯实学生的知识基础，丰富学生的学养储备，扩大学生的视野眼界，避免学生"水之积也不厚，则其负大舟也无力"（《庄子·逍遥游》），因为知识信息贫乏而限制了想象力、创造力。

四是渐进性原则。遵循学生身心发展和认知发展规律，鼓励学生逐渐从能问走向想问，从好问走向乐问，从敢问走向善问，静待学生"主动思考、积极提问、自主探究"之花渐进式盛开，不急于求成，不揠苗助长。

三、问题探究与研究型课程

（一）探究教学法与问题探究

20 世纪中叶，美国芝加哥大学教授施瓦布提出"探究教学法"理念，在全美掀起了一场声势浩大的"教育现代化运动"。施瓦布认为，学生学习的过程同科学家研究的过程没有本质区别，学生完全可以像科学家一样发现问题、分析问题和解决问题，并在问题探究过程中获取知识、形成技能、发展思维能力（特别是创新能力），接受科学方法、精神和价值观的教育熏陶[1]。探究教学法通过创设一定的问题情境，让学生在观察、体察过程中产生"疑问和惊奇"（亚里士多德语），进而产生并提炼出真实问题，采取类似或模拟科学研究的方式进行问题探究，在"研究地学习"过程中提升问题意识、思辨能力、探究习惯和科学精神。

问题教学法与探究教学法都要求在特定情境中通过问题探究建构生成新知识，都以问题为起点、中心和主线，都以促进学生思维、能力和素质发展为目的，但是，二者还是有很多和很大的不同。

---

① 缪建新. 高效课堂：模式与案例［M］. 南京：南京大学出版社，2009.

第一，问题性质不同。问题教学法的问题，是教师预设的教学性问题，要求在不改变教材内容、不打乱教材体系的前提下将教材内容、教学目标问题化。探究教学法的问题，是学生提出的情境性问题，要求创设真实问题情境，在特定情境中动态生成问题。

第二，应用范畴不同。问题教学法普遍适用于各学科，所有学科都可以将教材内容转化为问题进行任务驱动性教学。探究教学法相对而言比较适用于理科，理科更便于设定富于挑战性的问题情境，开展富于综合性的问题探究，提出富于开放性的问题解决。

第三，探究要求不同。问题教学法的问题探究相对比较简单，一般通过阅读、联想、比较、分析、综合即可完成问题探究过程。探究教学法一般需要采用"类似科学研究"的方法和程序，强调学生像科学家一样去提出问题、作出假设、制定方案、运用方法、形成结论、进行验证等。

第四，探究结果不同。问题教学法的探究结果强调以教材内容为据，与教材文本一致。探究教学法的探究结果则具有情境性、生成性和开放性，有可能超出教材范畴甚至与教材内容不一致。

建构主义学习理论认为：学习不是知识的单向传授过程，而是学生主动建构自己认知的过程，每个学习者都以自己原有知识经验为基础，对特定信息源中出现的新的知识信息进行解码、除噪、编码，建构自己的理解和新的知识经验。因此，教师应当彻底摒弃以教师为中心、以教材为根据、以教学问题为主线、以知识传授为目的的传统教学方式方法，放手让学生自主提出问题、分析问题、解决问题，从被动的信息接收者走向主动的知识建构者，促使其学习过程具有"独特性和双向建构性"①。维果茨基"最近发展区"理论认为：教学的最佳效果只有在最近发展区内才可能产生②。教师提问即使经过精心设计，也不一定正好处于学生的"最近发展区"之内，因此未必都是有效提问；而学生在特定情境中动态生成的问题，往往经过已有知识经验的过滤和加工，因而最大限度接近了自身的"最近发展区"，往往都是有效提问。如果单从提升学习力、思维力、创造力和创新精神、实践能力的角度看，以学生主动思考、积极提问、自主探究为特征的探究教学法，显然优于问题教学法。

探究教学法的局限也是比较明显的：一是强调自主性，学生容易跟着兴趣或感觉走，所提问题偏离学科教材，不利于学科基础知识的系统学习和巩固；二是强调情境性，都是动态生成的问题，不确定因素较多，课堂教学管控难度大；三是强调生成性，问题方向不易把控，问题难度不易把握，问题质量不易保证；四是强调开放性，答案丰富多彩甚至没有答案，探究活动比较容易浮于表面、失之偏颇和流于形式；五是强调模拟性，

---

① 莫雷. 教育心理学［M］. 广州：广东高等教育出版社，2002：129－130.
② 杨治良. 实验心理学［M］. 杭州：浙江教育出版社，1998.

164

要求采用"类似科学研究"的方法和程式开展探究活动，耗时费力难落地。

《普通高中"研究性学习"实施指南（试行）》（教基〔2001〕6号）指出："研究性学习强调学生通过自主参与类似于科学研究的学习活动，获得亲身体验，逐步形成善于质疑、乐于探究、勤于动手、努力求知的积极态度，产生积极情感，激发他们探索、创新的欲望。"可见，研究性学习应用的正是探究教学法。研究性学习对于培养学生创新精神和实践能力意义重大，因此《义务教育课程方案（2022年版）》和《普通高中课程方案（2017年版2020年修订）》都将其列入"综合社会实践"国家课程；研究性学习的实际操作尤其是普及推广的难度较大，因此在整个课程体系中所占比例暂时还不是很大。

大力倡导研究性学习的同时，《义务教育课程方案（2022年版）》特别强调"乐学善学，勤于思考，保持好奇心与求知欲……乐于提问，敢于质疑，学会在真实情境中发现问题、解决问题，具有探究能力和创新精神"，《普通高中课程方案（2017年版2020年修订）》也强调"敢于批判质疑，探索解决问题，勤于动手，善于反思，具有一定的创新精神和实践能力"。两个课程方案都要求在课程实施过程中强调"问题探究"，都将教学方式改革导向了培养学生的主动思考、积极提问、自主探究的习惯和能力。

无论是问题教学法，还是探究教学法，都必须突出问题探究，必须贯彻四大原则：以学生为主体，以教师为主导，以问题为中心，以问题探究为驱动。无论是采用问题教学法还是探究教学法，都要注意四个关键点：一是提问的权利师生共享，但要以学生为主体，学生应该成为问题的主人；二是问题探究的过程师生共历，但要以学生为主体，学生应该成为探究活动的主角；三是解决问题的方略师生共谋，但要以学生为主体，学生应该成为排疑解难的主力；四是新问题生成的任务师生共担，但要以学生为主体，学生应该成为新问题的质疑者而不仅仅是旧问题的终结者。

（二）以问题探究为核心的研究型课程

后现代主义课程专家多尔曾指出："适应复杂多变的21世纪的需要应构建一种具有开放性、整合性、变革性的新课程体系。课程不再只是特定知识体系的载体，而成为一种师生共同探索新知的发展过程。课程发展的过程具有开放性和灵活性，不再是完全预定的、不可更改的。"[1] 21世纪课程最突出的特征是"师生共同探索新知"，学生不再只是被动的知识接受者，而且是积极的信息加工者；教师不再只是单纯的执教者，而且是知识探索的引导者、咨询者和资源提供者；教材不再只是大一统的教科书，而且还有社会生活大千世界；教学不再只是帮助学生增知长才启智发慧，而且要帮助学生认知生长和健康成长。"共同探索新知"的过程，主要就是问题探究的过程。

---

① 张文军. 后现代教育思想述评［D］. 上海：华东师范大学，1997.

2001 年 6 月，教育部发布《基础教育课程改革纲要（试行）》（教基〔2001〕17号），明确要求"改变课程过于注重知识传授的倾向""改变课程内容难、繁、偏、旧和过于注重书本知识的现状""改变课程实施过于强调接受学习、死记硬背、机械训练的现状"。随后国家推行了以三级课程、三大板块为特征的新一轮普通高中课程改革。三级课程指国家课程、地方课程和校本课程，旨在改变课程管理过于集中的状况，增强课程对地方、学校及学生的适应性；三大板块指必修课程、选修课程、综合实践活动课程，必修课程侧重基础性，选修课程侧重拓展性，综合实践活动课程侧重实践性和创新性。①其中，综合实践活动课程是指以学生的兴趣和直接经验为基础，以与学生学习生活和社会生活密切相关的各类现实性、综合性、实践性问题为内容，以研究性学习为主要学习方式，以培养学生的创新精神、实践能力及体现对知识的综合运用为主要目的的新型课程，其内容主要包括研究性学习、社区服务与社会实践。

上海市于 1998 年启动二期课改，提出培养学生"基础性学力、发展性学力、创造性学力"的理念，并将"三大板块"课程定位为基础型课程、拓展型课程和研究型课程，正式提出在九年义务教育阶段开设相应的"探究型课程"、在高中阶段开设"研究型课程"②。自此，以改变学生学习方式为切入口，以培养学生创新精神和实践能力为主要目标的研究型课程，正式进入基础教育课程改革实践探索序列。

1. 研究型课程的内涵与特征

研究型课程是新生事物，目前尚无明确且权威的概念界定。《上海市普通高级中学研究型课程的实施指导意见（试行）》的定义是："研究型课程是基于基础型课程和拓展型课程学习基础上的、面向全体学生的、运用研究性学习方式、以学生自主探究为主的基础教育课程。"从这个定义看，研究型课程是国家基础教育课程体系的有机组成部分，是面向全体学生的必修课程，是采取类似科学研究方式开展的实践探索课程，是学生自主合作探究的开放课程，是以问题探究为核心的生成课程。

研究型课程最主要的特征有：

（1）探究性

研究型课程与传统学科课程最大的不同之处，就是鼓励学生采用类似或模拟科学研究的方式，主动地发现并提出问题，通过问题探究、实践活动去尝试解决问题。问题是研究型课程的灵魂，探究是研究型课程的命脉，主动思考、积极提问、自主探究是研究型课程顺利实施的核心要素。研究型课程彻底转变"学科知识中心"课程观，不只注重学科知识的基础性，而且注重学生综合素质的基础性，通过问题探究为学生奠定做人的

---

① 顾明远. 课程改革的世纪回顾与瞻望［J］. 教育研究，2001（7）：15 – 19.
② 孙元清. 一项带动学习革命的课程改革［J］. 上海教育，2000（6）：1.

基础、做事的基础和终身学习的基础①，促使学生获得知识、能力、态度、情感、品质等各方面的全面而有个性的发展。

（2）主体性

研究型课程以学生为主体，学生"自由选题、自主探究和自由创造"②，是问题发现者，是课题提炼者，是计划制订者，是探究行动者，是资源整合者，是问题解决者。课程实施以学生为中心，尊重学生的学习主体地位，促使学生以主人翁身份全面、全过程、全身心投入问题探究活动，引导学生有兴趣、有信心、有责任地开展问题探究并尝试解决问题，在做中学、用中学、创中学的过程中培育创新精神，提升实践能力。教师须从执教者变为引导者、指导者、督导者及问题咨询者、资源提供者，自始至终是主导而不是主宰，是服务员而不是操控者。

（3）开放性

研究型课程将学生置于具体、真实、动态的教学环境，是一种开放性课程。其问题是开放的，学生学习生活、社会实践过程中遇到的各种真实问题，都可以纳入问题探究范畴；其目标是开放的，关注学生问题探究过程中各种个性化学习、个体性体验和创造性表现，关注学生创新能力、动手能力、交往能力、信息能力等多元化能力形成；其问题探究是开放的，学生自主合作探究，不受班级授课制约，不受教学时空拘束，没有方式方法限制；其问题解决是开放的，注重探究过程而不是结果，注重问题的生成而不是解决，对于问题解决、成果生成持开放态度。

（4）实践性

研究型课程强调知识学习与实践应用的结合，其问题的发现和提出具有实践性，要求全面关注并密切联系自然、社会和学生生活实际，从亲身实践中敏锐捕捉真实而有价值的问题；其问题探究方式具有实践性，要求学生走出教室、走出校门，走进生活、走进社会，亲身参与社会实践活动，主动探究自然、社会和人生；其问题探究过程具有实践性，设计问题探究方案、收集整理各种资源、调查研究相关情况、分析解剖现象本质、检测验证探究结论、展示交流探究成果等，都由学生亲力亲为；其课程实施特征具有实践性，强调问题探究的过程，强调实践的直接经验，强调实践探索过程中的积极情感体验，强调以"做中学、用中学、创中学"促成社会责任感、创新精神和实践能力的全面发展。

（5）生成性

研究型课程以问题的发生、发展为主干，强调学生在问题探究过程中主动建构。其

---

① 廖哲勋. 关于校本课程开发的理论思考［J］. 课程·教材·教法，2004（8）：11 – 18.
② 安桂清. 研究型课程探微［J］. 课程·教材·教法，2000（3）：9 – 12.

问题具有生成性，不是预设的或强加的，而是在学习生活、社会实践过程中亲身经历、敏锐发现并智慧捕捉的；其探究具有生成性，不是指令性的或按部就班的，而是自主制订计划、自主合作探究；其资源具有生成性，不是皓首穷经或旁征博引，而是从现实社会生活中就地取材，抓取日常生活中的一点一滴来"滴水映日"；其结论具有生成性，不是教材上现成的或教师告知的，而是学生在问题探究过程中动态获取的；其"成果"具有生成性，不强求取得正式科学研究那样的研究成果，而强调问题探究本身，强调问题探究过程中生成的新体验、新感悟、新能力甚至新问题。

2. 研究型课程的类型与实施

上海市首倡并试行的研究型课程因研究性学习而设置。《上海市普通高级中学研究型课程的实施指导意见（试行）》指出："研究性学习……必须列入课程计划，作为一种有目标、有实施要求、有评价的课程实施渠道，这就必须设置研究型课程。"这一点，从研究型课程实施类型的设定可以看得更清楚。教育部发布的《普通高中"研究性学习"实施指南（试行）》（教基〔2001〕6号）指出："依据研究内容的不同，研究性学习的实施主要可以区分为两大类：课题研究类和项目（活动）设计类。"而《上海市普通高级中学研究型课程的实施指导意见（试行）》以此为依据，明确规定："研究型课程的实施类型，依据研究对象和内容不同，大致可分为两大类：课题研究类和项目（活动）设计类。"可见，上海市首倡并试行的研究型课程，实质上是研究性学习课程，是研究性学习的课程实施渠道，是支持和服务研究性学习的课程载体。

研究型课程显然不应该完全等同于研究性学习课程。《普通高中"研究性学习"实施指南（试行）》指出："研究性学习是学生在教师指导下，从自然、社会和生活中选择和确定专题进行研究，并在研究过程中主动地获取知识、应用知识、解决问题的学习活动。"从这一定位看，研究性学习与研究型课程有很多相通之处，例如"教师指导""研究""过程""主动地获取知识、应用知识、解决问题"等。但是，二者的区别也很明显：第一，研究性学习是学生的自主"学习活动"，而研究型课程则是课程，是教师教与学生学的依据；第二，研究性学习"从自然、社会和生活中选择和确定专题"，也就是说研究性学习属于课外活动，而研究型课程则需课内、课外兼顾；第三，研究性学习强调"专题"研究，类似科学研究，而研究型课程则只需要围绕"问题"自主合作探究即可；第四，研究性学习要求"获取知识、应用知识、解决问题"，即强调学有所获，而研究型课程则重在问题探究过程，强调创新精神和实践能力的培养。

其实，《上海市普通高级中学研究型课程的实施指导意见（试行）》并不认为必须"从自然、社会和生活中选择和确定专题"，而认为研究型课程"学习、研究的专题（问题、课题）内容是广域性的：既可以是单学科的，也可以是跨学科的；既可以是科技的，也可以是人文的；既可以是偏重于实践活动的，也可以是偏重于思辨性的；既可以是社会的现实问题，也可以是学术前瞻性的问题；既可以是以前没有结论的，也可以是暂时不作结论的"。研究性学习方式作为一种新型的体现素质教育思想和要求的学习方式，不应该只适用于课外学习活动，而应该贯穿在学校所有教育教学活动之中，现行所有课程的实施过程中都可以而且应该引入、应用研究性学习这一方式。有学者就认为："研究性学习方式有两种贯彻渠道：一是渗透于各学科课程的教学中；二是专门贯彻于'综合实践活动'中的'研究性学习'领域。"① 因此，研究型课程不应该只有课题研究、项目（活动）设计两个大类，而应该有更多样化的课程类型。

从研究题材来源看，研究型课程可分为单学科类、跨学科类和超学科类。单学科类课程从单一学科课程学习中就地取材，一般就某一具体问题、某一专题或某一微型课题开展探究实践，属于学科课程的拓展性学习。跨学科类课程突破学科界限，从两个或两个以上学科课程学习的"接合部"灵活取材，将相关题材整合成特定主题、特色专题或微型课题开展探究实践，属于学科课程的融通性学习。超学科类题材即"从自然、社会和生活中选择和确定专题"，走出狭窄的教室，实现理论与自然、社会和生活实际的有机结合，引导学生关注现实生活，参与社会实践活动，做到"风声雨声读书声声声入耳，家事国事天下事事事关心"。

从研究内容性质或复杂程度看，研究型课程可分为问题类、主题类、专题类、课题类和项目（活动）类。问题类研究型课程以学生在学习生活中遇到的真实问题为研究对象，采取问题探究方式开展探究实践，通过问题化教学培养学生问题意识、思辨能力、探究习惯和科学精神。主题类和专题类研究型课程围绕教师指定或学生自主确定的主题或专题展开探究实践，主题类研究型课程的研究内容和主旨具有明确性和规定性，而专题类研究型课程则只确定了内容范畴和研究方向。课题类研究型课程采用"类似科学研究"的方式和程序进行模拟式科学研究，需将具体、真实而有价值的问题提炼成微型课题，像科学家一样调动多方研究资源、运用多种研究方法开展探究实践。项目（活动）类研究型课程以解决比较复杂、比较综合的操作性问题为主要目的，具有综合性、创新性和实用性，《普通高中"研究性学习"实施指南（试行）》将其定位为"项目（活动）设计类"，指出其"一般包括社会性活动的设计和科技类项目的设计两种类型。前者如一次环境保护活动的策划，后者如某一设备、设施的制作、建设或改造的设计等"，只要求能够"设计""策划"，不必苛求实际应用并产生实用效果。

从研究组织形式看，研究型课程可分为个人独立研究类、小组合作研究类和综合研究类。个人独立研究类以学生个体为单位，学生自主确定研究问题（主题、专题或课

① 安桂清. 研究性学习：作为理念、方式与领域［J］. 山东教育科研，2002（3）.

题），在教师指导下独立开展探究实践。小组合作研究类则以研究小组为单位，由研究小组成员围绕共同的研究问题（主题、专题或课题），各展所长，互助互补，在教师指导下协作开展探究实践。综合研究类采用个人独立研究、小组合作研究和班级集体研究相结合的方式，围绕共同的研究问题（主题、专题或课题），在教师指导下开展既有分工又有合作的集体探究、辩论、交流、分享活动。

　　研究型课程的组织实施，要落实真、近、小、实四大原则。一是真，研究对象是学生学习生活中真实发生、真实产生的真实问题，最好是学生亲自发现并亲自提出的真实问题，唯有问题真实，才能真正调动学生探究问题的激情。二是近，贴近学生学习、生活实际，在学生"最近发展区"范围内就近取材，引领学生挣脱熟视无睹、司空见惯的羁绊，走向问题意识、创新思维的觉醒。三是小，就是问题小、范围小、切口小，尽量与学生生活阅历、知识储备、能力水平，以及精力、物力、财力等客观条件相匹配。四是实，实实在在，看得见，摸得着，切实际，合实用，可实验，可实操，重在研究过程，不苛求成果产出。

第二节 人本课程体系与研究型课程

课程是教育思想、教育目标和教育内容的主要载体，是开展教育教学活动的基本依据，更是促使学生成长成才的根本保障。课程好比是人的腰，要是腰杆不硬，人就可能站不直身、走不好路。因此，华东师范大学陈玉琨教授曾指出："好的学校应该有扎实的课程体系，课程结构和体系决定人才规格与质量，与培养目标相匹配的课程结构与有特色的校本课程体系是一流学校的必备条件。"① 湖南师大附中是一所文化底蕴深厚、办学成绩卓著的百年名校，又是一所在新的历史时期坚持教育传承与创新、积极引领潮流、被社会公认为真心实意实施素质教育的窗口学校。这样一所"好的学校"，自然不能没有"扎实的课程体系"。学校于 2000 年正式启动高中课程改革研究与实验，成功构建了"两性四型"校本课程体系，创设了国家课程校本化实施的附中模式。新课程、新课标、新教材、新高考和新评价背景下，学校又抢抓机遇，乘势而上，创建了基于立德树人、凸显研究特质的人本课程体系，迈开了优质学校向卓越学校跨越的新征程。

一、从 "两性四型" 课程体系到人本课程体系

（一）背景与理念

高中阶段是学生人生观、世界观和价值观的形成期，是认知水平、逻辑思维、创新精神和实践能力的发展期，是培养高素质创新型人才的奠基期。构建适配普通高中学生身心发展需要的课程体系，一直是我国基础教育课程改革的核心与重点。1999 年 9 月，教育部基础教育司获得香港华夏基金会专项资金支持，在各省市教育行政主管部门推荐的基础上，确定了南京师大附中、哈尔滨师大附中、成都七中和湖南师大附中作为"国家级示范性普通高中建设"项目试点学校。该项目旨在通过国家级示范性普通高中建设，扭转普通高中教育存在的办学思想落后、教育内容陈旧、教学方法僵化、学生缺乏创新意识和实践能力的倾向，探索高素质创新人才培养新途径，引领全国普通高中沿着健康

① 卢志文. 好学校的"十大特征"［J］. 新课程（综合版），2016（6）：1.

轨道发展①。在项目的多个改革实验领域中，湖南师大附中选取"开展课程改革"作为研究方向，甩开膀子奔向普通高中新课程改革新征程，开展了持续20余年的普通高中课程改革实践探索。

湖南师大附中课程改革的核心理念主要有：

1. "以人为本"的办学理念

教育的逻辑原点是人，学校教育的使命责任是培养人，必须以人为本，关注人的本质发展。湖南师大附中"以人为本"办学理念包含三个层次：第一层次是以学生为本，关注每一位学生的全面发展、自主发展和可持续发展；第二层次是以师生为本，既关注学生，也关注教师，建立民主、平等、和谐、温暖的师生关系，进入"安其学而亲其师，乐其友而信其道"（《礼记·学记》）的理想状态；第三层次是以人的本质发展为本，依据马克思"人的需要即人的本质"② 理论，致力于培养学生适应终身发展和社会发展需要的正确价值观、必备品格和关键能力，科学解决"培养什么人、怎样培养人、为谁培养人"的教育根本问题。学校认为，关注人的本质发展就是关注人的需要，包括人自身发展的需要和社会发展的需要；对人的需要的关注，是教育的出发点，也是教育的永远追求与归宿③。

2. "一切有目的、有组织的教育活动都是课程"的大课程观

课程是"学校给学生传授的知识和技能，灌输的思想和方法，培养的习惯和行为等的总和"④，是"为实现学校教育目标而选择的教育内容的总和"⑤。据此，湖南师大附中提出并确立了"一切有目的、有组织的教育活动都是课程"的大课程观。这种课程观以马克思主义关于人的全面发展学说为理论依据，以人的全面发展为价值取向，按照课程建设五要素（课程背景、课程目标、课程内容、课程实施途径与方法、课程评价）构建、开发并开展学校的各类教育活动，使"一切有目的、有组织的教育活动"课程化，实现课程选择多样化、课程资源丰富化、课程实施高效化、课程评价多元化，满足学生整体化、差异化、个别化、自主化发展需求。

3. "以人为本、承认差异、发展个性、着眼未来"的课改指导思想

学校基于"一切为了学生、为了一切学生、为了学生的一切"的育人理念，于2000

① 谢永红. 先锋——湖南师大附中课程改革十五年（2000—2015）[M]. 长沙：湖南师范大学出版社，2015.
② 李皓月. 浅析马克思的人的本质理论及其现实意义 [J]. 长安学刊，2017（1）：92－94.
③ 常力源. 教育要关注人的本质发展 [J]. 人民教育，2007（21）：15－16.
④ 中国大百科全书出版社编辑部. 中国大百科全书：教育 [M]. 北京：中国大百科全书出版社，1985：155.
⑤ 教育大辞典编纂委员会. 教育大辞典：第1卷 [M]. 上海：上海教育出版社，1990：257.

年提出并明确了"以人为本、承认差异、发展个性、着眼未来"的课程改革指导思想。其基本内涵包括：学生是学习的主体，应当引导、指导、督导他们自主学习、合作学习、探究学习和体验学习；学生存在差异性是客观事实，应当分层分类教学，因材因需施教；学生是活生生的人，应当促使其全面而有个性、主动而生动活泼地发展；学生是祖国的未来和民族的希望，应当培养其适应终身发展和社会发展需要的核心价值观、必备品格和关键能力。

（二）传承与发展

1. "两性四型"课程体系

21世纪伊始，湖南师大附中借助"国家级示范性普通高中建设"的强劲东风，依据《国务院关于基础教育改革与发展的决定》（国发〔2001〕21号）及教育部发布的《基础教育课程改革纲要（试行）》（教基〔2001〕17号）的精神与要求，在系统总结学校"改革必修课、开设选修课、加强劳技课、丰富活动课"的课程改革经验并吸收国内外"研究性学习"课程创新尝试的基础上，于2001年构建了"两性四型"课程体系（见图4-1）。

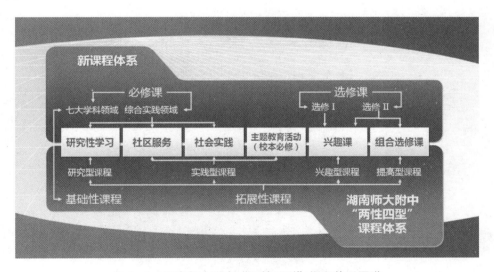

图4-1 湖南师大附中"两性四型"课程体系图谱

该体系将学校课程分为基础性课程、拓展性课程两大类，是为"两性"；其中拓展性课程包括提高型课程、兴趣型课程、实践型课程、研究型课程四小类，是为"四型"。基础性课程为国家课程（含地方课程），拓展性课程为校本课程（含国家课程中由学校具体实施的课程），二者相互关联，各有侧重，融合渗透，相辅相成，构成全新的国家课程校本实施体系。

2003 年 3 月，教育部印发《普通高中课程方案（实验）》和语文等十五个学科课程标准（教基〔2003〕6 号），"两性四型"课程体系与国家普通高中新课程体系基本精神吻合一致，实现了无缝对接。2007 年，湖南省全面启动普通高中新课程实验，湖南师大附中被树为全省课改样板。

2. 人本课程体系

党的十八大以后，中国特色社会主义进入新时代。2012 年 7 月，湖南师大附中受湖南省教育厅委托，与长沙市第一中学一道开展现代教育实验学校建设，深入探索全面实施素质教育、人才培养体制改革、基础教育课程改革和现代学校制度建设。2015 年，学校提出了"创建研究型高中"的办学新追求，2016 年 9 月，"中国学生发展核心素养"研究成果正式发布，随着新课程、新教材、新高考及育人方式、教育评价等教育改革的不断推进，为了全面落实立德树人根本任务，深入探索课程育人有效策略，着力提升学生的核心素养，学校抢抓机遇，与时俱进，在原有"两性四型"课程体系基础上，构建了更具附中特色的人本课程体系（见图 4-2），为学生全面而有个性发展搭建了更广阔的平台。

图 4-2　湖南师大附中人本课程体系图谱

人本课程体系构设了三级六类十八门课程：三级为基础课程、拓展课程、卓越课程；六类为各级课程所对应的六类课程；十八门为三级六类课程之总和。三级六类十八门课程与中国学生发展核心素养的三个方面、六大素养、十八个要点遥相呼应，其基本内涵可归纳为一个核心、两大底色、三级课程、四重价值①。

一个核心，即以人为本。图谱以"人"为核心，突出以人为本理念和立德树人宗旨；"人"字周身布满中国学生发展核心素养和"公勤仁勇"校训元素，寓意育人为本、立德为先；"人"字顶天立地并以湖南师大附中校徽图标为心，象征立志"成民族复兴之大器"，做"顶天立地附中人"。

两大底色，即人生底色和附中底色。一是中国学生发展核心素养的人生底色，学校培养的"人"应当注重文化基础、社会参与、自主发展三个方面，具备人文底蕴、科学精神、学会学习、健康生活、责任担当、实践创新六大素养。二是"公勤仁勇"的附中底色，学校培养的"人"应当赓续天下为公、勤敏以行、求仁履实、敢为人先的湖湘文化精神，具有鲜明的"附中人"特征特色。

三级课程，指基础课程、拓展课程和卓越课程。基础课程奠基底，强调全面发展、基础扎实，促使学生"书生意气，挥斥方遒"；拓展课程壮腰肢，强调关注社会、胸怀天下，引领学生"指点江山，激扬文字"；卓越课程显锋芒，强调自主发展、个性优良，鼓励学生"到中流击水，浪遏飞舟"。三级课程协同发力，共育文化基础扎实、家国情怀深沉、个性特色鲜明的德智体美劳全面发展的社会主义建设者和接班人。

四重价值，即以"公勤仁勇"为课程价值追求。基础课程侧重于"勤"，要求学生勤敏以行，筑牢文化基础；拓展课程侧重于"仁"，要求学生求仁履实，在社会参与中厚植仁爱心与责任感；卓越课程侧重于"勇"，要求学生敢为人先，在自主发展中自强不息、追求卓越；三级课程聚焦于"公"，要求学生以天下为己任、立德为先，具备适应终身发展和社会发展需要的正确价值观、必备品格和关键能力。

3. 坚守与发展

人本课程体系以"两性四型"课程体系为基础，是"两性四型"课程体系的迭代转型，二者存在传承与发展的关系，既有所坚守，也有所改进。

人本课程体系有所坚守，主要体现为：一是凸显国家课程的基础地位，开齐、开足、开好国家课程是学校课程体系的基本前提；二是明确国家课程校本实施的定位，科学实施国家课程是学校课程体系的基本遵循；三是贯彻"以人为本"理念，学校课程体系必须关注学生的成长成才，努力为学生提供适合的教育；四是坚持立足校本，学校课程体系必须一切从学校实际出发，具有鲜明的学校特征特色。

人本课程体系有所改进，主要体现为：

---

① 谢永红. 以校为本构建基于立德树人根本任务的课程体系——湖南师范大学附属中学构建人本课程体系探索[J]. 人民教育，2021（17）：60-63.

（1）从着眼"课"转为着眼"人"

"两性四型"课程体系以课立意，注重怎么教、教什么，实质上未脱"以课为本"的传统定位。人本课程体系则以人立意，注重为谁教、教成什么人，聚焦"培养什么人、怎样培养人、为谁培养人"根本任务，做到了真正意义上的"以人为本"。

（2）从重视"教"转为重视"育"

"两性四型"课程体系属于教的体系，强调夯实基础课、开设选修课、尝试研究课、丰富活动课等，都是从教的角度规划课程实施。人本课程体系虽然同样设置了基础课程、拓展课程、卓越课程三类课程，但旨在变革育人方式，引领学生从文化基础、社会参与、自主发展三个方面提升核心素养，属于育的体系，课程的育人功能得到了全面彰显和强化。

（3）从关注"才"转为关注"德"

"两性四型"课程体系关注学生成才，通过夯实基础、拓展才能提升学生的基本素质素养和成长成才能力。人本课程体系基于立德树人的根本任务，通过全面提升核心素养，培养学生适应终身发展和社会发展需要的正确价值观、必备品格及关键能力。

（4）从拘于"校"转为立足"校"

"两性四型"课程体系立足校本但拘于校本，虽然也倡行"社会实践""社区服务"，但未能充分挖掘和融合地域文化特质和学校文化特色，在立足校本方面有其形而少其实。人本课程体系充分融入了中国学生发展核心素养、湖湘文化精神和"公勤仁勇"的校训文化特质，使这些德育元素成为课程价值追求，做到了真正意义上的"为了学校、在学校中、基于学校"。

（三）内容与特色

1. 人本课程体系的设计

湖南师大附中人本课程体系图"脱胎"于中国学生发展核心素养图谱和湖南师大附中校徽图标（见图4－3）。

图4－3　湖南师大附中人本课程体系图的设计灵感

图中第一个图标为中国学生发展核心素养示意图。中国学生发展核心素养以培养"全面发展的人"为核心，分为文化基础、社会参与、自主发展三个方面和人文底蕴、科学精神、学会学习、健康生活、责任担当、实践创新六大素养。图谱采用圆形图案，象征着全面发展；居于圆心的"全面发展的人"和三条切分线构成的"人"字，象征以人为本。

图4－3中的第二个图标为湖南师大附中校徽。该图标以"人"为核心设计要素。四条白线构成"人"字，象征以人为本；四条白线将图标分为三大块，象征立足三湘四水、湖湘大地；白线和底线组成三个"人"字，象征面向全体，服务于每一个人；"人"字顶天立地，象征"扎根三湘四水，培养顶天立地附中人"。

中国学生发展核心素养图谱和湖南师大附中校徽图标中以人为本、面向全体、全面发展、培养顶天立地大写的人等设计元素，全都集成到人本课程体系图谱之中，其"脱胎"关系不言而喻。人本课程体系的三级六类十八门课程，同中国学生发展核心素养的"三个方面六大素养十八个要点"，构成了遥相呼应的关系，也更加凸显了课程育人理念。

2. 人本课程体系的内容

人本课程体系创设了三级六类十八门课程（见图4－4）。

图4－4　湖南师大附中人本课程体系的总体结构

第一级：侧重提升学生基础性学力的基础课程。基础课程以国家课程为主，侧重发展学生基础性学力，全面夯实文化基础，提升学科核心素养，培养学生"人文底蕴、科学精神"，打造学校"科学教育见长，人文素养厚重"的育人特色。基础课程根据课程领域划分为语言文学、数理逻辑、人文社会、科学技术、艺术审美、体育健康六类课程（见表4－1），采取必修、选择性必修、选修等方式，确保开齐、开足、开好。

表4-1　湖南师大附中人本课程体系之基础课程

课程类型	课程内容
基础课程	语言文学：语文、外语 数理逻辑：数学、物理 人文社会：思政（思想品德和政治）、历史、地理 科学技术：物理、化学、生物、地理、信息技术、通用技术 艺术审美：音乐、美术、艺术 体育健康：体育与健康、心理健康

第二级：侧重提升学生发展性学力的拓展课程。拓展课程是国家课程的校本化拓展，侧重在广泛的"社会参与"的过程中培养学生的发展性学力。通过德育活动、综合实践、生命生涯、劳动教育、兴趣特长、学科素养六类课程（见表4-2），打造"求仁履实、笃学践行"学风，发展学生"责任担当、实践创新"素养，培养学生的家国情怀、责任意识和仁爱精神，促进学生个性潜能发展。

表4-2　湖南师大附中人本课程体系之拓展课程

课程名称	课程内容	开设方式	培养目标与要求
德育活动课程	常规德育：文明礼仪、习惯养成 活动德育：入学教育、毕业典礼、尊师感恩、民主意识、党团教育、国防教育、理想信念、法制教育等	周会班会、新闻收视、业余党校、少年团校、开学典礼、成人仪式、社团活动、节会仪式、读书读报	爱党爱国，遵规守法，积极参与社会活动，有较强的民族自尊心、自信心、荣誉感，树立正确价值观，自尊、自爱、自主、自强、自立，具有一定的自我教育、自我管理能力
综合实践课程	体验教育：军营、农村、企业、社区 研学旅行：红色记忆、古韵中国、民俗文化、文学寻根等 考察调研：调研、科考、国学活动 研究性学习：学科类、非学科类	研学旅行、野外考察、见习观摩、体验实践、学科融合、论坛讲座、论文撰写、课题研究	落实立德树人根本任务，助力人与自然、社会和谐发展，培养学生的综合实践能力和创新能力，提升学生综合素质，以适应21世纪社会可持续发展的需要，培养符合时代要求的高素质人才
生命生涯课程	生涯规划：自我认知、学业规划、升学指导、职业规划 生命教育：心理健康、青春期教育、安全教育、健康教育、环境教育、禁毒和预防艾滋病教育	主题研讨、学科融合、见习参观、论坛讲座	提升学生学业规划、生涯规划能力，培养学生认识生命、珍惜生命、尊重生命、热爱生命意识，增强学生生存技能和生命质量

（续表）

课程名称	课程内容	开设方式	培养目标与要求
劳动教育课程	劳动观念：劳动价值观、劳动精神、劳模精神、工匠精神 劳动实践：保洁劳动、植树劳动、勤务劳动、农村劳动、企业劳动、志愿者服务劳动等 劳动技术：信息技术、通用技术、生产技术、科学技术等	主题班会、演讲征文、检查评比、体验实践、学科融合、论坛讲座	树立正确的劳动观念，明确劳动实践的目的和意义，形成良好的劳动习惯，掌握基本的劳动技能，感受现代新技术对劳动效率的提升，增强劳动实践的兴趣和自觉性
兴趣特长课程	兴趣特长：学科、体育、艺术等 社团活动：开展丰富多彩的社团活动，组织相关的展示、交流、分享、评价活动	校本选修、社团活动、艺术节、体育节、科技节	开展丰富多样的兴趣课程和社团活动，激发学生的学科兴趣，构建健康的校园文化氛围，陶冶道德情操，涵养艺术情趣，提高科学素养，锻炼强健体魄，充实课余生活，促进身心全面发展
学科素养课程	学科拓展：基于教材内容的学科学习拓展，超越教材的学科思想方法拓展、学科融通学习等 学科前沿：与学科前沿相关的科普知识，如剖析瘟疫、未来世界经济	论坛讲座、校本选修、学科融合、主题竞赛	开展学科拓展学习，了解学科前沿知识，激发学科兴趣，增强自觉学习和自主探究的能力；通过素养展示活动，提供学生展示自我的平台，发挥普及教育的引导及示范作用

第三级：侧重提升学生创造性学力的卓越课程。卓越课程是国家课程的延伸补充，侧重提升学生的创造性学力，促使学生自主发展。通过学科奥赛、科创教育、先修衔接、艺体专长、人文精修、国际理解六类课程（见表4-3），促使学生深度学习、健康生活，最大限度地满足学生个性化、特色化发展需求，助力学生以"成民族复兴之大器"为使命追求不断自我超越，自强不息，追求卓越，为成长为拔尖创新人才奠定坚实基础。

表 4 – 3　湖南师大附中人本课程体系之卓越课程

课程名称	课程内容	开设方式	培养目标与要求
学科奥赛课程	学科奥赛：数学、物理、化学、生物、信息及地理等学科奥赛 学科竞赛：各类合法竞赛活动	集中培训、论坛讲座	通过集中系统培训，满足有潜质学生的发展需求，帮助有天赋、有志趣、有潜力且有余力的学生切实提高学科水平与能力，力争在国际国内各类学科竞赛中脱颖而出
科创教育课程	STEM 课程：科学、技术、数学、工程融合的课程学习 创新发明：与学科知识融合的创新发明设计与实践	学科融合、论坛讲座、主题竞赛	着重关注科学、技术、工程、数学等科学领域，关注学科知识融通、逻辑思维训练与综合能力培养，提升有专长学生的科技素养和创新能力
先修衔接课程	大中衔接：大学先修、强基计划等 初高衔接：初高中内容衔接教学、各学段联教联培联赛联研活动 英才课程：丘成桐数学英才班、国防教育实验班等	学科融合、校本选修、论坛讲座	促进初中与高中教育、基础教育与高等教育的有机衔接，激发学生的个性潜能，探索多样化的拔尖创新人才早期培养模式
艺体专长课程	艺术特长：艺术特长生专业发展 体育特长：体育特长生专业发展 其他特长：其他特长生专业发展	活动展演（如高水平艺术团表演）、竞技比赛（如省市级以上体育比赛）、学科融合、校本选修	开设适合各类特长生专长发展的特色课程，培养他们的艺术才华或体育技能，能在高水平活动展演或竞技比赛中获奖，具有继续高校艺体专业学习的潜质
人文精修课程	文史哲精修：打造人文实验班、国学社、文学社、戏剧社等平台开展文史哲精修课程 外语精修：开设双语数学、第二外语等精品课程	学科融合、校本选修、主题竞赛、论坛讲座	培养人文和外语有特别潜质的学生，通过人文精修课程进行延展和拓展，助力学生修养身心、增进智慧、开阔视野、提升能力
国际理解课程	出国升学：为有出国升学意向的学生提供的课程，如托福、雅思 国际视野：国际交流常识和语言能力，多元文化的了解，"全球公民"意识等	集中培训、社团活动、校本选修、学科融合、模联比赛	通过国际课程、国外游学课程，提高学生英语阅读与表达力，开阔学生文化视野，培养理解多元文化的能力与胸襟，培养跨文化交流的意识与能力，促进不同语言、文化间的交流和沟通

3. 人本课程体系的特色

（1）贯彻育人宗旨

国家课程校本化实施，必须紧紧把握育人方向，落实立德树人根本任务，聚焦学生正确价值观、必备品格和关键能力的培养。为此，人本课程体系做了三个方面的努力：一是强化立德为先，以"公"为人本课程体系的核心价值追求，注重德育渗透，突出道德践行；二是坚持素质教育，从文化基础、社会参与、自主发展三方面架构课程体系，凸显中国学生发展核心素养；三是强调五育并举，教育教学活动服务学生德智体美劳全面发展，促进学生全面而有个性、主动而生动的发展。

（2）提升课程价值

构建课程体系必须注重课程价值的挖掘，实现其育人价值的最大化。例如综合实践课程，湖南师大附中每年组织高一学生进军营、高二学生下农村、高三学生入企业开展"三体验"活动，组织全体学生开展社区服务、志愿者服务和研究性学习，坚持近 30 年从未间断。学校认为，综合社会实践课程，最能体现湖湘文化"求仁履实、经世致用"的优良传统，具有培养仁爱精神、责任担当、服务意识、团队精神、合作能力的巨大育人价值。正因为其课程价值巨大，学校才会坚持不辍，每年学生社会实践活动都受到众多媒体跟踪报道，志愿者服务活动获得了团中央点赞，创办于学堂坡街道的爱心超市"生意红火"，社会责任感培养经验被《中小学德育》杂志重点推介。

（3）体现地域和学校特色

《国家基础教育课程改革纲要（试行）》强调："增强课程对地方、学校及学生的适应性。"因此，国家课程校本实施过程中，要注重研究地方、学校和学生特点，充分融合地域文化和学校文化之特质。人本课程体系融入了天下为公、勤敏以行、求仁履实、敢为人先等湖湘文化元素，体现了地方特色；同时充分发挥校训"公勤仁勇"的训育功能，使其不单成为学校的特色标签与精神旗帜，而且成为课程的价值取向和育人标杆。

（四）途径与举措

人本课程体系的落地实施，需要统筹多方面因素，实现协调协同发展，需要大胆实践，主动变革。湖南师大附中在确保开齐、开足、开好国家课程的前提下，对国家课程的创造性科学实施进行了全面规划，探索出国家课程校本化实施的几条可行路径：长短结合重建课堂结构、主题融合重构课程内容、学科联动重组学科知识、多向驱动重塑评价方式①等。

---

① 谢永红. 以校为本构建基于立德树人根本任务的课程体系——湖南师范大学附属中学构建人本课程体系探索[J]. 人民教育，2021（17）：60 – 63.

1. 长短结合重建课堂结构

在开齐、开足、开好国家基础课程的前提下，湖南师大附中开发并实施了大量拓展课程、卓越课程。如何实现国家基础课程和校本拓展、卓越课程的兼顾？学校的策略是长短结合、合作推动。学校将拓展课程、卓越课程分为长课程、中课程、短课程和微课程四类，长中课程谋求拓深、拓广，一般安排在每周星期二下午集中开设，短微课程体现求精、求趣，通过主题讲座、学科融合等方式机动开设。长、中、短、微有机结合，深、广、精、趣统筹兼顾，课程实施样态丰盈而灵动。

2. 主题融合重构课程内容

通过某个特定主题，融合相关课程内容，形成系统连贯的教学单元，从而提高课程实施的整体性和实效性。湖南师大附中人本课程体系采取学科集群、主题活动、项目式学习、专题化教学等方式，构建主题融合、多育互动的课程实施模式。主题融合，强调聚焦和融入、联动和互动。学校确立教育主题，学科教研组根据自身特点确定融入点（知识点、衔接点、生长点等），开展集体备课，进行融合拓展，实现科科联动，整体推进。例如，学校确定4月第一周为食品安全教育周，除开展周一周会、周五班会及其他主题宣教活动外，各学科均需围绕主题开展集体备课，设计食品安全教育"融入"课堂教学的教案学案，开展多样化教育教学活动，奏唱食品安全教育"和声"。这样一来，既确保了国家课程的有效落实，又凸显了立德树人的宗旨；既给学生留足了弹性学习空间，也给教师留下了创造性实施课程的余地。主题融合重构课程内容，从横向看，充分利用了丰富的教育资源，开阔了育人视野，实现教书与育人的融会贯通；从纵向看，突破了学科边界，伸展了教育触角，构建起立体开放的育人系统。

3. 学科联动重组学科知识

"双减"背景下，学科联动成为行之有效的减负增效途径。学科联动指以教材为基础，提炼不同学科中具有内在逻辑和价值关联的教学内容，重新组合教学内容后形成单元任务目标，在同一时间段内几个学科连续组织教学的一种教学形式。学科联动建立在目标引领、问题导向、任务驱动基础上，要求设立具有启发性、引领性、挑战性和趣味性的学习课题，调动多个学科联合参与，共同引导、指导、督导学生开展自主学习、合作学习、探究学习和体验学习，从而实现深度学习，培养问题意识、思辨能力、探究习惯、科学素养。学科联动重组学科知识，可以采取跨学科融通式学习、多学科专题（主题）式学习、泛学校项目式学习等多样化方式，使知识和学习"活"起来，成为求实效、谋创新的重要途径。

4. 多向驱动重塑评价方式

人本课程体系采用"多一把尺子测量、同一把尺子多几次测量、自选一把尺子自主测量"等多种方式，实施多维度多样式评价，强化过程评价，探索增值评价，改进结果评价，健全综合评价，提高课程评价的科学性、专业性、客观性。学校制定《湖南师大附中课程评价制度改革方案》，针对各级各类课程分别制定学科育人目标，研制人本课堂标准、学科增值评价方案和学分认定制度，以此引领课程评价变革。人本课堂标准和学科增值评价方案侧重教师教学评价，主要从教学行为表现、学生学习活动表现、教学效果和教学风格四个维度展开，关注教师教学目标设计、教学过程操作、教学内容处理和教学基本功的表现，以及学生课堂自主性、探究合作互动性等。学分认定制度侧重学生学习评价，通过智慧校园信息化平台，全程跟踪学生学业发展与成长状况，建立综合而动态的学生综合素质评价体系。

二、人本课程体系与研究型课程

湖南师大附中的人本课程体系构建，既是为了落实现代教育实验学校建设中"完善现代课程体系"的相关要求，也是为了推进、深化研究型高中建设。《湖南师大附中研究型高中建设方案》明确要求："开发凸显研究特质的校本特色课程。在国家课程校本化实施和前期拓展性课程开发与建设的基础上，开发品质塑造类、创造创新类、研究方法类、技能操作类、特长培养类等凸显研究特质的课程，开发多领域、跨学科的综合校本课程和各类研学旅行课程，开发初中与高中之间、高中与大学之间有效衔接类课程，促进各类社团活动、社会实践体验活动课程与研究性学习课程的有机结合，逐步构建以提升学生科学素养为核心的、分阶段、阶梯式的校本研究型课程体系。"可见，人本课程体系除了坚持以人为本、落实立德树人、强化价值引领、提升核心素养之外，还有一个重要使命，那就是凸显研究特质，强化科学教育，打造"科学教育见长、人文素养厚重"的教学特色和育人特色，促使人本课程体系与"成民族复兴之大器"的育人目标吻合一致。

（一）国家普通高中课程方案与人本课程体系

湖南师大附中人本课程体系，以开齐、开足、开好国家课程，确保国家课程的基础性地位与实施质量为前提，属于国家普通高中课程的校本实施体系，是学校根据特定地域、特殊校情、特殊生情、特殊学情等多种因素，通过选择、强化、整合、补充、提升、拓展等方式，对普通高中课程方案进行"二次开发"所构建的校本化、个性化实施方案①。《普通高中课程方案（2017年版2020年修订）》明确了普通高中学校"二次开发"的权力和责任："学校应依据国家课程设置要求，结合办学目标、学生特点和实际条件，

---

① 谢永红. 湖南师大附中："二次开发"拓宽校本边界［N］. 中国教育报，2018 - 12 - 19（05）.

制订满足学生发展需要的课程实施规划。开齐国家规定的各类课程，特别是综合实践活动、劳动、技术（含信息技术和通用技术）、艺术（或音乐、美术）、体育与健康等课程；开足规定的课时，如果确有需要，可适当调整课堂教学时长，但应保证科目教学时间总量不变。充分挖掘课程资源，开发、开设丰富多彩的选修课程。因地制宜，科学安排综合实践活动，发挥综合实践活动在促进学生发展中的独特作用。"因此，普通高中学校"依据国家课程设置要求"，在地方教育行政主管部门的统筹和指导下因地制宜地"合理制订课程实施规划"，是合理合法的，而且是课程实施的应有之义和必然之举。

人本课程体系不等于校本课程体系。《普通高中课程方案（2017年版2020年修订）》规定："普通高中课程由必修、选择性必修、选修三类课程构成。其中，必修、选择性必修为国家课程，选修为校本课程……学生毕业学分最低要求为144学分。其中，必修课程88学分，选择性必修课程42学分，选修课程14学分。"必修课程和选择性必修课程都具有"必修"性质，都属于国家课程，必须开齐、开足、开好；这两类课程合计达130学分，在学生毕业学分最低要求中占比超过90%；国家普通高中课程中"校本课程"只有14学分，占比不足10%。从"二次开发"和校本实施的实际情况看，湖南师大附中人本课程体系中基础课程、拓展课程甚至部分卓越课程，都在必修或选择性必修国家课程之列，真正的"校本课程"相当有限。因此，不能将人本课程体系与通常意义上的校本课程体系相提并论。

国家普通高中课程方案中，"校本课程"占比不大，但是，学校"二次开发"的作为空间却是巨大的。

第一，开发与实施校本课程。《普通高中课程方案（2017年版2020年修订）》指出："选修课程，由学校根据学生的多样化需求，当地社会、经济、文化发展的需要，学科课程标准的建议，以及学校办学特色等开发设置，学生自主选择修习。"选修课程即校本课程由国家统筹规划，由地方或学校具体设置、开发并组织实施，且"校本课程不少于14学分。其中，在必修和选择性必修基础上设计的学科拓展、提高类课程之外的课程不少于8学分"，可见，基层学校还是大有可为的。

第二，开发与实施国家课程中"综合实践活动""劳动"等课程。"综合实践活动"课程和"劳动"课程归属于必修的国家课程，但是，目前国家还只作了课程规划和设置，课程开发与组织实施还需要地方或学校具体落实。《普通高中课程方案（2017年版2020年修订）》规定："综合实践活动共8学分，包括研究性学习、党团活动、军训、社会考察等，研究性学习6学分（完成2个课题研究或项目设计，以开展跨学科研究为主）。劳动共6学分，其中志愿服务2学分，在课外时间进行，三年不少于40小时；其余4学分内容与通用技术的选择性必修内容以及校本课程内容统筹。"两类课程合计达14学分，且必须开齐、开足、开好，留给基层学校"二次开发"的空间不可谓不大。

第三，科学实施选择性必修的国家课程。《普通高中课程方案（2017 年版 2020 年修订）》规定："选择性必修课程，由国家根据学生个性发展和升学考试需要设置。参加普通高等学校招生全国统一考试的学生，必须在本类课程规定范围内选择相关科目修习；其他学生结合兴趣爱好，也必须选择部分科目内容修习，以满足毕业学分的要求。"这类课程国家已作统一规划和设置，但可以"根据学生个性发展和升学考试需要""结合兴趣爱好"自主选择，留给学校"选择、强化、整合、补充、提升、拓展"的空间事实上非常大，学校完全可以而且应该在课程的科学实施方面做大文章。

第四，创造性实施国家课程。必修课程和选择性必修课程是国家课程的核心和主体，必须开齐、开足，而且必须开好。开齐、开足是底线，需要严肃性；开好则是高线，需要创造性。《普通高中课程方案（2017 年版 2020 年修订）》特别强调："关注学生学习过程，创设与生活关联的、任务导向的真实情境，促进学生自主、合作、探究地学习，注重对学生学习过程的评价，推进信息技术在教学中的合理应用，提高课程实施水平。"开好国家课程，必须"关注学生学习过程"，必须以学生为主体，以问题探究为驱动，建立教师引导、指导、督导下学生自主学习、合作学习、探究学习及体验学习的研究型课堂范式（详见本章第三节），培养学生适应终身发展和社会发展需要的正确价值观、必备品格和关键能力。以问题探究为核心构建研究型课程，不能止步于开展"课题研究类和项目（活动）设计类"研究性学习活动，而应该落实到每一堂课，让每堂课都充满问题探究，都凸显研究特质。唯有如此，"研究性学习"才能成为学生求知新方式，"研究地学习"才能成为学生学习新常态，"研究型学生"才能成为学生发展新样态。

湖南师大附中人本课程体系，就是学校"依据国家课程设置要求"，在地方教育行政主管部门的统筹规划和具体指导下"合理制订课程实施规划"，因地制宜制定并推行的国家普通高中课程方案的校本化、个性化实施体系。

（二）人本课程体系与研究型课程

以问题探究为核心构建研究型课程，是湖南师大附中"建设研究型高中，培育研究型学生，为培养高素质创新人才奠基"的一项重要举措。但是，学校基于研究型高中建设和新课程、新教材、新高考、新评价系列改革而构建的人本课程体系，却没有明确提出"研究型课程"之概念。那么，人本课程体系与研究型课程是怎样的关系？研究型课程在人本课程体系中如何体现？

"研究型课程"概念由上海市率先提出。早在 1998 年，上海市教育委员会就组织专业团队着手进行"研究型活动课程"的研究及教材编写工作。1999 年 6 月，上海市教委举办"上海市中学研究型课程研讨会"，受到教育部和部分省市教育行政主管部门的高度重视和密切关注。随后，上海市一些名校陆续推出研究型课程创新模式，如华东师大二附中的"小课题研究课程"、市西中学的"高中自研式综合课程"、向阳中学的"自创性研究型课程"等。1999 年 10 月，"全国普通高中课程教学改革研讨会"在江苏无锡召开，研究型课程成为深化中小学课程改革的热点，全国多地开展了开设研究型课程尝试①。2000 年，上海市正式提出在九年义务教育阶段开设相应的"探究型课程"，在高中阶段开设"研究型课程"②。

《上海市普通高级中学研究性课程的实施指导意见（试行）》指出："研究性课程是基于基础型课程和拓展型课程学习基础上的、面向全体学生的、运用研究性学习方式、以学生自主探究为主的基础教育课程。"从这个定义不难看出，上海市将研究型（性）课程与基础型课程、拓展型课程并列，共同构成普通高中课程三大板块。《上海市普通高级中学研究性课程的实施指导意见（试行）》规定："研究性课程的实施类型，依据研究对象和内容不同，大致可分为两大类：课题研究类和项目（活动）设计类。"可见，上海市首倡并试行的研究型（性）课程，实质上是研究性学习课程，是支持和服务研究性学习的课程载体。

学术界关于"研究型课程"的认识也没能达成一致。有人认为："研究型课程是以培养创新精神、研究能力和实践能力为基本目标，以科学研究为基本内容，以学生自主学习和研究性学习为基本学习方式的课程。"③ 有人认为："研究型课程是指学生在教师指导下，根据各自的兴趣、爱好和条件，选择不同的研究课题，独立自主地开展研究，从中培养创新精神和创造能力的一种课程。其重要特征是坚持学生在课程实施中的'自由选题、自主探究和自由创造'。"④ 有人认为："研究型课程是鼓励学生在自主选择的原则下，围绕某些课题、专题或项目，参照科学研究的基本方法与规则，通过导师的指导和帮助去主动体验、了解，进而初步学会进行探究性、开放性学习的课程。"⑤ 有人认为："研究（探究）型课程是指以学生的自主性、研究（探究）性学习为基础，可从学习生活和社会生活等各个方面选择和确定研究（探究）的专题或项目，主要以个人或小组合作方式进行研究（探究），通过亲身实践获取直接经验和体验，养成科学精神和科学态度，掌握基本的科学方法，提高综合运用所学知识发现问题、提出问题、判断问题的价值并能解决问题的能力的课程。"⑥ 诸如此类的定义还有很多，都从不同侧面揭示了

---

① 赵蒙成．研究型课程的理论与实践［J］．教育科学，2001（3）：20－23．
② 孙元清．一项带动学习革命的课程改革［J］．上海教育，2000（6）：1．
③ 奚定华．对研究型课程的几点思考［J］．上海教育，1999（12）：11－14．
④ 安桂清．研究型课程探微［J］．课程·教材·教法，2000（3）：9－12．
⑤ 上海市教委教研室．高中研究型课程实施案例选编［M］．上海：上海科技教育出版社，2000：1．
⑥ 章淳立．上海开发中小学研究型课程的探索与实践［J］．上海教育，2000（6）：4－6．

研究型课程的基本内涵和本质特征。

湖南师大附中人本课程体系由基础课程、拓展课程、卓越课程三大板块构成，没有套用上海市基础型课程、拓展型课程、研究型课程三大板块模式。学校主要有这样几个方面的考量：

第一，国家普通高中课程方案没有设置研究型课程。无论是2000年颁布的《全日制普通高级中学课程计划（试验修订稿)》，还是最新颁布的《普通高中课程方案（2017年版2020年修订)》和《义务教育课程方案（2022年版)》，都没有设置"研究型课程"。基层学校有权"合理制订课程实施规划"，但是必须"依据国家课程设置要求"，换言之，基层学校只有实施权而没有设置权，国家没有设置，学校无权实施，国家有设置，学校才能合理实施。既然国家普通高中课程方案没有设置研究型课程，如果不是上海市那样被特别授权开展课程改革实验（国家批准的中小学课程教材改革二期工程)，基层学校不能擅自设置研究型课程并开展课程实施。

第二，研究性学习不等于研究型课程。国家普通高中课程方案设置了"研究性学习"这一综合实践活动课程，教育部也印发了《普通高中"研究性学习"实施指南（试行)》（教基〔2001〕6号)，明确要求普通高中学校实施研究性学习这一综合实践活动课程。但是，在国家普通高中课程体系中，研究性学习并不是一门独立课程，而只是综合社会实践课程中的一个课程项目或类型。《普通高中课程方案（2017年版2020年修订)》指出："综合实践活动共8学分，包括研究性学习、党团活动、军训、社会考察等。研究性学习6学分（完成2个课题研究或项目设计，以开展跨学科研究为主)。"尽管研究性学习的学分占比相对较大，是综合实践活动课程的主体，但它只是综合实践活动课程的一部分，并非全部。《普通高中"研究性学习"实施指南（试行)》指出："研究性学习是学生在教师指导下，从自然、社会和生活中选择和确定专题进行研究，并在研究过程中主动地获取知识、应用知识、解决问题的学习活动。"研究性学习只是学习活动，不是修习课程，名之以"研究型课程"，缺乏理论和政策依据。

第三，研究型课程不能局限于研究性学习活动课程。按照"一切有目的、有组织的教育活动都是课程"的大课程观，研究性学习作为一项学习活动，自然可以课程化实施；研究性学习是综合实践活动课程的核心组成部分，单列为研究性学习活动课程也未尝不可；研究性学习活动课程强调学生"自主参与类似于科学研究的学习活动"，可以说是一种典型的研究型课程。但是，说研究性学习活动课程是研究型课程可，说研究型课程是研究性学习活动课程则不可。研究型课程包括研究性学习活动课程，但不应该局限于研究性学习活动课程，国家普通高中课程中绝大多数课程都可以采用"类似科学研究"的方式实施，都具有培养学生问题意识、思辨能力、探究习惯和科学精神的功能效用，都可以像研究性学习一样达到"实施以培养创新精神和实践能力为重点的素质教育"的教育目标，实质上都可以纳入隐性研究型课程范畴。

第四，研究型课程不宜与基础型课程、拓展型课程并列。《全日制普通高级中学课程计划（试验修订稿）》将普通高中课程分为必修、选修两大类，《普通高中课程方案（2017 年版 2020 年修订）》将普通高中课程分为必修、选择性必修、选修三大类，都没有提出"基础型课程、拓展型课程、研究型课程"之分类概念。20 世纪末，上海市启动中小学课程改革二期工程，密切联系上海市社会和经济发展的实际需要，基于"以学生的发展为本"和"由基础性学力、发展性学力、创造性学力组成的基础学力体系的新学力观"的课程改革理念，提出了由"基础型课程、拓展型课程、研究型课程"共同构成的新的基础教育课程体系①。国家课程计划或方案按课程的实施方式、修习要求分类，上海课改方案按课程的内容性质、功能价值分类，应该说各擅其美、各有特点。但是，上海市的新体系明显存在两个问题：一是研究型课程与基础型课程、拓展型课程并列，这样就将基础型课程、拓展型课程排除在研究型课程之外；二是将研究型课程窄化为研究性学习活动课程，并将研究性学习从社会实践活动课程中的一个门类拔高到与基础型课程、拓展型课程并驾齐驱之境地。事实上，普通高中的所有课程，都应该锚定社会责任感、创新精神、实践能力之育人焦点，都应该采用"类似科学研究"方式创造性开展课程实施活动，都应该成为以学生为主体、以问题为根本、以问题探究为驱动的研究型课程。

（三）人本课程体系中的研究型课程

湖南师大附中人本课程体系没有采用必修、选择性必修、选修的分类方式，也没有套用基础型课程、拓展型课程、研究型课程的课程模式，而是设定为基础课程、拓展课程、卓越课程三级课程。基础课程因中国学生发展核心素养中的"文化基础"而得名，以"人文底蕴、科学精神"为重点，提升学生的基础性学力，具体课程门类涵盖了国家课程（含必修和选择性必修）中六大领域的文化基础课程。拓展课程是国家课程（含必修和选择性必修）的校本化拓展，强调学生面向学科内部、学科之间、学科之外（校园、自然、社会、人生、国际、宇宙）开展拓展性学习，在广泛的"社会参与"中增强"责任担当、实践创新"素养，提升发展性学力。卓越课程倡导学生"自主发展"，开设学科竞赛、科创教育、先修衔接、艺体专长、人文精修、国际理解六类选修课程，满足有潜质学生的发展需求，引领学生从兴趣走向志趣，挖掘发展潜能，磨砺创新锋芒，提升创造性学力，为成长为高素质创新人才奠定基础。

我们认为，基础课程、拓展课程、卓越课程三级课程设计，更切合《普通高中课程

---

① 章淳立. 上海开发中小学研究型课程的探索与实践［J］. 上海教育，2000（6）：4－6.

方案（2017年版2020年修订）》提出的"学校应依据国家课程设置要求，结合办学目标、学生特点和实际条件，制订满足学生发展需要的课程实施规划"之要求，更切合中国学生发展核心素养体系中"文化基础、社会参与、自主发展"之精神，更切合培养学生社会责任感、创新精神和实践能力的育人方式改革之潮流。

人本课程体系中没有明确设置"研究型课程"，因为人本课程体系本身就是一个"凸显研究特质"的"以提升学生科学素养为核心的、分阶段、阶梯式的校本研究型课程体系"（见《湖南师大附中研究型高中建设方案》）。

所谓"凸显研究特质"，是指人本课程体系中所有课程，都坚持"以研究为先导"的课程实施理念，都以"研究地教学""研究地学习"为课程实施样态，都服务于强化师生研究意识和能力。具体地说，就是都必须贯彻"以学生为主体，以问题为主线，以问题探究为驱动"的研究型课程实施原则，都必须遵行"三导四学（教师引导、指导、督导下自主学习、合作学习、探究学习和体验学习）"的研究型课堂教学范式，都必须全面强化学生的问题意识、思辨能力、探究习惯和科学精神，全面提升学生的社会责任感、创新精神和实践能力，全面培养学生适应终身发展和社会发展需要的正确价值观、必备品格和关键能力。

所谓"以提升学生科学素养为核心"，是指人本课程体系在推进学生核心素养全面提升的基础上突出科学素养，促进学生全面而有个性地发展。知识不能直接转化为素养，只有当正确的知识与习得知识的正确的过程相匹配时，"知识技能才有可能成为素养。换句话说，学什么（知识与技能）、怎样学（过程与方法）、学会什么（能力、品格、观念）是一个整体，具有内在的一致性"[1]。核心素养不是由教师直接教出来的，而是学习者投身学习过程、运用学习方法，在真实问题情境中积极调动认知、情感及相关资源，在经历问题提炼、解剖与解决的探究实践之后逐渐形成的。提升学生科学素养更是如此，必须以"凸显研究特质"的课程体系为中介，帮助学生实现文化基础向科学素养的升华和跨越。湖南师大附中人本课程体系，是适配于研究型高中建设、服务于研究型学生培育的特色课程体系，其育人目标指向"为培养高素质创新人才奠基"，因此凸显研究特质、聚焦科学素养成为课程建设的必需和必然。

所谓"分阶段、阶梯式"，是指人本课程体系的三级课程在学力发展、研究能力提升等方面具有进阶性，因而不是三类课程而是三级课程。

学力是人的学习动力、学习毅力、学习能力和学习创新力的总和，是人们获取知识、分享知识、运用知识和创造知识的能力。[2] 中小学教育教学必须注重学力培养，为学生

① 崔允漷.指向学科核心素养的教学即让学科教育"回家"[J].基础教育课程，2019（Z1）：5-9.
② 钟启泉.关于"学力"概念的探讨[J].上海教育科研，1999（1）：16-19.

终身发展和幸福人生奠基。人本课程体系借鉴上海经验，将基础课程、拓展课程、卓越课程三级课程设计为一个进阶性学力发展体系：基础课程着力提升学生的基础性学力，重点发展人文底蕴、科学精神两大素养，奠定坚实的文化基础，培养学生的问题意识、思辨能力、探究习惯和科学精神；拓展课程着力提升学生的发展性学力，重点发展责任担当、实践创新两大素养，通过广泛社会参与，提升学生的社会责任感、创新精神和实践能力；卓越课程着力提升学生的创造性学力，引领学生自主发展并且学会学习、健康生活，培养学生适应终身发展和社会发展需要的正确价值观、必备品格和关键能力。

人本课程体系为"建设研究型高中，培育研究型学生，为培养高素质创新人才奠基"而设立，必须"凸显研究特质"，全面服务于学生研究意识、水平和能力的提升。因此，基础课程、拓展课程、卓越课程三级课程实质上构成一个进阶性研究能力提升体系：基础课程以夯实文化基础为主，重点提升学生的人文底蕴、科学精神素养，属于研究强基课程；拓展课程组织学生参与社会，重点提升学生的责任担当、实践创新素养，属于研究赋能课程；卓越课程倡导学生自主发展，提供多元化选修课程满足不同潜质学生的发展需要，促使学生在学会学习、健康生活前提下实现卓越发展，属于研究蓄势课程。

这样，人本课程体系就与中国学生发展核心素养体系、进阶性研究能力提升体系及进阶性学力发展体系全面呼应与对接，共同构成湖南师大附中高素质创新人才培养课程架构（见图 4 - 5）。

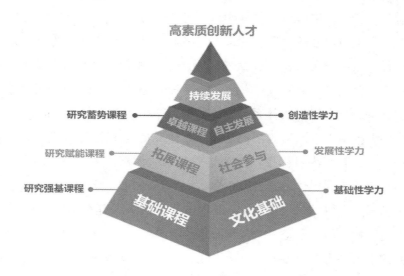

图 4 - 5　湖南师大附中高素质创新人才培养课程架构

（四）人本课程体系中的研究型课程体系

人本课程体系是国家普通高中课程的校本实施体系，是一个由基础课程、拓展课程、卓越课程三级课程构成的普通高中教育体系，也是一个"凸显研究特质"的"分阶段、阶梯式的校本研究型课程体系"。这个研究型课程体系，由显性研究型课程和隐性研究型课程两大部分组成。

1. 显性研究型课程

湖南师大附中人本课程体系没有专门设置"研究型课程"，但部分课程充分"凸显研究特质"，属于显性研究型课程。

人本课程体系中的显性研究型课程，主要是拓展课程中的综合实践课程。2017 年，教育部印发《中小学综合实践活动课程指导纲要》，明确指出"综合实践活动是从学生的真实生活和发展需要出发，从生活情境中发现问题，转化为活动主题，通过探究、服务、制作、体验等方式，培养学生综合素质的跨学科实践性课程"。可见，综合实践课程强调社会参与，聚焦真实问题，注重实践探究，培养综合素质，是适用于中小学校的典型的研究型课程。早在 20 世纪 90 年代，湖南师大附中就构建了"四大节（科技节、文化节、体育节、艺术节）、三体验（军营、农村、企业）、两服务（社区服务、志愿者服务）、一学习（研究性学习）"综合实践活动体系，并坚持近 30 年而不辍。在"一切有目的、有组织的教育活动都是课程"的大课程观引领下，学校对综合实践活动进行课程化实施，设置为综合实践课程。人本课程体系传承并发展了这一课程类型，使其成为最具有社会参与特色和研究特质的拓展课程。

《普通高中课程方案（2017 年版 2020 年修订）》规定："综合实践活动共 8 学分，包括研究性学习、党团活动、军训、社会考察等。"据此，湖南师大附中人本课程体系中的综合实践课程，主要设置了体验教育、研学旅行、考察调研、研究性学习等课程门类。

（1）体验教育课程

体验教育课程包括军营生活体验、农村生活体验、企业生活体验及社区服务体验等内容。湖南师大附中每年组织高一学生开展军营生活体验，每年组织高二学生开展农村生活体验，每年组织高三学生开展企业生活体验，常态化组织学生深入社区开展服务体验，体验教育课程已经成为面向全体学生的制度化、规范化实施的必修课程。课程实施主要采取实践体验与专题研究方式，学校要求学生以小组为单位，在实践体验过程中自主确定专题，开展专题调研或研究性学习微课题研究。课程评价主要依据，一是实践体验的过程、态度与表现，二是专题调研或研究性学习成果报告。这类课程要求学生"做中学、用中学、创中学"，属于以实践探索为特征的显性研究型课程。

（2）研学旅行课程

研学旅行课程是最受学生欢迎的"社会参与"性质的拓展课程，湖南师大附中常态化开展的研学旅行课程包括红色记忆、古韵中国、民俗文化、文学寻根、新农村采风、高校访学、重走三迁校址办学路等。研学旅行课程采用项目化实施策略，每个研学旅行活动就是一个研学项目，要求精心设计项目，具备"五有"要素：有大概念问题引领、有进阶性任务驱动、有过程性实践操作、有灵活性迁移运用、有表现性评价体系。课程评价一看项目表现，二看成果报告（调研报告、研学见闻、收获感悟、心得体会等）。这类课程要求学生带着问题"社会参与"或在"参与社会"中发现问题，属于以问题探究为特征的显性研究型课程。

（3）考察调研课程

考察调研课程包括调研、科考、国学活动等，课程实施主要采用专题调研、实地考察、野外科考、课题研究、论坛交流等"类似科学研究"的方式。考察调研课程强调从实际出发，坚持问题导向，具备"真、近、小、实"四大特点：真实问题，就近取材，小口切入，切实可操。经过多年课程实践，湖南师大附中已经形成了一系列考察调研精品课程，如生物地理野外科考、岳麓山地质地貌、湘江水文与环保、湘江风光带生态调研、洞庭湖鸟类观察、岳麓书院文化溯源、岳麓山植被与环保等。这类课程更富有研究特质，属于以"类似科学研究"为特征的显性研究型课程。

（4）研究性学习课程

湖南师大附中的研究性学习课程，包括学科类和非学科类两大类型。学科类研究性学习课程强调在单学科学习或多学科学习过程中发现问题开展问题探究；非学科类研究性学习课程强调"从自然、社会和生活中选择和确定专题"开展专题研究。研究性学习课程要求学生"自主参与类似于科学研究的学习活动"，通过基于真实情境实际问题的探索研究，实施以培养创新精神和实践能力为重点的素质教育，属于以专题研究为特征的显性研究型课程。湖南师大附中特别重视学科类研究性学习，要求通过改编、整合、拓展、创新等方式进行课程开发与实施，做到四个结合：一是与文明创建结合，开展德育研究性学习，打"公德卫士小擂台"；二是与学科教学结合，开展学科研究性学习，写"学科研究小论文"；三是与活动课程结合，开展生活研究性学习，做"社会现象小课题"；四是与社团、科创活动结合，开展项目研究性学习，开"学达论坛小讲座"。如此一来，研究性学习课程就走出边缘走向轴心、走出空泛走向充实，具有了广泛的课程空间、多元的实施途径和切实的实操意义①。

2. 隐性研究型课程

人本课程体系没有套用上海市基础型课程、拓展型课程、研究型课程三大板块课程结构模式，最根本的原因就在于，学校强调所有课程实施都要"以研究为先导"，每堂

---

① 谢永红. 以校为本构建基于立德树人根本任务的课程体系——湖南师范大学附属中学构建人本课程体系探索［J］. 人民教育，2021（17）：60－63.

课、每项活动都要"凸显研究特质"，人才培养全过程都要根植研究理念，"研究地学习、研究地教学、研究地管理、研究地服务"要成为校园新常态。学校认为，在课程实施过程中要坚持"以学生为主体、以问题为主线、以问题探究为驱动"原则，开展基于真实情境、问题导向的探究式、任务型、项目化、体验式等学习活动，聚焦于学生社会责任感、创新精神和实践能力培养，服务于高素质创新人才成长，这样的课程都属于研究型课程。基础型课程、拓展型课程是基于性质、功能、价值视角的课程类型，而研究型课程则是基于实施方式与特征视角的课程类型，因而不宜相提并论。

人本课程体系是一个分阶段、阶梯式的校本研究型课程体系，基础课程、拓展课程、卓越课程分别承担强基、赋能、蓄势的进阶性研究能力提升课程使命，都是研究型课程。其中，侧重"从自然、社会和生活中选择和确定专题进行研究"的综合实践课程，属于显性研究型课程；侧重从学科学习、校园教育活动中选择和确定问题、主题或课题进行研究的其他课程，则属于隐性研究型课程。隐性研究型课程，实质上是研究性学习领域的扩展与延伸：教育部发布的《普通高中"研究性学习"实施指南（试行）》（教基〔2001〕6号）强调"从自然、社会和生活中选择和确定专题"，是注重"社会参与"的研究性学习；人本课程体系将研究性学习领域扩展至学科学习、校园教育活动等，是"立足学科、为了学科和在学科中"的研究性学习。

人本课程体系中的隐性研究型课程主要有如下类型：

（1）各学科问题探究式研究型课程

分科教学是中小学课程教学的主体，人本课程体系的三级课程，绝大多数都采用分学科课程实施方式。学校要求，所有学科教学都必须"以学生为主体、以问题为主线、以问题探究为驱动"，都必须"凸显研究特质"。"以学生为主体"要求教师不"包打包唱"，尊重并确保学生学习主体地位，积极引导、指导、督导学生自主学习、合作学习、探究学习、体验学习；"以问题为主线"要求教师不"满堂灌"，教学围绕真实情境中的实际问题展开，教学过程由发现问题、提出问题、分析问题、解决问题一线贯穿；"以问题探究为驱动"要求教师不"满堂问"，组织学生整合多种研究资源、运用多种研究方式开展问题探究，在问题探究过程中发展问题意识、思维能力、探究习惯和科学精神。湖南师大附中创设了基于问题探究的"三导四学"研究型课堂范式，促使各学科"凸显研究特质"，彰显研究型课程特征（详见本章第三节）。

（2）各学科专项实验式研究型课程

习近平总书记在中共中央政治局第三次集体学习时强调："基础教育既要夯实学生的知识基础，也要激发学生崇尚科学、探索未知的兴趣，培养其探索性、创新性思维品质。"科学兴趣培养、动手能力历练、探究习惯养成，离不开基于真实问题情境的观察式、验证式、体验式、创新式实验和实践活动。教育部发布的《关于加强和改进中小学实验教学的意见》（教基〔2019〕16 号）指出："实验教学是国家课程方案和课程标准规定的重要教学内容，是培养创新人才的重要途径。"湖南师大附中具有"科学教育见长、人文素养厚重"的学科特色，特别注重科学教育实践属性的回归与彰显。学校合理规划课前、课堂和课后时间，充分利用校内实验室、观测室、标本室、体验中心、创客中心等场所和校外科技馆、少年宫、天文馆、博物馆等基地，引导、指导并督导学生开展观察、体验、测量、探究、考察、调查、编程、种植、养殖等基于真实情境的科学实验、实践、体验等学习活动，强化学生实践操作、情境体验、探索求知、亲身感悟和创新创造，通过"做中学、用中学、创中学"，激活学生好奇心、想象力和探求欲，提升学生的观察能力、动手实践能力、创造性思维能力和团队合作能力，培育学生的兴趣爱好、创新精神、科学素养和意志品质。2023 年 11 月，教育部基础教育司委托教育部教育技术与资源发展中心组织研制并发布《中小学实验教学基本目录（2023 年版）》，梳理并确立了中小学数学、物理、化学、生物、地理、信息技术、通用技术等 16 个学科 900 多项实验与实践活动。开足、开齐、开好这些实验与实践课程，对于在教育"双减"中做好科学教育加法意义重大，显然是中小学研究型课程实施的重点和关键。

（3）跨学科主题学习式研究型课程

学生的文化学习是分学科的，但学生的综合素质却不分学科。无论综合实践活动，还是基于真实情境的问题探究，事实上都不可能拘于单一学科，因此跨学科主题学习成为新课程实施之必需，《义务教育课程方案（2022 年版）》甚至明确要求"各门课程用不少于 10% 的课时设计跨学科主题学习"。所谓"跨学科"，就是有机整合两门或两门以上的学科（以一门学科为主干），调动多学科的知识、方法、技能、思维、资源等，实现多学科融合融通；所谓"主题"，就是将新知习得同"最近发展区"中自我旧知链接起来，将体验感悟同真实生活情境链接起来，从中发现问题并转化为学习主题；所谓"主题学习"，就是围绕在教师指导下自主确立的学习主题，采取合作、探究、实践、体验等"类似科学研究"方式，进行多角度、深层次实践探索，做到"做中学、用中学、创中学"，从而铸魂、增智、提能，提升综合素养。由此可见，跨学科主题学习是一种"以学生为主体、以问题为主线、以问题探究为驱动"的自主、合作、探究、体验式学习，是典型的研究型课程。多年来，湖南师大附中一直高度重视跨学科融通教学研究与实践，开展了多轮次跨学科融通教学课堂研讨、成果展示、经验交流活动，黄雅芩老师主持的"新时代普通高中课程思政背景下学科融通育人的校本研究"被立项为湖南省教育科学"十四五"规划重大委托课题（批准号：XJK23AJD037）。

（4）泛学科项目化学习研究型课程

项目原本是一个管理学概念，移植到教育领域，产生了项目化学习（Project-Based

Learning，PBL）或基于项目的学习新模式①。项目化学习强调项目推进、任务驱动，相对于主题式学习而言更具有综合性、计划性、目的性和实施性，不是单纯的问题或课题，而是由系列问题、课题构成的项目或任务；不是简单的问题探究或主题研讨，而是有计划、有组织的实践探索；不能满足于有答案或有结论，而要建构认知，生成作品或成果。项目化学习以某一学科为主但不受学科限制，具有泛学科特点；通常有提出问题、设计项目、创设环境、探究学习及展示评价等实施流程，核心环节是探究学习②，本质上属于问题探究式学习；强调采用"类似科学研究"方式，要求像科学家一样研究科学问题、像工程师一样解决工程实践问题，是典型的研究型课程。上海市于 2020 年推出《义务教育项目化学习三年行动计划》，大力倡导并全面指导中小学立足学生生活实际开展项目化学习，提升学生科学素养。湖南师大附中人本课程体系强调"主题融合重构课程内容""学科联动重组学科知识"，其中最主要的重构、重组方式就是项目化学习。例如，高二年级曾组织了一次长沙市湘江风光带生态调研活动，生物老师、地理老师和综合社会实践导师、研究性学习导师等联合行动，组织学生开展"植物种群密度"和"土壤中小动物类群丰富度"等两个项目化学习活动，全年级一千多名学生分成若干个小组，利用周六自主学习时间奔向湘江之滨，兴味盎然地开展观察、调查、检测、验证等实践活动。这次学科联动生态调研活动，非但实现了教材内容的深度学习，还引发了学生通过文献、实验、访谈、案例等方法开展深度研究的浓厚兴趣。

① 胡佳怡. 对项目化学习的再认识［J］. 中小学教材教学，2019（2）：48－51.
② 储春艳. 基于项目的协作学习概述［J］. 山东教育学院学报，2006（3）：37－40.

第三节 "三导四学"范式与研究型课堂

　　课程是教学的方案，而教学则是课程的实施。教育部于 2001 年 6 月印发的《基础教育课程改革纲要（试行）》（教基〔2001〕17 号）共分"课程改革的目标、课程结构、课程标准、教学过程、教材开发与管理、课程评价、课程管理、教师的培养和培训、课程改革的组织与实施"九个部分，"教学过程"是其中第四部分。可见，课程与教学不是并列概念，而是种属概念；课程是上位概念，教学是下位概念；课程需要付诸实践才能实现预期课程理想，达到预期课程目的，达成预期教育效果，而课程实施的过程，就是教学过程。因此，教学过程成为基础教育课程改革的一项重要内容。

　　《基础教育课程改革纲要（试行）》中"教学过程"部分强调了两点：一是教师教学方式方法变革，二是信息技术在教学过程中的应用。关于教学方式方法，此纲要强调："教师在教学过程中应与学生积极互动、共同发展，要处理好传授知识与培养能力的关系，注重培养学生的独立性和自主性，引导学生质疑、调查、探究，在实践中学习，促进学生在教师指导下主动地、富有个性地学习。教师应尊重学生的人格，关注个体差异，满足不同学生的学习需要，创设能引导学生主动参与的教育环境，激发学生的学习积极性，培养学生掌握和运用知识的态度和能力，使每个学生都能得到充分的发展。"可见，教学过程改革的重点，一是教师的教的改革，二是学生的学的改革。教师的教，要讲究方式方法，如"互动""引导""尊重""创设"等，其根本点是尊重学生主体地位，促进学生全面而有个性地发展；学生的学，则要独立自主、积极主动，特别是要学会"质疑、调查、探究，在实践中学习"，实现全面而有个性的充分的发展。

　　人本课程体系中的各类课程，也需要师生以课堂为主渠道去忠实地执行、智慧地实施，须通过务实、切实、坚实的教学过程来践行其课程理念，达成其课程目标，实现其育人价值。人本课程体系是一个"凸显研究特质"的分阶段、阶梯式的校本研究型课程体系，更需要创设"以学生为主体、以问题为中心、以问题探究为驱动"的研究型课堂，调动教师研究地教学、学生研究地学习的积极性、主动性和自觉性，实现其"培育研究型学生，为培养高素质创新人才奠基"的课程目标。

一、研究型课堂及其特质

（一）研究型课堂的基本内涵

创设研究型课堂，是湖南师大附中人本课程体系的实施策略，也是湖南师大附中研究型高中建设的重要举措。《湖南师大附中研究型高中建设方案》明确了"创建研究型高中，培育研究型学生，为培养高素质创新人才奠基"的六大举措，其中第二大举措便是"以问题探究为核心创设研究型课堂"。创新课堂组织形式、建立问题化课堂教学体系、构建研究型课堂教学评价标准等，也成为创建人本课程体系的重点和关键。

21 世纪需要的人才，是以人的主体性发展为基本特征的全面发展的人才，要求具有适应社会现代化的全面素质：①具有迎接科技和经济发展挑战的选择、获取、吸收、运用新知识的意识和能力；②具有适应现代化建设和社会改革要求的现代思想观念、价值观念、思维方式、行为方式、生活方式和应变能力；③具有自觉参与社会活动和进行国际交往、人际交往的能力；④具有基本的文明修养、心理素质、审美情趣和发展个性的能力；⑤具有坚定信念、开拓精神和创造能力①。中小学是人才培养的基础性、关键性环节，必须"积极探索基于情境、问题导向的互动式、启发式、探究式、体验式等课堂教学，注重加强课题研究、项目设计、研究性学习等跨学科综合性教学，认真开展验证性实验和探究性实验教学"（国务院办公厅，《关于新时代推进普通高中育人方式改革的指导意见》），"改变课程实施过于强调接受学习、死记硬背、机械训练的现状，倡导学生主动参与、乐于探究、勤于动手，培养学生搜集和处理信息的能力、获取新知识的能力、分析和解决问题的能力，以及交流与合作的能力"（《基础教育课程改革纲要（试行）》）。

人本课程体系中的研究型课堂，是一种基于问题探究的教师研究地教与学生研究地学相互影响、相互作用、相互促进从而共同实现课程目标和育人价值的教学互动样态。

研究型课堂中的"研究"，不同于科学研究。科学研究是一种对未知领域的深入探索，目的在于认识世界、发现真理、创新知识；研究型课堂中的研究，尤其是学生"研究地学习"中的研究，只是一种"类似于科学研究的学习活动"。研究型高中最重要的特征是"研究"，而这里的研究，跟教育专家、学者的研究有所不同：教师的研究，主要目的不是创建教育理论，而是侧重于寻找解决自己教育过程中所遇到问题的方法、措施、途径，改善自己的教育教学实践，提升教育质量效果；学生的研究，更不是要求学生发现什么科学规律或定理，而主要是希望学生借助研究，循着科学家们走过的路，感

---

① 李森. 现代教学论纲要 [M]. 北京：人民教育出版社，2005.

受知识的发现过程，体验科学方法的运用，并由此培育学生的探究精神、科学研究习惯和解决问题的能力，同时变革学习方式，在学习中研究，在研究中学习，进而提升自己的学习和工作效能。①

"课堂"一词始见于捷克教育家夸美纽斯的《大教学论》，最初的含义基本等同于"教室"，英语中课堂、教学便都是"classroom"。《新华汉语词典》对"课堂"的释义是："进行教学活动时的教室叫课堂，泛指各种教学活动的地方。"② 但是，教室和课堂显然是不同的：教室是指教师开展教学活动的场所，而课堂则是教师、学生与其他教育因素共同构成的互动交流平台。即便只从"场所"的角度看，课堂也不仅仅是教师开展教学活动的场所，它还是学生学习知识的场所，是学生交流交往的场所，是师生互动展示的场所，是师生智慧生成、素养提升的场所。《普通高中"研究性学习"实施指南》要求"学生在教师指导下，从自然、社会和生活中选择和确定专题进行研究"，课堂的范围则更不受教室拘束。2023 年 5 月，教育部等十八部门印发的《关于加强新时代中小学科学教育工作的意见》，明确指出要"用好社会大课堂"。因此，研究型课堂中的课堂，是师生开展各种教育教学活动的场所，"是师生双方交往、互动的舞台，是引导学生发展的主要场所，是探究知识的场所，是教师教育智慧充分展示的所在"③，是一个多元开放、知性灵动的教育天地和发展平台。

研究型课堂是针对传统的以知识为中心的传授型课堂而提出的创新概念。传授型课堂是拘于教室这一狭隘空间开展"师讲生听、师问生答、师写生抄"式教学活动的封闭课堂，"强调传承人类文明成果，重视知识的学习钻研和记忆储存，却忽视对成果的求思与新知的生成。学生上课记笔记，下课背笔记，考试考笔记，考后扔笔记，不是主动的学习者和积极的探索者，而是被动的知识接受者和考试应对者，背书和应试能力挺强，动手和创新能力很弱"④。研究型课堂不为教室所拘，积极引领学生从学科、校园、社会、生活、自然等大课堂里敏锐地发现问题、提出问题、分析问题和解决问题，采取"类似科学研究"的方式开展自主学习、合作学习、探究学习和体验学习，在基于真实情境的问题探究过程中建构知识、积累经验、发展能力、锻炼思维，提升社会责任感、创新精神和实践能力。因此，创设研究型课堂，具有课程观、教学观、人才观、质量观等多方面的变革意义。

（二）研究型课堂的主要特质

人本课程体系是一个"凸显研究特质"的"分阶段、阶梯式的校本研究型课程体

---

① 谢永红. 从优秀走向卓越 [J]. 教师，2018（1）：6－9.
② 新华汉语词典编委会. 新华汉语词典 [M]. 北京：商务印书馆，2004：697.
③ 郑金洲. 重构课堂 [J]. 华东师范大学学报（教育科学版），2001，19（3）：53－63.
④ 谢永红. 改革传统育人方式 培养拔尖创新人才 [N]. 湖南日报，2018－10－25（8）.

系"，因而研究型课堂也应该"凸显研究特质"，服务于"培育研究型学生，为培养高素质创新人才奠基"育人目标的达成。相对于传统课堂而言，研究型课堂具有以学生为主体、以问题为主线、以问题探究为驱动、以"四生"（生命性、生长性、生成性、生活性）课堂为特征的鲜明特质。

1. 研究型课堂的研究特质

研究型课堂的"研究"，主要围绕真实情境中的实际问题展开。研究型课堂的研究特质，主要体现在三个方面：以学生为主体、以问题为主线、以问题探究为驱动。

（1）以学生为主体

研究型课堂贯彻落实"以人为本、承认差异、发展个性、着眼未来"的课改理念，坚持以学生为主体，积极引导学生积极参与课堂，成为课堂的主人和主角。教师的教是外因，学生的学是内因，外因是条件，内因是根本，外因通过内因起作用。因此，课堂教学必须尊重并确保学生的主体地位，树立基于学生发展、为了学生发展、服务学生发展的人本意识，无论是发现问题、提出问题，还是分析问题、解决问题，都以学生为主人翁，促使他们想问、敢问、好问、善问，实现其主动而生动活泼的发展。

（2）以问题为主线

疑是思之始、学之端，研究型课堂须以问题为主线，用问题的钥匙去开启智慧之大门。以问题为主线的内涵主要有三：一是以问题为中心和载体，教学围绕问题进行；二是教学全程以问题贯穿，教学过程成为发现问题、提出问题、分析问题和解决问题的过程；三是不以问题解决为目标，而以激发学生创生更多新问题为追求，教学始于发现问题，终于发现更多、更大的问题。"水本无华，相荡乃兴激滟；石孰有火？互击而闪灵光。"（夏茹冰联语）课堂有了问题主线的激荡，就能充满激趣、导学、促思、启智、增慧的力量。

（3）以问题探究为驱动

兴趣是最好的老师，疑问是最大的引力，探究是最强的推力。研究型课堂以问题为心脏，以问题探究为驱动，通过教师预设或学生提出的富有驱动力的真实问题，引领学生自主学习、合作学习、探究学习和体验学习。对于中小学课堂教学来说，问题探究比问题解决更有意义和价值：问题解决指向结论，而问题探究指向过程；问题解决让人喜悦，而问题探究让人成长。美国作家梭罗曾说："当你实现你的梦想的时候，关键并不是你得到了什么，而是在追求的过程中，你变成了什么样的人。"（语见《瓦尔登湖》）唯有在基于真实情境的实际问题的探究过程中，学生才可能像《普通高中课程方案（2017年版2020年修订）》所期待的那样"敢于批判质疑，探索解决问题，勤于动手，善于反思，具有一定的创新精神和实践能力。具有强烈的好奇心、积极的学习态度和浓厚的学习兴趣。能够自主学习，独立思考，形成良好的学习习惯和适合自身的学习方法。学会获取、判断和处理信息，具备信息化时代的学习与发展能力"。

2. 研究型课堂的"四生"特征

研究型课堂是典型的"四生"课堂，具有生命性、生长性、生成性、生活性等课堂特征。

（1）生命性

研究型课堂培养的是具体的、现实的、有血有肉的、活生生的生命个体，而不是立体书柜、考试工具、刷题机器等器物化的人。因此，课堂教学应该强化"生命在场"意识，把"为了师生的生命"作为出发点，把"通过师生的生命"作为支撑点，把"润泽师生的生命"作为落脚点，教学全程向知识世界、生活世界和心灵世界开放[1]，通过师生、生师、生生多向交往、交流达成生命的互动和共融，培养学生高洁德行、健全人格、优良个性和生命活力。生命是教育的起源与基础，也是教育的目的和归宿，一切教育教学活动都应该为人的生命成长与发展服务，应该基于生命需求，关注生命发展，促进生命成长，成就生命气象。

（2）生长性

研究型课堂以促进学生全面而有个性发展为目标，不单关注学生"整全生命"的课堂投入，而且关注其价值观念、情感体验、意志品质、智慧智能、行为习惯等生命要素的课堂生长，不单关注师生生命的静态展现，而且关注师生生命的动态实现。教育即生长，"因为生长是生活的特征，所以教育就是不断生长；在它自身以外，没有别的目的。学校教育的价值，它的标准，就看它创造继续生长的愿望到什么程度，看它为实现这种愿望提供方法到什么程度"[2]。教育不能被窄化为认识活动，而应该视为富于生机与情趣的生命活动；学生也不应该沦为知识的容器，而应该是血肉丰满、充满智慧与活力的生长个体。研究型课堂从"教师中心"走向"学生中心"，通过师生的共同经历、感受、体验、探索、反思、创新、提升，打造学生有意义学习、个性化学习、创造性学习的生命生长链条，让课堂充盈蓬勃的生命律动和生长空间，让学生萌发生长的向往，积储生长的力量，保持生长的态势，葆有生长的活力。

（3）生成性

研究型课堂是开放的、鲜活的、充满挑战性的，其教学过程是需要生命个体被尊重、被发现、被激活、被欣赏、被丰富的过程，是一个既有预设、更有生成的动态实现过程。课堂教学不应当是一个封闭系统，也不应当拘泥于预先设定的固定不变的程序，预设的

① 刘铁芳. 什么是好的教育——学校教育的哲学阐释 [M]. 北京：高等教育出版社，2014.
② 约翰·杜威. 民主主义与教育 [M]. 王承绪，译. 北京：人民教育出版社，2001：57.

目标在实施过程中需要开放地纳入直接经验、弹性灵活的成分及始料未及的体验，要鼓励师生互动中的即兴创造，超越目标预定的要求。研究型课堂要求妥设三口：接口、缺口和窗口①。接口即基于特定情境的新旧知识、新旧经验的榫接契机；缺口即超越预设、探求新知的弹性空间；窗口即即兴创造、动态生成的路径平台。通过接口、缺口和窗口三口，随时把握课堂上的疑问、想法、创见等精彩瞬间，当机立断修改教学预设，因势利导实现动态生成，自然而然促进教学相长和共同成长。

（4）生活性

生活是教学的源头，唯有扎根于生活并且服务于生活，教学才能绽放出无穷魅力、巨大活力和强劲生命力。教学的终极追求，就是完善学生的生活状态，提升学生的生活品质，促使学生学会生活并拥有幸福的人生。陶行知先生曾说："我们深信生活是教育的中心。生活教育是给生活以教育，用生活来教育，为生活向前向上而教育。教育要通过生活才能发出力量而成为真正的教育。"② 研究型课堂要求课堂空间向自然、社会、生活扩展，密切联系学生的生活实际，珍惜学生的直接经验，强调教学生活化、情境化和个性化。同时，将课堂教学视为一种生活，努力创设和谐、愉悦、民主的生活氛围，引领学生在生活化课堂中感受生活美好，享受人生喜乐。

二、"三导四学"研究型课堂范式

联合国教科文组织曾在《学会生存——教育世界的今天和明天》的报告中指出："从今以后，教育不能再限于那种必须吸收的固定内容，而应被视为一种人类的进程，在这一进程中人通过各种经验学会如何表现他自己，如何和别人进行交流，如何探索世界，而且学会如何继续不断地——自始至终地——完善他自己。"③ 基于这样的教育理念，"自主、合作、探究"成为中小学课程改革的热词和潮流。教育部于2003年颁布的《普通高中课程方案（实验）》要求："创设有利于引导学生主动学习的课程实施环境，提高学生自主学习、合作交流以及分析和解决问题的能力。"《普通高中课程方案（2017年版2020年修订）》也强调："关注学生学习过程，创设与生活关联的、任务导向的真实情境，促进学生自主、合作、探究地学习，注重对学生学习过程的评价……提高课程实施水平。"

传统教学的核心理念是"以教定学"，体现为三个中心：以教师为中心，以教材为中心，以教室为中心。"教师教，学生学；教师讲，学生记；教师教什么，学生学什么；

---

① 连学吉.""生成性课堂"的教学案例及反思［J］.宁波教育学院学报，2006（2）：84－87.
② 陶行知.陶行知教育箴言［M］.哈尔滨：哈尔滨出版社，2011：34.
③ 联合国教科文组织国际教育发展委员会.学会生存——教育世界的今天和明天［M］.北京：教育科学出版社，1996：180.

教师教多少，学生学多少；教师怎样教，学生就怎样学，'教'完全控制了'学'。"①
为了彻底扭转"以教定学"倾向，湖南师大附中于 2007 年确立了"以学定教"原则，
正式提出"三导四学"课堂教学理念。经过多年实践检验和不断完善，"三导四学"被
定型为研究型课堂范式。

简言之，"三导四学"就是在教师引导、指导、督导下学生自主学习、合作学习、
探究学习和体验学习。"三导四学"课堂教学要求以导为主线，以学为中心，教师为学
而导，学生循导而学，教师"三导"促学生"四学"，全面培养学生的问题意识、思辨
能力、探究习惯和科学精神，全面提升学生发展核心素养。

（一）教师"三导"

"三导四学"中的三导，指教师的引导、指导、督导。"三导四学"研究型课堂既突
出学生的主体性，也强调教师的主导性。教师主导作用的核心是"导"，主导作用的本
质就是引导、指导、督导作用；充分发挥教师的主导作用，就是让教师恪尽引导、指导、
督导之责，真正"做学生锻炼品格的引路人，做学生学习知识的引路人，做学生创新思
维的引路人，做学生奉献祖国的引路人"。

1. 引导

施教之功，贵在引导。叶圣陶先生曾说："所谓教师之主导作用，盖在善于引导启
迪，使学生自奋其力，自致其知，非谓教师滔滔讲说，学生默默聆受。"（语见《语文教
育书简》）教是外因，学是内因，唯有"自奋其力，自致其知"，学生才能学有所得、学
有所悟、学有所成；而促使学生进入"自奋其力，自致其知"之境界，又离不开教师的
"引导启迪"。教学就本质和主要内容而言，就是引导学生实现两个转化：一是人类累积
的知识文明转化为学生的知识学问，二是"纸上得来"的知识学问转化为学生的实践能
力。苏格拉底曾喻教师为"知识的助产婆"，是从旁助产而不能直接生产，重在"引导
启迪"而不是"滔滔讲说"。学海浩瀚，学无止境，学生需"上下而求索"，而教师则只
能充当向导和引路人。

"以学生为主体，以问题为主线，以问题探究为驱动"的研究型课堂，教师的引导
启迪尤为重要。由于长期被"抱着走、嚼烂喂"，学生依赖性普遍较强，主体意识普遍
较淡漠，需要教师引导启迪他们成为学习的主人和主角；由于长期接受"填鸭式、注入
式"教学，学生习惯于被动接受、机械记忆，需要教师引导启迪他们积极互动、主动求
知；由于长期生活在"分数至上、升学第一"的应试教育环境中，学生的好奇心、想象
力和探求欲普遍处于压抑和休眠状态，需要教师引导启迪他们认识并唤醒自身潜质；由

---

① 谢永红．先锋——湖南师大附中课程改革十五年（2000—2015）[M]．长沙：湖南师范大学出版社，2015：
40-41.

于长期置身"师问生答、师问群答"式课堂之中,学生习惯于被问而不是提问,大多提不出有价值的问题甚至根本提不出问题,需要教师引导启迪他们大胆怀疑并勇于质疑;由于长期处于接受性学习、拷贝式学习状态,学生早已安于接受并疲于应付,需要教师引导启迪他们学思结合,潜心探究……研究型课堂需要每个学生都坚信"自己是一个发现者、研究者、探索者"(苏霍姆林斯基语),而这种信念和动机的建立,离不开教师的引导启迪。

教师引导大有可为。时空上可以课前引导、课上引导、课后引导、课外引导等;方式上可以故事引导、情境引导、问题引导、示范引导、榜样引导等;内容上可以设境激趣、温故引新、布疑启思、导航指津、提要钩玄等。教师引导有诀窍:一是讲"机",恪守"不愤不启,不悱不发"(《论语·述而》)原则,在学生积极思考而又想不明白之际加以启迪,在学生急于表达而又说不清楚之时施以引导;二是讲"节",恪守"君子引而不发"(《孟子·尽心上》)原则,把弓拉满却不发箭,行于所当行而止于不可不止,决不越俎代庖,代替学生思考或操作;三是讲"度",恪守"举一隅不以三隅反,则不复也"(《论语·述而》)原则,引导如不能起到激趣、启思、益智、发慧之功效,就要适可而止,否则就变成了另一种形式的"滔滔讲说"。

2. 指导

引导与指导联系密切,但区别明显。其一,含义不同。引导指为他人提供启迪、支持与鼓励,帮助他人自我发现和成长;指导指为他人提供指令、建议或策略,帮助他人正确行动并实现目标。其二,角色不同。引导者是助手,善于观察与倾听,乐于分享与激励,是贵人和支持者;指导者常常是权威,拥有经验与资格,长于指路与点睛,是高人和操纵者。其三,焦点不同。引导关注他人的内在需要和发展潜能,目标是帮助他人发现自我并做出适当的抉择或决策;指导关注他人的行动方略和问题解决,目标是帮助他人提升技能并掌握正确的方法策略。其四,方式不同。引导方式常常是建言性、开放式的,总是通过观察、倾听、提问、激励等方法引人深思、发人深省;指导方式常常是强制性、指令性的,总是通过点拨、要求、强调、责令等方法解人疑惑并促人进取。

中小学生身心发展尚不成熟,更不均衡,其认知基础、心智水平、思维方式、兴趣爱好、特征特长、灵性悟性等常常千差万别,各不相同,因而教学过程中难免出现百思不解、不得要领、如堕烟海等"卡顿"情形,需要教师及时指点迷津。研究型课堂的运行方式主要是"类似科学研究"的问题探究方式,开启的是一个奇妙、神秘而高深难测的求知天地,尤其离不开教师适时、适度、适切的科学指导。所谓"适时",就是要恰合时机,在学生百思不得其解之时排疑解难,做到"好雨知时节,当春乃发生";所谓"适度",就是要恰如其分,在学生百计不得脱困之境指路导航,做到"随风潜入夜,润物细无声";所谓"适切",就是要恰到好处,在学生百试不得要领之处施以援手,做到"沉毅罕言语,每发中肯綮"(刘鹗《送邝将军元帅还郴》)。

研究型课堂不为教室所限,其课堂空间延伸至自然、社会、生活等,其课堂领域扩展至学业、心理、生涯等,因此教师指导范围要更广泛,指导内容要更多元,指导方式要更灵活。《关于新时代推进普通高中育人方式改革的指导意见》《普通高中课程方案(2017年版2020年修订)》等政策文件都反复强调"加强对学生的理想、心理、学业、生活、生涯规划等方面的指导",研究型课堂的教师指导,也必须从单纯的学业指导转向学生发展指导。湖南师大附中深挖多元育人主体的教育潜能,构建了多元育人主体全员参与、全方位全过程指导全体学生成长成才的系统育人新机制,其成果荣获湖南省第五届基础教育教学成果特等奖。

学校的主要做法有:

(1)构建全员育人网络

以学校(含课堂、管理、服务、党团、节会、文化、心理、活动、榜样等)育人为主导,以学生自育为主体,以家庭育人为基石,以社会(含社区、实践基地等)育人为依托,以环境(含书报、网络、媒体、影视等)育人为辅翼,构建多元育人主体全员参与的全程、全方位服务全体学生的系统协同育人网络。

(2)丰富成长指导内涵

在完善原有校本德育体系基础上,特设心理发展中心、生涯发展指导中心、生活指导中心、综合实践指导中心和班主任工作室等"四中心一工作室",构建涵盖思想启导、学业辅导、成长向导、心理疏导、生涯指导、专业训导、生活帮导、学术引导等全方位、立体式的学生发展指导体系,提升学生发展指导的专业化水平。

(3)完善成长导师制度

修订《学生成长导师制实施方案》,完善全员育人导师制,使之成为"人人当导师"的全员导师制、"生生有导师"的全生导师制、"处处见导师"的全程导师制、"事事找导师"的全面导师制和促进学生德智体美劳全面发展的全人导师制。

(4)强调导育五随五化

所谓"五随法":一是随性,要因材施导,依据学生个性、能力、志趣等开展针对性指导,实施"精准滴灌";二是随时,导师要根据学生需要开展首问制、一站式、即时性指导,及时为学生答疑解惑、排忧解难;三是随地,导师要注重"陪伴",跟踪学生学习、生活全过程,开展全方位、宽领域、多层次、立体化指导;四是随机,导师要因势利导,敏锐捕捉学生发展指导的最佳时机与契机,开展机敏、机动、机智的启迪引导;五是随行,导师要对学生的升学、就业及未来发展进行跟踪指导,成为学生幸福人生的守护者和一辈子的良师益友。倡导"成长向导五随法",强调导育"五化":开展滴灌式、首问制、生态化、智慧型、跟踪性发展指导，实现学生成长导育互动化、自然化、平等化、智慧化、亲情化。

3. 督导

教育督导是我国的一项基本教育制度。督导就是监督指导，一般包括监督、检查、评估、指导四个基本环节①。这四个环节，适用于人民政府的行政监督行为，也适用于教师的教育教学行为。中小学生身心发展尚不成熟，其课堂行为不可能全都是或一直是积极行为，总是难免出现一些中性行为甚至消极行为。中性行为是指既不增进也不干扰课堂教学的行为，如打瞌睡、开小差、看课外书等；消极行为则是明显干扰课堂教学秩序的行为，如交头接耳、玩笑打闹、顶撞拌嘴等。发现中性行为或消极行为，教师不可"佛系""躺平"，而应运用监督、检查、评估、指导等手段，实施及时、科学而有效的课堂教学督导。一是过程监督，用有效监督为课堂教学保驾护航；二是专项检查，用及时检查将课堂教学落实落细；三是现场评估，用考核评价为课堂教学提质增效；四是耐心指导，用导向指津使课堂教学有序有效。

研究型课堂具有广域性、开放性、实践性，而学生天性活泼好动，一旦进入自然、社会、生活的广阔天地，既可能珍惜"复得返自然"的来之不易，也可能因"久在樊笼里"而狂喜放纵，因此强化课堂督导尤为必要。有效的课堂督导应坚持四类强化：一是言行强化，即运用表情显示、信息暗示、幽默启示、情境提示、榜样演示、劝诫宣示甚至适度处罚等手段来强化学生行为；二是替代强化，即教师现身说法，现场示范，通过言传身教强化学生行为；三是活动强化，即组织学生参与活动，转移其注意力以强化学生行为；四是协议强化，即师生协商制订富于建设性、激励性的积极行为协议，唤醒其自律自理潜能以强化学生行为。

研究型课堂中的教师督导，需要尊重、关注、理解、宽容学生。一是要真诚尊重学生，青少年敏感自尊，好表现而又爱面子，尊重是其内心深处最真实最热切的需要，真诚地爱学生，精心呵护学生的自尊心，要想方设法让学生感受到被爱护被尊重；二是要全面关注学生，多花时间去观察，多点耐心去接触，多用心思去了解，要想方设法让学生感受到被关注甚至被偏爱；三是要换位理解学生，善于换位思考，多从学生角度去审视，多走进学生的内心世界，要想方设法让学生感受到被理解和被认同；四是要深度宽容学生，学生抵触、排斥、叛逆等课堂表现都与其身心发展年龄特征相关，不能熟视无睹，但也不要如临大敌，不能听之任之，但也不要上纲上线，要想方设法让学生感受到被体谅和被宽容。

---

① 杨敏，杨洁. 教育督导，要"督"更要"导"[J]. 湖南教育（上），2014（8）：49 – 50.

（二）学生"四学"

"三导四学"中的"四学"，即学生自主学习、合作学习、探究学习、体验学习。倡导学生"四学"的目的是：改变指令性的被动学习状况，培养学生自主学习的能力；改变单一的个体学习状况，培养学生团队精神和合作交流沟通能力；改变机械的接受学习状况，培养学生的问题意识、思辨能力、探究习惯和科学精神；改变单纯的口诵心惟学习状况，培养学生知行合一的求实学风和身体力行的实践能力。

1. 自主学习

所谓自主学习，是指在教师指导下学生自主开展能动的、有选择的学习活动。自主学习是对学生主体地位的最大尊重，是对学生水平能力的极大信任，是对学生主观能动性的充分调动，是对未来终身学习社会的全面适应。通过自主学习，学生从"最近发展区"走向"最新发展区"，从而为进一步有效学习奠定坚实基础。

与传统的"他主"学习相比，自主学习具有如下特点：一是主体性，自我确定学习目标，自我选择学习内容，自我调控学习进程，自我评价和反思学习结果，学生自始至终处于主体地位；二是独立性，独立阅读，独立思考，独立完成，所有学习活动独立开展，基本摆脱对教师和他人的依赖；三是自觉性，自觉自愿、积极主动地参与学习过程，有兴趣热情的投入，有内在动力的支持，有自控自律的调动，有潜能潜力的激发；四是独特性，其属于个体化、个性化学习，学习的目标内容、方式方法、资料资源、路径策略甚至结论效果等都各具特色。

自主学习不等于自学，自学通常没有教师授课或指导，而自主学习全程有教师引导、指导和督导。自主学习不等于自由学习，自由学习是无拘无束的开放式学习，而自主学习则往往是情境启导、目标引领、问题导向、任务驱动下的学习。自主学习也不等于独立学习，独立学习指完全不依靠他人而进行的学习，而自主学习过程中可以接受他人的启发、协助、参考和指点。

2. 合作学习

合作学习以问题或任务为驱动，以团队或群体合作为基点，以师生互动、生生互动为形式，以研讨交流、互启互助为手段，是一种以自觉参与、平等交流、互助合作、共进多赢为特征的学习方式。

与传统的个体学习相比，合作学习具有如下特点：一是互动性，合作学习的合作是一种互动式合作，强调师生互动、生生互动、人机互动、线上线下互动、校内校外互动等，没有互动就没有合作学习；二是互补性，合作学习小组成员各具个性、各有特色，学识积淀、智能结构、水平能力等各不相同，只要科学组合，就能产生互补之效，就能实现差异发展；三是互助性，合作学习小组成员在互动交流中互相启发、互相帮助、互相借鉴、互相促进，彼此精诚合作，互通有无，共同进步，整体提升；四是互利性，合作学习能聚众智、汇众力，整合优势资源，充分集思广益，既有利于问题解决，也有利于智能发展，对合作学习小组中的每一个成员都有裨益。

合作学习最容易形式化，要尽可能避免合作学习"表面繁荣"。一是要科学组合，按照"组间同质、组内异质，优势互补、动态调整"的原则，做好合作学习小组的人员配置；二是要全程指导，在合作学习过程中因势利导，发挥教师的引导、启导、辅导、疏导、督导等作用；三是要训练技能，不断提升学生的合作技能，帮助他们学会倾听、学会沟通、学会分享、学会思辨、学会变通、学会兼容等；四是要创设氛围，给予充裕时间，创设宽松环境，融洽人际关系，解除思想包袱和心理负荷，鼓励学生敢于参与、乐于参与、主动参与、积极参与。

3. 探究学习

探究学习是新课程大力倡导的一种学习方式，它要求从学科领域或自然、社会、生活中选取并确定问题（主题、专题或项目），引导学生采取观察考察、调查调研、文献梳理、实验操作、实践检验等类似于科学研究的方式开展问题探究，在提出问题、分析问题、解决问题的过程中获得知识与技能，发展情感与态度，培养社会责任感、创新精神和实践能力。

与传统的接受性学习相比，探究性学习具有如下特点：一是情境性，探究学习注重创设具有真实性、含情性、蕴理性、感染性、激趣性的问题情境，学习活动始于并基于真实问题情境；二是问题性，探究学习以问题为主线，以问题探究为驱动，以发现并提出问题为起点，以问题的解剖、分析和深入为核心，以解决问题并提出更大、更新、更多问题为归宿；三是过程性，探究学习关注学生发现并提出问题、搜集处理信息资源、分析研究问题等学习过程，关注学生在问题探究过程中的表现和体验，重探究而不重结论，重过程而不重结果；四是开放性，探究学习的问题来源开放、学习目标开放、探究过程开放、信息资源开放、问题解决开放、考核评价开放，是一种开放性学习活动。

探究学习是切合中小学生身心发展特征的学习方式。中小学生自我意识渐强，追求独立自主，喜欢表现自己，富于好奇心、想象力和探求欲，因此党和国家反复重申要"积极探索基于情境、问题导向的互动式、启发式、探究式、体验式等课堂教学，注重加强课题研究、项目设计、研究性学习等跨学科综合性教学，认真开展验证性实验和探究性实验教学"（国务院办公厅，《关于新时代推进普通高中育人方式改革的指导意见》）。

4. 体验学习

体验学习又叫体验性学习、体验式学习，它是一种通过精心设计的实践活动让学习者体验或者对过去进行再体验，引导学习者审视自己的体验，积累积极正面的体验经验，使心智得到改善与建设的学习方式。① 体验学习选择真实生活作为学习资源，倡导在实践活动中整体吸收知识经验，鼓励学习者自我体验和自我发展。

与传统的口耳授受式学习相比，体验学习具有整体性、独特性、创生性、持续性等特点。一是整体性，要求学生以整体感知的方式进行学习。一方面要求学生知、情、意、行整体性全身心投入学习，另一方面要求学生对学习内容从知识、技能、情感、态度、价值观等多方面整体性感知体悟。二是独特性，要求学生以自己独特的方式对实践活动中体验到的外部刺激作出个性化应答。一方面要求学生以独特个性去创造性地吸纳、辨别、选择和融合外部信息，另一方面要求学生在独特的体验过程中建构独特的见解、感悟和情感。三是创生性，要求学生通过反思、想象、移情等方式激活、唤醒外部世界，创生新的意义。一方面要求学生将亲身体验进行整理、抽象、概括、提炼，以升华成新的知识、理念和价值观，另一方面要求学生在亲身体验过程中增强自我生命感和精神力量。四是持续性，要求学生在体验学习过程中持续不断地发生量变和质变，实现螺旋式上升。一方面要求学生在当下性、即时性体验中形成对学习内容的个性化解读，另一方面要求学生将当下性、即时性体验与过去、未来的体验联通融合，形成循环不息的生命体验。

叶澜教授曾说："教育是直面人的生命、通过人的生命、为了人的生命质量的提高而进行的社会活动，是以人为本的社会中最体现生命关怀的一种事业。"② 学生是富有独特个性的生命体，是正在发展的人，只有在合适的情境下才能得到最充分的生长和全面而有个性的发展。新课程改革特别强调学生"参与、活动、操作、实践、考察、调查、探究、经历、感受"等，大力倡导体验学习，因为唯有这样，才能培养出身与心、认知与情感、理性与非理性高度整合的具有健全人格的人。

（三）"三导四学"范式的应用

"三导四学"充分体现了以教师为主导、以学生为主体、以问题为主线、以问题探究为驱动的研究型课堂教学理念，因此成为研究型课堂范式。"范式"是美国科学家库恩在《科学革命的结构》一书中提到的概念。他指出，科学家之所以能够对共同研究的课题使用大体相同的语言、方式和规则，是由于他们具有解决问题的标准方式，即范式。③ 有效的课堂教学，也一定"具有解决问题的标准方式"。研究型课堂教学也需要创设范式作为基本遵循。因此，将"三导四学"定型为研究型课堂范式，是现实需要，也切实可行。

---

① 林思宁. 体验式学习：献给教育培训者的最佳礼物 ［M］. 北京：北京大学出版社，2006.
② 叶澜. 实现转型：新世纪初中国学校变革的走向 ［J］. 探索与争鸣，2002 （7）：10－14.
③ 瞿葆奎. 教育学文集：教育研究方法 ［M］. 北京：人民教育出版社，1988.

教无定法，但教学有法，贵在得法。"三导四学"是研究型课堂范式，却并不是任何学科、任何课题都必须不折不扣、机械套用的课堂公式。对待研究型课堂教学范式的态度应该是不无视、不盲从、不固化、不僵化，努力做到"入模、出模、超模"。所谓"入模"就是要认真学习、理解并自觉应用"三导四学"范式，学深悟透新课程改革的基本原理和精神实质，积极探索并实行"基于情境、问题导向的互动式、启发式、探究式、体验式等课堂教学"；所谓"出模"，就是要因地制宜地灵活运用"三导四学"范式，可以根据教学内容和生情、教情、学情、校情等客观实际，机动灵活地决定"三导"和"四学"的轻重、详略、先后、主次甚至取舍；所谓"超模"就是创造性地运用"三导四学"范式，大胆推陈出新，形成体现课改精神、切合客观实际、彰显教学风格、深受学生欢迎的个性化变式甚至独创性模式。

1. "三导四学"范式的应用与推广

湖南师大附中要求全面打造研究型课堂，全面推行"三导四学"范式。自 2012 年起，各文化学科课堂教学统一采用学校自主编写、湖南教育出版社正式出版的《自主学习册》（共 49 个模块）。《自主学习册》由各学科组织编写，可以根据实际需要以单元、章节、课文或者课时为单位，充分体现学科特色，但都必须包含自学案、探究案、训练案三部分，以落实"三导四学"课堂范式。

自学案包括学习目标、学习重点、疑惑摘要、自我测评等部分，供学生课前或课堂自主学习使用。学习目标、学习重点由教师设定，体现教师的引导和指导。自我测评由教师拟题并检查，体现教师督导。疑惑摘要则由学生在自主学习过程中动态生成，一般有四个操作步骤：第一步是在教材上圈画勾点以示怀疑，第二步是在疑惑摘要栏内写出问题以示质疑，第三步是在自学探究或合作探究过程中解析问题自主答疑，第四步是将疑难问题提交给老师以备课堂集中探究。

探究案是课堂上师生、生生合作学习和探究学习的内容，主要通过教师组织指导下的小组合作探究来完成。探究案以问题为导向，主要由预设性探究题和生成性探究题两部分组成。预设性探究题由教师设计并明确提出，一般是学习内容中的易混点、易漏点、易错点，以及思维导航、方法点津性问题，体现教师的引导和指导。生成性探究题由学生在自主学习、合作学习、探究学习过程中随堂提出，可作为课堂小组合作探究的问题，也可以作为课后辅导答疑的问题。探究案以问题探究为驱动，要求学生聚焦问题自主探究、合作探究甚至课后深入探究，特别欢迎学生在探究过程中产生更多新问题，开拓更多新领域，形成更多新思考。

训练案供学生巩固、提升之用，题目由教师预设，主要包括三类：Ⅰ类题为基础性训练题，体现基础性要求，所有学生必须在规定时间内独立完成，教师全批全改；Ⅱ类题为拓展性训练题,体现发展性要求,学生在完成 I 类题的前提下"选择性必答"(可选择,但必须完成其中一部分以期"跳起来摘果实");III 类题为卓越性训练题,体现挑战性、创新性要求,学生在学有余力的情况下选择性完成甚至可合作完成,不作硬性要求。

2014 年 6 月,湖南师大附中举办"现代教育实验学校建设·自主合作探究课堂教学展示交流活动",面向全省推行"三导四学"课堂范式,受到湖南省教育厅和兄弟学校领导、同仁的充分肯定和高度评价。湖南日报、湖南经视、潇湘晨报、湖南教育电视台等媒体纷纷推出《千余教师聚首湖南师大附中 自主合作探究课堂教学受推崇》《课改:从一本尊重学生自主性的册子做起》《素质教育改革让上课效率更高》《深化高中课改:我省开发"手册"推广"自主学习"》等专题或跟踪报道,引发广泛关注,产生较大影响。

在全面落实并推广"三导四学"课堂范式的同时,学校强调:课堂教学有范式而无公式,可以建构模式但不可以模式化,可以照模式实施但不可以生搬硬套。《孙子兵法·势篇》有言:"凡战者,以正合,以奇胜。"课堂教学也是这样,需要养正、出奇双管齐下。

所谓"养正",就是指教师博采众长,学习各种科学的、经典的、成功的教学策略与方法。教学模式没有高低好坏之分,只有合适不合适之别,因此要兼容并蓄,善于吸收各种教学模式的科学性、规律性、民主性精华,借鉴其有序性、有效性、可操作性教法。课堂教学改革过程中,教师要视野开阔,心态开放,通学名家,融通百家,山积百壤以成其高,海纳百川以成其大。

所谓"出奇",则是指不拘泥于一定的教学策略与方法,大胆创新,灵活施教。任何一种教学模式都是特定的教学理论或思想的反映,都是特定理论指导下的教学行为规范,都指向特定任务或特定目标,因而都具有特定应用语境、特定适应环境和特定适用对象。硬性规定指所有教师不论教学什么内容、不管面对什么学生,都只能采用同一种模式去教,花同样多时间去教,把模式看成万能的教条,这样做显然是违背常识和规律的。我们要学习并构建模式,但不能模式化,一定要因地制宜、因材施教,做到"以我为主,应我所需,为我所用,成我所有"。

养正出奇,灵活施教,教师需要具备四种能力:一是学习力,即通过阅读、讲析、观摩、模仿、实践获得知识或技能的能力;二是甄别力,即去粗取精,去伪存真,做出科学鉴别、正确取舍、必要淘汰的能力;三是思考力,即审问、明辨、深思、慎取的能力;四是创新力,即根据客观的校情、生情、学情而因地制宜、推陈出新的能力。

2. "三导四学"范式中教师角色定位

联合国教科文组织曾指出:"教师的职责现在已经越来越少地传递知识,而越来越多地激励思考，除了他的正式职能以外，他将越来越成为一位顾问，一位交换意见的参加者，一位帮助发现矛盾论点而不是拿出现成真理的人。他必须集中更多时间和精力去从事那些有效果的和有创造性的活动：互相影响、讨论、激励、了解、鼓舞。"① 科学实施"三导"和组织"四学"，考验着教师的水平、能力和智慧。

科学实施"三导"的前提，是准确研判学生的基本学情和实际学情。基本学情是教师根据国家课程的进程安排、学生的身心发育发展和教师的教育教学经验而综合做出的初步判断，所涉及的情况具有代表性，但针对性不一定强。实际学情是建立在学生自主学习后的实际情况基础上的，因学而定，因人而异，针对性很强。教师科学实施"三导"，必须首先全面而准确地把握学生的基本学情和实际学情，唯有如此，才能真正突破传统的"三个中心"堡垒，实现"以学定教"和"一课多得"，增强课堂教学的自身价值与附加值，促进学生全面、主动而有个性地发展。

科学组织"四学"，要求教师充当好五种角色②：

一是学习任务的制定者。"四学"需要目标引领和任务驱动，要有明确的学习目标和具体的学习任务，而且必须"四定"（定向、定点、定量、定时），具有较强的指令性、指导性、计划性和可操作性。学习目标和任务的确定，需要教师依据国家课程标准、学校教学计划和学生实际情况等因素精心设定，这是"以学定教"的关键所在。

二是学习活动的组织者。"四学"需要过程管理，学生学习小组的内部互检、疑义相析、合作探究、展示交流、评价总结等各个环节的学习活动，都需要教师随机应变，全程掌握。教师尤其要掌握好讲与不讲、深讲与浅讲、精讲与略讲、全体讲与个别讲等尺度分寸，以免又走回"三个中心"的老路。

三是学习结果的评判者。"四学"自由度大，如果学习结果得不到及时和确当的回应反馈，学生学习就会陷入盲目和茫然。学生知识理解正确与否，学习结果同课标要求差距大小，都需要教师及时、客观地仲裁和评价，从而使学生获得成功体验，激发出更为强烈的学习兴趣与欲望。

四是学习方法的指导者。新西兰教育家克里斯蒂·沃德认为："摆在教师面前的大问题是如何教会学生快乐、自主地学习，教给学生知识只是开端，帮助学生学会学习才是教师最大的任务。"③ "四学"较好地解决了"我要学"的问题，但是仍存在"我要怎样学""我要怎样学好"等难题，亟需教师给予方法指导。"三导四学"过程中，教师的主要任务不再是授人以鱼，而是授人以渔（学法与用法）和授人以欲（兴趣与激情），不

---

① 联合国教科文组织国际教育委员会. 学会生存——教育世界的今天和明天［M］. 北京：教育科学出版社，1996：108.

② 谢永红. 先锋——湖南师大附中课程改革十五年（2000—2015）［M］. 长沙：湖南师范大学出版社，2015.

③ 周成平. 外国优秀教师的教育特色［M］. 南京：南京大学出版社，2009：78.

再是给人以猎物，而是给人以猎枪和狩猎冲动。

五是学习兴趣的维持者。学习兴趣需要激发，更需要维持。课堂教学过程中，教师要激发并维持学生"四学"兴趣，促使他们好奇心始终强烈、求知欲始终旺盛、参与热情始终高涨。这是教师主导作用的核心内容。学习是一个持续的过程，不能只有"三分钟热度"，要将学生的原始学习兴趣转化为可持续学习兴趣，需要教师会点燃更会维护，会激发更会转化。

第五章

以专业发展为核心培养研究型教师

本章提要

　　研究型学生需要研究型教师去培养造就。研究型教师是教师专业发展的理想目标，培养富于情怀、勤于学习、长于实践、崇尚学术的研究型教师，是高素质、专业化、创新型教师队伍建设的重要内容和创新举措。湖南师大附中践行"教师成为研究者"理念，开展持续20多年的研究型教师校本培养创新实践，以教师专业发展高质量，促成了学生成长成才高质量和学校教育教学高质量。

第一节 校本研究：教师专业发展的有效路径

教师专业发展是教师在教育教学实践过程中不断学习、反思、研究和改进，不断提升完善教育知识、教学能力和综合素质的过程。教师应积极、主动投身校本研究，自觉践行"教师成为研究者"理念，真正成为教育理想的追求者、专业书刊的博览者、教育热点的关注者、教学实践的反思者、专家学者的同行者、"草根"研究的践行者和教育写作的爱好者。校本研究是促进教师专业发展的最直接、最适合的实践方式和实现路径，中小学教师专业发展，应该是一种基于校本研究的教师专业发展。

一、教师专业发展与校本研究的内涵特征

（一）校本研究的内涵特征

校本研究是以校为本的教学研究的简称。国家政策文件中首次提出"校本研究"理念，是在教育部于 2002 年 12 月颁发的《关于积极推进中小学评价与考试制度改革的通知》（教基〔2002〕26 号）中。此通知指出："学校应建立以校为本、自下而上的教学研究制度，鼓励教师参与教学改革，从改革实践中提出教研课题；学校应有归纳课程、组织进行教学研究的能力，有促进教师专业发展的规划与措施。"此通知不但强调了校本研究的建章立制，而且指出了教师专业发展与校本研究的密切关联。2023 年 4 月，教育部组织了"以校为本的教学研究"专题研修班，校本研究成为基础教育领域的一项基本制度和促进教师专业发展的一项重要举措。

20 世纪 70 年代，在探讨私人企业组织管理机制时，人们发现将决策权赋予一线生产者，实现外控向内控的转型，可以极大地提高生产效率和综合效益。这种决策权下移的管理理念，引入教育领域，就形成了"校本"理念。郑金洲教授认为，所谓校本，"一是为了学校，二是在学校中，三是基于学校"。① 因此，校本研究强调一切从实际出发，以特定校情、生情、教情、学情为基点，以改进学校教育教学实践、解决学校所面临的实际问题为指向，依靠全校师生，开展切实情、务实际、合实用、讲实效的教育教学研

---

① 郑金洲. 走向"校本"[J]. 教育理论与实践，2000（6）：12.

究，确保改革举措、发展策略有利于学生高素质发展、教师高水平发展和学校高质量发展。

学术界关于中小学校本研究的内涵界定，目前尚无定论，所达成的共识主要有四：

第一，校本研究的主体是中小学教师。校本教研发生"在学校中"，研究的问题客观存在于学校中，分析解决问题的过程体现在学校中，发现、分析、解决问题的主体力量也是学校中的教师。教师既是实践主体，又是研究主体，在校本研究中承担双重角色。中小学校本研究，不排斥专业研究人员的介入，不反对学生及其他相关人士的参与，但是教师居于主体地位，是校本研究的主力军和生力军。教师要成为研究者，承担起解决自身教育教学问题、改善自身教育教学实践的责任和义务，"镕金琢玉，而究其妙"（《南史·长沙王叔坚传》），在扎根一线开展教育教学实践活动的过程中，潜心探究个中奥秘，有目的、有计划、有系统地去开展教育教学研究，既做实干家，又做研究者，从有经验走向有研究，成为富于情怀、勤于学习、长于实践、崇尚学术的研究型卓越教师。

第二，校本研究的基地是中小学校。校本研究必须立足校本，开展"为了学校、在学校中、基于学校"的教育教学研究。学校既是教育教学实践现场，也是校本研究的基地。一方面，校本研究的对象是普遍存在于学校中的各种教育教学实际问题，由学校里的人即全校师生在学校中发现问题、分析问题并加以妥善解决，问题的解决方案、实施策略等还要直接应用到学校中，以达到改进教育教学实践的目的，中小学是"源于学校、研在学校、回到学校"问题研究闭环的生发基地和完成基地；另一方面，中小学还要提供校本研究所必需的制度、信息、资源、人力、物力、财力等多方面保障，成为开展校本研究活动的基地和后盾。事实上，唯有学校具备了研究基地性质，中小学的校本研究才会开展得蓬勃兴旺、生机勃勃。

第三，校本研究的重点是教学研究。校本研究的国家政策定位是"以校为本、自下而上的教学研究"（《教育部关于积极推进中小学评价与考试制度改革的通知》），是一种群众性、普及性、实践性、实用性的常规化教学研究，而不是严格意义上的教育科学研究。中小学教师当然也可以从事高层次教育科学研究，但是最主要和最根本的，还是开展诸如教学调查、集体备课、课堂反思、听课评课、案例分析、课例研究、教育叙事、读书心得、教育日记等教学研究活动，并使之成为日常教育教学工作的重要组成部分。"新教育实验"倡导者朱永新曾说："中小学教师搞教育科研，就是应该从记录教育现象、记录自己的思考、记录自己的感受开始，把一粒粒'珍珠'串起来，那就是一根美丽的项链。"①

----

① 罗肖. 一线教师如何选择和确定研究课题［J］. 教育科学论坛，2015（3）：34－35.

第四，校本研究的核心是反思性研究。教师是反思性实践者，教育教学实践过程中要适时地对教育教学决策、行为及结果进行认真的自我审视和分析研究，通过"实践→反思→改进→再实践"的不断完善与升华，增长教育教学知识，提升教育教学能力，改进教育教学实践，提高教育教学质量。叶澜教授有句流传甚广的名言：一个教师写一辈子教案，不一定成为名师；如果坚持写三年教学反思，可能成为名师。朱永新教授也曾说过：作为老师，每天一反思，十年后必成大器。校本研究中，反思是灵魂是枢纽，唯有以反思性批判为驱动，校本研究才能走出现象与经验的浅表，走向问题的本质，实现认识的螺旋式上升，促进教师的专业化发展。

综上所述，中小学校本教研是教师从实际出发、以反思性研究为主要方式、以解决教育教学过程中遇到的实际问题和改善教育教学实践为指向而开展的"为了学校、在学校中、基于学校"的教学研究活动，是提升教育教学效率和质量、满足学生全面而有个性发展需求、促进教师专业化成长的重要途径和举措。

（二）教师专业发展的内涵特征

教师专业发展具有两个方面的内涵：一是教师专业的发展，二是教师的专业发展。

教师专业的发展，指的是教师职业成为专门职业并获得相应专业地位的过程，是教师群体的、外在的、专业性的明确和提升。《中华人民共和国教师法》（2009 年修订）第一章第三条明确规定："教师是履行教育教学职责的专业人员。"也就是说，教师同医生、律师、科学家、大学教授等性质相同，都是专业人员，都接受过专业教育与培训，都具有较高的专业理想和道德、专业知识和技能、专业自主权和专业地位，而且都需要通过持续不断的学习与研究才能维持其专业修为、专业权利和专业地位。目前，中小学教师还普遍存在"教书匠"心态，满足于驾轻就熟、经验丰富，教育教学实践过程中习惯于听从、执行和重复，缺乏自觉自省、独立自主、反思批判和开拓创新。究其根源，就在于专业人员意识比较淡漠。正是因为缺乏专业人员意识，缺乏对教育教学专业理想、专业理论、专业技能和专业精神的敬忠恪守和孜孜以求，中小学教师才会停留在"授之书而习其句读"的职业人员层次，并"因为长期远离教育教学研究而不能像医生、律师、科学家、大学教授等专业人员一样，享有应有的专业地位和社会声誉"（皮亚杰语）。因此，教师专业发展，首先要实现教师专业的发展，实现"教师是履行教育教学职责的专业人员"这一主体价值、专业地位的觉解和回归。

教师专业的发展强调地位的改善，教师的专业发展则关注实践的改进。教师的专业发展强调教师个体的专业人员意识和内在专业素质结构的养成与完善，是教师个体通过系统性研修、反思性实践等途径自主谋求从职业人员向专业人员转型的发展过程。陶行知先生曾在《湘湖教学做讨论会记》中说："教师的天职是教化，自化化人。"① 欲行教化，必先"自化"，在教育教学实践过程中追求教学相长，不断提高自身的专业理论修养和专业技术水平，实现综合素质、专业化水平和创新能力的全面提升。唯有如此，方能更好地"化人"，提供学生适合的教育，促进学生高素质发展。

教师的专业发展依存于教师的专业实践。一方面要应用已有专业理论、知识和技能去解决实际问题；另一方面还要不断反思、改进自身专业实践，解决已有专业理论、知识和技能不能解决的新问题。"年年岁岁花相似，岁岁年年人不同"（刘希夷《代悲白头翁》），时代在不断前进，知识在不断更新，学生在不断变化，问题在不断涌现，教师不能幻想"以不变应万变"，而必须与时俱进、因势利导，不断在实践中探求真知，在经历中丰富储备，在反思中淬炼经验，在研究中增长才干。朱小蔓教授曾指出："大量的，或者真正有用的、真正能够跟上教育形态不断改变的原创性的教育知识，其生产方式正在发生改变……离开了原生态的教育研究，离开了扎根性教育研究，离开了教育行动研究，教育知识就变得不可靠，或者不那么用得上。"② 教师要成为研究者，必须扎根教育原生态现场开展脚踏实地的校本化行动研究，融专业服务与专业研究于一体，成为科学而生动的教育知识的拥有者、使用者和发现者、生产者。

教师的专业发展核心是教师专业素质的发展。林崇德等学者认为，教师专业素质至少应包括以下成分：职业理想、知识水平、教育观念、教学监控能力及教学行为与策略。③ 史宁中、柳海民认为，教师专业素质应包括伦理纲领、专业知识结构、专业技能和教学能力。④ 叶澜认为，教师专业素质分为教师的教育理念、教师的知识结构及教师的能力结构，教育理念主要包括教育观、学生观和教育活动观；知识结构包括通识知识、专门性知识与技能、教育科学知识；能力结构包括理解他人和与他人交往的能力、管理能力和教育研究能力。⑤ 不同的解读之中，存在不少共通之处：一是对教育的宏观认识，如职业理想、伦理纲领、教育理念等；二是教育的实践本领，如知识水平、知识结构、专业技能、教学能力等；三是教育的实施策略，如教学监控、管理能力、研究能力等。明确了教师的专业素质，就明确了教师的专业发展路向。

教师的专业发展不是一个自然生长过程，一方面取决于教师自身的主观努力，另一方面需要良好的外部环境促进，是内驱内省和外促外激两方面因素共同作用、相辅相成

① 陶行知. 陶行知全集：第 2 卷［M］. 成都：四川教育出版社，1991：10－12.
② 朱小蔓，等. 教育职场：教师的道德成长［M］. 北京：教育科学出版社，2004：165－167.
③ 林崇德，申继亮，辛涛. 教师素质的构成及其培养途径［J］. 中国教育学刊，1996（6）：16－22.
④ 史宁中，柳海民. 教师职业专业化：21 世纪高师教育持续发展的生命力［J］. 高等师范教育研究，2002（5）：28－34.
⑤ 叶澜."新基础教育"探索性研究报告集［M］. 上海：三联书店，1999.

的结果。内因是事物变化的根据，外因是事物变化的条件，外部环境对教师的专业发展具有保障和促进作用。教师专业发展的外部环境，包括国际教育发展潮流、国家政策支持等宏观环境，包括专业机构专业人员引领督导、社会关心扶持等中观环境，也包括学校教研制度、研修文化、教风学风、团队群体及硬件设施等微观环境。在建构主义学习理论中，学习者在一定的情境即社会文化背景下，借助其他人（包括导师和学习伙伴）的帮助，通过人际协作活动而主动建构知识意义。① 中小学校须着力营造有利于教师实践反思、自主研修、同伴互助、激励评价的学校环境，构建教师专业化发展支持保障体系，促进教师朝着高素质、专业化、创新型发展方向不断迈进。

二、教师专业发展与校本研究的辩证关系

校本研究，是教师专业发展最直接最有效的途径；教师专业发展，是校本研究最主要最重要的目的。二者之间既相互渗透，又互为促进。

1. 教师专业发展与校本研究具有高度一致性

教师专业发展最基本的途径是实践、反思、研究，而校本研究最核心的要素也是实践、反思、研究，其根本目的是改善教育教学实践、提升教育教学质量和人才培养质量、促进教师专业发展。教师专业发展与校本研究在目标任务、方法路径等方面具有高度一致性。校本研究要求教师兼具实践者、研究者双重角色，立足教育教学实践的真实情境和原生态现场，敏感地捕捉并筛选出有价值且可解决的真实问题加以反思性研究，并及时地将研究结果应用于教育教学实践。这一"实践→反思→改进→再实践"的过程，本身也就是教师专业发展的基础性过程，对教师专业发展具有重大的、无可替代的意义和价值。

2. 校本研究构筑了教师专业发展的理想平台

教师专业发展有多种途径，例如完善教师教育制度、开展常态化教师培训、组织教师业务竞技、组建教师发展共同体、开展校本化教学研究等，其中校本研究是教师专业发展最直接、最有效的途径。校本研究建立在教师反思性实践基础之上，主要采取"经验＋反思"的研究策略，这与美国学者波斯纳提出的教师成长公式"成长＝经验＋反思"相吻合。波斯纳指出："没有反思的经验是狭隘的经验，至多只能成为肤浅的知识。如果教师仅仅满足于获得经验而不对经验进行深入的思考，那么其教学水平的发展将大受限制，甚至会有所滑坡。"② 中小学教师深耕教育教学一线，实践经验丰富，最需要培植的就是问题意识和反思精神，要在不断反思中不断调整、不断建构，从而获得持续不

---

① 严云芬 . 建构主义学习理论综述 ［J］. 当代教育论坛，2005（15）：35 – 36.
② 赵美荣 . 经验＋反思＝成长 ［J］. 小学教学参考，2011（5）：1.

断的专业成长。校本研究可以提高教师经验认识水平，强化教师教学反思能力，改善教师教育教学实践，从而为教师专业发展构筑现实而坚实的理想平台。

3. 教师专业发展对校本研究具有反哺功能

有效而可持续的校本研究，需要教师专业发展作为保障和支撑。校本研究主要有三大要素：教育专家的专业引领，教师团队的同伴互助，教师自己的实践反思。三大要素中，教师自己的实践反思是核心，也是关键。校本研究要求教师成为研究者，成为反思性实践者，在教育教学实践过程中不断更新教育理念，不断反思教学实践，不断总结实践经验，不断学习新的知识，不断掌握新的技能，不断提升专业发展水平。校本研究促进教师专业发展，教师专业发展也"反哺"校本研究，教师专业发展能夯实校本研究基础，拓展校本研究深度，促进校本研究可持续，确保校本研究高质量。

4. 校本研究使"教师成为研究者"切实可行

"教师成为研究者"理念已经深入人心，但客观地说还没有真正成为中小学教师的行动共识。如何打通理念与践行间的"最后一公里"？最可靠的办法是组织教师投身校本研究。校本研究要求教师以自己的教育教学实践作为研究对象，实现了实践者和研究者的主体合一，使"教师成为研究者"理念入脑入心、走深走实、见行见效。叶澜教授曾大力倡导研究性变革实践，要求中小学教师融实践、研究、变革三大要素为一体，成为自觉的、有理念作为指导的、自主的变革实践者和行动研究者①。校本研究强调教师日常教育教学实践与反思，要求教师将研究渗透到创生性实践之中，用研究成果变革教育教学实践，是典型的研究型变革实践，是"教师成为研究者"理念的经典践行模式。

三、校本研究对于教师专业发展的意义与价值

校本研究不单具有改善教育教学实践、提高教育教学质量、促进学生全面而有个性发展、推动学校教育高质量发展进程等功能，在促进教师专业发展方面也具有重大意义和价值。

1. 校本研究唤醒了教师的专业自主意识

长期以来，我国中小学教师恪守"师者，所以传道受业解惑也"的传统角色定位，习惯于不假思索地服从、不折不扣地执行和按部就班地操作，缺乏在教育教学实践中发现问题、分析问题和解决问题的自觉性、主动性，缺乏专业发展自主意识。校本研究倡导教师成为研究者，鼓励教师"镕金琢玉，并究其妙"，展开实践与研究的双翼，充分

---

① 叶澜. 在学校教育改革实践中造就新型教师——《面向21世纪新基础教育探索性研究》提供的启示与经验 [J]. 中国教育学刊，2000（4）：58－62.

利用置身教育原生态现场的显著优势,想自己的事,说自己的话,解决自己遇到的问题,写出自己的思考或心得,建构自己的教育知识体系,改善自己的教育教学实践。这些事情,过去由教育行政主管部门和专家学者越俎代庖,现在完全可以由教师独立自主地进行,所以采取研究的态度能够"从一个否认个人的尊严和迷信外部权威的教育制度中把教师和学生解放出来"①,从根本上唤醒教师的专业自主意识。

2. 校本研究挖掘了教师反思性实践的能量

教师置身教育教学一线,直面纷繁芜杂的教育现象和真实具体的教学问题,常常遭遇各种各样的困扰、困难、困惑甚至困局,面对许许多多"不知道"和"想知道",如同置身于一座座教育科研宝山。可惜的是,由于缺乏问题意识和反思批判精神,教师们常常熟视无睹,宝山空回。事实上,作为"履行教育教学职责的专业人员",教师完全有能力对自己的教育教学实践加以审视、反思和改进,完全有能力发现、分析、解决教育教学实践中遇到的实际问题。校本研究,促使教师以研究者姿态出现在教育教学实践之中,充分利用"临床"的优势,开展"实践→反思→改进→再实践"的反思性实践,其审视观察、反思批判、行动研究等专业能力也因此潜增暗长,螺旋式生成。

3. 校本研究完善了教师的专业知识结构

教师的专业知识一般包含学科性知识、教育学心理学知识和实践性知识三部分,其中实践性知识是教师在教育教学实践中积淀的原生态教育知识,具有情境性、经验性,须从切身实践、自主反思、同伴互助中获取,一般很难通过师范教育、教师培训、专业阅读等途径获得。实践性知识来源于教育教学实践,但教育教学实践并不能直接生成实践性知识,离开了教育教学实践过程中不断地审视、反思、探究、检验,离开了扎根原生态教育现场的务实性校本研究,实践性知识无从生成;即使生成了一些实践性知识,也可能不实用、不好用、不能用,不足以解决教育教学实践中不断涌现的新矛盾、新问题。另一方面,学科性知识、教育学心理学知识也存在一个内化为实践力量的问题,只有具有教育敏感性、批判性思维和反思性实践能力的研究型教师,才能完成理论向实践的过渡,才能将专业理论转化为实践力量,推动教育教学实践向着理性与理想的方向阔步前行。

4. 校本研究激发了教师的专业发展活力

中小学教师职业环境特殊,比较容易产生职业倦怠,成为有经验的教师特别是优秀教师之后,专业发展容易进入平台期,热情可能会降下来,性子可能会缓下来,办事可能会拖起来,脾气可能会大起来,笑容可能会僵起来,耐心可能会少起来,负能量也可

---

① 宁虹."教师成为研究者"的理解与可行途径 [J]. 比较教育研究,2002 (1):48-52.

能会多起来。如何激活其专业发展内驱力和活力？最便捷有效的方式是校本研究。苏霍姆林斯基有一个著名论断："如果你想让教师劳动能够给教师一些乐趣，使天天上课不至变成一种单调乏味的义务，那你就应当引导每一位教师走上从事一些研究的这条幸福的道路上来。"① "教师成为研究者"早期倡导者布肯汉姆也强调："教师拥有研究的机会，如果他们能够抓住这个机会，他们将不仅能有力地和迅速地推进教学的技术，并且将使教师工作获得生命力和尊严。"② 叶澜曾说："只有用创造的态度去对待工作的人，才能在完整意义上懂得工作的意义和享受工作的快乐。"③ 研究是教师享受职业幸福的便捷途径，是赋予教育生命力与尊严的神奇力量，是促使教师二次成长的有效举措。

四、基于校本研究的教师专业发展的理论依据

教师专业发展具有丰富的内涵和特有的范畴，除了掌握学科内容、必要的教学技能技巧之外，还必须拥有一种"扩展专业的特性"，即通过自己及同伴的系统探究实践、通过在教育教学过程中自觉检验相关理论来实现自我专业发展。换言之，教师的专业发展，应该是一种基于校本研究的专业发展。从斯腾豪斯的"教师成为研究者"到埃利奥特的"教师成为行动的研究者"，再到凯米斯等人的"教师成为解放性行动研究者"，所强调的都是教师应该通过脚踏实地的校本研究来实现专业发展。新时代人民教师的职业活动，应该由传统的"学而不厌、诲人不倦"转向"学而不厌、诲人不倦、研而不休"，由传统的"教学相长"走向"修学教研一体化"专业成长。

基于校本研究的教师专业发展的主要理论依据，有人的全面发展理论、教师成为研究者理论、反思性实践者理论、教学学术理论、自我效能理论、终身教育理论等。

1. 人的全面发展理论

人的全面发展是马克思主义基本原理之一，其基本特征是平等地发展、完整地发展、和谐地发展、自由地发展和充分地发展。人的全面发展理论适用于学生，也适用于教师，教师理应在教育教学实践过程中谋求"教学相长"，通过反思性实践和行动研究成为高素质、专业化、创新型教师，对标"大先生、好老师、引路人、系扣人、筑梦人"等新时代人民教师标准，实现全面发展，从而引领并促进学生全面而有个性发展，更好地履行为党育人、为国育才的职责使命。

2. 教师成为研究者理论

20 世纪 60 年代，英国学者斯腾豪斯等受"专业人员即研究者"的启示，首次提出

① 瓦·阿·苏霍姆林斯基. 和青年校长的谈话 [M]. 赵玮，等，译. 上海：上海教育出版社，1983：85 – 86.
② 宁虹. "教师成为研究者"的理解与可行途径 [J]. 比较教育研究，2002（1）：48 – 52.
③ 叶澜. 新编教育学教程 [M]. 上海：华东师范大学出版社，1991：15.

"教师成为研究者"理论，并掀起了一场国际性运动①。教师成为研究者理论认为，教师是从事教育教学工作的专业人员，完全有能力对自己的教育教学行为加以反思、研究与改进，提出最贴切的改进建议；而且，这种立足校本实践的教学研究往往是最直接、最适宜的方式方法，对于提升教育教学质量和人才培养质量、促进教师专业发展等具有重大作用和意义。校本研究的核心元素是实践、反思、研究、改进，教师专业发展的基本方略也是实践、反思、研究、改进，因此基于校本研究的教师专业发展切实可行，校本研究是促进教师专业发展最可靠有效的路径和策略。

3. 反思性实践者理论

美国学者舍恩在他的《反思实践者》《促进反思性教学》等教育专著中提出了"反思性实践者"理论。舍恩认为，教师面临的教学情景总是复杂的、独特的、不确定的和开放的，难以指望用现有理论和技术加以解决，只能依靠教师自己的"实践—反思—再实践"，通过同情景对话、运用经验中培育的默会知识、展开对问题的反复思考等方式求得问题的解决②。教师应该是反思性实践者，需对自己的教育教学实践进行回顾和思忖，对亲历、亲为及耳闻目睹的教学事件或教学决策进行回溯和思考，从而梳理出在"实践—反思—再实践"过程中积淀的临床性经验，升华成既科学而又生动的教学智慧。反思性实践，是校本研究的本质特征；成为反思性实践者，是教师专业发展的最佳路径。

4. 教学学术理论

1990 年，美国卡耐基教学促进会前主席欧内斯特·博耶提出了"教学学术"理念。他认为，教师的学术能力在功能上表现为既相互独立又互有重叠的四个方面：探究知识的学术、整合知识的学术、应用知识的学术和传播知识的学术。他指出："学术意味着通过研究来发现新的知识，学术还意味着通过课程的发展建立学科间的联系来综合知识，还有一种应用知识的学术，即发现一定的方法把理论与生活的实际联系起来，通过咨询或教学来传授知识的学术。"③ 博耶以一种全新视角审视教学，首次将教学纳入学术的范畴并提升到学术的高度，使教学与科研享有同等地位，结束了教学与科研之间的错误二分法，破除了教学与科研之间的壁垒，给教师专业发展指明了路径。教师应该将教育教学作为系统的、较专门的学问加以探索研究，潜心追求教学学术或教与学学术（博耶继任者舒尔曼提出的理论主张），以自己的深度研究促进学生的深度学习，从而全面提升教育教学质量和人才培养质量。

---

① 康万栋. 教师成为研究者的教育意义 [J]. 天津师范大学学报（基础教育版），2010，11（3）：51－53.
② 李建年. 舍恩"反思性教学"理论述略 [J]. 贵州教育学院学报（社会科学），2006（5）：8－11.
③ 欧内斯特·L. 博耶. 关于美国教育改革的演讲 [M]. 涂艳国，方彤，译. 北京：教育科学出版社，2002：77－78.

5. 自我效能理论

美国心理学家、社会学习理论创始人阿尔伯特·班杜拉于 1977 年提出了自我效能理论。该理论认为，自我效能感影响甚至决定人们对行为的选择，以及行为的坚持性和努力程度，影响人们的思维模式和情感反应模式，进而影响新行为的习得和习得行为的表现①。中小学教师专业发展最大的障碍是愿望不强、动力不足，究其根源主要在于抱负水平低、自我效能感不强。引领中小学教师开展校本研究，"不仅能有力地和迅速地推进教学的技术，并且将使教师工作获得生命力和尊严"②，使他们能"像医生、律师、科学家和大学教师等职业一样享有受人尊敬的专业地位"③。自我效能感提高了，中小学教师便能更自觉地投身反思性实践活动，更自信地追求教学学术，更主动地解决自身学养不厚、能力不足、本领恐慌、职业倦怠等问题，从容地实现理想的专业化成长。

6. 终身教育理论

1965 年，法国教育家保罗·朗格朗在《终身教育引论》中首次提出"终身教育"的理念。1972 年，联合国教科文组织在《学会生存——教育世界的今天和明天》中对"终身教育"加以确定，终身教育理论由此成为教育发展与改革的基本指导思想④。我国教育的根本大法《中华人民共和国教育法》也明文规定"国家要推进教育改革，促进各级各类教育协调发展，建立和完善终身教育体系"，以法律形式肯定了终身教育在我国教育事业中的地位和作用。教师应该成为终身教育理论的坚决践行者和率先垂范者，应该做到"无一事而不学，无一时而不学，无一处而不学"（朱熹语），"出世便是破蒙，进棺材才算毕业"（陶行知语），始终如一地、持续不断地完善自己，为推进学习化社会建设做出应有贡献。

---

① 李晔，刘华山. 教师效能感及其对教学行为的影响 [J]. 教育研究与实验，2000（1）：50－55.

② 叶澜，等. 教师角色与教师发展新探 [M]. 北京：教育科学出版社，2001：10.

③ 王鉴. 论教师主体与研究型教师 [J]. 学科教育，2003（5）：11－16.

④ 张小华. 终身教育——我国教育改革的主导思想 [J]. 太原教育学院学报，2000（1）：21－23.

第二节 研究型教师：教师专业发展的理想目标

基于校本研究的教师专业发展，其实自古有之。自孔子、孟子始，古代教师就融实践主体和研究主体于一体，一边扎根杏坛开展教育教学实践，一边立足实践及时反思、研究和改进，在亲历亲为的"校本研究"过程中创造出了有教无类、因材施教、循序渐进、温故知新等教学原则，创生了修己安人、言传身教、学以致用、知行合一等教育理念。事实上，古今教育家都不是诞生在书斋之中的，无不具备长年累月的反思性教育实践，例如创办晓庄师范的陶行知、辗转江西多所学校的陈鹤琴、扎根南开40余年的张伯苓、担任帕夫雷什中学校长22年的苏霍姆林斯基等，都是反思性实践者，都是从经历中淬炼出经验，再将经验升华成理论最终成为教育家。可见，教师专业发展离不开校本研究，教师应该成为研究者，研究型教师应该成为教师专业发展的最高目标。

一、研究型教师的内涵特征

（一）学界解读

"研究型教师"是基于"教师成为研究者"理论的在教育转型期出现的一个热门概念，其名称说法还有反思型教师、科研型教师、学术型（性）教师、学者型教师、教育家型教师等。截至目前，学术界有关界定莫衷一是，未能形成权威的、明确的定义，有学者甚至断言研究型教师"是目前基础教育领域应用最广泛、内涵最模糊的一个概念"①。

从现有相关文献看，国内关于"研究型教师"内涵的研究，大致经历了三个阶段：

一是实践操作性解读阶段。这一阶段，研究者大多从教育教学实践操作层面，揭示研究型教师的内涵与特征。例如，杨一青认为："研究型教师，就是能在理论指导下进行教育教学实践工作，能用理论总结实践工作，并能把实践经验升华到理论高度的教师。"② 胡戳认为，研究型教师"是学习者、思考者、规划者、探索者和行动者，能按照

---

① 顾伟. 我国"研究型教师"内涵解读的历史回溯 [J]. 牡丹江大学学报，2011，20（4）：140-142.
② 范治庄. 希望寄托在青年教师身上：访杭州市学军小学校长杨一青 [J]. 人民教育，1989（12）：24-25.

未来社会发展的需要发挥潜能并持续创新"。① 黄山认为，教师作为研究者，至少可以被解读为行动研究者、学生研究者、正式研究者。② 类似研究大多源于一线教师的感性理解，其解读具有鲜明的实践性、针对性、目的性和可操作性。

二是比较研究性解读阶段。研究者运用比较研究法，对研究型教师和其他类型教师加以比较辨析，从而揭示其内涵特征。例如，苏庆君、曾金霞认为："研究型教师是相对经验型教师而言的，指的是在教育领域中，具有丰富的专门知识，掌握教育学、心理学等教育科学理论，在教育实践中不断地探索教育规律和教育方法，并能高效率地解决教育中的各种问题，富有职业的敏锐性及科研意识，对所教学科有创新能力的教师。"③ 湖南师范大学张传燧教授基于"研究型教师"与"记问之师、经师型教师、教育家型教师"的全面比较指出："研究型教师简称'学师'。这种教师不仅学识渊博，懂得教育教学的规律和原则方法，懂得学生心理发展的特点规律和学习的心理机制，能够做到教书育人，而且还重视教育科研，勇于开拓创新，不断探索研究教育教学的特点规律。"④ 这一阶段的研究，让人们通过比较、鉴别，澄清了认识，深化了理解。

三是综合学术性解读阶段。21世纪以来，对研究型教师进行学术性解读的专家学者越来越多。例如，施莉认为："研究型教师是指在教学领域中，具有丰富的和组织化了的专门知识，能高效率地解决教学中的各种问题，富有职业的敏锐的洞察力和创造力的教师。"⑤ 于康平认为："研究型教师即教育家型教师……是指以教书育人作为自己终生追求的事业和实现自我人生价值的主要途径，主动学习教育理论，用以指导自己的教育教学实践，善于对自己的教学实践进行反思并从中发现问题，同时又积极开展行动研究致力于这些问题的解决，从而不断实现自我专业成长和对自我的超越。"⑥ 这类研究试图对研究型教师的内涵和本质作出明确定义和揭示，标志着研究视域的拓展和认知理性的提升。

综观国内相关研究，学者们对于"研究型教师"内涵与特征达成的主要共识有：具有丰富的教育教学实践经验；具有现代教育观念和较高理论素养；具有较强的科研意识与科研能力；具有较强的创新意识与创新能力；具有较强的反思意识与反思能力。

（二）学校解读

湖南师大附中认为，研究型教师的基本特征是"镕金琢玉，并究其妙"。

---

① 胡戡. 基于研究型理念的创新人才培养模式的探讨［J］. 黑龙江教育学院学报，2012，31（1）：19－21.
② 黄山. 对"教师作为研究者"的再认识：17篇SSCI文献的综述及启示［J］. 教师教育研究，2014（6）：101－106.
③ 苏庆君，曾金霞. 刍议研究型教师的内涵［J］. 广西梧州师范高等专科学校学报，2002（4）：49－51.
④ 张传燧. 教师的类型及其素质培养探析［J］. 高等师范教育研究，2000（6）：58－63.
⑤ 施莉. 研究型教师的能力构成及其培养［J］. 宁波大学学报（教育科学版），2001（5）：50－53.
⑥ 于康平. 研究型教师的内涵与素养结构［J］. 现代职业教育，2016（22）：42－43.

　　"镕金琢玉"出自《南史·长沙王叔坚传》，原文为："（陈叔坚）好数术、卜筮、风角，镕金、琢玉，并究其妙。"其本意是镕炼金属、雕琢美玉，比喻精心镕琢、培育英才。作为教育理念，"镕金琢玉"备受人们推崇，湖南师大附中校园内特别建造镕园、琢园二园，旨在宣示育人理念，寄寓教育情怀。

　　学校认为，新时代人民教师，必须以"镕金琢玉"为自我警策，矢志为党育人、为国育才。"镕金琢玉"教育理念寓含多层深意：一是立德为先，教育须培育金玉良才，一定要以金玉为标杆去立德树人，精心培育如金之赤、如玉之纯的德智体美劳全面发展的社会主义建设者和接班人；二是育人为本，教育是为了镕金琢玉育人才，而不是追名逐利抓分数，须着眼树人而不是应试，须育人为本而不是唯分是图；三是因材施教，须分清是金是玉，根据金玉材质之不同有针对性地开展育人活动，提供适合学生的教育，以学定教而不是以教定学，因材施教而不是眉毛胡子一把抓；四是教法灵活，金用镕法，玉用琢法，对象不同则方法不同，育人方式因人而异、因事而化、因时而进、因势而新，不拘一格降人才，而不是一把尺子量到底。"镕金琢玉"四字，蕴含了基础教育综合改革的几乎全部核心理念。

　　学校又强调，新时代人民教师不能止步于"镕金琢玉"，而应该像长沙王陈叔坚一般"并究其妙"，潜心探究教育教学实践的个中奥秘，有目的、有计划、有系统地去开展校本研究，融实践主体和研究主体于一体，既做实干家，又做研究者。著名科学家钱伟长曾说："你不上课，就不是老师；你不搞科研，就不是好老师。"教学没有科研作为底子，就是一个没有观点的教育，没有灵魂的教育①。新时代人民教师要成为大先生、好老师、引路人、系扣人、筑梦人，就必须"镕金琢玉，并究其妙"，展开实践、研究的双翼，成为知行合一的研究型教师。唯有如此，才能成长为高素质、专业化、创新型教师，才能真正担当起为党育人、为国育才的时代使命。

　　"镕金琢玉，并究其妙"的教学研三位一体专业实践，体现了研究型教师三大根本特质。

　　一是校本性。研究型教师本质属性是教师，是履行教育教学职责的专业人员，校园是其教书育人的阵地，讲台是其言传身教的舞台，无论是"镕金琢玉"还是"并究其妙"，都必须为了学校、在学校中、基于学校，都具有从学校中来、回到学校中去的鲜明特性。

　　二是实践性。研究型教师是反思性实践者，他们扎根教育教学一线，置身原生态教育现场，直面教育教学实践中真实而生动地呈现出来的各种现象和问题，亲历教育教学

---

　　① 高志标．培育更多新时代的"四有"好老师［N］．人民政协报，2021－06－30（4）．

实践中纷至沓来的各种困扰、困难、困惑甚至困局的破解过程，拥有丰富的教育教学实践经历、经验和第一手研究资料。

三是研究性。研究型教师主要是行动研究者，他们融实践主体和研究主体于一身，充分利用教室这一"检验教育理论的理想实验室"（斯腾豪斯语），聚焦自己或同伴在教育教学实践中遇到的实际问题，通过资料收集、自我反思、合作探讨等多种方式探究问题成因，形成解决方案并及时应用推广，在"实践—反思—改进—再实践"的周而复始中丰富教育教学知识，改善教育教学实践，提升教育教学质量和人才培养质量，实现教师专业化发展。

研究型教师不同于一般教师，也不同于专业理论工作者，他们是既具有丰富教育教学经验、又具有较强研究意识与能力的一线教师。研究型教师以解决实际问题、提高育人质量为己任，集修养者、学习者、实践者、反思者、研究者于一身，具有丰厚的实践积淀、敏感的问题嗅觉、强大的反思能力、个性化的研究视角、多样化的研究方法和一定的成果物化能力。

基于上述认识，湖南师大附中将研究型教师界定为：富于情怀、勤于学习、长于实践、崇尚学术的高素质、专业化、创新型卓越教师。

二、研究型教师的角色特征

角色原本是戏剧术语，借用于社会学中，一般指处于一定社会地位的个体或群体。传统教育中，教师的角色定位基本上是"传道受业解惑"的文明传承者；随着基础教育改革的不断深入，教师面临着多元角色冲突。研究型教师作为教师专业发展的一种类型，也有着自身的角色追求和定位。

（一）研究型教师的角色追求

1. 既成为明师，又要争当名师

湖南师大附中老校长王楚松曾说："今天做教师，要有这样的志向：既成为明师，又要争当名师。"他认为，成为一位明师，是每位教师必须做的；有理想、有追求的老师，都应成为明师。所谓明师，即开明之师、高明之师、明智之师、明白之师，表现在尊重教育教学规律，尊重学生的个性与特长，在选择适合学生的教育，不以牺牲学生身心健康为代价换取分数，不以不讲科学的敬业贻误学生，不以唯一的标尺去衡量学生的发展[①]。越来越多的事实证明：严师未必出高徒，明师才能育英才，明师是教学一线最需

---

① 王楚松. 校长的精神追求［M］. 长沙：湖南师范大学出版社，2007：111.

要的教师。

成为名师则要复杂、艰难得多。王楚松校长认为，教师要成为名师，"关键在于要有自己对教育的理想，有自己对教育的持久追求……一个教师从他（她）从事教育工作那天起，也就拥有了自己的教育生命，那就应该活出教育生命的意义，实现自己教育生命的最大价值"①。因此，精育名师的关键，是提升教师理想追求的高度与层次。王楚松校长提出了湖南师大附中"理想的教师"四条标准：①理想的教师应该是具有高尚师德和充满爱心的教师；②理想的教师应该是自信自强、不断挑战自我、富有创新精神的教师；③理想的教师应该是具有良好心理素质的教师；④理想的教师应该是勤于学习、不断完善自我的教师。② 这与有理想信念、有道德情操、有扎实学识、有仁爱之心的"四有好老师"标准一脉相承，异曲同工。

成为明师和名师虽然并不简单，但是却应该成为教师专业发展的目标与追求。那么，成为明师和名师路在何方？王楚松校长认为，要成为明师和名师，必须走教研教改之路，由经验型向研究型转化，变教书匠型教师为学者型教师。③ 教师参加教研教改和教育科研，可以把握教育发展趋势，掌握教育教学规律；可以更新教育思想和育人理念，提升教书育人思想境界；可以开阔视野拓展眼界，重构教育教学经验体系；可以增强教育反思调节能力，打造教学特色和育人风格。因此，主动地、积极地投身教研科研，是成为明师和名师的必由之路。

2. 要做合格教师，更要争当优秀教师

从通常意义上讲，学校教师有三个层次：不合格教师、合格教师、优秀教师。常言道：站上讲台易，站稳讲台难，站好讲台更难。"资格教师"不等于合格教师④，担任教师不等于胜任教学。哈佛大学教授戴维·麦克利兰指出："胜任力是指能将某一工作中有卓越成就者与普通者区分开来的深层次特征。"⑤ 真正站稳讲台、成为合格教师并不容易，真正合格了、胜任了，离优秀教师也就不远了。

优秀教师首先应该是合格教师，同时还应该是教书育人的行家，是言传身教的典范。湖南师大附中老校长常力源认为，优秀教师应当具备五力："实力，这由学习、工作、生活经历积淀而成；能力，即解决实际问题的能力；活力，教师面对青年学生，应当充满

---

① 王楚松. 校长的精神追求［M］. 长沙：湖南师范大学出版社，2007：112.
② 王楚松. 校长的精神追求［M］. 长沙：湖南师范大学出版社，2007：112－120.
③ 王楚松. 校长的精神追求［M］. 长沙：湖南师范大学出版社，2007：112－120.
④ 陆道坤. 从"资格教师"到"合格教师"——英格兰教师法定见习制度研究［J］. 比较教育研究，2020，42（1）：67－73.
⑤ 马文姝. 教师胜任力研究述评［J］. 西北成人教育学院学报，2020（1）：89－92.

朝气、不断进取、勇于创新；潜力，即可持续发展的能力；魅力，即才智、风度、亲和力。"① 五力之中，实力和能力是教书育人的基础，活力和魅力是育人成功的保证，潜力则是持续发展的基石。研究型教师必须在反思、研究、改进自身教育教学实践的过程中不断增强"五力"，实现专业成长，争做胜任教育教学、深受学生及家长拥戴的优秀教师。

优秀教师不是捧出来的，不是评出来的，也不是打造出来的，而是在自身的研修和实践中磨砺、积淀而形成的，是在长期实践中历练、学习、反思和提升而动态实现的。王楚松校长认为："我们每位教师，都可能成为名师，关键在于要有自己对教育的理想，有自己对于教育的持久追求，并逐步形成自己的风格。"② 他鼓励教师出成果、拿大奖、当行家、成名师，要求教师树立崇高的教育理想和信念追求，自觉打破思维定势，积极改革创新；从最基础的工作做起，经历不同的岗位、不同的事件、不同的体验，自觉履行教书育人的双重责任；既能够热情而踏实地埋头实践，又能够诚恳而虚心地向他人学习；要认真读书，深入钻研，自觉学习教育教学理论并付诸行动，在实践中扬弃、完善、升华、圆梦。成为名师型优秀教师之路，正好就是成长为研究型教师的专业发展之路。

3. 不仅要做好经师，而且要争做人师

学校认为，教师有三重境界：一是职业境界，成为严肃、严谨、严格地对待教育教学工作、不误人子弟的合格的"经师"；二是专业境界，成为有深厚专业功底、独特教学艺术和风格、出色教学成绩与效果的"能师"；三是事业境界，成为以自身人格塑造学生人格，潜移默化中给予学生终身受益的影响和感化的"人师"。古人说"经师易遇，人师难遭"（袁宏《后汉纪·灵帝纪》），意思是能将自己的渊博学识传授他人并不难，而能以自己的高尚人格修养去教化学子就不那么容易了。教师的天职是教书育人，因此不仅要做好"经师"，而且要争做"人师"。

"经师易遇"并不是说经师不好，不要做经师。教师首先必须是学识渊博的智慧型专业人才，要有"扎实的知识功底、过硬的教学能力、勤勉的教学态度、科学的教学方法"③。湖南师大附中百年办学史上，曾经涌现出大批驰名三湘四水的著名"经师"：任邦柱书记人称"任三角"，文士员老师人称"文地理"，魏先朴老师人称"魏论理"，郭德垂老师人称"郭化学"，黎赞唐老师人称"黎代数"，汪澹华老师人称"汪几何"，易仁荄老师人称"活字典、图书库"，彭昺老师人称"全能国文老师"……这些教育家型

---

①　常力源. 理性办学　内涵发展：常力源办学思想与实践［M］. 北京：教育科学出版社，2015：171.

②　王楚松. 校长的精神追求［M］. 长沙：湖南师范大学出版社，2007：112.

③　习近平. 做党和人民满意的好老师——同北京师范大学师生代表座谈时的讲话［N］. 人民日报，2014 - 09 - 10（1）.

的湖南名师，个个满腹经纶而又学有专长，真正做到了"学高为师"。这些优秀教师，一直是"附中人"学习的榜样、效法的典范。

但是，好老师绝对不能止步于"经师"。习近平总书记曾指出："一个优秀的老师，应该是'经师'和'人师'的统一，既要精于'授业''解惑'，更要以'传道'为责任和使命。"湖南师大附中旗帜鲜明地将"经师和人师的统一"作为教师专业发展的基本要求。常力源校长曾说："作为教师，应当向学生传递学习与发展能力的方法，若仅仅是传授知识，那只是'经师'；教师还应是学生人生的引导者，这才是良师。"① 谢永红书记强调："充分发挥课堂主阵地的育人功能，切实落实'情感、态度和价值观'教学目标，强化学科课程育人和教师教书育人，让课堂教学走出'授之书而习其句读'的封闭、狭隘状态，让各科教师都做到'传道受业解惑'紧密结合，真正由经师变为人师，由授课者变为服务员，由教书匠变为引路人。"② 真正的好老师必须具有"捧着一颗心来，不带半根草去"（陶行知语）的奉献精神，自觉坚守精神家园和人格底线，带头弘扬中华优秀传统美德和社会主义核心价值观，以德立身、以德立学、以德施教、以德育德，以身作则，以自己的模范行为影响、带动、引领青少年学生，帮助他们把握好人生方向，"扣好人生的第一粒扣子"。

4. 努力成为新时代"四有好老师"

确立教师专业发展方向，必须顺应潮流，与时俱进。新时代人民教师"承担着传播知识、传播思想、传播真理的历史使命，肩负着塑造灵魂、塑造生命、塑造人的时代重任，是教育发展的第一资源，是国家富强、民族振兴、人民幸福的重要基石"（中共中央、国务院，《关于全面深化新时代教师队伍建设改革的意见》），应该不忘初心、牢记使命，始终以"四有好老师"标准自警自策、自励自律。"四有好老师"蕴含着丰富而深刻的中华传统文化内涵。孔子曾将圣贤之道概括为"志于道，据于德，依于仁，游于艺"（《论语·述而》），"四有好老师"与此一脉相承：有理想信念就是"志于道"，要求教师树立鸿鹄大志，确立崇高信仰；有道德情操就是"据于德"，要求教师"以心育心、以德育德、以人格育人格"（林崇德教授语），不断提高自身道德修养；有仁爱之心就是"依于仁"，要求教师爱生如子、以人为本，全心全意为学生服务；有扎实学识就是"游于艺"，要求教师更新教育理念，丰厚学识学养，练就育人本领，提升教育质量。

"四有好老师"与湖湘文化精神也是融通一致的。湖湘文化的精神特质，主要体现

---

① 常力源. 理性办学 内涵发展：常力源办学思想与实践［M］. 北京：教育科学出版社，2015：171.
② 谢永红，等. 育人方式改革：全员育人理论与校本实践研究［M］. 长沙：湖南师范大学出版社，2019：134－135.

在"吃得苦、霸得蛮，扎硬寨、打硬仗""心忧天下、兼收并蓄、求仁履实、敢为人先"① 等方面。"心忧天下"强调以振兴中华、强国富民为己任，"兼收并蓄"强调以海纳百川、勤学苦练为常务，"求仁履实"强调以经世致用、拯济苍生为担当，"敢为人先"强调以革故鼎新、锐意进取为追求。可见，湖湘文化的精神实质与"四有好老师"相互融通、吻合一致。湖南师大附中倚岳麓邻书院，"藏之山水千年正脉"，早在 1938 年就确立了富有湖湘文化特色的"公（天下为公）、勤（勤敏以行）、仁（求仁履实）、勇（勇于创新）"之校训，其精神内核正是有理想信念、有道德情操、有扎实学识、有仁爱之心。争做"四有好老师"，既是对中央号令、时代召唤的响应与践行，也是对文化传统、办学特质的赓续与弘扬。

湖南师大附中将"四有好老师"确立为研究型教师专业化发展目标方向。学校围绕守初心、担使命、找差距、抓落实的总要求，持之以恒地开展党风廉政、师德师风、社会主义核心价值观等系列学习教育活动，引导教师坚定理想信念，坚持正确政治方向。学校坚持"三个严格"（严格师德监督、严格师德考核、严格师德惩处），从组织构建、制度构建、防线构建等多个维度强化师德师风建设，切实规范教职员工的职业道德行为。学校实施深度培训、适度超前、注重规划、个性发展的校本研修策略，强化教师培训培养，促使他们具备扎实的知识功底、过硬的教学能力、勤勉的教学态度、科学的教学方法。学校全面倡导以真心、真情、真诚为内核的"三真教育"，要求教职员工用高尚、神圣、无私、纯洁的师爱，打造充溢仁爱之光的育人圣殿，呵护每一个学生的健康成长、茁壮成才②。

（二）研究型教师的角色转型

基础教育综合改革正在逐步走向深入，从课堂走向课程、从教学走向教育、从指向能力走向指向智慧成为总体改革发展趋势。研究型教师必须顺应潮流，乘势而为，主动求新求变，谋求转型发展。

学校认为，新时代研究型教师角色转型，主要体现在四个方面：

1. 从职业型向专业型转型

新时代人民教师，不能只做教书匠，不能把教育教学当作养家糊口的工具。《中华人民共和国教师法》明文规定："教师是履行教育教学职责的专业人员。"教师不能满足于"授之书而习其句读"，不能停留在知识的讲析者、传授者层次，还应该成为教育教学活动的组织者、管理者、研究者、改革者、创造者，成为教育教学活动中的道德示范者、兴

---

① 杜家毫. 革命理想高于天［N］. 湖南日报，2020 – 09 – 15（2）.

② 谢永红. 为新时代教师专业化发展铺路搭台［J］. 湖南教育（D 版），2020（1）：8 – 11.

趣激发者、情绪调控者、潜力挖掘者、思维激活者、创新引领者，要"镕金琢玉，并究其妙"，通过不断实践、反思、总结、提升，提高专业化水平，成长为专业型、研究型教师。

2. 从知识型向智慧型转型

习近平总书记曾说："在信息时代做好老师，自己所知道的必须大大超过要教给学生的范围，不仅要有胜任教学的专业知识，还要有广博的通用知识和宽阔的胸怀视野。好老师还应该是智慧型的老师，具备学习、处世、生活、育人的智慧，既授人以鱼，又授人以渔，能够在各个方面给学生以帮助和指导。"① 丰厚的知识储备的确重要，但是，置身知识大爆炸时代，储备多少知识也可能会有左支右绌、捉襟见肘的时候，因此，成为智慧型的老师显得尤为重要。教育内容的多样性、交融性，教育对象的差异性、独特性，教育过程的交互性、生成性，都对教师的智慧提出了新挑战和新要求。教师自古就被称为"智者"，应该葆颐本色，做回智慧型教师。

3. 从传道型向指导型转型

为学生的终身发展导航护航，是新时代人民教师的基本职守。2016 年 9 月 9 日，习近平总书记访问母校北京市八一学校时曾指出："广大教师要做学生锤炼品格的引路人，做学生学习知识的引路人，做学生创新思维的引路人，做学生奉献祖国的引路人。"作为新时代研究型教师，必须自觉改变单纯传道者的角色定位，不断提升自身的教育力、规划力、指导力，全面担负起学生思想启导、学业辅导、成长向导、心理疏导、生涯指导、专业训导、生活辅导、学术引导等育人职责，努力成为学生成长成才的领航员、引路人和守护者，确保每一位学生都能获得适合的教育和全面而有个性、主动而生动的发展。

4. 从经验型向研究型转型

经验很重要，也很有价值；有经验是成熟的标志。但是，经验毕竟只是认识的初级阶段，有待深化，有待实践检验，有待凝炼升华为知识理论。因此，由经验型教师走向研究型教师，是自然之理，是应有之义。教师需要不断在教育教学实践中积累经验，但是又不能为个人的狭隘经验所束缚，不能迷信经验而犯下经验主义错误。经验并不是真理，经验型教师需要不断总结反思，不断研究探索，由浅表走向深入，由零碎走向系统，由个别走向一般，由稚嫩走向成熟。研究型教师不单是"有经验"的教师，而且必须是"有研究"的教师。

上述四大转型都不是自然而然生成的，都不是一蹴而就完成的，都需要教师亲自去

---

① 习近平. 做党和人民满意的好老师——同北京师范大学师生代表座谈时的讲话［N］. 人民日报，2014 – 09 – 10（1）.

不断修炼、不断完善，如同破茧成蝶，甚至浴火重生。生命的能量无可限量，但却常常处在睡眠状态。专业发展潜能也常常在酣睡中，教师要充分发挥自立性、自主性和自为性，努力将自己"从被'粘住'或'冻僵'的状态下解放出来，把能量释放出来，输入新的元素，依靠自身力量来发展自己"①，努力谋求并动态实现更高标准、更高质量、更高品位的专业发展。

三、研究型教师的校本培养

研究型教师是创新型、智慧型、专家型、学者型甚至教育家型教师，但并非高不可攀、无以企及。

第一，研究型教师是一个生成性概念。不是已经成了研究型教师才去开展反思性实践和行动研究，而是在反思性实践和行动研究过程中渐进式成长为研究型教师。研究型教师不是完成时，而是进行时；研究型教师专业成长是一个动态实现过程，每位教师都可以朝着研究型教师目标进发，都可以行走在成为研究型教师的创新发展路上。

第二，研究型教师是一个过程性概念。研究型教师的教学研究主要"不是为了出成果，而是为了出人才"（陈玉琨教授语）；衡量是不是研究型教师，主要考察的不是取得了多少理论成果或多大学术成就，而是"实践—反思—改进—再实践"的校本研究过程是否脚踏实地，是否取得了实际成效，是否获得了专业成长。这样的反思性实践过程，一线教师时常经历，研究型教师只不过是做得更为自觉、更为自主、更为自如而已。

第三，研究型教师是一个工具性概念。研究根本不是一个领域，而是一种方式，是一种态度。② 研究型教师，就是能够用研究的态度和方法去理性地审视、不断地改善自身教育教学实践的教师。他们所凭借的主要是实践、反思两大利器，而无论实践还是反思，对于教师专业发展来说，都是方式、工具或途径。处于任何一个发展阶段的教师，都可以应用这一方式、工具，也都应该在实践中研究、在研究中改进，逐渐成长为研究型教师。

习近平总书记曾指出："好老师不是天生的，而是在教学管理实践中、在教育改革发展中锻炼成长起来的。"③ 研究型教师也不是天生的，没有谁一生来就是研究型教师；研究型教师不可能从天上掉下来，只能在"教学管理实践"和"教育改革发展"中锻炼成长。中共中央、国务院发布的《关于全面深化新时代教师队伍建设改革的意见》（中发

---

① 成尚荣. 名师的基质 [J]. 人民教育，2008（8）：37-41.
② 宁虹. "教师成为研究者"的理解与可行途径 [J]. 比较教育研究，2002（1）：48-52.
③ 习近平. 做党和人民满意的好老师——同北京师范大学师生代表座谈时的讲话 [N]. 人民日报，2014-09-10（1）.

〔2018〕4号）指出："到2035年，教师综合素质、专业化水平和创新能力大幅提升，培养造就数以百万计的骨干教师、数以十万计的卓越教师、数以万计的教育家型教师。"培养研究型教师，就是要聚焦"综合素质、专业化水平和创新能力"三大要素，通过专业引领、同伴互助、自主研修和项目推动等多样化路径，做好"修、学、教、研"四篇文章，实现高素质、专业化、创新型教师的理想成长。

研究型教师是富于情怀、勤于学习、长于实践、崇尚学术的卓越教师，其专业发展主要需在精修、勤学、躬行、深研四大方面下功夫。

（一）精修：筑牢研究型教师专业发展的防线底线

教育之本，教师为要；教师之本，师德为要。习近平总书记于2018年5月2日在北京大学师生座谈会上发表讲话，首次明确指出"评价教师队伍素质的第一标准应该是师德师风"①。凡事都有规矩，行事必立准绳。古人云："欲知平直，则必准绳；欲知方圆，则必规矩。"（《吕氏春秋·不苟论·自知》）准绳、规矩，是法令、是规则，也是目标、是样板。人民教师不单要学高为师，而且应身正为范，必须懂规则、守规章、讲规矩，言有所戒，行有所止，真正做到"从心所欲不逾矩"（《论语·为政》），具备"身正不令而行"（《论语·子路》）的自律力、示范力与教育力。研究型教师是新时代人民教师的典型和范式，首先必须成为师德师风的典范、道德操守的楷模。培养研究型教师，必须将师德师风摆在首位，扎实开展师德师风教育，筑牢思想防线，坚守廉洁底线，着力提升教师政治思想和职业道德素养，全面建设党风清明、学风清正、校风清新的清廉校园。

1. 深化师德认知，引领研究型教师增强职业道德意识

坚持党建引领，强化研究型教师为党工作、替党分忧、为党育才意识。健全学习制度，增进研究型教师对中国特色社会主义的政治认同、思想认同、理论认同、情感认同，自觉地用习近平新时代中国特色社会主义思想武装头脑。明确价值导向，引领研究型教师践行社会主义核心价值观，并融入教育教学全过程，促使他们深入了解世情、国情、党情、社情、民情，强化建设教育强国、人才强国、科技强国的战略意识和责任担当。

2. 创新师德教育，引导研究型教师树立远大职业理想

开展专题学习，组织研究型教师系统学习党和国家的政策文件、制度法规，提高思想认识，规范言行举止。健全宣誓制度、承诺制度等师德教育制度，增强研究型教师的专业尊严感、荣誉感和责任感。

---

① 习近平. 在北京大学师生座谈会上的讲话［N］. 人民日报，2018–05–03（2）.

3. 严格师德考评，督导研究型教师自觉加强师德修养

完善师德考核制度，建立师德师风建设专档，构建平时考核与年度考核相结合的常态化师德考核机制。强化结果运用，将师德师风考核结论作为研究型教师绩效考评、职务评聘、岗位聘用、评先评优的主要依据。加大惩处力度，发现不文明从教、不廉洁事教的问题现象，要零容忍、强高压、长震慑，依法依规严肃查处。

4. 突出师德激励，促进研究型教师形成重德养德风气

组织表彰活动，全面开展师德师风建设先进集体、优秀个人评比表彰，打造全校教师人人争做师德模范、个个创先争优的良好风气。培树师德典型，定期举行师德师风建设先进事迹报告会，全面开展向先进典型学习的活动，充分发挥先进典型的示范、引领作用，激发教职工学先进、赶先进的热情，形成崇尚模范、争做标兵、见贤思齐的价值导向。

5. 强化师德监督，做好研究型教师失德失范行为防控

设立师德师风投诉举报阳光平台，构建政府、学校、教师、学生、家长和社会广泛参与的六位一体师德监督体系，切实保障全校师生、学生家长和社会舆论的师德师风民主监督权利。通过群众提、自己找、上级点、相互帮等形式，查摆师德师风问题，落实问责制度。采取省市外部督导与学校内部督导相结合的方式，定期开展师德师风建设问题督导、跟踪督导和整改督导，帮助教职工筑牢防线，守住底线，看准边线，不越红线，远离高压线。

6. 落实师德保障，打造研究型教师向上向善良好环境

加强组织领导，强化措施，压实责任，形成领导带头、上下联动格局，为师德师风建设提供坚实的组织保障。营造尊师氛围，依法保障教师合法权益，重视教师，关爱教师，强化教师荣誉感、归属感、获得感和幸福感。建立长效机制，建立完善思想铸魂的引领机制、多方联动的协同机制、广泛参与的监督机制、内外结合的激励机制、科学严格的惩戒机制，着力建立健全师德师风建设长效机制。

（二）勤学：厚植研究型教师专业发展的学养素养

研究型教师专业发展需以丰厚的学识学养、全面的专业素养为基石。学识学养、专业素养的具体内涵，就是习近平总书记提出的"有理想信念、有道德情操、有扎实学识、有仁爱之心"[①]，唯有勤于学习，才能不断进步、不断成长，不断获得学识学养、专业素养的发展和提升。2012 年，国家颁布的《中学教师专业标准》提出了师德为先、学生为

---

① 习近平. 做党和人民满意的好老师——同北京师范大学师生代表座谈时的讲话［N］. 人民日报，2014 – 09 – 10（1）.

本、能力为重、终身学习四项核心价值，要求教师具备专业理念与师德、专业知识、专业能力三个方面的学养素养，光是"专业知识"就涵盖了教育知识、学科知识、学科教学知识、通识性知识四大领域，细分为18项基础指标（见表5-1）。没有自强不息的好学态度和兼容并蓄的勤学行动，不可能在如此根系庞大的学识学养、专业素养世界中畅行无阻并收获满满。

表5-1　《中学教师专业标准》中教师专业知识结构

专业知识	教育知识	掌握中学教育的基本原理和主要方法。
		掌握班集体建设与班级管理的策略与方法。
		了解中学生身心发展的一般规律与特点。
		了解中学生世界观、人生观、价值观形成的过程及其教育方法。
		了解中学生思维能力与创新能力发展的过程与特点。
		了解中学生群体文化特点与行为方式。
	学科知识	理解所教学科的知识体系、基本思想与方法。
		掌握所教学科内容的基本知识、基本原理与技能。
		了解所教学科与其他学科的联系。
		了解所教学科与社会实践的联系。
	学科教学知识	掌握所教学科课程标准。
		掌握所教学科课程资源开发的主要方法与策略。
		了解中学生在学习具体学科内容时的认知特点。
		掌握针对具体学科内容进行教学的方法与策略。
	通识性知识	具有相应的自然科学和人文社会科学知识。
		了解中国教育基本情况。
		具有相应的艺术欣赏与表现知识。
		具有适应教育内容、教学手段和方法现代化的信息技术知识。

　　新时期人民教师的知识结构，已经打破了本体性知识、实践性知识、条件性知识的传统建构，要求具有全面性、专业性、通识性。全面性是指既要掌握所教的学科知识，又要掌握教育专业知识；专业性是强调要有扎实的专业学识、精深的专业学养；通识性是指教师要有广泛的文化素养、宽广的知识视野。正因为如此，习近平总书记强调："在信息时代做好老师，自己所知道的必须大大超过要教给学生的范围，不仅要有胜任教学的专业知识，还要有广博的通用知识和宽阔的胸怀视野。好老师还应该是智慧型的老师，具备学习、处世、生活、育人的智慧，既授人以鱼，又授人以渔，能够在各个方面给学生以帮助和指导……要求老师始终处于学习状态，站在知识发展前沿，刻苦钻研、严谨

笃学，不断充实、拓展、提高自己。过去讲，要给学生一碗水，教师要有一桶水，现在看，这个要求已经不够了，应该是要有一潭水。"①

对于教师学习的重要性，湖南师大附中历任校长有着清醒的认识。王楚松校长曾指出："理想的教师，应该是一个勤于学习、不断完善自我的教师……作为教师，你跟其他专家不一样，需要有各方面的知识。一个知识面不广的教师很难真正给学生以人格的感召。"② 常力源校长认为："课程改革的重心已从教给学生知识转到培养学生的创新能力上来，作为教师应该挣脱学科本位思想的束缚，汲取新知，才能适应新课改的需要。课程改革需要教学研究，教学研究应加强教师学习，因此，教师应让读书学习成为我们生活中不可或缺的一部分，好读书、读好书会让我们善于思考，远离浮躁。"③ 周望城书记强调："年轻时要耐得住寂寞，抵得住诱惑，克服浮躁心理，潜下心来学习……两个起点一样、条件一样的人，几年之后，会有不一样的进步，关键在于学习，在于做有心人，关键在于 8 小时之外。"④

教师学习的方式方法多种多样，"存在于教师生活世界和教育世界的每一环节……能够促进教师自我反思、自我批判、自我接纳、自我驱动和自我建构"⑤ 的一切行动都具有教师学习意义，都属于教师学习行为。周望城书记认为："修养修养，要修要养。修养之修是指学问、品行方面的学习和锻炼；修养之养是指学问、品行方面的培养、形成……希望大家不断学习，不断修养。从书本中学习，从实践中学习；向社会学习，向人群学习；向水平比自己高的人学习，也向水平比自己低的人学习；在顺境中学习，在逆境中学习；在愉快欢乐中学习，在悲伤痛苦中学习；顽强地学习，持之以恒地学习，教师专业要求我们终身学习……"⑥

在多种多样、丰富多彩的教师学习活动中，学校特别强调教师阅读。王楚松校长强调："教师必须从基础做起，扎扎实实多读一些书，而且要认真研读，不能光听学术报告、讲座和参观，搞'短平快'，一定要潜心读书，读教育经典，阅读新课标原文，研读教学案例，经常浏览有关报纸杂志。"⑦ 目前，国内中小学教师阅读状态堪忧，他们每天都在看书，但所看的基本上只是教材和教学辅导书；他们也经常动笔，但是基本上在写教案、做题目、填表格。网络上流行一种说法，教育最可怕的是"一群不读书的教师

---

①　习近平．做党和人民满意的好老师——同北京师范大学师生代表座谈时的讲话［N］．人民日报，2014 - 09 - 10（1）．

②　王楚松．校长的精神追求［M］．长沙：湖南师范大学出版社，2007：118 - 119．

③　常力源．理性办学　内涵发展：常力源办学思想与实践［M］．北京：教育科学出版社，2015：104．

④　周望城．耕耘录——中学教育的思考与实践［M］．长沙：湖南教育出版社，2014：71．

⑤　崔振成．超越悲剧：教师学习力的退化与提振［J］．东北师大学报（哲学社会科学版），2014（5）：192 - 193．

⑥　周望城．耕耘录——中学教育的思考与实践［M］．长沙：湖南教育出版社，2014：71．

⑦　王楚松．校长的精神追求［M］．长沙：湖南师范大学出版社，2007：116 - 119．

在拼命教书"。虽然有些片面、偏激，但也道出了教师阅读的不可或缺。朱永新教授曾指出："阅读能力比学历更能准确反映一个人在事业中的发展"，"一个人的阅读史就是他的精神发育史"，"一个没有阅读的学校永远不可能有真正的教育"。① 实践表明，教师的专业发展离不开读书，离不开对各种知识的兼容并蓄式追求。研究型高中建设的一个重要内容是书香校园建设，为的就是给师生营建一个清幽静好的精神家园，打造一方能提供真正的教育的育人沃土（详见本书第六章第二节）。

2014 年 9 月 9 日，习近平总书记同北京师范大学师生代表座谈时发表重要讲话，在阐说"做好老师，要有扎实学识"时引用了三句名言：一是《庄子·逍遥游》中名言"水之积也不厚，则其负大舟也无力"，强调教师应有充足的储备和宽广的视野；二是苏霍姆林斯基名言"为了使学生获得一点知识的亮光，教师应吸进整个光的海洋"，强调教师应有广泛的涉猎和渊博的学识；三是陶行知先生名言"出世便是破蒙，进棺材才算毕业"，强调教师应该终身地学习，不断地进取。习近平总书记的谆谆告诫，是对研究型教师"勤于学习"特质的精准揭示和解读，为研究型教师专业发展提供了导航明灯和不竭动力。

（三）躬行：丰富研究型教师专业发展的经验积淀

"纸上得来终觉浅，绝知此事要躬行。"（陆游《冬夜读书示子聿》）教师专业发展，不是自然生长的，而是在教育教学实践过程中不断求索、逐渐积淀、动态实现的。湖南师大附中老校长王楚松认为："一个优秀的教师，他应该是一个不断探索、勇于创新的人，是一个教育上的有心人。教师不在于他教了多少年书，而在于他用心教了多少年书。有些人，他教一年，然后重复五年、十年甚至一辈子；有些人，实实在在地教了五年。一个实实在在教了五年的人，与一个教了一年却重复了一辈子的人，他们的成就是不一样的。"湖南师大附中强调教育教学实践，要求教师在教育教学实践过程中出真知、长才干，实现高水平高质量的专业发展。

1. 实施"三步三环"集体备课，增强教师四个意识

集体备课是以备课组为单位，共同开展研读课标教材、分析生情学情、制订教学计划、审定教学设计、开展课堂观摩、反思教学得失、反馈教学信息等一系列活动的课堂教学研究方式。集体备课集成了众智众力，避免了单兵作战，取得了优化深化，实现了整体推进，历来备受重视与推崇。但是，在实际操作中，集体备课也出现了诸如一言堂、走过场、演闹剧、拉家常等不少问题，致使其功能效用得不到充分发挥。

为了增强集体备课的严肃性、规范性、有序性和有效性，湖南师大附中制定了"三步三环"集体备课制度。"三步"指每个完整的集体备课流程应经历三个步骤：第一步，

---

① 一个人的精神发育史，就是阅读史 ［N］. 华商报，2013 - 10 - 22 （4）.

分工明责，主备"初备"；第二步，研讨优化，集体"精备"；第三步，分头实施，复盘反思。"三环"指每次集体备课活动应包括三个环节：一是反馈环节，即反馈集体教案实施情况，进行教学归因分析，开展教学反思，撰写教学后记；二是研讨环节，即研讨主备人提供的"初备教案"，进行全面优化，形成"集备教案"，进而开展个性化备课，确立"实施教案"；三是分工环节，布置下一阶段的集体备课任务，明确要求压实责任。实施"三步三环"集体备课制度，克服了教师备课单打独斗、教案撰写"等靠要搬"、课堂教学各吹各调、教学效率"少慢差费"、教师发展参差不齐等弊端，也消除了集体备课走过场、拉家常、一言堂等不良现象。

实施"三步三环"制度后，湖南师大附中集体备课走向制度化、规范化、常态化，显著增强了教师四个意识：一是协作意识，既有明确分工，又有密切合作，建立起了平等、民主、互助、合作的良好氛围，团队成员协作意识与协同能力显著增强；二是团队意识，备课组构成了教研团队，成员互学互促，取长补短，合作探究，共进共赢，团队意识和整体素质能力显著增强；三是效率意识，依靠团队力量，凝聚集体智慧，调动多方资源，实现"精致备课"（北京师范大学赵希斌博士的教学主张），博采众长，集思广益，效率意识和备课质量显著增强；四是反思意识，从主备人"初备"到备课组"精备"，从教学后个体反馈至集体"复盘"，反思贯穿全程，成为研究主线，教师教学反思研究意识与能力显著增强。

2. 构建"一二三四五"教研机制，实现教师五个促进

课堂教学研究是中小学校最基本的常规教研活动。学校定期推出各式各样的研究课、示范课、汇报课、展示课、考核课、竞赛课等，组织教师在备课、磨课、授课、听课、说课、评课、改课的过程之中，更新教育理念，强化课程意识，反思教学得失，提高教学水平。这是学校教学研究工作的常规常态，也正因为一个"常"字，又常常流于形式甚至滑入形式主义泥淖：表演成分越来越重，做作痕迹越来越深，作秀因素越来越多，研讨意义越来越小，成果生成与物化越来越少。

为了克服形式主义弊端、提升教学研究效率，湖南师大附中进行了大刀阔斧的改革创新。一方面，实行课堂教学研究"631制"（每个学期，年级组推出6堂校级公开课，教研组推出3堂组级公开课，备课组推出1堂组内公开课），坚持走强化教研提质量之路；另一方面，构建"一二三四五"教研机制，全面规范了课堂教学研究活动，提升了课堂教学研究效率和质量。

"一"指一个体现：所有公开课都须体现先进教育思想、新课程理念、绿色质量观和科学人才观。

"二"指两个展示：一是展示教师的教学功力和特色，要求上真课而不是作表演；

二是展示现代教育技术的恰当运用，要求多媒体成为教学辅助而不成为教学依赖。

"三"指三个结合：一是实用与研究结合，既是教学活动又是研究活动；二是教法与学情结合，既要不拘一格又要因材施教；三是传承与创新结合，既有继承坚守又有创意亮点。

"四"指四个环节：一是集体备课，包括备课、试课、改课、磨课等，要求"精致备课"一丝不苟；二是授课听课，包括主讲授课、全员听课、全面观课、全程录课等，要求全员参与客观记录；三是说课评课，包括主讲说课、全员议课、专家评课、片段辩课等，要求充分讨论并深刻反思；四是研课写课，包括视频"复盘"、后记撰写、课例整理、论文写作等，要求深入研究，物化成果。

"五"指五个促进：一是促进教师学习，通过向书本学习、向同事学习、向专家学习等形式，促进教师学习，提高理论与专业水平；二是促进教学研究，向研究要质量，从研究找规律，靠研究增智慧，用研究淬特色；三是促进教师素质提升，通过课堂教学研究锻炼教师、发展教师，培养大批理念新、水平高、能力强、素质好的业务骨干和优秀教师；四是促进教改深入，扎扎实实开展教研教改，促进课堂教学深度改革，为学校实施更高标准、更高质量、更高品位发展抢占制高点；五是促进课堂高质高效，全面打造高效课堂，全面提升教学质量，为学生提供优质服务和合适的教育。

3. 建设"三导四学"高效课堂，塑造教师五种角色

传统教学理念中的教学是"以教定学"，集中体现在"三个中心"，即以教师为中心、以教材为中心、以教室为中心。教师教学生学，教师讲学生听，教师做学生看，教师写学生记，教师教什么学生学什么，教师教多少学生学多少，教师怎样教学生怎样学，教完全控制了学，教师完全占领课堂，学生完全处于被动。现代教学论认为：学生是学习的主体，没有自身的感悟和建构，学生就不可能将外在的知识转化为自身的精神财富；没有自身的活动、训练，学生就不可能将外在的行为要求转化成自身的行为方式；没有自身的体验、经历和问题解决，学生就不可能生成分析问题、解决问题的能力。因此，湖南师大附中将"以学定教"确立为课堂教学改革的基本原则，要求从学生需求出发，因学制宜，因材施教。

学校建构了"三导四学"高效课堂模式。"三导"即教师引导、指导、督导；"四学"即学生自主学习、合作学习、探究学习、体验学习。"三导四学"就是教师在课堂教学活动中充分发挥主导作用，引导、指导并督导学生开展自主学习、合作学习、探究学习和体验学习，促使他们真正成为学习的主体和主人。科学实施"三导"的前提，是准确研判学生的基本学情和实际学情。"基本学情"是教师根据国家课程的进程安排、学生的身心学业发展和教师的教育教学经验而综合做出的初步判断，所涉及的情况具有

代表性，但不一定具有很强的针对性。"实际学情"是建立在学生自主学习后的实际情况基础上的，因学而定，因人而异，针对性相对而言比较强。教师科学实施"三导"，必须首先全面而准确地把握学生的基本学情和实际学情，唯有如此，才能真正突破传统的"三个中心"堡垒，实现以学定教、一课多学和一课多得，增强课堂教学的自身价值与附加值，促进学生整体化、个别化、个性化、差异化、特色化发展。

学校认为，在引导、指导并督导学生自主学习、合作学习、探究学习和体验学习的过程中，教师应当充当好五种角色[1]：一是学习任务的制定者，精心设定学习目标任务，实现学习活动的目标引领和任务驱动；二是学习活动的组织者，组织学生展开内部互检、疑义相析、合作探究、展示交流、评价总结等各个环节，掌握好讲与不讲、深讲与浅讲、精讲与略讲、全体讲与个别讲等尺度分寸；三是学习结果的评判者，及时、客观地仲裁和评价学生的学习结果和质量，帮助学生获得成功体验，激发其上进心、求知欲和自我效能感；四是学习方法的指导者，不止步于授人以鱼，而注重授人以渔（学法与用法）和授人以欲（兴趣与激情），不止步于"给人以猎物"，而注重"给人以猎枪"和狩猎愿望与冲动；五是学习兴趣的维持者，激发并维持学生兴趣，促使他们好奇心始终强烈、求知欲始终旺盛、参与热情始终高涨。

4. 倡导"养正出奇"施教方式，提升教师四种能力

古人云："凡战者，以正合，以奇胜。"（《孙子兵法·势篇》）如果说课堂教学改革也是一场战役的话，打赢这场战役，需要养正、出奇双管齐下。"养正"指教师博采众长，学习借鉴各种科学的、经典的、成功的教学策略与方法；"出奇"则指不拘泥于一定的教学策略与方法，大胆改革创新，灵活施教；"养正出奇"强调教师在课堂教学方式方法运用上要通晓名家，融通百家，自成一家[2]。

教学模式，是在一定教学思想指导下建立起来的、与一定任务相联系的教学程序及其实施方法的策略体系，也可以简单理解为教学方案、套路、模型、范式等。可资借鉴的教学模式是非常多的，例如凯洛夫、马赫穆托夫、杜威等教育名家开创的"授—受学习模式""问题教学模式""发现教学模式"等，甚至包括曾经轰动一时的杜郎口模式、洋思模式等，也都具有参考价值，都是"养正"的好资源。教学模式其实没有高低好坏之分，只有合适不合适之别。所谓"养正"，就是要善于吸收各种教学模式的科学性、规律性、民主性精华，借鉴其有序性、有效性、可操作性教法，做到"以我为主，应我所需，为我所用，成我所有"。湖南师大附中践行"以人为本、兼容并蓄"的办学理念，

---

① 谢永红. 先锋——湖南师大附中课程改革十五年（2000—2015）［M］. 长沙：湖南师范大学出版社，2015：41.

② 樊希国. 坚守与改进：新时期高中教育改革初探［J］. 教师教育论坛，2017，30（10）：77–79.

在施教方式方面博采众长、融汇百家，就是"以人为本、兼容并蓄"的具体表现。

另一方面，任何一种教学模式都是一定的教学理论或教学思想的反映，都是一定理论指导下的教学行为规范，都指向一定任务或一定目标，因而都具有特定应用语境、特定适应环境和特定适用对象。硬性规定所有教师不论教学什么内容、不管面对什么学生，都只能采用同一种模式去教，花同样多时间去教，把模式看成万能的教条，视若《圣经》加以顶礼膜拜，这样做是明显违背规律和常识的。在教学模式创新层出不穷、此起彼伏的大环境下，对待教学模式的态度应当客观与理性，要"运用脑髓，放出眼光，自己来拿"（鲁迅《拿来主义》），要坚信"教学有法，教无定法，贵在得法"，要做到"四不"（不漠视、不盲从、不僵化、不固化），要实现"四模"（入模、出模、超模、创模），在"养正"的前提下力求"出奇"，形成自己独特的方式、方法甚至特色、风格。

倡导"养正出奇"施教方式，提升了教师四种能力：一是学习力，即通过阅读、讲析、观摩、模仿、实践获得知识或技能的能力；二是甄别力，即去粗取精，去伪存真，作出科学鉴别、正确取舍、必要淘汰的能力；三是思考力，即审问、明辨、深思、慎取的能力；四是创新力，即根据客观的校情、生情、学情而因地制宜、推陈出新的能力。

（四）深研：提升研究型教师专业发展的内涵品质

教育科研具有多元价值，对于提升教师专业素养、促进教师专业发展意义尤其重大。教师走上教育科研之路，也就踏上了高质量发展之路，而且踏上了职业幸福之路。湖南师大附中具有"科研兴校、科研强教"的办学传统，在促进教师专业发展方面，也始终紧扣一个"研"字做文章，积极引领教师走实践反思、行动研究之路。常力源校长曾说："创新型高素质人才的培养，需要创新型高素质的教师。教育改革的最大阻力往往来源于教育自身，要冲破这种阻力，就要架设理想与现实的桥梁，这座桥梁在我们看来，就是教育科研。教育科研能够唤醒沉睡的心灵，能够触动僵化的思想，能够激发创新的热情。"[①] 通过校本研究，提升教师专业发展的内涵品质，是湖南师大附中研究型教师队伍建设的重要途径，也是宝贵经验。

1. 正视四类问题

当前，中小学校本研究发展不均衡，究其原因，在于普遍存在下述四类问题。

一是认识不足。集中体现为三大论调：没有必要论，误以为教书育人靠"时间＋汗水"就够了，校本研究没有必要；高不可攀论，误以为教育科研是专家、教授的专利，从而置身于教育科研大门之外；可有可无论，误以为校本只为装点门面，实际作用与意义不大。

---

① 常力源. 理性办学　内涵发展：常力源办学思想与实践［M］. 北京：教育科学出版社，2015：78.

二是无从下手。集中体现为三个情形：找不到课题，身处教育科研"宝山"却空手而归；得不到机会，达不到立项条件而又不积极创造条件，反以种种借口缩头缩手；看不到支持，习惯于"等靠要"，面对现实困难束手无策，牢骚满腹。

三是无人来做。集中体现为三个方面：领导没有时间来做，教师没有精力来做，自己没有心情来做。"时间"从来靠争分夺秒，"精力"从来靠合理分配，"心情"从来靠自我调控，三个"没有"显然都是借口。

四是质量不高。集中体现为三大问题：选题未切中要害，或脱离实际，或偏离焦点，或滞后发展，或步人后尘；研究缺乏探索创新，或没有价值，或没有深度，或没有新意，或没有主见；管理没落实到位，雷声大雨点小，立项后不见动静，结题时东拼西凑，研究流于形式。

2. 坚持一个原则

中小学校本研究是对学校教育教学实践中存在的、暴露的问题或现象的思考和探究，研究课题来源于实践，研究行为扎根于实践，研究成果服务于实践，必须坚持一个原则：立足校本。

"立足"就是站稳脚、扎住根，要置身其中而不是置身事外，要眼睛向下而不是双目朝天，要心无旁骛而不是好高骛远，要专心致志而不是见异思迁。

"校本"就是以学校为本，要为了学校（目的），解决学校所面临的问题，改进学校教育教学实践；要在学校中（定位），研究学校自身存在的问题，由学校自己的人解决问题；要基于学校（原则），一切从学校实际出发，考虑学校实际，挖掘学校潜力。

3. 实现三个"三结合"

一流教育应向教育科研要质量，要以教育科研带动教学改革，促进质量提升。开展校本研究，要实现三个"三结合"[①]：

一是教学、教改、研究三结合。教学、教改要为研究提供资源库和试验田，研究要为教学、教改提供服务站和参谋部。

二是总结经验、专题探讨、教育实验三结合。要及时总结经验、探讨问题、实践检验、物化成果，使校本研究具有高度的目的性、计划性、规范性和严肃性。

三是干部、教师、专业理论工作者三结合。要多方协力、协同、协调开展校本研究，校长作为"教育科研和教育实践之间的中介人"[②]，尤其要展示校本研究的领导力、行动力和服务力。

---

① 王楚松. 校长的精神追求［M］. 长沙：湖南师范大学出版社，2007：94－95.
② 王楚松. 校长的精神追求［M］. 长沙：湖南师范大学出版社，2007：24.

4. 形成"七个一"模式

"科研兴校、科研强教"不能只是一句响亮口号，而应该落实于具体行动，成为学校办学行为和特色。湖南师大附中在长期教育科研实践与管理过程中逐渐形成了"七个一"模式①。

所谓"七个一"，指的是：一套机构，包括科研决策层、管理层和研究层，形成了立体管理模式；一本制度，权责分明，程序规范，一切按制度做、依程序走、循规矩办；一批课题，将各级各类课题研究视为推进校本研究、培养研究骨干、提升学术素养的契机和途径；一本指南，引领教师全面了解校本研究的流程、标准、要求和技法；一批专家，组建学术顾问团、专家咨询指导组及学术委员会、课程委员会、教学指导委员会、教师发展指导委员会，开展"口对口"的理论务虚培训、"手牵手"的现场把脉支招和"实打实"的全程实操指导；一本杂志，创刊并定期编辑出版学术杂志《探索》（准印证号：［湘0刊］2017508），定期推出师生研究成果；一个论坛，设立校本学术宣讲平台"惟一论坛"，定期邀请专家学者或校内名师进行专题讲座，普及科学知识，营造学术氛围。

---

① 常力源. 理性办学　内涵发展：常力源办学思想与实践［M］. 北京：教育科学出版社，2015：114 – 116.

第三节　培养研究型教师：教师专业发展的校本策略

教师是立教之本、兴教之源。教师专业化发展，靠高校培养，靠专家引领，更靠同伴互助，靠自主研修。习近平总书记曾指出："好老师不是天生的，而是在教学管理实践中、在教育改革发展中锻炼成长起来的。"[①] 中小学应该立足"教学管理实践"和"教育改革发展"，大力开展教师校本培养，努力增强自身"造血"功能，全面促进教师专业成长。

多年来，湖南师大附中弘扬"慎选良师、精育名师"的办学传统，针对教师专业发展方向不明、动力不足和校本培训体系不完善、难以考评等问题，全面开展研究型教师校本培养创新实践研究。学校被确认为湖南省"十三五"教育科学研究基地（示范性高中研究型教师队伍建设研究基地），创办全省第一所由中小学独立主办的教师发展学校——之谟教师研修院，开展定向性、层级型、项目化、全方位、跟进式教师校本培养，构建了研究型教师"修学教研一体化"校本培养体系，激发了教师自主成长潜力、活力和动力，推进了教师专业化发展、学生全面而有个性发展和学校高质量可持续发展。研究成果《普通高中研究型教师校本培养创新实践探索》先后荣获湖南省第五届基础教育教学成果一等奖和2022年国家级基础教育教学成果二等奖，入选第六届中国教育创新成果公益博览会（2023年11月·珠海）并作大会宣讲。

一、培养研究型教师的湖南师大附中标准

研究型教师不同于一般教师，也不同于专业理论工作者，他们以解决教育教学过程中遇到的实际问题、提升教育教学和人才培养质量为行动指向，集修养者、学习者、实践者、反思者于一身，是富于情怀、勤于学习、长于实践、崇尚学术的高素质、专业化、创新型卓越教师。其专业发展的基本诉求包括：做教育理想的追求者，做教育热点的关注者，做专业书刊的博览者，做专家学者的同行者，做教育教学的反思者，做草根研究

---

① 习近平.做党和人民满意的好老师——同北京师范大学师生代表座谈时的讲话［N］.人民日报，2014－09－10（1）.

的践行者。其专业生活的基本特征是：让阅读成为生活，让研究成为常态，让培训成为需要，让反思成为自觉，让交流成为享受，让写作成为习惯。

湖南师大附中研究型教师，要求具有正大光明的名师风范，根植公勤仁勇的气度格局，达成修学教研的行动共识，实现行思说写的全能发展。

（一）正大光明的名师风范

研究型教师要以"好老师、大先生、系扣人、筑梦人、引路人"为专业追求和发展指南，成为"正大光明"的中国教师和人民教师①。

所谓"正"，就是正气。研究型教师必须修仁德之身，养浩然之气，树清正之风。2013年6月，习近平总书记在全国组织工作会议上强调："好干部要做到信念坚定、为民服务、勤政务实、敢于担当、清正廉洁。"好干部如此，好老师也应该如此：要有笃定信念的志气，要有服务学生的心气，要有勤勉务实的底气，要有担当使命的意气，要有廉洁从教的骨气，要有行为世范的大气。教师是人类灵魂的工程师，塑造他人灵魂，必先自己拥有高贵而纯净的灵魂。孔子曾说："其身正，不令而行；其身不正，虽令不从。"（《论语·子路》）教师自身行得正站得直，是对学生最生动、最具体、最深远的教育。

所谓"大"，就是大气。研究型教师必须心怀国之大者，甘当渡船，甘为人梯。古人云："海纳百川，有容乃大；壁立千仞，无欲则刚。"（林则徐联）研究型教师就应该像大海、高山一样，自觉涵养"为党育人、为国育才"的大格局，"面向现代化、面向世界、面向未来"的大视野，"得天下英才而教育之"的大情怀，"为天地立心，为生民立命，为往圣继绝学，为万世开太平"的大境界，"育人的根本在于立德"的大智慧，"传承红色基因，培育时代新人"的大担当，真正成为"做学生为学、为事、为人的示范，促进学生成长为全面发展的人"（习近平总书记在清华大学师生代表座谈会上的讲话）的"大先生"。

所谓"光"，就是仁爱。研究型教师必须成为自带光芒的明灯，秉持仁爱之心，赓续仁爱传统，传递仁爱教育，成为至善之师。爱是教育的灵魂，没有爱就没有教育。教师只有具备仁爱之心，做到以爱动人、育人、化人，才能真正走进学生心里，促使学生"亲其师，信其道；尊其师，奉其教；敬其师，效其行"（《礼记·学记》），最终成长为堪当民族复兴大任的时代新人。一束仁爱的光，足够照亮孩子的前程。研究型教师应该拥有乐教爱生、甘于奉献的仁爱之心，他们的眼神里应该永远闪烁着"仁者爱人""有教无类""诲人不倦""己所不欲，勿施于人""老吾老以及人之老，幼吾幼以及人之幼"

---

① 李政涛. 建构基础教育中国典范［N］. 光明日报，2019－09－17（14）.

的慈祥温情的仁爱之光。

所谓"明",就是智慧。研究型教师必须是智慧之师,要明人生真理,明教育原理,明专业学理,明生活事理,明生命哲理。孟子曰:"贤者以其昭昭,使人昭昭;今以其昏昏,使人昭昭。"(《孟子·尽心下》)以其昏昏,焉能使人昭昭?因此,教师应该成为开明之师、明智之师、明白之师,成为"以其昭昭,使人昭昭"的智者贤者。荀子在《劝学》中说:"无冥冥之志者,无昭昭之明;无惛惛之事者,无赫赫之功。"要想成为"昭昭之明"的智慧之师,就必须拥有健旺的精神力、终身的学习力、强大的行动力、机敏的反思力、深沉的研究力,永远保持"自强不息,追求卓越""精益求精,臻于至善"的心态、姿态和状态。

(二) 公勤仁勇的气度格局

"公勤仁勇"是湖南师大附中的校训,由革命教育家任邦柱校长(任弼时同志的堂伯)于1929年提出,自诞生之日起,就一直是学校的精神旗帜和师生的成长标杆。湖南师大附中培养的研究型教师,必须具有公勤仁勇的精神气度和情怀格局,具备为党育人、为国育才的执教初心,因材施教、润物无声的执教理念,学而不厌、诲人不倦的执教态度,一丝不苟、严谨治学的执教风范,胸怀天下、文以载道的执教境界。

所谓"公",就是天下为公。研究型教师要以天下为己任,潜心涵养天下观念、天下格局、天下气度,努力做到"动而世为天下道,行而世为天下法,言而世为天下则"(《礼记·中庸》)。习近平总书记曾说:"好老师心中要有国家和民族,要明确意识到肩负的国家使命和社会责任……应该做中国特色社会主义共同理想和中华民族伟大复兴中国梦的积极传播者。"[①] 研究型教师必须自觉践行陶行知先生提出的"教育为公,以达天下为公"[②] 理念,心怀国之大者,牢记为党育人、为国育才的初心使命,坚定胸怀天下、以文化人的弘道追求,努力培养出具有深厚家国情怀和宽广国际视野的堪当民族复兴大任的时代新人。

所谓"勤",就是勤敏以行。研究型教师要以勤为径,精进不怠。古人云:"功崇惟志,业广惟勤。"(语见《尚书·周官》)志存高远,勤勉不怠,从来是成就功业的核心要义和不二法门。教师既要修己,又要达人,更需勤修身、勤学问、勤实践、勤思考,朝乾夕惕,在三尺讲台洒下辛勤汗水;琢玉镕金,为满园桃李捧出炽热匠心。研究型教师还必须是智慧的勤勉者,一方面传承弘扬"吃得苦、霸得蛮,扎硬寨、打硬仗"的湖

---

① 习近平. 做党和人民满意的好老师——同北京师范大学师生代表座谈时的讲话 [N]. 人民日报,2014 – 09 – 10 (1).

② 徐禄春. 对陶行知"公平教育"思想的践行与思考 [J]. 领导科学论坛 (理论),2013 (11):22 – 23.

湘精神①，以勤补拙，勤勉以行；另一方面努力规避事务主义陷阱，克服低质量的忙碌、低效率的"勤勉"，通过校本研究挤净"勤勉"中潜藏的水分，达成减负、降耗、止损、提质、增效的目的。

所谓"仁"，就是求仁履实。研究型教师要以仁为怀，学以致用，具有明体达用、安邦济民的经世情怀和务实学风。一方面，要以仁人志士之标准清修内省，重视德行、操行、意志、性情的磨砺和塑造；另一方面，要葆有"求仁履实、通经致用"的湖湘学风，将"学"的知识体系、"道"的价值理想，落实于"治"的实事实功之中，推广致知力行的实学，培养经世致用的大才。研究型教师须"学为人师、行为世范"，所学所行，均要以"为人""为世"为考量，均要以济民安邦为准则。

所谓"勇"，就是勇于开拓。研究型教师要敢为天下先，无畏艰难险阻，锐意开拓进取，永葆"敢于担当、勇于开拓的创新精神，实事求是、求真务实的科学精神，善于质疑、勤于反思的研究精神，开放交流、互动共进的合作精神，勤学好问、终身学习的自强精神"②。习近平总书记曾强调："志不求易者成，事不避难者进。"③ 志存高远、不辞艰辛，从来就是成就事业的关键和前提。研究型教师既是实践者，又是研究者，选取的是一条求变创新的攀登之路，尤其需要敢为天下先的决心、信心和耐心，以及"上下而求索"的韧劲、拼劲、冲劲。

（三）修学教研的行动共识

习近平总书记指出："好老师不是天生的，而是在教学管理实践中、在教育改革发展中锻炼成长起来的。"④ 研究型教师也不是天生的，需要高等院校专门培养，需要专家学者专业引领，但起决定作用的是"在教学管理实践中、在教育改革发展中锻炼成长"。湖南师大附中研究型教师是富于情怀、勤于学习、长于实践、崇尚学术的高素质、专业化、创新型卓越教师，必须集修养者、学习者、实践者、研究者于一身，修学教研是其专业发展的基本路向，也是行动共识。

所谓"修"，就是师德修养。研究型教师要修德、修心、修身，成为富于情怀的教师。师德是第一教育力，是教师的第一素质，是教师必须终生坚守的专业操守。研究型教师担负着培养堪当民族复兴大任的时代新人的职责使命，必须以立德树人为本、以为

---

① 杜家毫. 革命理想高于天［N］. 湖南日报，2020－09－15（2）.
② 谢永红. 从优秀走向卓越［J］. 教师，2018（1）：6－9.
③ 习近平. 做党和人民满意的好老师——同北京师范大学师生代表座谈时的讲话［N］. 人民日报，2014－09－10（1）.
④ 习近平. 做党和人民满意的好老师——同北京师范大学师生代表座谈时的讲话［N］. 人民日报，2014－09－10（1）.

人师表为纲、以爱岗敬业为基，全面全方位地提升师德修养，建构丰富的精神世界和纯净的精神家园，真正做到安心从教、热心从教、舒心从教、静心从教，对学生充满热情，对课堂充满激情，对家长充满温情，对同事充满友情，让平凡的教师岗位有情有义、有心有爱、有声有色、有滋有味。

所谓"学"，就是学习培训。研究型教师要好学、广学、乐学，成为勤于学习且终身学习的教师。习近平总书记曾说："水之积也不厚，则其负大舟也无力。知识储备不足、视野不够，教学中必然捉襟见肘，更谈不上游刃有余。"① 研究型教师"要有扎实学识"，就必须学理念，包括政治理念、教育理念、学科理念、生活理念等；就必须学知识，包括时政知识、专业知识、科技知识、生活知识等；就必须学为人，包括向上向善、求真务实、谦逊谨慎、脚踏实地等；就必须学本领，包括教书育人、管理服务、沟通交流、合作分享等。"出世便是破蒙，进棺材才算毕业"（陶行知语），教师应是终身学习的践行者和示范者，要借助政治学习、专业培训、教育阅读、自主研修、同伴互助等多种路径举措，自觉提高思想觉悟，及时更新教育理念，刻苦钻研专业知识，努力提升专业素养和育人能力。

所谓"教"，就是教育教学。研究型教师要潜心教育教学实践，拥有过硬的实践本领，成为长于实践的教师。1939 年，在延安在职干部教育动员大会上，毛泽东同志就曾指出，"我们队伍里边有一种恐慌，不是经济恐慌，也不是政治恐慌，而是本领恐慌"，要"边学边干，在战争中学习战争，在实践中增长才干，这就是我们共产党人的辩证法"。研究型教师是反思性实践者，必须具有过硬的实践本领，要在教学中学习教学，在育人中学习育人，在改革中学习改革，在研究中学习研究。"学然后知不足，教然后知困。知不足，然后能自反也；知困，然后能自强也。故曰教学相长也。"（《礼记·学记》）实践的过程，本身就是学习和提升的过程。为学之实，固在践履，只有学以致用、学用相长，才能使教育教学实践成为正确的而不是盲目的实践，成为系统的而不是零碎的实践，成为有科学根据的而不是想当然的实践。

所谓"研"，指教研科研。研究型教师要敢疑、善思、深究，潜心追求教学学术，成为崇尚学术的教师。有道是"教而不研则浅，研而不教则空"，教育教学实践和教育教学研究，应是一体两面，不可分割不可偏废。新时代研究型教师，必须"镕金琢玉，并究其妙"，集学习者、实践者、反思者、研究者于一身，具有厚实的理论根基、敏感的问题嗅觉、前沿的研究视角、多样的研究方法、强大的成果物化能力②。要自觉站在大

---

① 习近平. 做党和人民满意的好老师——同北京师范大学师生代表座谈时的讲话［N］. 人民日报，2014－09－10（1）.

② 黄月初. 谋求师范院校与基础教育人才培养的同频共振［J］. 教师教育论坛，2019，32（12）：88－89.

教育、大时空、大视野上思考教学、研究教育，主动投身专题调研、教改实验、教学反思、教育日记、育人案例、教学课例、试题分析、考试研究、分享交流等校本教学研究实践，通过持续的教育教学实践和不断的总结反思、提炼升华，全面提升问题意识、反思能力、科研素养和学术水平，形成解决教育、教学、管理、服务等实际问题的系统能力和教与学的学术实力。

（四）行思说写的全能发展

要促进学生全面而有个性地发展，教师必须行得正、做得好、学得多、钻得深、说得清、写得出，实现自身素养的全面、全能发展。在突出师德修养（行得正）、学习培训（学得多）之外，湖南师大附中还特别强调研究型教师行思说写全面发展。

所谓"行"，就是要做得好。研究型教师必须是行动家、实干家，拥有丰富的教育教学经验和过硬的实践本领。习近平总书记曾强调："扎实的知识功底、过硬的教学能力、勤勉的教学态度、科学的教学方法是老师的基本素质。"① 教师要扎根教育教学实践，成为教书育人的行家里手，具有较高的专业理论水平，具有较强的教育教学能力，具有一定的应变应对能力，具备初步的研究创新能力。

所谓"思"，就是要钻得深。研究型教师是反思性实践者，需要用好用活"反思"这一校本研究利器，理性地观察、思考、矫正、优化其教育教学实践，提升教育教学和人才培养质量。我思故我在，我思故我进，我思故我新，思是研究型教师自我革新、自我发展、自我实现的基本方式和途径。荀子在《劝学》中说："君子博学而日参省乎己，则知明而行无过矣。"研究型教师唯有坚持不懈地自我充实与自我"参省"，智慧才能明达，言行才少过失。

所谓"说"，就是要说得清。唯有真正懂，才能"说得清"，因此研究型教师必须积淀真才实学，拥有真知灼见。说得清，源于全面的认识、深度的思考、真切的理解、精准的把握，必须板凳甘坐十年冷，不浅尝辄止，不急功近利，必须怀着火热的耐心，保持深沉的豪情。湖南师大附中有一教师培养绝招——"逼上台讲"，常态化"逼"教师到专题讲座、主题分享、评课议课、经验交流、送课送培、支教送教、成果推广、年会发言、论坛活动等学术性场合去"讲"。学校发现，最好的培训是培训别人，"说得清"不单是对他人的尊重，也是对自己的促进。

所谓"写"，就是要写得出。研究型教师要有一定的成果物化能力和语言表达能力，既要研得深，又要写得出。写作可以改变教师的知识结构，帮助教师从知识的搬运工变

---

① 习近平. 做党和人民满意的好老师——同北京师范大学师生代表座谈时的讲话［N］. 人民日报，2014 - 09 - 10（1）.

为理论的创生者；写作还可以丰富教师的专业智慧，影响教师的专业习性、专业信念、专业素养、情感与态度，使他们体验到职业的幸福。因此写作是最好的备课、最好的学习、最好的修炼，也是最好的成长。当代教育家魏书生曾说："结合实际去写，就逼着自己去看更多的书，在实践与写作的过程中又加深了自己对理论的理解，养成了用理论去指导实践的习惯，是一举多得的好事。"① 朱永新教授曾开过"成功保险公司"，承诺："如果老师们肯坚持十年的教育反思写作，还不能成为一个成功者，我愿意以一赔百。"② 坚持不懈的教育写作，是教师专业成长的共同密码，是高素质、专业化、创新型教师的专业追求，是崇尚学术的研究型教师的职业习惯和兴趣爱好。

二、培养研究型教师的湖南师大附中策略

千培万培，落在校培；千修万修，根在自修。中小学教师培养，绝不能丢了"校本"这一根本，应该立足校本实践，抓实校本培养，增强自身造血功能，促进教师自我成长、自能发展。湖南师大附中自 2000 年起开展研究型教师校本培养创新实践，先后创设"三步六环"培训、"四化"研训、"修学教研一体化"研修等培养模型，构建了研究型教师校本培养培训体系，完成了"靠谁培养→怎样培养→培养怎样的教师→怎样培养研究型教师"的迭代转型，激发了教师自主成长的潜力、活力和动力，推进了教师专业化发展、学生全面而有个性发展和学校高质量可持续发展，为《新时代基础教育强师计划》（教师〔2022〕6 号）落地见效和高素质、专业化、创新型教师队伍建设提供了模式和经验③。

湖南师大附中研究型教师校本培养创新实践，可以概括为一个总体规划、两大发展体系、三级培养模型、四项实施举措。

（一）定方向：一个总体规划

教育部于 2011 年 10 月颁布的《教师教育课程标准（试行）》（教师〔2011〕6 号）指出："教师是反思性实践者，在研究自身经验和改进教育教学行为的过程中实现专业发展。"2012 年颁布的《中学教师专业标准》强调，中学教师应该"把学科知识、教育理论与教育实践有机结合，突出教书育人实践能力。坚持实践、反思、再实践、再反思，不断提高专业能力"。然而，现实中的中小学教师大多耽于教学事务而疏于反思研究，发展动力不足，专业成长迟滞。湖南师大附中基于"教师成为研究者"理论，积极倡导教

---

① 颜莹. 教师如何在专业写作中成长 [N]. 中国教育报，2020 - 06 - 11（11）.
② 林忠玲. 教育麦田的守望者——新教育实验纪实 [N]. 人民政协报，2022 - 12 - 21（4）.
③ 谢永红，黄月初. "教师成为研究者"：高中研究型教师培养的 20 年修炼 [J]. 中国基础教育，2024（1）：53 - 57.

师将教育教学作为系统的、专门的学问加以认识和研究，引领教师"镕金琢玉，并究其妙"，既做实干家又做研究者，努力成为富于情怀、勤于学习、长于实践、崇尚学术的高素质、专业化、创新型卓越教师。

2017年，学校出台《湖南师大附中研究型高中建设方案》，确立了"以研究为先导"的共同价值观，打造了研究地学习、研究地教学、研究地管理、研究地服务的校园新常态，形成了创建研究型高中、培养研究型教师和高素质创新型学生的总体规划和办学方略。

培养研究型教师是建设研究型高中的主要目标和关键举措。《湖南师大附中研究型高中建设方案》指出：要顶层系统设计教师专业发展模型，指导教师制定个体职业生涯规划，提升教师的职业生涯规划意识和规划能力；要成立教师发展学校，开展常态化、系列化教师校本研修；引导教师开展教学反思、案例分析、课例研究等实践探索，着力解决教育教学实践过程中遇到的实际问题，积淀教育教学的成功经验；引导教师承担不同层次的课题研究，及时更新教育教学理念，切实提高教科研水平能力；支持教师参加国内外各类学术活动，鼓励教师在高水平学术会议上亮相、展示和交流，通过"请进来""走出去"等多种方式提升教师的研究能力和学术水平；着力培养学科核心力量，争取每个学科均拥有教育教学风格独特、在省内外有一定影响力的学科带头人和首席名师，借力省名师名校长"十百千万工程"，孵化在全省乃至全国具有较高知名度和较大影响力的教育家型的教育教学专家和学校管理专家。

培养研究型教师，成为湖南师大附中教师校本培养的基本方向、总体目标和具体任务。学校坚信，研究能激发教师专业成长的潜力、动力和活力，能助力教师走上专业发展的自新之路，找到职业人生的幸福之源。

（二）立标杆：两大发展体系

2018年底，学校被确认为湖南省"十三五"教育科学研究基地，研究方向是示范性高中研究型教师队伍建设研究。学校以省级研究基地为依托，创办湖南省第一所由中小学校独立举办的教师发展学校——之谟教师研修院，开展"示范性高中研究型教师的内涵、价值与培养途径研究"（课题批准号：XJK19JJC002）、"新时代示范性高中研究型教师师德师风建设校本研究"（课题批准号：XJK20ZDJD14）等省级重大委托课题研究，全面系统地探究研究型教师的内涵、特征、价值、成长规律和培养路向，成功构建了研究型教师专业发展两大目标体系。

1. 研究型教师内涵结构体系

学校认为，研究型教师应当以争做"大先生、好老师、引路人、系扣人、筑梦人"为追求，以解决实际问题、提高育人质量为己任，集修养者、学习者、实践者、反思者于一身，具有高尚的师德风范、扎实的学识学养、丰厚的实践积淀、敏感的问题嗅觉、强大的反思能力、个性化的研究视角、多样化的研究方法和一定的成果物化能力。为此，学校构建了具有鲜明校本特色的研究型教师内涵结构体系（见图5-1），确立了研究型教师专业发展的总体目标。

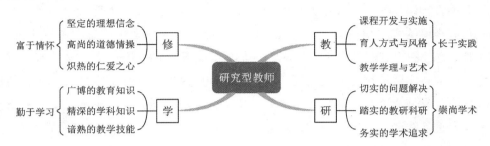

图5-1 湖南师大附中研究型教师内涵结构体系示意图

湖南师大附中的研究型教师，是富于情怀、勤于学习、长于实践、崇尚学术的高素质、专业化、创新型卓越教师。

（1）富于情怀

研究型教师富于情怀，具有坚定的理想信念、高尚的道德情操、炽热的仁爱之心。他们忠诚于党的教育事业，潜心为党育人、为国育才，矢志成为"中华民族梦之队的筑梦人"，具有深沉的家国情怀；他们立德为先，廉洁从教，"捧出一颗心来，不带半根草去"，具有深厚的赤子情怀；他们以"得天下英才而教育之"为人生至乐，扎根三尺讲台，"春蚕到死丝方尽，蜡炬成灰泪始干"，具有热切的教育情怀；他们牢记教书育人使命，甘当人梯和铺路石，"衣带渐宽终不悔，为伊消得人憔悴"，具有炽烈的人文情怀。

（2）勤于学习

研究型教师勤于学习，是终身学习的践行者和示范者。他们秉持"学高为师"理念，勤于政治学习和业务学习，不断提升政治思想修养和专业知识技能；他们坚信开卷有益，勤于阅读学习，不断汲取知识营养，始终站在知识发展前沿；他们善于转益多师，勤于培训学习，虚心向专家名师拜师学艺，不断在专家引领和同伴互助中实现专业成长；他们深知"纸上得来终觉浅，绝知此事要躬行"，善于将理论与实践紧密结合，在教育教学实践中学习，向社会生活学习；他们坚持活到老学到老，始终处于学习状态，成为终身学习的典型和楷模。

（3）长于实践

研究型教师长于实践，是扎根教育教学一线、履行教育教学职责的专业人员和实干家。他们以人为本，全面落实立德树人根本任务，是"镕金琢玉"的人师；他们教书育人，为人师表，善于因材施教、因势利导，致力谋求学生全面而有个性的发展，是学生成长的导师；他们功底深厚，业务精湛，在三尺讲台上施展本领竞风流，是教育教学的行家；他们关注课程改革，坚持实践探索，既埋头赶路又抬头看路，是课改教改的闯将；他们善于合作，乐于分享，潜心打造教师专业发展共同体，是引领示范的"头雁"。

（4）崇尚学术

研究型教师崇尚学术，有着敏感的问题嗅觉、踏实的教研科研和务实的学术追求。他们既具有丰厚的实践积淀，又具有强大的反思能力，能够运用反思之利器审视甄辨、梳理调整、总结提升，是反思型实践者；他们既具有超强的执行能力，又具有敏感的问题嗅觉，能够在实践过程中发现问题、分析问题和解决问题，是探索型实践者；他们具有专业化研究领域、个性化研究视角和多样化研究方法，能够立足校本实践开展行动研究，是研究型实践者；他们潜心追求"教与学学术"，具有一定的研究成果物化能力，是学术型实践者。

富于情怀、勤于学习、长于实践、崇尚学术的研究型教师专业发展目标，体现了《中共中央 国务院关于全面深化新时代教师队伍建设改革的意见》（中发〔2018〕4号）、《中国教育现代化2035》（中发〔2019〕20号）等政策文件提出的"造就党和人民满意的高素质、专业化、创新型教师队伍"的总目标、总要求，是高素质、专业化、创新型卓越教师的特色类型和典型代表。

2. 研究型教师专业发展体系

学校以引领教师"研究地教学"、激励"教师成为研究者"为主线，建构"四格"研究型教师专业发展体系（见图5-2），整体规划、梯级推进并分类促进处于不同成长阶段的全体教师高水平可持续发展，为研究型教师专业发展确立了通用模型、系统规划和进阶式目标。

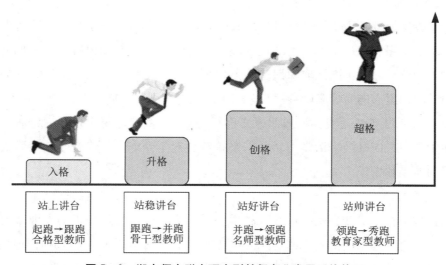

图5-2 湖南师大附中研究型教师专业发展四格体系

"入格"是新教师的发展要求，发展目标指向合格型教师。学成毕业，不意味着具备了育人能力；登上讲台，不意味着成为合格教师。启功先生曾作诗勉励北京师范大学毕业生："入学初识门庭，毕业非同学成。涉世或始今日，立身却在生平。"因此，必须强化新教师的入格研修，引领他们扣好职业生涯第一粒扣子。学校遵循"立足岗位、师德为先、注重反思、知行合一"原则，组织新教师岗前培训、入职教育、师徒结对、主题研修，帮助他们完成"站上讲台"到"站稳讲台"的嬗变，由跟跑变成并跑，由生手变成熟手，尽快成为合格教师。

"升格"是合格型教师的发展要求，发展目标指向骨干型教师。"资格教师"不等于合格教师，担任教师不等于胜任教学，从合格教师走向骨干教师，是教师专业发展的关键环节，是教师职业生涯最要紧的几步。学校组织任教三年以上、富有发展潜力的优秀青年教师（包括青年干部后备人才、学科骨干教师、教坛新秀、全员育人成长导师、生涯规划导师等）开展升格培养，借助建模子、结对子、搭台子、压担子、支梯子五子工程①，助力青年教师从"站稳讲台"走向"站好讲台"，从熟手走向能手，从合格走向胜任，成长为骨干教师。

"创格"是骨干型教师的发展要求，发展目标指向名师型教师。成长为骨干教师后，教师专业发展容易陷入高原期、平台期、瓶颈期和倦怠期，教育教学厚实有余而后劲不足，稳健有余而活力不足，平实有余而开拓不足。湖南师大附中教师整体成熟度高，优秀教师比较集中，但不少教师成为骨干型教师后，成长趋于停滞，发展机能萎缩，职业倦怠弥漫。因此，学校提出"优秀是卓越的大敌"的命题，号召全校教师从优秀走向卓越，大胆创格，形成个体教育教学特色，创立教书育人风格，实现由骨干型教师向名师型教师的重大跨越，成为高素质、专业化、创新型的名师。

"超格"是名师型教师的发展要求，发展目标指向教育家型教师。王国维曾说："入乎其内，故有生气；出乎其外，故有高致。"（《人间词话》）研究型教师专业化发展既要"入乎其内"，也要"出乎其外"，唯有敢于超格，才能步入"从心所欲不逾矩"（《论语·为政》）的智慧境界，实现专家型教师、学者型教师甚至教育家型教师的理想成长。学校倡导名师型教师志存高远，大胆超格，修炼教育家那样的全程性、前瞻性、战略性眼光，站在大教育、大时空、大视野上思考教育、研究教育，坚定不移地"行走在教育家成长路上"。

（三）探路径：三级培养模型

多年来，湖南师大附中弘扬"慎选良师、精育名师"传统，遵照《中华人民共和国

---

① 黄月初，刘进球. 引领教师立足校本研修实现专业化发展——以湖南师范大学附属中学研究型教师校本培养创新实践为例［J］. 中小学校长，2022（9）：11–13.

教师法》和新时代教师队伍建设总体目标要求，以建设高素质、专业化、创新型教师队伍为指向，围绕"靠谁培养、怎样培养、培养怎样的教师、怎样培养研究型教师"等系列问题，开展研究型教师校本培养创新实践，先后创设多个教师校本培养模型，探寻多条教师专业成长路径，为落实《新时代基础教育强师计划》（教师〔2022〕6号）和建设高素质、专业化、创新型教师队伍提供了附中模式和附中经验。

1. "三步六环"培训模型（1.0版）

2000年，学校被遴选为"国家级示范性普通高中学校建设"项目试点校（全国仅4所），成为国家第八轮高中课改先行者。课改关键在教师，学校以省级重点课题"新时期教师校本培训创新研究"为抓手，创建"三步六环"培训模型（见图5-3）。该模型认为，教师校本培训应分"学习→内化→提升"三步，步步相随；应含"讲授→示范→模仿→反思→迁移→创新"六环，环环相扣。该模型回答并较好解决了"靠谁培养"和"怎样培养"问题，通过强化校本培训，提升了教师素质，推动了课改进程。相关成果荣获湖南省第二届基础教育教学成果一等奖（2009年）和教育部基础教育课程改革成果三等奖（2010年）。

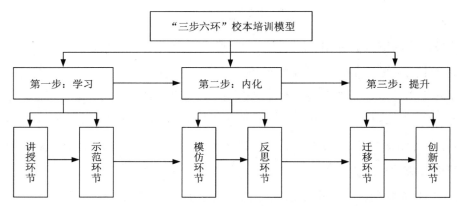

图5-3　湖南师大附中教师校本培训"三步六环"模型

2. "四化"研训模型（2.0版）

2012年，学校受湖南省教育厅委托开展现代教育实验学校建设（全省仅2所），成功构建一个制度和四个体系。其中"教师专业发展支持体系"将关注点转向"培养怎样的教师"，创设"四化"（内容序列化、方式多样化、活动常态化、效果多元化）研训模型，从培训内容、方式和成效等方面优化了教师校本培养体系（见图5-4）。该模型明确了师德师风、专业水平、业务能力、科研素养等专业发展要素，设定了专家引领、同伴互助、个人研修、项目助力等校本研训方式，为构建研究型教师专业发展体系奠定了坚实基础。相关教学成果荣获第四届湖南省基础教育教学成果特等奖（2016年）和国家级基础教育教学成果二等奖（2018年）。

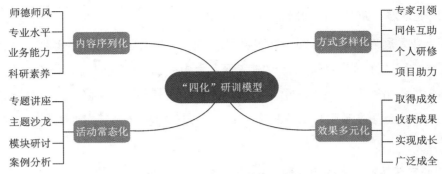

图5-4　湖南师大附中教师校本研训"四化"模型

3. "一体化"研修模型（3.0版）

2018年底，学校被确认为湖南省"十三五"教育科学研究基地（示范性高中研究型教师队伍建设研究基地）。学校以研究基地为依托，开展"示范性高中研究型教师的内涵、价值与培养途径研究""新时代示范性高中研究型教师师德师风建设校本研究"等省级重大委托课题研究，全面探寻研究型教师内涵、特征、价值与成长规律，明确了富于情怀、勤于学习、长于实践、崇尚学术的研究型教师内涵结构要素，构建了"修学教研一体化"校本研修模型（见图5-5）。基地建设通过了湖南省规划办的评估验收，基地专项课题均顺利结题，先后出版研究专著《育人方式改革：全员育人理论与校本实践研究》《基于新课程标准的课例研究》《研究型教师专业发展理论与校本实践研究》等，主要研究成果《育人方式改革：全员育人理论与校本实践研究》荣获长沙市第二十一届哲学社会科学优秀成果一等奖（2021年）和湖南省第五届基础教育教学成果特等奖（2021年），《普通高中研究型教师校本培养创新实践探索》荣获湖南省第五届基础教育教学成果一等奖（2021年）和国家级基础教育教学成果二等奖（2022年）。

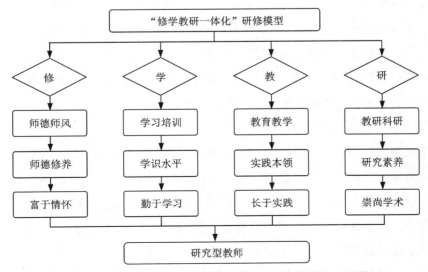

图5-5　湖南师大附中"修学教研一体化"教师校本研修模型

（四）促发展：四项实施举措

教师专业发展需要专家引领，更需要同伴互助、自主研修，需要实践反思、动态调整，需要强化团队互助与合作文化。湖南师大附中弘扬"慎选良师、精育名师"传统，坚定不移走校本培养道路，全面组织教师"修学教研一体化"研修，全力打造教师成长共同体，从而充分激发教师自主成长潜力、活力和动力，增强其专业发展自觉性、主动性和积极性。

1. 创办发展学校：有组织实施

2019 年 9 月，学校建成湖南省第一所中小学独立举办的教师发展学校——之谟教师研修院（包括实体学校与网络学校两部分），有组织地引领教师"修学教研一体化"校本研修，促使他们成为修养者、学习者、实践者、研究者，争做"四有好老师""四个引路人"和富于情怀、勤于学习、长于实践、崇尚学术的研究型教师。

（1）设立四大机构

一是教师专业发展指导委员会，聘请20 多位校外专家教授或名师担任教师专业发展指导专家，定期来校开展点对点、手拉手培训。二是名师工作室，挂牌成立多个省级、市级名师名校长及班主任名师工作室，构建多个"首席名师导航、名师领航、学员从游"的专业发展雁阵。三是教师研修室，高标准装备 7 个教师研修室，全面改善教师日常研修条件。四是教育集团教学研究共同体和教师发展共同体，统筹、协调教育集团教师校本培养和研究型教师专业发展。

（2）创设四大阵地

一是道德讲堂，重点是组织政治理论学习、党风廉政建设、师德师风宣讲等。二是惟一论坛，定期邀请专家学者、杰出校友来校开展学术讲座活动，开阔师生心胸眼界。三是青春讲坛，定期组织学校名优特教师为青年教师作经验分享、主题交流等，促进青年教师茁壮成长。四是网络学校，与明德云学堂、国家行政学院等合作举办之谟教师研修院网络学校，推出大量网络课程供教师自主研修。

（3）采取四大方式

一是专业引领，聘请专家学者通过专题讲座、专业指导、专项合作等方式实施专业引领，打通理论与实践的最后一公里。二是同伴互助，组织校内教师共备、共教、共读、共研，在互助合作中共赢共进。三是个人研修，组织教师开展实践反思、教育阅读、教育写作等形式的自主研修，全面提升自我专业素养。四是项目推进，适当适量为教师安排诸如教学观摩、送培送教、教学竞赛、专题分享、学术交流、课题研究、主题写作等校本研究项目，促使他们在目标导向、任务驱动、项目推进过程中实现专业成长。

（4）实施四大策略

一是"率"，即结对子领着干，发挥教研科研骨干的示范引领作用，构建教研科研整体推动雁阵。二是"塞"，即交任务推着干，实施目标导向、任务驱动、项目推进，催生研究成果。三是"赛"，即筑赛台争着干，开展多样化教研科研竞赛活动，引进竞争机制，营造研究氛围。四是"晒"，即勤考评比着干，常态化组织教研科研评比考核，调动教研科研积极性。

2. 建设四大工程：针对性实施

学校创建青蓝工程、青名工程、名师领航工程、教育家孵化工程四大工程，针对处于不同成长阶段的具有代表性的教师类型，开展项目化培养，全面推进并有效促进各类教师专业化发展。

（1）青蓝工程

一个人能走多远，就看他与谁同行；一个人有多优秀，就看他有什么人指点；一个人有多成功，就看他与什么人相伴。学校以学年为单位，组织新入职、新入校、新入岗教师师徒结对，缔结教育师徒、教学师徒、教练师徒、教研师徒、管理师徒等多种类型的同伴互助"对子"，开展日常化师徒结对帮扶，助力青年教师快速起跑、顺利跟跑并尽早并跑，最终"青出于蓝，而青于蓝"，成为合格教师。

（2）青名工程

学校每三至五年启动一届青年名师培养工程（与学校五年规划同步），为青年名师培养对象选配校外专家导师和校内成长向导，开展一对一、手拉手陪伴式培养，通过专题讲座、问题研讨、案例剖析、观摩交流、项目推动、学历进修等多种方式，促使青年教师快速成长，由潜力股变成绩优股，由生力军变成主力军，在跟跑过程中实现并跑甚至领跑，成为名师型教师。

（3）名师领航工程

名师领航工程又叫领雁工程，旨在培养师德修养好、理论素养高、教学技艺精、科研能力强的教学名师，充分发挥其"领头雁"作用，依托各级各类名师名校长及班主任名师工作室，以专家引领、团队合作、同伴互助、共同发展为宗旨，构建"首席名师导航、名师领航、学员从游"的研究型教师专业发展雁阵，打造学习共同体、教学共同体、导育共同体、研究共同体和发展共同体。

（4）教育家孵化工程

教育家不是天生的而是动态生成的，不是完成时而是进行时，教育家型教师培养是一个系统的孵化工程。学校借力国家十百千万工程、国培高端研修、教育高峰论坛、名师评聘机制等平台，组织教师"行走在教育家成长路上"，鼓励名师型教师脱颖而出，大胆秀跑，从而孵化出在全省乃至全国具有较高知名度、较大影响力的教育家型教师与教育管理专家。

3. 打造四大平台：项目化实施

学校创办之谟教师研修院，打造修学平台、培训平台、磨课平台、学术平台四大平台，组织教师开展"修学教研一体化"校本研修，全方位助力研究型教师专业发展。

（1）修学平台

研究型教师必须像习近平总书记强调的那样"始终处于学习状态，站在知识发展前沿，刻苦钻研，严谨笃学，不断充实、拓展、提高自己"①。学校强化教师学习，搭建多样化修学平台，采取坐下来读、围绕来辩、结对子帮等方式，组织教师修德修心、学知学艺，不断提升师德修养和专业水平。

（2）培训平台

研究型教师专业发展，离不开专家引领。学校采取请进来教、送出去学、扶上台讲等多种方式，强化教师研修培训，让学习培训成为教师的职业习惯和生活方式。学校认为，最好的培训是培训他人，千方百计创造机会将教师扶上讲堂论坛，培养外向型教师，"扶上台讲"成为学校促进教师专业发展的绝招。

（3）磨课平台

研究型教师的研究，必须立足校本实践，聚焦课堂教学；研究型教师的本领，应该展现在讲台上、课堂里。学校提出"课比天大"理念，采取跟进堂听、推上台赛、定时间考等多种方式，常态化开展备课、磨课、赛课、听课、说课、评课、改课、写课等课堂教学研究活动，致力提升教师的专业素养和业务能力。

（4）学术平台

学校致力打造研究地学习、研究地教学、研究地管理、研究地服务的校园新常态，大兴教研科研之风，组织教师静下心研、埋下头写并大力度鼓励教师"做得好、钻得深、说得清、写得出"，使其成为注重行动研究、追求教学学术的研究型教师。

4. 开展质量考评：跟进式实施

学校开发《之谟教师研修院研修学分管理办法》《研究型教师专业发展质量年度考评量表》等评价工具，构建由学分管理、质量考评、成长报告、表彰激励等部分构成的研究型教师校本培养质量考评体系（见图5-6），定期开展专业研修过程性评价、发展质

---

① 习近平. 做党和人民满意的好老师——同北京师范大学师生代表座谈时的讲话［N］. 人民日报，2014 - 09 - 10（1）.

量阶段性评价、特定对象培养周期综合性评价和年度教师激励性评价，全方位全过程考核评价研究型教师的师德修养、学识水平、实践本领和研究素养。

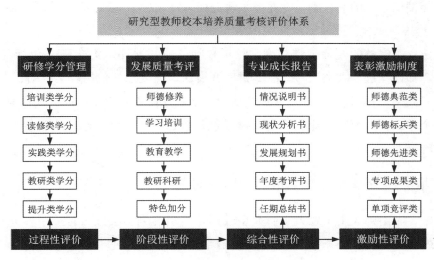

图 5 - 6　湖南师大附中研究型教师校本培养质量考评体系

（1）开展专业研修过程性评价

为充分调动教师校本研修的自觉性和积极性，满足教师专业化发展的多元化、多样化、多层次要求，学校出台《之谟教师研修院研修学分管理办法》，对教师校本研修实施过程评价和学分制管理。该办法将教师校本研修活动分为培训类、读修类、实践类、教研类、提升类五大类，每个大类又依据教师研修实际分为若干小类，赋予相应额度的研修学分。之谟教师研修院组织教师采取必修、选择性必修、选修、自修等方式获取相应研修学分，定期登记学分并实行学分银行制管理，落实教师校本培养的过程督导和评价推进。

（2）开展发展质量阶段性评价

为确保修学教研一体化教师校本培养质量，学校制定《研究型教师专业发展质量年度考评量表》。该量表的一级指标包括师德修养、学习培训、教育教学、教研科研、特色加分五大方面，每个方面设立多个二级指标，将富于情怀、勤于学习、长于实践、崇尚学术之发展要求落实落细，赋以相应量化评分，设定客观评分标准。学校在新教师入职培训、师徒结对帮扶、青年名师培养等教师培养重点工程中推行此评价量表，取得良好效果。

（3）开展培养周期综合性评价

学校对为期三年的名师名校长工作室、为期三到五年的青年名师培养工程等重点项目，采取"专业成长报告"形式，实施培养周期综合性评价。"专业成长报告"由情况说明书、现状分析书、发展规划书、年度考评书、任期总结书五部分组成，培养周期结束时由之谟教师研修院组织相关教师自主整理，编印成册。一个培养周期下来，每位受培教师都能编出厚厚的一大本，专业成长轨迹得以物化成为成果。

（4）开展年度教师激励性评价

学校建立了完整的教师荣誉制度，每年教师节前开展评定类奖励（包括师德典范、师德标兵、师德先进三大类），每年 12 月底开展认定类奖励（包括教学成绩、专项成果、单项竞评三大类）。通过综合评定或成就认定，从师德修养、学习培训、教育教学、教研科研等多个方面，对教师专业发展进行激励性评价，一年一度，已成为学校教师专业发展质量评价盛典。

三、培养研究型教师的湖南师大附中特色

多年来，湖南师大附中致力于研究型教师校本培养创新实践，打造了多元化多样化教师专业发展支持服务体系：研究型教师内涵结构体系，指明校本培养目标方向；"四格"教师专业发展体系，完善校本培养顶层设计；系列校本培养举措，体现对高素质、专业化、创新型教师培养的不懈追求，具有校本特色、草根气质、普适意义和推广价值。该项创新实践的突出贡献在于克服了对校外培训的过度依赖，构建了研究型教师校本培养体系，激发了教师自主成长潜力、活力和动力，推进了教师专业化发展、学生全面而有个性发展和学校高质量可持续发展。其创新之处，主要体现在以下三个方面：

1. 理论创新

通过省级基地建设和课题研究，探寻研究型教师内涵、特征、价值和成长规律，明确富于情怀、勤于学习、长于实践、崇尚学术的研究型教师内涵结构和师德修养、学识水平、实践本领、研究素养等培养要素，取得多项课题研究成果，出版《研究型教师专业发展理论与校本实践探索》等多部专著，发表《"教师成为研究者"：高中研究型教师培养的 20 年修炼》等多篇论文，丰富了研究型教师专业发展与校本培养理论。

2. 方式创新

倡导教师立足校本开展教研科研，以教师研究地教引领学生研究地学，激发了学生学习动力；倡导"教师成为研究者"，激发其潜力、活力和动力，促使教师二次成长，解决了发展方向不明、缺乏动力等问题；构建"三步六环"培训、"四化"研训、"一体化"研修等模型，完成"靠谁培养→怎样培养→培养怎样的教师→怎样培养研究型教师"的迭代升级。

3. 方法创新

依托省级科研基地，创办教师发展学校，构建四格体系，建设四大工程，打造四大

平台，组织四项考评，开展定向性、层级型、项目化、全方位、跟进式校本培养，收获大量课例、案例、经验、测评工具、资源包等实践成果，教师校本培养方法富于创新性。

湖南师大附中研究型教师校本培养创新实践，历经初探到深化、局部到整体、校本探索到社会推广的实践过程，校本实践检验成效显著，社会应用推广反响良好。具体成效体现在以下四个方面：

一是提升了教师专业发展质量。经过多年校本培养，湖南师大附中教师整体素质显著提升，造就了一支数量可观的高素质、专业化、创新型的教研队伍。2018 年至 2022 年，获省级以上荣誉或奖励达 200 多人次，出版教育专著 30 多部、校本教材 20 多种，在省级以上学术报刊发表论文超过 600 篇，涌现 2 名国家万人计划教学名师、3 名享受国务院政府特殊津贴专家、2 名全国优秀教师、2 名享受省政府津贴专家、2 名芙蓉教学名师、26 名学科奥赛金牌教练、24 名长沙市卓越教师，80 余人次兼任社会学术团体职务。2018 年以来，学校成立了湖南省领航校长研修班黄月初高中校长工作室、湖南省新时代基础教育名师名校长培养计划（2023—2025）工作室、李湘黔中学物理名师工作室、向超中学地理名师工作室、长沙市谢永红校长工作室、长沙市赵优良中学数学名师工作室等 9 个省市级名师工作室，《湖南日报》《红网》《湖南教育》等多家媒体刊发报道或访谈，做了全面宣传推介。2018 年至 2022 年，谢永红校长 4 年间 3 次受到习近平总书记亲切接见，在湖南基础教育界被传为美谈佳话。

二是促进了学生全面而有个性的发展。研究型教师培养，有力提升了湖南师大附中学生成长成才质量。湖南省人民政府示范性高中教育督导评估报告和长沙市教育局《普通中学教育质量综合评价报告》显示，我校各项质量指标，每年处于全省全市领先地位。2018 年以来，学生获市级以上体艺、科创、研究性学习等奖项累计超 3000 人次，获国家实用新型专利授权 20 多人次，入选丘成桐领军计划、湖南省英才计划及学科奥赛国家代表队、国家集训队、省代表队人数连年居全省第一。相关调研报告显示，我校毕业生在高校表现出强大可持续发展力，可概括为"六个多"（入党的多、当干部的多、拿奖学金的多、文体骨干多、社团领袖多、公派出国留学的多）、"三个特别"（基础特别扎实、素质特别全面、发展后劲特别足）、"一个明显"（与兄弟学校毕业生相比具有明显优势）。

三是凸显了研究型高中办学特色。学校致力于创建研究型高中，确立了"以研究为先导"的共同价值观，形成了研究地学习、研究地教学、研究地管理、研究地服务的校园新常态，"科研兴校、科研强教"传统与特色日益彰显，先后入选全国示范性普通高中建设试点校（全国 4 所）、现代教育实验学校建设项目校（全省 2 所）、湖南省教育科学研究工作者协会基础教育研究分会理事长单位、湖南省"十三五""十四五"教育科学研究基地（均全省中小学唯一），获评湖南省课程改革样板学校，被公认为"教改先锋"，被赞誉为"最像大学的中学"。2018 年以来，荣获 3 项国家级教学成果二等奖、2 项湖南省基础教育教学成果特等奖、1 项湖南省基础教育教学成果一等奖、5 项湖南省教育科学研究优秀成果奖、4 项长沙市哲学社会科学优秀成果奖，光荣入选全国"改革开放 40 年'学校教改探索案例 40 个'"榜单。

四是发挥了示范引领辐射作用。学校采取教学开放周、名师工作室、国培省培、对口帮扶、支教送教、承办或参与学术活动等多种方式，积极推广研究型教师校本培养经验，辐射优质教育资源，促进区域教育公平、均衡发展，极大地增强了学校的社会贡献力，获评全国教育硕士专业学位研究生联合培养示范基地、国培先进单位、全国学校对口支援工作先进单位等，被广泛赞誉为"担当楷模"。教育部原副部长陈小娅视察学校时曾动情地说："湖南师大附中在真心实意扶助贫困地区薄弱学校发展上做了很多善举，做了很多实事。"

第六章

以崇尚学术为核心打造研究文化

本章提要

　　建设研究型高中、培育研究型学生，需要树立"以研究为先导"的共同价值观，完善以"学术治校"为核心的研究型高中治理体系，营造崇尚学术、激励创新的研究文化氛围，建设主动发展、主动研究、主动创新的工作文化和学习文化，使研究地学习、研究地教学、研究地管理、研究地服务成为校园新常态，使学校成为鼓励创新、大胆实践、不断反思、追求特色、合作共享、充满活力和具有不断自我更新能力的研究型成长共同体。

第一节　崇尚学术与打造研究文化

研究型高中以研究为先导，以研究地学习、研究地教学、研究地管理、研究地服务为师生行为共识。陈玉琨教授曾指出："学术性研究型高中是以学术为导向、以高素质科学研究与技术创新能力人才培养为主要任务的高中。"① 研究型高中师生的研究，虽然与专家教授的研究有所不同，但是既然展开了基于真实问题的探究实践，就应该"以学术为导向"，应该崇尚学术并葆有追求教学学术的志趣与价值取向。

一、学术与教学学术

崇尚学术，必须先弄清学术的基本内涵与特质。然而，学术界有一个令人困惑的现象：人们天天在谈学术，甚至提出学术要走向大众，但究竟什么是学术却少有问津，"仿佛在我们的心目中，学术已经成了某种'日用而不知'的东西，已经有了一种天然的自明性，人人都知道它意指着什么，无须特别地要将它拿出来谈论"②，以致学术成为一个人们经常使用的词汇，然而又是一个含义并不确定的概念。

（一）"学术"概念的考辨

"学术"一词始见于《史记》，最初是动宾结构的短语，意为学习钻研治国之术或驭人之术，如"申不害者，京人也，故郑之贱臣。学术以干韩昭侯，昭侯用为相"（《史记·老子韩非列传》），"张仪者，魏人也。始尝与苏秦俱事鬼谷先生，学术，苏秦自以不及张仪"（《史记·张仪列传》）等。后世"学术"连称成为一个词语，逐渐产生学识、学问、学说等词义，例如"小子无学术，丁宁困负薪"（何逊《赠族人秫陵兄弟》）、"梵相奇古，学术渊博"（苏轼《十八阿罗汉颂》）、"加以志虑日短，学术愈荒"（李东阳《求退录》）等。作为汉语基本词语，"学术"的词义实际上非常明确：《辞源》释义为"学问，道术。后来称有系统而较专门的学问为学术"③，《辞海》释义为"较为专门、

---

①　陈玉琨. 为何要建学术性研究型高中［N］. 中国教育报，2020－07－26（3）.
②　戴登云. 究竟何谓"学术"：基于当代学术史的反思［J］. 华东师范大学学报（哲学社会科学版），2016（5）：18－20.
③　辞源：修订本［M］. 北京：商务印书馆，1979：797.

有系统的学问"①，各种版本的汉语词典释义与《辞源》《辞海》大同小异，都强调"学术"是有系统的、较专门的、理论性较强的学问。

"学术"在英文中大致对应 Academic、Scholarly 或 Scholarship 等词②。Academic 源于柏拉图学园（阿加德米学园），强调与大学、学院等学术机构有关，多指纯粹理论的、无实际目的或意图的研究。Scholarly 与 Academic 词性、语义及用法基本一致，区别在于前者以学者为立足点，后者以大学、学院等学术机构为立足点。Scholarship 则多指学术研究成果，通常为学者通过系统性、专业化的方法获得的知识、方法、成果等，多指深入、系统、专业的学术研究或成果。可见，汉语"学术"一词，实际上无法与某个英语单词完全对应。也许正是汉语、英语之间客观存在着无法避免的语义差异，导致现代"学术"概念之内涵难以考辨与界定。

晚清以降，随着西学东渐的不断深入，我国传统学术逐渐趋近于西方现代学术体系。近代学者多将"学""术"视为相互关联的两个独立部分。严复指出"盖学与术异。学者，考自然之理，立必然之例；术者，据既知之理，求可成之功。学主知，术主行"③，将学与术的关系解释为知行关系。梁启超认为"学也者，观察事物而发明其真理者也；术也者，取所发明真理而致于用者也。例如，以石投水则沉，投木则浮，观察此事务，以证明水之有浮力，此物理学也，应用此真理以驾驶船舶，则航海术也；研究人体之组织，辨别器官之机能，此生理学也，应用此真理以疗治疾病，则医术也。学者术之体，术者学之用"④，将学术关系解释为体用关系。现代学者普遍认为学术并非学与术之和，例如《中国学术通史》就指出："学术在传统意义上是指学说和方法，在现代意义上一般是指人文社会科学领域内诸多知识和方法系统，以及自然科学领域中科学学说和方法论。"⑤

学术界有关学术的解读，深受美国学者布鲁贝克所著《高等教育哲学》影响。布鲁贝克认为，学术应该围绕一个主旋律"E 调"展开：E 代专门知识（Expertise）——深奥的探求——它构成了高深的学问⑥。在他看来，学术呈现两种形态：一是作为知识活动的学术，强调人们探索发现和发展应用、传播延续知识的过程；二是作为知识结果的学术，即高深学问。学者们特别强调，作为高深学问的学术具有三个特点：第一，学术是一种普遍的知识而非个别的知识，只有揭示普遍意义的知识才是学术；第二，学术是

① 辞海 [M]. 上海：上海辞书出版社，1980：2576.
② 殷海红. 从"学术"到"学术翻译"概念考辨 [J]. 当代外语研究，2023（4）：106－112.
③ 严复. 严复集 [M]. 北京：中华书局，1986：885.
④ 梁启超. 饮冰室合集：第3卷 [M]. 北京：中华书局，1989：12－13.
⑤ 陆玉林. 中国学术通史：先秦卷 [M]. 北京：人民出版社，2004：5.
⑥ 约翰·S. 布鲁贝克. 高等教育哲学 [M]. 郑继伟，等，译. 杭州：浙江教育出版社，1987.

理性的而非感性的，唯有出自人们理性思考并具有一定系统性理论的知识才是学术；第三，学术是高深的知识而非常识性知识，是人类在不同时代对外在客观世界认识所达到的最高程度①。高深学问需要虚心涵泳、深入体察、探幽发微、潜心研究才能获得，要求学者以多种方式在学术圣殿的诸多厅堂里广泛探求，"在有的厅堂里，学者是通过在隔音的实验室里拨控制盘来验证真理的；在另一些厅堂里，他们是通过在喧闹的城市、福利中心、诊所、法院等地方参与工作来积极验证真理的；还有一些厅堂里，一些孤军奋战的思想家是在静寂的图书馆里通过钻研古纸堆来验证他们的思想"②。通过严谨治学和多方探求获得高深学问，成为学术的内涵要素和基本特质；学术也从一个名词，嬗变为一个兼具名词、动词和形容词性质的复合概念。为此，北京师范大学肖川教授特意作了折中处理："学术是一种探索真理的社会实践活动及其成果。作为探索的成果，学术指的是有系统的、较专门的学问。"③

综合看来，目前学术界对学术概念的解读，一是提高了门槛，将学术从"有系统而较专门的学问"提高到了"高深的学问"；二是扩大了外延，将原本只具有名词意义的学术，扩大到了包括"深奥的探求"在内的学术研究、学术素养、学术道德、学术活动、学术思想、学术水平等诸多方面；三是设定了领域，强调通过"深奥的探求"去获得"高深的学问"，使得学术成为高不可攀、一般人难以企及的神圣殿堂。人们普遍认为，学术是指人类探索自然界、人类社会及人类自身的客观规律和真理的高级心智活动，是对各学科领域的理论问题或非共识性知识进行专业性、学理性的研究、探讨、思辨或争论，是学者的治学载体、理想与追求④。有人甚至断言：学术已到达空前专业化的发展阶段，进行学术研究并非人人可为、处处可为，而是只有受过专门训练的人在专门的环境中才能进行，因此"学术性中学建不成"⑤。

（二）教学学术的倡行

教学与科研二元对立，在教育界普遍存在，导致的尴尬是：中小学教师普遍重教学而轻科研，并视学术为畏途；而大学教师则普遍重科研而轻教学，并视学术为禁脔。

为了有效消解存在已久并争论已久的教学与科研二元对立难题，美国卡耐基教学促进基金会第七任主席欧内斯特·博耶（Ernest L. Boyer）在其学术报告《学术水平反思：教授工作的重点领域》中首次提出了"教学学术"（SOT）概念。博耶认为，学术应该包

① 张俊宗. 现代大学制度：高等教育改革与发展的时代回应［M］. 北京：中国社会科学出版社，2004.
② 胡弼成. 治学应成为学术界的生活方式——布鲁贝克《高等教育哲学》关于治学的道德［J］. 中南工业大学学报（社会科学版），2000（4）：323.
③ 肖川. 何谓"学术能力"［J］. 当代教育论坛（校长教育研究），2007（8）：1.
④ 陈慧青. 学术：学者的理想与追求——感悟布鲁贝克学术话语的建构［J］. 江苏高教，2008（5）：4－6.
⑤ 吴克勇. 学术性中学能建成吗［J］. 教育家，2021（10）：20－21.

括相互联系且不可分割的四个基本方面，即探究知识的学术、整合知识的学术、应用知识的学术和传播知识的学术①，其中传播知识的学术就是教学学术。博耶强调：不应该视教学为传播知识的简单技艺，而应该通过教师持续不断的反思探究使教学具有专业性与学术性。博耶的教学学术理念，将教学确立为学术研究的重要方面，给教学以新的尊严和地位，在国际教育界产生了广泛而深远的影响。

博耶在提出"教学学术"这一全新学术观后不久突然离世，未能对其概念内涵和理念践行作出明晰而全面的阐说。其后，卡耐基教学促进基金会第八任主席舒尔曼对"教学学术"（SOT）理念作了赓续与拓展，并提出了"教与学学术"（SOTL）的概念。舒尔曼认为，教师的教学与学生的学习是同一活动的两个方面，教师应该对所教的问题作出深入的探究，更应该对学生学习的问题进行系统的研究。所谓教与学学术，就是"教师根据本学科的认识论对自己在教学过程中产生的教与学问题进行探究，并将探究结果用他人能够接受的形式公开，使之面对公开的评论和评价，与同行进行分享并能够让同行在此基础上进行构建"②。舒尔曼认为，教学过程中的真实探究是学术的开端，探究知识是知识分子学术生涯的中心；探究容易陷入学究式的迂腐狭隘，需要强化知识整合的学术，廓开视域，拓展领域；知行必须合一，应当注重知识应用的学术，确保理论与实践密切联系而不脱节；为使学术之火不断延烧，还必须注重传播知识的学术，要给予教学学术以尊严和地位③。可见，四类学术不是彼此孤立、互相排斥的，而是相互重叠、相互依存、相互促进的。四类学术没有高下之分、雅俗之别，处于同等重要的位置。通过探究、整合来创新知识是学术，通过应用、传播来推广知识同样是学术。学术不能仅仅停留于知识的探究发现和整合升华，没有传播和应用，知识的价值就难以实现，学术的生命就难以延续。

换个角度看，传播知识的学术（即教学学术或教与学学术），其本身也是探究、整合、应用等多学术类型的综合：要对学科问题和教与学过程中动态生成的情境性问题进行全面探究，体现了探究知识的学术的特征；探究的问题往往涵盖学科、教学、学习，以及哲学、教育学、心理学等众多领域，具有跨领域研究的性质，属于整合知识的学术；立足教育教学实践开展问题探究，本身就是一种应用知识的学术活动。

教学并非纯粹地传递知识和接纳知识的双向活动，教学活动中教师需要跟踪了解学科前沿，深透理解教材知识，合理运用教学方法，精心设计教案学案，采用学生能听懂、

---

① 欧内斯特·L.博耶.关于美国教育机构改革的演讲［M］.涂艳国，方彤，译.北京：教育科学出版社，2002.

② 王玉衡.美国大学教学学术运动［M］.北京：北京师范大学出版社，2012：2.

③ 欧内斯特·L.博耶.关于美国教育机构改革的演讲［M］.涂艳国，方彤，译.北京：教育科学出版社，2002.

能理解、能接受的有效方式，将精心整合的教学内容深入浅出、生动形象地呈现给学生。因此，教学本身就是一个富于学术魅力的创造性活动，就是一门系统性、专业化的学问。美国学者唐纳德·肯尼迪在其著作《学术责任》中明确指出：高校教师的学术责任包括研究高深学问的责任、道德的责任、教学的责任、服务的责任、培养的责任、指导的责任等①，教学是教师最根本、最核心的职能责任，也是教师最基本、最重要的学术追求。

困扰并影响教师积极主动地追求教学学术或教与学学术的另一个因素，就是"深奥的探求""高深的学问"学术观。在不少人看来，学术研究必须是一种"深奥的探求"，教师基于教与学实际问题的反思探究距离"深奥"二字太远，因而算不上学术研究；学术研究成果必须是"高深的学问"，教师反思探究教与学问题形成的研究成果谈不上有多"高深"，因而算不上学术研究。"深奥的探求""高深的学问"像两堵高墙，将非科研专业人士堵在学术圣殿的门墙之外。

其实，真理都是平易近人的，并非高深莫测；学术只是"有系统而较专门的学问"（《辞源》），并非高不可攀；研究不是一个领域，而是一种方法、一种观念，并非专家专享。能够立足学科前沿开展"深奥的探求"并获得"高深的学问"，当然是好事；能够立足专业实践、运用研究之方法探求并获得"有系统而较专门的学问"，也应当鼓励。深奥和高深是相对而言的，以学术视角看待教学活动，系统而专业地追求教学学术或教与学学术，不断提升教学水平、能力和效果，努力实现专家型甚至教育家型教师的理想成长，也可以视为"深奥的探求"，也能够生成"高深的学问"。

（三）中小学教师对"教学学术"的追求

博耶的教学学术、舒尔曼的教与学学术，是在美国大学"不出版就解聘"（Publish or Perish）的特定背景下提出来的②，针对的是大学教学，目的是纠正大学教师重科研而轻教学的观念和倾向。那么，中小学教师能否像大学教师一样追求教学学术或教与学学术？回答是肯定的。

其一，中小学教师和大学教师一样，都属于"履行教育教学职责的专业人员"（《中华人民共和国教师法》），教育教学的领域、职责存在差异，专业技术人员之身份、性质却完全相同。《中华人民共和国教师法》赋予教师六项基本权利，其中就包括"进行教育教学活动，开展教育教学改革和实验"和"从事科学研究、学术交流，参加专业的学术团体，在学术活动中充分发表意见"等。这些基本权利为各级各类学校的教师所共同享有，也就是说中小学教师可以"开展教育教学改革和实验"，可以"从事科学研究、

---

① 宋承祥. 现代大学的学术责任——读唐纳德·肯尼迪《学术责任》札记［J］. 山东师范大学学报（人文社会科学版），2005（1）：115－118.

② 刘益东. 对教学学术的省思［J］. 大学（研究版），2015（7）：92－96.

学术交流，参加专业的学术团体，在学术活动中充分发表意见"，可以在教育教学实践与反思探究的过程中追求教学学术或教与学学术。

其二，学术是"有系统而较专门的学问"，而中小学教师所教的学科本身就是"有系统而较专门的学问"，他们所从事的教育教学工作本身也属于"有系统而较专门的学问"，而他们对自身教学和学生学习所产生问题的反思探究也可能生成"有系统而较专门的学问"。教师"传播知识"，不能只是照本宣科式简单传授教材上的既有知识，还应该发微阐幽、辨伪求真，而且还要"唤起学生的积极向学之心，让学生成为向学的生命"①。无论从所教学科角度看，还是从所从事职业和所展开的实践探究看，中小学教师所做的都是学术性工作，因而都可以在教育教学、管理服务过程中追求教学学术或教与学学术。

其三，研究只是一种方法。既然只是一种方法、一种观念，自然人人可以运用这种方法、树立这种观念，何况中小学教师本身就是"履行教育教学职责的专业人员"？因此，中小学教师完全可以而且应该积极主动地更新研究观念、运用研究方法，立足教育教学实践开展学术研究，在行动中研究、在研究中实践，成为有学术追求的实践反思者和行动研究者。

其四，传统观念认为，学术是学者的理想与追求。其实，中小学教师也是学者。《辞海》对"学者"的解释有二：一是指求学的人，做学问的人；二是指学术上有一定造诣的人。② 中小学教师可能不是或暂时不是"学术上有一定造诣的人"，但完全可以进入"求学的人，做学问的人"之列。学海无涯，教师理应是"求学的人"，成为终身学习的践行者；教与学过程中处处可以有问题探究，教师理应成为实践反思者和行动研究者，成为"做学问的人"。为者常成，行者常至，中小学教师只要愿意学、愿意做，肯定能够在求学、做学问的过程中提高学术造诣，实现学术追求。

事实上，党和国家大力提倡并明确要求中小学教师立足校本实践开展教学研究。教育部于 2019 年发布的《关于加强新时代教育科学研究工作的意见》（教政发〔2019〕16号）就特别强调："中小学要积极开展教育教学实践研究，改进教学方法，提高教育质量。"《普通高中课程方案（2017 年版 2020 年修订)》也明确要求："健全以校为本的教学研究制度，建立平等互助的教学研究共同体，倡导自我反思与同伴合作，营造民主、开放、共享的教学研究文化，鼓励和支持教师进行教学方式改革的探索，形成教学风格和特色。"近年国家密集出台多个关于中小学教育教学的政策文件，大多明确要求中小学强化教学研究，推进教学改革。中小学教师追求教学学术或教与学学术大有可为，必将

---

① 刘铁芳. 什么是好的教育——学校教育的哲学阐释［M］. 北京：高等教育出版社，2014：51.
② 辞海［M］. 上海：上海辞书出版社，1980：2576.

大有作为，值得大力作为。

二、崇尚学术与研究文化

建设研究型高中，需要树立"以研究为先导"的共同价值观，打造研究地学习、研究地教学、研究地管理、研究地服务的校园新常态，营造崇尚学术、激励创新的研究文化氛围，以及自由追求教与学学术、鼓励发表不同意见的宽松环境。

（一）关于"崇尚学术"

陈玉琨教授曾指出："学术性研究型高中，顾名思义就是以学术为导向、以高素质科学研究与技术创新能力人才培养为主要任务的高中。大家知道，高中属于基础教育范畴，在一般意义上，它只承担传授知识的任务，创造知识是大学的重要职能之一。学术性研究型高中将颠覆这一理念，把培养高中生科学创造与实践能力、为学术性研究型人才奠基作为己任。学术性研究型高中是聚焦于学术、注重学生研究能力培养的学校。"① 研究型高中"以高素质科学研究与技术创新能力人才培养为主要任务"，"把培养高中生科学创造与实践能力、为学术性研究型人才奠基作为己任"，"注重学生研究能力培养"，肩负着造就堪当民族复兴大任的时代新人的重大使命，绝不能"只承担传授知识的任务"，必须"以学术为导向""聚焦于学术"，着力打造崇尚学术、激励创新的研究文化。

"崇尚"意为推重、提倡②；崇尚学术，意即推崇并积极提倡学术。学术不等于"深奥的探求"和"高深的学问"，通过探究、整合以创新知识是学术，通过应用、传播以推广知识也是学术。中小学教师的主要职责是"传道受业解惑"，但并非"只承担传授知识的任务"，还应该追求传播知识的学术，即教与学学术。

任何领域都存在"有系统而较专门的学问"，传播知识也不例外。其一，所传播的知识需要拓宽拓深，需要与时俱进，需要批判性汲取，不能照本宣科，授受了事；其二，传播知识不是"一讲一听之间事情就完成了，像交付一件东西那么便当，我交给你了，你收到了，东西就在你手里了"③，需要讲究教学方法，使知识传播更为便捷、高效；其三，教的过程就是学的过程，必须尊重并突出学生主体地位，传播知识的过程中要传播那些"能成为学生习惯、财富、内在禀赋的东西"，促使学生学会学习、敏于学习④；其四，教育的根本任务是立德树人，传播知识的根本目的是教书育人，如何在传播知识过程中促进人的全面而有个性发展，已经成为新时代人民教师面临的重大课题。因此，传播知识是一门大学问，教学也是学术，教书育人应该"以学术为导向"，应该崇尚并追

① 陈玉琨. 为何要建学术性研究型高中［N］. 中国教育报，2020 – 07 – 26（3）.
② 辞源：修订本［M］. 北京：商务印书馆，1979：934.
③ 叶圣陶. 叶圣陶语文教育论集［M］. 北京：教育科学出版社，1980：151.
④ 刘铁芳. 什么是好的教育——学校教育的哲学阐释［M］. 北京：高等教育出版社，2014.

求学术。

中小学崇尚学术，侧重于崇尚教与学学术。一方面，教师是"履行教育教学职责的专业人员"，教育教学是其主业主责，其学术追求应该立足专业实践。另一方面，教师属于反思实践者和行动研究者，其研究"侧重于寻求解决教育过程中遇到问题的方法、措施、途径，从而改善教育教学实践，提升教育质量效果"①，应该聚焦于教与学学术。传播知识的学术并不低探究知识的学术、整合知识的学术、应用知识的学术一等，而且其本身也融探究、整合、应用于一体，与探究知识的学术、整合知识的学术、应用知识的学术密切关联，相辅相成。因此，中小学教师应当崇尚教与学学术。

中小学教师崇尚教与学学术，就是要认同、尊重、追求教与学学术。

1. 要认同教与学学术

只有思想、文化、心理等方面充分认同和全面接纳，并且形成共同理想、信念和价值观，人们的价值取向、思维模式、行为方式等才能真正地协同一致②。

教学学术、教与学学术理念形成已经 30 多年，国际性教与学学术运动已经风行一时，但国内分歧还较多，认识还不统一，行动更举步维艰。中小学教师对这一新学术观的认知程度更是普遍不高：一是深受传统职业观影响，不认同中小学教师应当有学术追求；二是深受传统学术观影响，不认同教学就是学术；三是深受传统教学观影响，不认同传播知识具有学术性。认同的起点是认识，认同的前提是坚信。中小学教师要更新观念并提升认识，加强教与学学术理论的学习和理解，坚信教学是学术，坚信中小学教师也可以崇尚并追求学术。唯有取得思想、文化、心理上的高度认同，才能实现价值取向、思维模式、行为方式的高度统一。

2. 要尊重教与学学术

尊重是崇尚的第一要义，崇尚学术必先尊重学术。中小学教师普遍重视教学，但是普遍轻视甚至无视教与学学术，一方面是因为缺乏认同，另一方面则是因为缺乏尊重。

不尊重教与学学术，主要有如下表现。一是歧视性对待教与学学术，总觉得教与学学术算不上"高深的学问"，而教师的研究、学生的研究更算不上"深奥的探求"，其产品的学术含量、学术高度、学术价值都有限，难登大雅之堂。二是片面性对待教与学学术，或只重知识传播而不重知识研究，或只重本学科知识而不重跨学科知识，或只重传道授业而不重方法技巧，或只重教师教学而不重学生学习，或只重讲授知识而不重教书育人，等等。三是刻板性对待教与学学术，套用科学研究的学术评价标准来衡量教与学学术，关注课题、专著、论文、奖励、经费等硬指标，无视教与学学术重在改善实践、

---

① 谢永红. 从优秀走向卓越 [J]. 教师，2018（1）：6-9.

② 闫丁. 社会认同理论及研究现状 [J]. 心理技术与应用，2016，4（9）：549-560.

提升质量之特殊性。四是功利性对待教与学学术,过于计较教学质量、效果、成绩及成果、奖励等量数指标,且苛求立竿见影,违背学术产品需要潜心研究、反复检验、长期积累才能水到渠成的动态生成规律。

相对于高校教师而言,中小学教师不尊重教与学学术问题比较严重。也正是因为这种不尊重,导致他们中不少人对于客观存在并极具问题性、探究性的教与学学术熟视无睹甚至不屑一顾,也导致中小学教学充满低水平重复、低质量勤奋、低效率忙碌、低层次竞争等痼瘤乱象。

3. 要追求教与学学术

教学是有系统而较专门的学问,潜心研究可以生成传播知识的学术。崇尚教与学学术,不能停留在推重、提倡之上,而应该落实到具体、切实的行动。目前,中小学教师普遍重视"教与学"而轻视"教与学学术",常规教学扎扎实实,但却止步于教学工作而少有教学研究,缺乏追求教与学学术的意识,更缺乏追求教与学学术的行动。我们认为,中小学教师追求教与学学术,关键是要遵从习近平总书记于 2016 年 12 月在全国高校思想政治工作会议上提出的"教师不能只做传授书本知识的教书匠,而要成为塑造学生品格、品行、品味的'大先生'"的指示精神,从只顾教学的"教书匠"转变为追求教与学学术的"大先生"。

教师不能只做传授书本知识的教书匠,不能只是一个"手艺人"。《现代汉语词典》中"匠"的解释有二:一是"工匠",二是"在某方面很有造诣的人"。[①]"教书匠"中的匠,含义显然是工匠,是技术高超、技艺娴熟的职业技术人员,而不是"在某方面很有造诣"的专业技术人员。教书匠的"匠"也不同于"工匠精神"的"匠":前者将教书当作职业,当作养家糊口的工具;后者将工作当作事业,当作实现人生价值与意义的平台。《中华人民共和国教师法》认定"教师是履行教育教学职责的专业人员",也就是说,教师不只是业务精强、本领高强的技术人员,而且是富有教育情怀、注重理论修养、颇有专业造诣的专业人员。新时代的人民教师,更应该做"所好者,道也,进乎技矣"(《庄子·内篇·养生主》)的庖丁,不扬扬得意于教育教学之技,而踌躇满志于教书育人之道。追求教与学学术,就是要引领教师从"只传授书本知识的教书匠"走向"在教育教学方面很有造诣的人",从有经验的技术人员走向有研究的专业人员。

教师不能只做传授书本知识的教书匠,不能只是一个"活书橱"。教书匠的眼里只有书,书成为师生活动的核心,教师的任务是认真教好书,学生的任务是用心读好书;"教书的人是'教死书','死教书','教书死';读书的人是'读死书','死读书',

---

'读书死'，充其量只是做一个活书橱，贩卖知识而已"①。教书匠以"两耳不闻窗外事，一心只读圣贤书"为宗旨，认定教材教学是唯一课程，视社会实践为不务正业，视文艺活动是寻欢作乐，视体育活动是贪玩好耍，视科考研学为好高骛远，学生的发展空间被限定在教科书之内，学校成为大书呆子培养小书呆子的场所。陶行知先生曾断言："三百六十行中绝没有教书匠、读书人的地位，东西两半球上面也没有中华书呆国的立足点。"② 追求教与学学术，有利于教师冲破"书"的羁绊约束，走向教书育人的广阔天地。

教师不能只做传授书本知识的教书匠，不能只是一个"传授者"。教书匠特别迷信自己的"教"，把教学过程理解为单纯的教导、传授过程，只关注自己的"诲人不倦"，不关注学生的"学而不厌"；只追求讲深讲透，无视学生的主体性、能动性；把学生当作被动接受知识的容器，而不是主动建构知识的主体。教书匠的课堂上，只有教师的教，没有学生的学；只有"师讲生听、师问生答、师说生记"等单边活动，没有师生互动、生生互动及人机互动；只有教师教学任务的完成，没有学生学习质效的达成。叶圣陶先生曾指出："各种学科的教学都一样，无非教师帮着学生学习的一串过程……'讲'都是为了到达用不着讲，换个说法，'教'都是为了到达用不着教。凡为教，目的在到达不需要教。"③ 追求教与学学术，将教学过程视为教学生学的过程，将学生从教学活动的边缘拉回到学习活动的中心，将教师从单纯的"传授者"角色转型为引路人、指导者、服务员角色，将学生从接受者角色转型为探求者、建构者、创造者角色，这对于推进育人方式改革、提高教育教学质量、促进学生全面而有个性发展，无疑具有重大意义。

教师不能只做传授书本知识的教书匠，不能只是一个"童子师"。韩愈曾在《师说》中指出："彼童子之师，授之书而习其句读者，非吾所谓传其道解其惑者也。"教书匠大多就是"授之书而习其句读"的"童子之师"，他们只管教书而不管育人，只见书本知识而不见活生生的人，只求提升学生认知水平而不求促进学生身心发展，只关心书本知识学习而不关心道德、情感、态度、价值观的养成。教书匠当然也有德业相劝、道德教化，但往往止步于知而不落实于行，学生被限定在教材、校园的狭窄空间里，只能"读万卷书"，不能"行万里路"。叶圣陶先生曾说："道德必须求其能够见诸践履，意识必须求其能够化为行动。"知而不能践行，学而不能致用，所培养的就只能是记诵广博的活书橱、精擅学舌的人形鹦鹉。追求教与学学术，促使教师恪尽教书育人天职，担当起包括教学的责任、培养的责任、指导的责任、服务的责任、研究发现的责任、学术成果发

---

① 陶行知. 中国近代教育论著丛书：陶行知教育论著选［M］. 北京：人民教育出版社，1991：372.
② 陶行知. 陶行知全集：第 2 卷［M］. 长沙：湖南教育出版社，1985：95.
③ 叶圣陶. 叶圣陶语文教育论集［M］. 北京：教育科学出版社，1980：56－57，152.

表的责任在内的学术责任①，有利于教师将立德树人的根本任务担在肩上，落于行动。

中小学教师追求教与学学术，要突出四个重点。

第一，要突出育人的学术。陶行知先生曾说："千教万教，教人求真；千学万学，学做真人。"教也好，学也好，都旨在服务学生身心成长。追求教与学学术，归根结蒂是为了改革育人方式，提升育人质量。教育的根本任务是立德树人，新时代人民教师不仅要传播知识、传播思想、传播真理，更要塑造灵魂、塑造生命、塑造新人，不能只是"授之书而习其句读"的经师，而要成为塑造学生品格、品行、品味的人师。追求教与学学术过程中，要努力做到"教书与育人相统一，言传与身教相统一，潜心问道与关注社会相统一，学术自由与学术规范相统一"②，全面关心学生成长成才，真正成为学生锤炼品格、学习知识、创新思维、奉献祖国的引路人，全心全意服务学生成长成才。

第二，要突出知识的学术。教与学学术属于传播知识的学术，而传播知识首先必须确保知识"高（高瞻远瞩）、正（正确先进）、思（富于思辨）、实（切实好用）、通（通联广达）"③，这就要求教师像专家学者一样去探究专业知识，追求高深学问。中小学教师所传播的知识虽然历经课程专家、教材专家的千锤百炼，但并非没有深入探究的空间；另一方面，高效的知识传播往往取决于知识储备的丰满程度，"只有当教师掌握的相关知识足够多，才能有更多的角度对所教知识进行解读，或者解释所教知识的来龙去脉，或者就所教知识引发更多的论证……知识都有多个'钩子'，一旦某个知识被储备，它就具备了'勾连'更多知识的潜能"。④ 枯燥乏味的课堂教学往往是因为教师"水之积也不厚"（《庄子·逍遥游》），是昏庸浅陋的"冬烘先生"。有道是"学高为师"，学高是为师的首要条件。追求教与学学术，教师必须追求探究知识的学术，成为知识渊博、学养精深的"有扎实学识"的好老师。

第三，要突出教学的学术。不认同教学学术理念的人，常常错误地认为"教学通常所指代的上课、备课、批改作业、课后答疑等具体行为……这些行为明显缺乏问题性和探究性"。⑤ 而其实，教学是一门艺术，传播知识是系统而专门的学问，课程、教材、教法更是学术研究的重要领域。前哈佛大学校长德雷克·博克曾说："改变教学方法要比改变教学内容付出更多的努力，因为教学方法的改进意味着教师们必须改变长期以来的教

① 宋承祥. 现代大学的学术责任——读唐纳德·肯尼迪《学术责任》札记 [J]. 山东师范大学学报（人文社会科学版），2005（1）：115–118.

② 习近平. 习近平总书记在全国高校思想政治工作会议上的重要讲话 [N]. 人民日报，2016–12–09（1）.

③ 赵希斌，黄月初. 重塑课堂：超越分数的教学案例与评析 [M]. 上海：华东师范大学出版社，2015：2–5.

④ 赵希斌，黄月初. 重塑课堂：超越分数的教学案例与评析 [M]. 上海：华东师范大学出版社，2015：2–5.

⑤ 王恒安. 继承与超越：从"教学学术"到"教与学学术"的嬗变 [J]. 教育探索，2015（12）：8–12.

学习惯，掌握一些并不熟悉的新教学技巧。"① 正因为这样，教学成为基础教育综合改革的重点领域和主攻方向，大力推进教学改革成为党和国家的明确指令和殷切期望。目前，中小学教师绝大多数都能够安心从教、热心从教、舒心从教、静心从教，有的甚至到了"衣带渐宽终不悔，为伊消得人憔悴"的程度。但是，中小学校园里，拼体力、拼汗水、高消耗、低效益等现象十分普遍。这些不科学的教学方法，严重制约着更高质量、更有效率、更加公平、更可持续的教育发展目标的最终实现，亟待人们通过追求教与学学术加以妥善解决。《国务院办公厅关于新时代推进普通高中育人方式改革的指导意见》（国办发〔2019〕29号）强调："积极探索基于情境、问题导向的互动式、启发式、探究式、体验式等课堂教学，注重加强课题研究、项目设计、研究性学习等跨学科综合性教学，认真开展验证性实验和探究性实验教学。提高作业设计质量，精心设计基础性作业，适当增加探究性、实践性、综合性作业……减少高中统考统测和日常考试，加强考试数据分析，认真做好反馈，引导改进教学。"可见，上课、作业、考试等虽然只是些日常教学的具体行为，但却大有讲究、大有学问，都是值得追求的传播知识的学术。

第四，要突出学习的学术。叶圣陶先生曾说："教学教学，就是教学生学……凡为教，目的在到达不需要教。"② 知识是主动建构的，而不是被动接受的；学生是知识学习的主人，而不是知识收纳的容器；学生是课堂学习的主体，而不是教学活动的边缘。有效的教学必须以人为本、以学生为主体、以学生学习为中心，将教学重心由教师的教转向学生的学，使教学过程成为"教师帮着学生学习的一串过程"③，促使学生自能学习、自能发展，最终"到达不需要教"。传统教学观最大的弊端就在于"目中无人"，只有教师的教，没有学生的学，无视学生的主体性、自主性、能动性。传统教学观也教学生学，但关注的是教学生学会而不是教学生会学，授人以鱼而不是授人以渔，给人猎物而不是给人猎枪。因此，追求教与学学术，首先必须更新教学观，牢固树立"以教师为主导、以学生为主体"的课堂组织理念、"相信学生、调动学生、解放学生、发展学生"的课堂育人理念和"以问题为主线，以问题探究为驱动"的课堂教学理念，积极引导、指导、督导学生自主学习、合作学习、探究学习和体验学习，增强学生学习动力，优化学生学习方法，提升学生学习能力，培养学生学习习惯，丰富学生学习体验，充实学生学习积淀。教育最终要落实到学生发展上，"教育的灵魂就是引导着人不断地去欲求着美好事物，以个体心灵中不断萌生的对美好事物的欲求来激励、引导个体生命积极地自我成长"（刘铁芳教授语）。1996年，联合国教科文组织将"学会求知，学会做事，学会共

① 德雷克·博克. 回归大学之道：对美国大学本科教育的反思与展望 [M]. 侯定凯，梁爽，陈琼琼，译. 上海：华东师范大学出版社，2008：29.
② 叶圣陶. 叶圣陶语文教育论集 [M]. 北京：教育科学出版社，1980：152.
③ 叶圣陶. 叶圣陶语文教育论集 [M]. 北京：教育科学出版社，1980：152.

处，学会做人"确立为教育四大支柱，这四大支柱都只能由学生自己学会而不可能由教师教会。如何让学习在教学中真正发生？这是值得教师潜心研究的重大课题，也是需要教师执着追求的教与学学术。

（二）关于"研究文化"

党的二十大报告强调："全面建设社会主义现代化国家，必须坚持中国特色社会主义文化发展道路，增强文化自信，围绕举旗帜、聚民心、育新人、兴文化、展形象建设社会主义文化强国。"文化自信是一个国家、一个民族发展中最基本、最深沉、最持久的力量，有文化自信的国家、民族，才能立得住、站得稳、行得远。

校园文化是文化大家庭中的重要成员。教育部于 2006 年下发的《关于大力加强中小学校园文化建设的通知》（教党〔2006〕4 号）指出："中小学校园文化通过校风教风学风、多种形式的校园文化活动、人文和自然的校园环境等给学生潜移默化而深刻的影响。良好的校园文化以鲜明正确的导向引导、鼓舞学生，以内在的力量凝聚、激励学生，以独特的氛围影响、规范学生。"可见，校园文化是学校教育的重要元素，是全面育人不可或缺的重要环节。建设研究型高中，必须强化校园文化建设，特别是要打造崇尚学术、崇尚创新的研究文化。

1. 校园文化解析

校园文化概念最早提出者是美国社会学家 W. 韦勒（W. Waller）。他于 1932 年出版《教育社会学》一书，提出"学校文化"概念并将其定义为"学校中形成的特别文化"[①]。1986 年 5 月，共青团上海市委学校部组织部分教育界人士召开校园文化理论研讨会，正式提出"校园文化"概念。1990 年，共青团中央宣传部、中国群众文化学会、中国高等教育学会、中国教育学会等单位联合组织的全国校园文化研讨会在北京举行，大会的研究成果汇编成《论校园文化》（高占祥主编，新华出版社 1990 年出版）一书，成为国内第一部校园文化研究专著。1994 年，国务院发布《关于〈中国教育改革与发展纲要〉的实施意见》（国发〔1994〕39 号），明确提出"要加强德育的实践环节，大力推进校园文化建设"；2006 年，教育部下发《关于大力加强中小学校园文化建设的通知》（教党〔2006〕4 号），中小学校园文化建设成为国家教育政策。

校园文化概念的界定众说纷纭，有精神环境说、教育生态说、文化氛围说、综合文化说、亚文化说等[②]。校园文化虽然发生、发展、发扬于校园，但却是社会文化的折射与缩影，而社会文化是社会"物质财富、精神财富的总和"（《辞海》），因而校园文化多

---

① 古广灵，刘晖. 大学"学校文化"的内涵、功能及个案分析 [J]. 高等农业教育，2004（5）：23–26.
② 史洁，冀伦文，朱先奇. 校园文化的内涵及其结构 [J]. 中国高教研究，2005（5）：84–85.

元而复杂，"是一个多成分、多层次、多内容构成的生态系统"①。基于不同视域、不同角度、不同维度来看校园文化，自然难免"横看成岭侧成峰，远近高低各不同"。

校园文化是一种亚文化，既具有文化的共性，又有着鲜明个性：一是形成于学校长期办学实践过程之中，体现了学校的办学理念、传统、特色和风格；二是呈现于校园这一特殊领域，是一种不可抗拒而又润物无声的影响力与教育力；三是作用于全校师生这一特殊群体，是师生员工共同遵循的理想信念、价值标准和行为规范；四是受制约于社会文化大背景大环境，须与党和国家的方针政策、社会主流价值观等保持高度一致，成为社会主义精神文明建设的重要组成部分。综合考量这些共性和个性，可以较全面地了解校园文化的"庐山真面目"。

校园文化主要有如下特征：一是传承性，萃取了学校的办学传统，延续了学校的遗传基因；二是独特性，因校而异，因地制宜，在葆有社会文化共性的前提下体现学校的独特个性；三是渗透性，渗透到学校方方面面，潜移默化地影响着全校师生的言行举止；四是共享性，为全校师生所认同并奉行，是师生员工的共同价值观、行动共识和行为准则；五是持续性，经长期积淀而形成，是相对稳定的生态，能持续影响师生。林语堂先生曾说："文章有味，大学亦有味。味各不同，皆由历史沿袭风气之所造成，浸润熏陶其中者，逐染其中气味。"校园文化"由历史沿袭风气之所造成"，与学校的发展历史血脉相连，是学校的"味"，是彰显学校个性魅力的名片；校园文化能让师生"逐染其中气味"，是一种潜移默化的教育力②。

校园文化是重要的育人环境，有着显著的育人功能。成语"近朱者赤，近墨者黑"、荀子名言"蓬生麻中，不扶而直；白沙在涅，与之俱黑"都提醒人们：变赤、变直还是变黑，与近朱、生麻中、近墨、在涅等密切关联。墨子曾说："染于苍则苍，染于黄则黄。所入者变，其色亦变。五入必，而已则为五色矣。"③ 光怪陆离的环境就像五颜六色的染缸，稍有不慎就可能为其所染，就可能变色变质。孟母正是因为考虑到"近于墓""近于屠"等不良环境不利于儿子成长，才三迁居所，最后定居于学宫旁。传统学校教育偏重单源性的"育"，而学生成长生态则属于多源性的"染"，教育者与被教育者处于信息不对等状态，这种成长生态必须修复。打造优质而厚重的校园文化，主要目的就是最大程度地"仿生"或"复原"学生成长生态。

除了强大的教育功能，校园文化还具有其他重要功能。一是凝聚功能，优秀的校园文化具有强大凝聚力，共同的理想理念、愿景目标、价值取向和行为规范，能促使师生

---

①　仇忠海．"人之为人"的教育追求——我的育人思想与办学实践［M］．上海：上海教育出版社，2013：195.

②　谢永红，陈迪勋，刘进球．以史化人　润泽学子［J］．湖南教育（D），2016（9）：19－20.

③　孙诒让．新编诸子集成：墨子闲诂［M］．北京：中华书局，2001：11.

员工产生强烈的认同感、归属感和自豪感，进而"上下同欲"，形成强大的向心力和凝聚力。二是导向功能，优秀的校园文化是学校的旗帜和航标，能够引导师生凝心聚力，引领师生乘风破浪，促使师生心往一处想、劲往一处使，在共同理想、共同愿景的召唤和导航下同频共振，共创辉煌。三是规范功能，优秀的校园文化是一种约束力，能以约定俗成、潜移默化、自理自律、互激互鉴等"软约束"方式，规范师生言行举止，促使他们彼此接受、接近、趋同，最终类化，成为带有校园烙印的特色群体。四是激励功能，优秀的校园文化是一股强大的推动力，能够给予师生以无形的持续并持久的尊重、肯定、鼓舞、鞭策，因此"今天我以学校为荣，明天学校以我为荣"成为大多数中小学的信念和号召。

关于校园文化的类型，人们说法不一。比较有代表性的说法有三。一是两类说，即将校园文化分成显性、隐性两大类，前者是见之于形、闻之于声的外显文化，后者是视之不见、嗅之不觉的隐形文化。二是三层说，借用美国学者沙因的"睡莲模型"理论①将校园文化分为三层，即像水面上的花和叶一般的实体性文化、像水中的枝和梗一般的结构性文化和像睡莲根茎一般的理念性文化。三是四分法，即将校园文化分为精神文化、制度文化、物质文化、行为文化四类，这是认可度最高的社会文化分类法，自然也最适合用来为校园文化分类。本书所采用的，就是这种四分法。

2. 研究文化解析

研究型高中的校园文化，必须具有研究特质。理想的研究型高中应该把"研究"的理念根植在学校人才培养的全过程中，学校不仅有浓厚的研究氛围，有研究型教师和研究型学生，有研究型校本课程、研究型课堂，还有师生开展研究所需的各种资源和条件，领导研究性地管、教师研究性地教和学生研究性地学成为一种校园新常态。"研究"不仅是全体师生成员的一种基本习惯、生活方式、精神气质，而且应成为学校的一种文化。这种文化的核心是"以研究为先导"的共同价值观，主要表现为敢于担当、勇于开拓的创新精神，求真务实的科学精神，开放交流、互动共进的合作精神，善于研究、乐于研究的研究能力和素养，以及终身学习的理念和行动等。②

早在 1985 年，邓小平同志就在全国科技工作会议上指出："要创造一种环境，使拔尖人才能够脱颖而出。改革就是要创造这种环境。"历经 40 多年改革开放，我们所渴求的"拔尖人才能够脱颖而出"的环境已经初步形成。今天的中国，正昂首阔步行进在以中国式现代化推进中华民族伟大复兴的历史征途上，比历史上任何时期都更加接近宏伟目标的实现，也比历史上任何时期都更加渴求拔尖创新人才。党的二十大报告强调："我

---

① 何祖健. 从校园文化到文化校园 [J]. 中国高教研究, 2010 (4)：77 - 79.
② 谢永红. 从优秀走向卓越 [J]. 教师, 2018 (1)：6 - 9.

们要坚持教育优先发展、科技自立自强、人才引领驱动，加快建设教育强国、科技强国、人才强国，坚持为党育人、为国育才，全面提高人才自主培养质量，着力造就拔尖创新人才，聚天下英才而用之。"中小学是"着力造就拔尖创新人才"的基础性、关键性环节，研究型高中更以"培育研究型学生，为培养高素质创新人才奠基"为使命追求，必须大力营造尊重创新、鼓励创新、服务创新、保护创新的氛围和生态，为拔尖创新人才脱颖而出创造适宜的环境和氛围。

联合国教科文组织国际教育发展委员会曾在《学会生存——教育世界的今天和明天》的报告中提醒人们：人的创造力，是最容易受文化影响的能力，是最能发展并超越人类自身成就的能力，也是最容易受到压抑和挫折的能力，教育具有开发创造精神和使创造精神窒息的双重力量。文化能够深刻影响创造力的形成：崇尚学术、鼓励创新的文化能够开发创造力，崇尚分数、鼓励内卷的文化则可能使创造力窒息。创造力形成的关键是教育，而以标准答案为追求的应试教育会扼杀学生的好奇心、求知欲和探索精神，束缚创新性思维，劣化创新人才成长生态。正因如此，《全民科学素质行动规划纲要（2021—2035年）》特别强调，要"着力打造社会化协同、智慧化传播、规范化建设和国际化合作的科学素质建设生态，营造热爱科学、崇尚创新的社会氛围，提升社会文明程度"。

中小学阶段是开发创造力的黄金期，但在开发创造力方面问题多多：或动力不足不想为，或魄力不足不敢为，或能力不足不会为，或合力不足不善为。我们一直在朝着素质教育目标迈进，但是始终难以彻底走出应试教育的怪圈。我们重视学生接受与服从，"不喜欢学生质疑或挑战，不允许学生有独特的思想和独立的思考，不要求学生有求异思维和创造能力，不主张学生有独立之精神、自由之思想。我们培养的学生，大都是'夫子步亦步，夫子趋亦趋'的颜回，很少是'吾爱吾师，吾更爱真理'的亚里士多德"[①]。中小学教育的确属于基础教育，然而"21世纪的'基础'已不仅是读写算，还应包括通信技术、高超的解决问题的技能以及科学技术方面的素养……这些新的基础是所有学生都必需的。每个学生都应有扎实的数学、科学与技术基础"[②]。因此，中小学必须大力营造尊重科学、崇尚学术、激励创新的文化氛围，树立"以研究为先导"的共同价值观，形成研究地学习、研究地教学、研究地管理、研究地服务的校园新常态，努力在孩子心中种下科学的种子，引导孩子编织当科学家的梦想。

所谓"研究文化"，顾名思义是指人们在研究过程中形成的共同价值观、理念、精

---

① 谢永红.改革传统育人方式 培养拔尖创新人才［N］.湖南日报，2018－10－25（8）.
② 华东师大教育科学学院教育科学资料中心.新技术革命与教育［M］.上海：华东师范大学出版社，1984：187.

神和行为准则。苛求中小学教师尤其是学生"学术上有一定造诣"不太现实，但要求中小学教师和学生采用研究之方法态度，开展基于真实情境的问题探究，不但切实可行，而且势在必行。《普通高中课程方案（2017 年版 2020 年修订）》明确要求教师"健全以校为本的教学研究制度，建立平等互助的教学研究共同体，倡导自我反思与同伴合作，营造民主、开放、共享的教学研究文化，鼓励和支持教师进行教学方式改革的探索，形成教学风格和特色"，明确要求学生"掌握适应时代发展需要的基础知识和基本技能，丰富人文积淀，发展理性思维，不断提升人文素养和科学素养。敢于批判质疑，探索解决问题，勤于动手，善于反思，具有一定的创新精神和实践能力……学会获取、判断和处理信息，具备信息化时代的学习与发展能力"①。可见，中小学倡导研究地学习、研究地教学、研究地管理、研究地服务，潜心打造研究文化，没有什么不妥。

党的二十大报告指出，要"培育创新文化，弘扬科学家精神，涵养优良学风，营造创新氛围"。我们认为，这四大方面，就是中小学打造研究文化应该突出的重点和应该把握的关键。

（1）培育创新文化

创新文化是研究文化的核心。习近平总书记曾说："创新是一个民族进步的灵魂，是一个国家兴旺发达的不竭动力，也是中华民族最深沉的民族禀赋。在激烈的国际竞争中，惟创新者进，惟创新者强，惟创新者胜。"② 创新是引领发展的第一动力，在我国现代化建设全局中居于核心地位。积极培育创新文化，营造良好创新环境，是激发强劲创新动力、推动经济社会高质量发展的必然之举，更是"着力造就拔尖创新人才"的当务之急。

中小学培育创新文化，就是要打造敢于创新、乐于创新、善于创新的文化。一是要敢于创新，必须顺应新时代发展大势，强化"抓创新就是抓发展，谋创新就是谋未来"的创新意识，打破固有思维束缚，营造包容失败、鼓励试错、敢为人先的宽松氛围，鼓励师生敢闯敢试、勇于创新，激发其不断创新的勇气和动力。二是要乐于创新，必须激发师生主观能动性，激活其内心深处根深蒂固的"希望自己是一个发现者、研究者、探索者"（苏霍姆林斯基语）的初心与潜质，营造尊重科学、尊重人才、尊重创新的浓厚氛围，鼓励师生好问乐思、乐于创新，激发其不断创新的志趣和活力。三是要善于创新，必须推进基于探究实践的科学教育，激发学生的好奇心、想象力和探求欲，引导学生参与场景式、体验式科学实践活动，强化做中学、用中学、创中学，营造爱科学、讲科学、学科学、用科学的浓厚氛围，鼓励师生知行合一、善于创新，增强其不断创新的能力和实力。

---

① 中华人民共和国教育部. 普通高中课程方案 ［M］. 北京：人民教育出版社，2020：2 – 12.

② 习近平. 在欧美同学会成立 100 周年庆祝大会上的讲话 ［N］. 中国青年报，2013 – 10 – 22（02）.

中小学培育创新文化，要突出"理性质疑、勇于创新、求真务实、包容失败"[《全民科学素质行动规划纲要（2021—2035年)》]四大方面，重点培养提升学生的问题意识、思辨能力、探究习惯和科学精神。所谓理性质疑，主要是要培育师生的问题意识，促使他们敏于发现问题，敢于提出问题，乐于探究问题。所谓勇于创新，主要是要培养师生的思辨能力，促使他们独立思考、辩证分析，勇敢闯新路、拓新域、抢新机、开新天。所谓求真务实，主要是要培育师生的探究习惯，促使他们大胆假设、认真求证，不盲从、不迷信、不迷失，不唯上、不唯书、只唯实，严谨求实，实事求是。所谓包容失败，主要是要培育师生的科学精神，促使他们勇于尝试，大胆试错，无畏失败，百折不挠，不为所谓"标准答案"束手束脚，砥砺"以身许国，何事不可为"（岳飞语）的勇毅担当，激扬"世上本没有路，走的人多了也就成了路"（鲁迅《故乡》）的创造豪情。

（2）弘扬科学家精神

习近平总书记指出："坚持弘扬科学家精神。这是做好人才工作的精神引领和思想保证。"① 科学家精神激励人们追求真理、勇攀高峰，是推动事业发展的强大精神动力。中小学肩负着"培育具备科学家潜质、愿意献身科学研究事业的青少年群体"（《关于加强新时代中小学科学教育工作的意见》）的时代使命，其关键是要突出科学精神引领。钱三强先生曾指出："科学态度和科学作风是一个人优良品德的重要组成部分……对于一个人成就事业的重要性，丝毫不亚于他们的知识和能力，甚至可以说更重要。"② 《全民科学素质行动规划纲要（2021—2035年)》特别强调："突出科学精神引领。践行社会主义核心价值观，弘扬科学精神和科学家精神，传递科学的思想观念和行为方式，加强理性质疑、勇于创新、求真务实、包容失败的创新文化建设，坚定创新自信，形成崇尚创新的社会氛围。"

弘扬科学家精神，首先必须精准把握新时代科学家精神的深刻内涵。2019年6月，中共中央办公厅、国务院办公厅联合印发《关于进一步弘扬科学家精神加强作风和学风建设的意见》（中办发〔2019〕35号），将新时代科学家精神概括为六大方面。胸怀祖国、服务人民的爱国精神，勇攀高峰、敢为人先的创新精神，追求真理、严谨治学的求实精神，淡泊名利、潜心研究的奉献精神，集智攻关、团结协作的协同精神，甘为人梯、奖掖后学的育人精神。中小学弘扬科学精神和科学家精神，也必须突出这六个重点：一是爱国精神，坚持国家利益、人民利益至上，心怀国之大者，自觉将"小我"融入"大我"，培养堪当民族复兴大任的时代新人。二是创新精神，解放思想，锐意求新，不断打

---

① 习近平. 深入实施新时代人才强国战略　加快建设世界重要人才中心和创新高地［J］. 求是，2021（24）：4-15.

② 钱三强. 要重视物理实验课［J］. 中学生数理化（八年级物理：人教版），2008（C2）：4-5.

开新思路、拓展新视域、探寻新路径，无畏攀登险，敢为天下先。三是求实精神，解放思想，实事求是，开展基于真实情境的探究实践，务求合实际、切实用、有实效，真做学问，做真学问，真做研究，做真研究。四是奉献精神，以成民族复兴之大器为己任，笃志静心，孜孜求索，淡泊名利，不计得失，板凳甘坐十年冷，文章不写半句空。五是协同精神，秉持共赢理念，弘扬团队精神，强化融合思维，倡导跨界协作，善沟通会合作同向发力，集众智聚众力协同攻关。六是育人精神，坚持"教育科研，不是为了出成果，而是为了出人才"（陈玉琨教授语）理念，教师甘为人梯"千教万教教人求真"，学生互助合作"千学万学学做真人"。

（3）涵养优良学风

现代汉语词典中"学风"的解释大体是"学校的、学术界的或一般学习方面的风气"，表面看是治学精神、治学态度和治学方法等方面的风格，其实质则是学习方法、思想方法和工作方法问题。早在延安时期，毛泽东同志就曾指出："所谓学风，不但是学校的学风，而且是全党的学风。学风问题是领导机关、全体干部、全体党员的思想方法问题，是我们对待马克思列宁主义的态度问题，是全党同志的工作态度问题。"[①] 党的十八大以来，习近平总书记在很多场合都强调学风问题，指出"学风正，则事业兴旺，党无往而不胜；学风不正，则事业遭受损害，党受到巨大挫折"，号召全党"坚持学习、学习、再学习，坚持实践、实践、再实践"，强调理论学习要"往深里走、往实里走、往心里走，把自己摆进去、把职责摆进去、把工作摆进去，做到学、思、用贯通，知、信、行统一"[②]。

打造研究文化，需要强化学风建设。研究，最需要"打破砂锅璺（问）到底"精神，必须追根溯源、刨根问底，追问个明明白白，探究个清清楚楚，不能止步于似懂非懂，满足于一知半解。荀子曾说："百发失一，不足谓善射；千里跬步不至，不足谓善御；伦类不通，仁义不一，不足谓善学。"（《荀子·劝学》）不能苛求完美，但是不能不追求完美。书山有路勤为径，学海无涯苦作舟，科学研究则更是"没有平坦的大路可走，只有那些在崎岖小路上攀登不畏劳苦的人，才有希望到达光辉的顶点"（马克思语），离开了脚踏实地、求真求实的学风，可能半途而废，甚至可能寸步难行。因此《关于进一步弘扬科学家精神加强作风和学风建设的意见》特别强调："加强作风和学风建设，营造风清气正的科研环境。"

中小学涵养优良学风，要突出自主、合作、求真、务实四个方面。

---

① 陈常国. 学风问题，是重要的政治问题［N］. 大众日报，2020－09－01（9）.

② 刘荣刚，孙迪. 大力弘扬马克思主义学风文风——学习习近平总书记关于学风文明的重要论述［N］. 学习时报，2022－05－30（5）.

一是要涵养自主的学风。做学习的主体，做研究的主人，能正确认识、理解学习的意义和价值，具有主动的态度、浓厚的兴趣、良好的习惯和高效的学法；能正确认识、评估自我，根据自身个性特征、智能结构和潜质潜能选择适合的发展方向；具有积极心理品质，自尊、自信、自爱，自理、自控、自律，能调节和管理自己，具有耐磨砺、抗挫折能力。

二是要涵养合作的学风。合作是成功的基石，是实现目标的不二选择，要学会与人和睦相处，学会沟通与交流，学会合作与分享，要增强学习共同体、研究共同体、发展共同体意识，具有团队精神，具有一定的社会活动组织能力，具备全球化时代所需要的交往能力。

三是要涵养求真的学风。讲重科学，崇尚真知，尊重事实和证据，具有较强的问题意识、实证意识和严谨的治学态度，具有"行有不得者，皆反求诸己"（《孟子·离娄上》）的反思精神和"每事问""问到底"（陶行知语）的探究精神，不迷信书本和权威，敢于质疑与批判，保持独立思考与判断，能运用科学的思维方式认识事物、解决问题、指导行为。

四是要涵养务实的学风。"社会生活在本质上是实践的"①，无论学习还是研究，都应该密切联系实际，在实践过程中认识规律、把握规律、遵循和运用规律。"纸上得来终觉浅，绝知此事要躬行"（陆游《冬夜读书示子聿》），学思要结合，知行要合一，中小学生要坚持做中学、用中学、创中学，加强同生产劳动、社会实践、现实人生、客观世界的联系，学会在真实情境中综合应用知识、解决问题与实践创新。

（4）营造创新氛围

文化和氛围常常替换使用或连体使用，其实二者是有区别的：文化是内隐的，氛围则是外显的；文化是以价值观为核心的理念体系，氛围则是理念体系的外在征候或物态化；文化属于人类学或哲学范畴，氛围则属于社会心理学范畴；文化相当于组织的个性，氛围则更像是组织的态度；文化不可轻易更改，氛围则可以随时创设。打造研究文化，既要培育创新文化，又要营造创新氛围。

《关于进一步弘扬科学家精神加强作风和学风建设的意见》特别强调："在全社会形成尊重知识、崇尚创新、尊重人才、热爱科学、献身科学的浓厚氛围，为建设世界科技强国汇聚磅礴力量。"中小学营造创新氛围，主要就是营造尊重知识、崇尚创新、尊重人才、热爱科学、献身科学的浓厚氛围。

尊重知识。21世纪是建立在知识和信息的生产、分配和使用之上的知识经济的世

---

① 马克思，恩格斯. 马克思恩格斯选集：第1卷［M］. 中共中央马克思恩格斯列宁斯大林著作编译局，译. 北京：人民出版社，1972：18.

纪，知识已经成为资源、资本和财富，成为改造经济、改变社会的强大力量①。尊重知识，就是要充分地占有、灵活地运用并智慧地创生知识；中小学尊重知识，重点是改变学生单纯地接受知识的拷贝式学习方式，为其提供多渠道获取知识并综合应用于实践的机会，促进学生形成积极的学习态度和良好的学习策略，培养创新精神和实践能力。

崇尚创新。创新居于国家发展全局的核心位置，是引领发展的第一动力。全球化、信息化、数字化、智能化背景下，创新已成为驱动经济发展、提高综合国力的重要引擎。崇尚创新，就是要凝聚"抓创新就是抓发展、谋创新就是谋未来"共识，以创新发展理念突破发展瓶颈，挖掘发展潜力，培植发展优势，提升发展境界。中小学崇尚创新，重点是培养学生的问题意识、思辨能力、探究习惯和科学精神，形成善于质疑、乐于探究、勤于动手、努力求知的积极态度和能力，激发学生探究问题、实践创新的愿望和热情。

尊重人才。人才是兴国之本、富民之基、发展之源，是支撑创新发展的第一资源。尊重人才，就是要爱护人才、关心人才、服务人才，成就人才，就是要创造人人渴望成才、人人努力成才、人人皆可成才、人人尽展其才的良好局面。中小学尊重人才，重点是明确"着力造就拔尖创新人才的基础性、关键性环节"之定位和责任，积极投身拔尖创新人才早期培养工程，主动担当"成民族复兴之大器"的时代使命。

热爱科学。"爱科学"被列入《中华人民共和国宪法》，是我国公民道德建设的基本要求之一，也是中小学德育的重要内容之一。爱科学，就是要信科学、讲科学、学科学、用科学，保持科学兴趣和探究热情。中小学爱科学教育，重点是开展基于探究实践的科学教育，激发中小学生的好奇心、想象力和探求欲，努力在孩子心中种下科学的种子，引导孩子编织当科学家的梦想。

献身科学。教育部等十八部门发布的《关于加强新时代中小学科学教育工作的意见》（教监管〔2023〕2号）特别强调"培育具备科学家潜质、愿意献身科学研究事业的青少年群体，培养社会主义建设者和接班人"。科学是智慧和精神的舞台，"愿意献身科学研究事业"是其根本性、关键性、决定性因素。献身科学，就是要心怀国之大者，舍弃小我；就是要全身心投入，忘我奋斗；就是要甘坐冷板凳，矢志不渝；就是要无保留付出，无私奉献；就是要具有"功成不必在我"的精神境界和"功成必定有我"的历史担当，宁静致远。中小学弘扬科学精神和科学家精神，重点就是要弘扬投身、亲身、忘身、舍身的献身精神。

---

① 杨东龙. 迎接知识经济的挑战［N］. 经济日报，1998 – 10 – 19（05）.

第二节　打造研究文化的校本实践

湖南师大附中是一所文化底蕴深厚的百年名校。学校创建于 1905 年，历经清朝末期的满目疮痍、民国时期的风雨飘摇、抗战时期的辗转迁徙、新中国成立后特别是改革开放后的高歌猛进，始终葆有"保种存国，革命立校"的革命基因①和"求变就是求发展、创新就是创未来"的青春密码②。多年来，学校秉承"公勤仁勇"的校训，坚持"以人为本，兼容并蓄"的办学理念，确立了"理性办学、内涵发展"的工作方针，构建了"依法治校、学术治校、民主治校"的现代学校治理体系，形成了"科学教育见长，人文素养厚重"的学科特色、"科研兴校、全面育人"的管理特色和"自强不息，追求卓越"的文化特色。

2015 年，学校提出创建研究型高中的办学新追求；于 2017 年出台《湖南师大附中研究型高中建设方案》，正式启动创建研究型高中的创新发展新征程。该方案明确提出"以崇尚学术为核心营造文化氛围"，营造崇尚学术、激励创新的研究文化氛围，打造自由追求教与学学术、鼓励发表不同意见的宽松环境，建设主动发展、主动研究、主动创新的工作文化和学习文化，成为学校孜孜以求的目标与重点。

湖南师大附中研究文化建设，主抓方向是研究型精神文化、研究型制度文化、研究型物质文化和研究型行为文化四个方面。

一、研究型精神文化建设

2020 年 9 月 11 日，习近平总书记在科学家座谈会上指出："科学成就离不开精神支撑。"③ 国无精神则不强，校无精神则不兴，人无精神则不立。实施基于研究的教育，培育研究型学生，离不开精神文化的熏陶、激励、鼓舞和鞭策。步入创建研究型高中的创新发展新征程以来，湖南师大附中在全面传承优良文化传统的基础上，着力打造凸显研究特质的精神文化，其中最具特色的是红色文化、校训文化、创新文化、教育家办学

① 常力源，周望城. 湖南师大附中百年校志［M］. 长沙：湖南教育出版社，2005.
② 张以瑾，陈胸怀. 一所名校的"青春密码"［N］. 中国教育报，2011－02－18（4）.
③ 习近平. 在科学家座谈会上的讲话［N］. 人民日报，2020－09－12（2）.

文化。

（一）红色文化

湖南师大附中具有革命基因。其前身是民主革命先驱禹之谟先生于 1905 年创办的惟一学堂（后改名为广益中学），其办学宗旨是"保种存国"，培养革命人才，实施教育救国。禹之谟先生是同盟会湖南分会首任会长，毕生"以总理（孙中山）及克公（黄兴）之嘱，极力提倡学校，灌输革命精神"①。创校之初，学校所礼聘之教员大多为同盟会会员；学校前几任校长（监督）也均有革命背景，例如，禹之谟先生是湖南同盟会首任会长、湖南商会会董、湖南学生自治会干事长，被公认为"湖南学界、工界、商界之总代表"；黎尚雯先生是同盟会会员、中央咨政院议员、中华民国临时参议院议员；罗介夫先生曾任国民党湖南支部总务副主任、国民革命军第三军政治部主任、国民党湖南省党部指导委员会委员、国民政府监察院监察委员等；曹孟其先生先后任湘军第二军部、湖南省督军署、民政厅、警察厅秘书和广西省政府顾问、国民革命军前敌总指挥部秘书等。正因为志同道合者共事一堂，学校格外引人注目，吸引了大批有志青年慕名而来，纷纷以就读惟一（广益）为幸为荣，学校因而成为革命人才培养基地。1911 年辛亥革命胜利后，谭延闿担任湖南都督，曾以广益中学堂系革命党人创办、教员多是革命党人，特拨长沙北门外熙宁街湘水校经堂为学校永久校舍，并优给办学经费，以褒奖广益中学堂为革命所做出的贡献②。

惟一（广益）教职工中，英烈众多。禹之谟先生于 1907 年被清政府绞杀于靖州，1912 年，被中华民国追赠"陆军左将军"，公葬于岳麓山。辛亥革命爆发之初，教员罗介夫、曾伯欣与学生唐拓庄、谢宅中等组织谋杀团"挟弹北上，欲炸袁世凯"，唐拓庄制作炸弹时失手殉难，成为辛亥英豪。学生彭遂良、彭昭曾组织并参与光复宜章之役，在战斗中英勇牺牲，成为革命烈士。校长罗介夫曾任国民政府监察院监察委员，享有"铁面御史"之誉，曾弹劾大军阀何键，1938 年于长沙观沙岭上班途中被奸徒暗杀……纪念辛亥革命 100 周年之际，长沙市人民政府修缮岳麓山 25 座辛亥烈士墓，禹之谟墓、黎尚雯墓、罗介夫墓、彭遂良彭昭墓等皆在其列。诞生于 1946 年的《广益中学校歌》歌词云："广益广益，湖南革命策源地，先烈艰辛难尽述，耿耿精诚都付与莘莘学子……继往开来，同心努力，广益广益，光荣犹未已。"这首慷慨激昂的校歌，可以说是广益中学革命精神和办学特质的传神写照。

在 120 年的办学历史中，湖南师大附中始终保持革命基因与红色传统。老校长王楚

① 陈新宪，禹问樵，禹靖寰，等．禹之谟史料［M］．长沙：湖南人民出版社，1981：8-12．
② 常力源，周望城．湖南师大附中百年校志［M］．长沙：湖南教育出版社，2005．

松曾说："不管什么时候，不管在哪里，不管做什么，都要饮水思源，心系华夏，报效祖国。"① 全校师生以"砺志笃学、荣校报国"为行动共识，以"成民族复兴之大器"为理想抱负，艰苦奋斗，励精图治，求实创新，屡创辉煌，打造了办学典范、金牌摇篮、教改先锋、担当楷模等特色名片。《湖南师大附中百年校志》曾作过这样的总结："在这曲折前行而流光溢彩的一百年里，学校所集中体现的，是筚路蓝缕、自强不息的执著追求，是勇为人先、争创一流的进取精神，是以人为本、兼容并蓄的办学理念，是砺志笃学、荣校报国的理想志向，是团结凝聚、和谐奋进的人文力量。附中人的脉搏始终与湖湘大地同频共振，附中人的呼吸也始终和祖国昌盛息息相连。"

《湖南师范大学附属中学"十四五"改革与发展规划》正式提出"激发党建动力，筑牢思政堡垒和作风防线，全力建设红色附中"，要求全校师生以党建为学校发展的根本引领，坚持党的全面领导，坚持社会主义办学方向，坚持党的教育方针，落实立德树人根本任务，践行为党育人、为国育才的初心使命，培养德智体美劳全面发展的社会主义建设者和接班人，造就堪当民族复兴大任的时代新人。在"红色附中"大旗指导下，学校强化党建引领，挖掘红色资源，建造革命文化长廊，创设"洁齐亭"廉洁文化电台，启动师生"青马（青年马克思主义）工程"，开展师德师风建设课题研究，参与湖南省红色教育基地送培送教活动（全省红色送培学校仅 20 所）……2015 年以来先后获得全国文明校园、全国五一劳动奖状、全国教育系统先进集体、全国中小学德育工作先进集体、全国青少年科技活动先进集体、全国群众体育先进集体、全国学校对口支援工作先进单位、全国学校后勤管理先进集体、全国五四红旗团委、全国国防特色教育示范学校、全国模范职工之家等国家级荣誉称号 10 余项，校党委书记谢永红先后三次获得习近平总书记亲切接见。

（二）校训文化

湖南师大附中校训"公勤仁勇"，由革命教育家任邦柱校长（任弼时同志之堂伯）于 1929 年提出，现存校训文字由教育家、慈善家、书法家曹孟其校长于 1938 年题写。所谓"公"，就是公者无私，天下为公，要求爱祖国、爱人民、爱学校，志存高远，匡扶公正。所谓"勤"，就是勤者不匮，勤敏以行，要求勤修身、勤学问、勤思考，踏实进取，永不懈怠。所谓"仁"，就是仁者无忧，仁爱为本，要求孝父母、尊师长、爱同学，博爱众生，完善自我。所谓"勇"，就是勇者无惧，勇毅以任，要求强体魄、健心理、敢担当，自强不息，勇创一流②。百余年来，校训"公勤仁勇"成为湖南师大附中

---

① 王楚松. 校长的精神追求［M］. 长沙：湖南师范大学出版社，2007：146.
② 谢永红，陈迪勋，刘进球. 以史化人　润泽学子［J］. 湖南教育（D 版），2016（9）：19－20.

的立校之基、育人之本。正如谢永红书记所说："我们要培养素质全面、个性彰显的学生，培养具有附中气质的未来强者。对于未来强者，我是这样理解的，我们培养的学生，要在将来成为生活的强者、事业的强者和时代的强者。所谓附中气质，就是我们校训中的公勤仁勇——公者无私，天下为公；勤者不匮，勤敏以行；仁者无忧，仁爱为本；勇者无惧，勇毅以任。"①

1. "公勤仁勇"传承了中华传统文化

古人认为"大道之行也，天下为公"（《礼记·礼运》），追求天下为公、世界大同，是人类的伟大目标和崇高理想。古人认为理想人格的成就路径是"修身、齐家、治国、平天下"（《礼记·大学》），须以"治国平天下"即"公"为最高境界和终极追求。古人认为"知者不惑，仁者不忧，勇者不惧"（《论语·子罕》），个人修养须全面发展，成为智慧的人、仁爱的人和勇敢的人。古人认为"好学近乎知，力行近乎仁，知耻近乎勇。知斯三者，则知所以修身；知所以修身，则知所以治人；知所以治人，则知所以治天下国家矣"（《中庸》），做到了"好学"（勤）、"力行"（仁）、"知耻"（勇），就有了"治天下国家"（公）的基础和条件。诸如此类的古人言论甚多，公、勤、仁、勇是古圣先贤恪守的准则与奉行的圭臬。

2. "公勤仁勇"赓续了湖湘文化传统

湖南师大附中坐落在岳麓山下、湘江之滨、"惟楚有材，于斯为盛"的岳麓书院之侧，伟人"携来百侣曾游"的橘子洲西岸，正所谓"藏之山水千年正脉，纳此序庠百代鸿猷"（谢永红书记所撰学校对联）。湖湘自古就是文化热土，炎帝、舜帝曾在这里传播中华古训，屈原、贾谊曾在这里求索国家前途，朱熹、张栻曾在这里会讲理学奥义，船山、魏源曾在这里寻求复兴之道……自古至今，湖湘大地就被称为"古道圣土""屈贾之乡""潇湘洙泗""文明奥区"，造就了"体用合一、内圣外王"的湖湘学派，形成了"求仁履实、通经致用"的湖湘学风，凸显了"吃得苦、霸得蛮，扎硬寨、打硬仗"的湖湘精神，汇聚成心忧天下、兼收并蓄、求仁履实、敢为人先的湖湘文化②。"心忧天下"即公，"兼收并蓄"即勤，"求仁履实"即仁，"敢为人先"即勇，可见湖南师大附中校训"公勤仁勇"与湖湘文化的精神内核一脉相承。

3. "公勤仁勇"顺应了教育改革潮流

习近平总书记谆谆告诫人民教师要做"四有好老师""四个引路人"，这些殷切期望

---

① 湖南师大附中：积极探索现代教育学校制度建设［N］. 中国教育报，2015 – 04 – 16（4）.
② 杜家毫. 革命理想高于天［N］. 湖南日报，2020 – 09 – 15（2）.

与"公勤仁勇"内涵吻合一致。新时代人民教师应该成为有理想信念、有道德情操、有扎实学识、有仁爱之心的"四有好老师"。"有理想信念"就是要"志于道",而"大道之行也,天下为公",道的最高境界是公;有道德情操就是要"据于德",而"知耻近乎勇",道德是最大的勇;有扎实学识就是要"游于艺",而"好学近乎知",勤是治学之本;有仁爱之心就是要"依于仁",而"力行近乎仁","求仁履实"就能一步步走向大仁大义。"四有好老师"实质上强调教师要"志于道,据于德,依于仁,游于艺"(《论语·述而》),这与"公勤仁勇"基本内涵和精神实质是吻合一致的。新时代人民教师应该成为"四个引路人":"做学生锤炼品格的引路人"就是要引导学生修身立德,成为仁人志士;"做学生学习知识的引路人"就是要引导学生勤学刻苦,储备扎实学养;"做学生创新思维的引路人"就是要引导学生实践探索,敢为天下先;"做学生奉献祖国的引路人"就是要引导学生立志报国,成民族复兴之大器。"四个引路人"实质上就是融"公勤仁勇"于一体的富于情怀、勤于学习、长于实践、崇尚学术的研究型教师。可见,争做"四有好老师""四个引路人"甚至"做学生为学、为事、为人的大先生",都不是跟风潮赶时髦,而是行使命践初心①。

4. "公勤仁勇"融入了人本课程体系

湖南师大附中人本课程体系(详见本书第四章)以校训"公勤仁勇"为课程价值追求:基础课程强调"勤",要求学生勤敏以行,筑牢文化基础;拓展课程注重"仁",要求学生求仁履实,在社会参与中厚植仁爱心与责任感;卓越课程突出"勇",要求学生敢为人先,在自主发展中自强不息、追求卓越;所有课程聚焦"公",要求学生以天下为己任、立德为先,具备适应终身发展和社会发展需要的核心价值观、必备品格和关键能力②。该课程体系将湖湘精神特质中的心忧天下、兼收并蓄、求仁履实、敢为人先等元素融入"公勤仁勇"四大课程群③:"公课程群"落实立德树人根本任务,主要通过思政学科融合、德育活动课程、生命生涯课程等培养学生"公"的志趣;"勤课程群"夯实学生文化基础,主要通过国家基础课程及学科素养拓展课程等培养学生"勤"的习惯;"仁课程群"引领学生社会参与,主要通过社会实践课程、劳动教育课程、兴趣特长课程等培养学生"仁"的品格;"勇课程群"鼓励学生自主发展,主要通过科创普修、大学先修、人文精修、专长深修、竞赛专修及研究性学习课程培养学生"勇"的精神。

---

① 谢永红. 为新时代教师专业化发展铺路搭台 [J]. 湖南教育(D 版),2020(1):8 – 11.
② 谢永红. 以校为本构建基于立德树人根本任务的课程体系——湖南师范大学附属中学构建人本课程体系探索 [J]. 人民教育,2021(17):60 – 63.
③ 谢永红. 湖南师大附中:"二次开发"拓宽校本边界 [N]. 中国教育报,2018 – 12 – 19(5).

（三）创新文化

湖南师大附中具有"科研兴校、创新发展"的光荣传统，坚信"求变就是求发展，创新就是创未来"，始终坚持在发展中创新，在创新中提升，形成了浓厚的创新文化氛围，获得了"教改先锋"的社会赞誉。

湖南师大附中创新文化的主要文化内核如下。

1. 自强不息，追求卓越

湖南师大附中是自强不息、追求卓越的"教改先锋"。早在1979年就成立了湖南省第一个中学教育科学研究室；20世纪80年代初，先后开展六年一贯制整体教育实验、初高中四年制超常儿童教育实验、"全面打基础、发展个性特长"的理科实验班实验等；步入21世纪，学校被教育部确定为全国第八轮高中课程改革试点学校（全国仅4所试点学校），并在校本课程建设、走班制教学、学分制管理等领域进行大胆探索；2007年，湖南省全面实施高中课改，学校成为全省课改示范学校；2012年，受湖南省教育厅委托，学校开展现代教育实验学校建设，成为全省首批现代教育实验学校之一（全省2所）；2015年，学校提出创建研究型高中的办学新追求；2018年，被确定为湖南省"十三五"教育科学研究基地（全省仅15个）；2022年，又被确定为湖南省"十四五"教育科学研究基地（全省仅23个）。此外，学校还是全国部分大学附中教学协作体成员校（全国8所）、全国部分师范大学附中合作体成员校（全国12所）、全国中学生物理竞赛金牌联盟常委学校、科协世界顶尖中学联盟成员校等，被清华大学、北京大学等近20所高校遴选为拔尖创新人才共育基地。2016年以来，学校先后荣获国家级基础教育教学成果二等奖3项，荣获湖南省基础教育教学成果特等奖2项、一等奖1项，湖南省教育科学研究优秀成果5项（其中一等奖1项），长沙市哲学社会科学成果奖7项（其中一等奖3项）。2019年，学校光荣入围全国"改革开放40年学校教改探索案例40个"榜单。

谢永红书记经常说："自强不息、追求卓越、教育改革、开拓创新……这些是一代代教育人留给我们的传家宝；站在前人肩膀上，我们一方面要做好传承这篇大文章，将传家宝变为附中芯和文化场，另一方面，要不断求变和创新，抢抓新机遇，时刻再出发。"在他看来，湖南师大附中多年处于高位发展状态，成为闻名遐迩的"金牌摇篮、教改先锋、办学典范、担当楷模"，已经是一所优秀学校；然而，优秀已于不知不觉之间成为学校可持续发展的大敌，成为学校再出发、新跨越的巨大障碍。是躺在前人栽培的大树下安逸地乘凉，还是埋头于这方教育沃土艰苦地创业？是守着附中这块金字招牌而沾沾自喜，还是为寻求优质高中的再提质、再突破而上下求索？能否作出正确的回答与抉择，决定着学校能否走过优秀的高原，走向卓越的高峰。"天行健，君子以自强不息。"百年附中已经迈上了新的百年发展征途，应当精心谋划并即时启程由优质高中向卓越高中历史性跨越的新长征①。

在他的倡议下，"自强不息，追求卓越"被确立为附中精神，从优秀走向卓越，成为全校师生的坚定信念和自觉行动。学校要求：学生要从优秀走向卓越，在自强不息、追求卓越的过程中，成为具有问题意识、思辨能力、探究习惯、科学精神的高素质创新人才；教师要从优秀走向卓越，在自强不息、追求卓越的过程中，成为富于情怀、勤于学习、长于实践、崇尚学术的高素质、专业化、创新型卓越教师；学校要从优秀走向卓越，在自强不息、追求卓越的过程中，成为高质量、学术性、更幸福的研究型卓越高中。

2. 镕金琢玉，并究其妙

湖南师大附中倡导教师"镕金琢玉，并究其妙"（语见《南史·长沙王叔坚传》），特建镕园、琢园、漉园（取"千淘万漉虽辛苦，吹尽狂沙始到金"之意）以宣示育人理念、寄寓教育情怀。

学校要求教师以"镕金琢玉"自我警策，励志为国育才，做到德育为先，以金玉为标杆去立德树人，精心培育如金之赤、如玉之纯的德智体美劳全面发展的社会主义建设者和接班人；做到育人为本，着眼树人而不是应试，镕金琢玉育人才，而不是追名逐利抓分数；做到因材施教，根据金玉材质之不同有针对性地开展教育活动，提供适合学生的教育；做到教法灵活，"金"用"镕"法，"玉"用"琢"法，育人方式因人而异、因事而化、因时而进、因势而新，不拘一格降人才，而不是一把尺子量到底。

同时，学校要求教师不止步于"镕金琢玉"，而应该像长沙王陈叔坚一般"并究其妙"，潜心探究教育教学实践的个中奥秘，有目的、有计划、有系统地去开展教学研究和教育科研，既做实干家，又做研究者，展开教育实践、教研科研的双翼，成为"镕金琢玉、并究其妙"的研究型教师。

湖南师大附中实行基于研究的教育。学校要求树立"以研究为先导"的共同价值观，将研究理念深耕厚植于学校人才培养全过程，形成研究地学习、研究地教学、研究地管理、研究地服务的校园新常态。研究地学习就是要在勤学好问基础上"并究其妙"，成为砺志笃学、荣校报国的堪当民族复兴大任的时代新人。研究地教学，就是要在教书育人基础上"并究其妙"，促使每位学生全面而有个性、主动而生动活泼地发展。研究地管理，就是要在精致管理基础上"并究其妙"，实现真正意义上的学术治校和教育家办学。研究地服务，就是要在服务育人基础上"并究其妙"，构建多元育人主体全员参与、全方位全过程指导全体学生成长成才的系统育人新机制。

---

① 谢永红. 从优秀走向卓越 [J]. 教师，2018（1）：6-9.

多年来，湖南师大附中倡导全校师生"镕金琢玉，并究其妙"，围绕"建设研究型高中，培育研究型学生，为培养高素质创新人才奠基"之创新发展目标，以增强科学素养为核心开发研究型课程，以问题探究为核心创设研究型课堂，以规律探寻为核心开展课题研究，以专业发展为核心培养研究型教师，以创新体验为核心搭建研学平台，以崇尚学术为核心营造文化氛围，成功构建了深化学术治校的现代学校治理体系、凸显研究特质的人本课程体系、基于"三导四学"的研究型课堂体系、立足校本研究的教师专业发展体系和创新拔尖人才早期培养体系。研究已经成为全体师生的一种基本习惯、生活方式、精神气质，而且成为一种校园文化，学校因而被学生家长赞誉为"最像大学的中学"。

3. 科研兴校，科研强教

湖南师大附中是践行"科研兴校、科研强教"理念的典范，在课程教学变革、育人方式改革、教师培养创新等方面大刀阔斧，锐意革新。

20世纪80年代，学校开展"面向全体，加强基础，发展个性"的教改实验，实施"基础年级、基础学科、基础技能"的三基战略，贯彻"尊重学生的主体地位，发挥老师的主导作用，培养学生的思维能力作为教学的主线"的三主原则，提出"还学生看书权、思考权、讨论权"的三权思想，形成"改革必修课、开设选修课、加强劳技课、丰富活动课"的课改路径。新世纪初，学校明确了"教育要关注人的本质发展"的办学思想，形成了"一切有目的有组织的学校教育活动都是课程"的大课程观，确立了"以人为本、承认差异、发展个性、着眼未来"的课改理念，构建了"两性四型"课程体系和人本课程体系，创设了"三导四学"研究型课堂范式，创新了"常规课齐头并进打基础，拓展课自主选择抓长短，辅导课个别跟进释疑惑，自习课自主探究促内化"的教学组织形式，成为湖南省素质教育窗口学校和课程改革样板学校。（详见第四章第二节）

学校深挖多元育人主体的教育潜能，构建了多元育人主体全员参与、全方位全过程指导全体学生成长成才的系统育人新机制，构建了全员育人网络，丰富了成长指导内涵，完善了成长导师制度，强调导育五随（随性、随时、随地、随机、随行）和五化（互动化、自然化、平等化、智慧化、亲情化），实现了滴灌型、一站式、全方位、智慧化、跟踪性导育，破解了全员育人难以落地、班主任独木难支、家庭教育缺失缺位、教书育人严重脱节等困局。其成果荣获湖南省第五届基础教育教学成果特等奖。（详见本章第三节）

学校弘扬"慎选良师、精育名师"传统，针对教师专业发展动力不足、校本培训跟进不力等问题，全面开展研究型教师校本培养创新实践探索，完成"三步六环"培训（1.0版）、"四化"研训（2.0版）、"一体化"研修（3.0版）的迭代升级，依托湖南省"十三五"教育科学示范性高中研究型教师队伍建设研究基地，开展定向性、阶梯型、项目化、全方位、跟进式研究型教师校本培养，以教师发展高质量促成教育教学高质量和学生成长成才高质量。其成果荣获湖南省第五届基础教育教学成果一等奖和2022年国家级基础教育教学成果二等奖。（详见第五章第三节）

4. 理性办学，内涵发展

湖南师大附中强调理性办学。所谓理性办学，就是办符合教育自身规律的事、办符合人才成长规律的事、办符合学校办学实际的事，不唯上，不唯书，只唯实，不跟风媚众，不随波逐流。老校长常力源曾指出："理性办学的核心思想，就是有选择地追求卓越。"[①]湖南师大附中的理性办学，特别强调三点。一是学校"有选择地追求卓越"，综合考量教育改革发展大势和学校办学理念、传统、特色、条件等因素，确立"建设高质量、学术性、更幸福的研究型高中"的改革与发展方向，实现从优秀向卓越的再出发、再跨越。二是教师"有选择地追求卓越"，按照"大先生、好老师、引路人、系扣人、筑梦人"的时代标准科学规划自身专业发展，积极投身"修学教研一体化"专业研修，努力成为富于情怀、勤于学习、长于实践、崇尚学术的高素质、专业化、创新型卓越教师。三是学生"有选择地追求卓越"，根据自身志向抱负、兴趣爱好、智能潜质、水平能力等科学规划学涯和生涯，实现全面而有个性、主动而生动的发展，成为德智体美劳全面发展的社会主义建设者和接班人。

湖南师大附中强调内涵发展。所谓内涵发展，就是在研究学校办学实际的前提下，在历史中传承，在传承中发展，在发展中创新，坚持发扬自身的办学优势，彰显自身的办学特色，走可持续性发展的道路[②]。湖南师大附中的内涵发展之道，可以概括为：秉承"公勤仁勇"校训，坚持"以人为本，兼容并蓄"理念，弘扬"慎选良师、精育名师"传统，确立"理性办学、内涵发展"方针，构建"依法治校、学术治校、民主治校"的现代学校治理体系，葆有"求变就是求发展、创新就是创未来"的青春密码，形成"科学教育见长，人文素养厚重"的学科特色、"科研兴校，全面育人"的管理特色和"自强不息，追求卓越"的文化特色。

（四）教育家办学文化

国务院前总理温家宝曾大声疾呼："教育应当由懂教育的人办，要倡导教育家办学，要培养一大批有志于献身教育事业的教育家。"[③]《国家中长期教育改革和发展规划纲要（2010—2020年）》特别强调："创造有利条件，鼓励教师和校长在实践中大胆探索，创新教育思想、教育模式和教育方法，形成教学特色和办学风格，造就一批教育家，倡导

---

① 常力源. 理性办学 内涵发展：常力源办学思想与实践［M］. 北京：教育科学出版社，2015：1-3.
② 常力源. 理性办学 内涵发展：常力源办学思想与实践［M］. 北京：教育科学出版社，2015：193.
③ 温家宝. 关于发展社会事业和改善民生的几个问题［J］. 求是，2010（7）：3-16.

教育家办学。"党和国家大力提倡教育家办学，期待通过教育家的实践探索，找到更加公平、更高质量的教育发展新样态。

教育家办学，一直是湖南师大附中的办学追求。自创办之日起，学校就一直由教育家领航和担纲。学校历任校长（监督），大多是知名教育家；学校教职员工，不少人后来成长为教育家型教师。据《长沙教育志》载，长沙地区1840年至1990年150年间共涌现77位教育家①，其中长期或临聘于惟一学堂、广益中学及云麓中学（均为湖南师大附中前身）的领导、教员多达19人（详见表6-1。原湖南大学校长、湖南省教育厅厅长、著名教育家黄士衡先生，原湖南大学校长、著名教育家胡庶华先生等，都曾担任广益中学校董，因未载于《长沙教育志》，故未列入）。

表6-1　湖南师大附中（惟一、广益、云麓）教育家一览表

姓名	生卒	籍贯	学历	本校任职
禹之谟	1886—1907	湖南湘乡	留学日本	创办人、监督
曹孟其	1883—1950	湖南长沙	前清生员，警官学堂	校长
王季范	1884—1972	湖南湘乡	湖南优级师范学堂	代理校长、校董
文士员	1893—1965	湖南桃江	国立武昌师范大学	地理教员
杨笔钧	1896—1982	湖南长沙	雅礼大学	英语教员
刘寄踪	1898—1987	湖南汉寿	北京国立美术专门学校	美术教员
魏先朴	1885—1954	湖南长沙	湖南高等学堂（今湖南大学）	伦理教员
彭昺	1888—1970	湖南湘阴	国立高等师范	国文教员
赵东樵	1887—1974	湖南湘乡	湖南高等师范学校	理化教员
郭德垂	1896—1980	湖南湘阴	北京工业专门学校（北大工学院前身）	化学教员
李肖聘	1881—1953	湖南望城	留学日本早稻田大学	国文教员
汪澹华	1889—1967	湖南长沙	湖南高等实业学堂	数学教员、校董
黎赞唐	1889—1970	湖南浏阳	湖南高等学堂	数学教员
沈望山	1894—1962	湖南望城	武昌高等师范	历史教员
易仁荄	1908—1990	湖南湘阴	清华大学历史系	历史教员
任邦柱	1889—1936	湖南汨罗	湖南高等学堂（今湖南大学）	校长
徐钰礼	1897—1968	湖南宁乡	武昌高等师范	数学教员、导师
李之连	1907—1986	湖南常宁	湖南大学中国文学系	校长
李迪光	1921—1991	湖南望城	广州中山大学化学系	校长

---

① 长沙市教育志编纂委员会. 长沙教育志（1840—1990）［M］. 长沙：湖南教育出版社，1992：2-06.

　　什么是教育家？仁者见仁，智者见智。《辞源》《辞海》及常见的汉语词典都没有"教育家"词条。《教育大辞典》所作界定是：教育家（educator），在教育思想、理论或实践上有创见、有贡献、有影响的杰出人物①。教育家办学在理论界存在三种不同解释：一是由有实践、有素质、有创造、有影响并已被公认的教育家去办学；二是在办学过程中培养教育家；三是用教育家的理想、理念、方法、经验和情怀去办学②。事实上，教育家办学不等于由教育家去办学，更不可能等到成为教育家之后才去办学。古今中外所有教育家都不是天生的，没有人一生下来就自带教育家光环。孔子、蔡元培、叶圣陶、陶行知、陈鹤琴、徐特立、张伯苓及苏霍姆林斯基、夸美纽斯等，都是通过长年累月乃至毕生的教育实践，逐渐从经历中淬炼出经验，再将经验升华成理论，从而形成教育思想，最终成为教育大家。对于中小学而言，更不能等到校长、教师成为教育家之后，才践行教育家办学，而是应该"像教育家一样办学"③。湖南师大附中办学历史上涌现出的教育家，无一例外都曾像教育家一样办学，都曾用教育家的理想、理念、方法、经验和情怀办学，而且无一例外都曾历经教育实践的千锤百炼。正如谢永红书记所说："教育家不是完成时，而是进行时，是一个动态实现过程；你可以暂时不是教育家，但是不能没有成为教育家的愿望，不能不坚定地行走在成为教育家的路上。"④

　　湖南师大附中老校长常力源认为，一线教师尤其是校长是最有可能成为教育家的人，因为成为教育家必备条件有三：一是热爱教育，二是懂得教育，三是要站在教育第一线，不是一时而是终生。⑤这三个必备条件，一线教师尤其是校长基本上都具备或者稍作努力即可具备。《教育大辞典》主编、中国教育学会原会长顾明远曾说："一名教师，热爱教育事业，长期从事教育工作，做出了优异的成绩，并且对教育有研究，有自己的教育思想和先进理念，形成了自己的教育风格，在教育界有一定影响的，就可以称为教育家。"教育部原总督导顾问王湛也认为："教育家是指从事教育工作并在教书育人、教育研究工作中有较高的造诣或取得一定成就的人。"⑥由此可见，教育家其实并不神秘，也并非高不可攀。中共中央、国务院发布的《关于全面深化新时代教师队伍建设改革的意见》明确提出："到2035年，教师综合素质、专业化水平和创新能力大幅提升，培养造就数以百万计的骨干教师、数以十万计的卓越教师、数以万计的教育家型教师。"成为教育家型教师，已经被确认为新时代人民教师专业发展的努力方向。

———————————

　　① 教育大辞典编纂委员会.教育大辞典：第1卷［M］.上海：上海教育出版社，1992：182.
　　② 杨骞."教育家办学"真谛：尊重教育规律［J］.中国教育学刊，2013（1）：4－7.
　　③ 常力源.理性办学　内涵发展：常力源办学思想与实践［M］.北京：教育科学出版社，2015.
　　④ 谢永红.从优秀走向卓越［J］.教师，2018（1）：6－9.
　　⑤ 常力源.理性办学　内涵发展：常力源办学思想与实践［M］.北京：教育科学出版社，2015：12－26.
　　⑥ 常力源.理性办学　内涵发展：常力源办学思想与实践［M］.北京：教育科学出版社，2015：14.

湖南师大附中党委书记谢永红认为,教育家办学,就是要具有教育家那样的全程性、前瞻性、战略性眼光,成为教育思想的引领者、教育理论的探究者、教育实践的反思者和教育智慧的启迪者。① 他常常说,作为新时代人民教师,脚步达不到的地方,眼光要达到;眼光达不到的地方,思想要达到;要站在大教育、大时空、大视野上思考教育、研究教育,启导师生仰望星空,引领学校砥砺前行。湖南师大附中将研究型教师专业发展路径设定为"合格型教师→骨干型教师→名师型教师→教育家型教师",积极引领教师朝着教育家目标不断前进。学校认为,即便距离教育家目标还相当遥远,校长还是应该像教育家一样治校办学,教师还是应该像教育家一样教书育人,只要坚定不移地"行走在成长为教育家的路上",并且"常为而不置,常行而不休",我们就一定能够从优秀走向卓越,最终无限接近于教育家型教师,甚至有幸成为"数以万计的教育家型教师"中的一员。

二、研究型制度文化建设

古人云:"欲知平直,则必准绳;欲知方圆,则必规矩。"(《吕氏春秋·不苟论·自知》)凡事都有规矩,行事必立准绳,成事必依制度。制度具有原则性、严肃性、规范性和约束性,但是同时也具有服务性,能提供依据、指南、保障和保护,确保人民工作、学习、生活的有序性和高质量;具有指导性,对于人们该做什么、该怎样做、该做到怎样等都具有提示和指导作用;具有激励性,能通过奖勤罚懒、奖优罚劣,激励人们比学赶帮,创造性劳动,智慧性应对,开拓性工作。创建研究型高中,打造研究型文化,必须强化制度建设,构建研究型制度体系。

湖南师大附中的研究型制度文化建设,最具特色的是学术治校制度文化建设、教学研究制度文化建设、教师发展制度文化建设和教育评价制度文化建设。

(一) 学术治校制度文化建设

2012 年 7 月,湖南师大附中遵照湖南省教育厅《关于印发〈长沙市一中、湖南师大附中现代教育实验学校建设实施方案〉的通知》(湘教发〔2012〕40 号)文件精神,以提高人才培养质量为核心,以体制机制创新为动力,深入探索全面实施素质教育、人才培养体制改革、基础教育课程改革和现代学校制度建设的基本内容、方法和途径,其中一项重要内容就是:加强学校管理体制改革与制度建设,实现"依法治校、民主治校、学术治校",按照教育规律和学术规律建设学校、发展学校。

湖南师大附中的学术治校,主要包括三大方面:一是学校治理从行政思维走向学术

---

① 谢永红. 从优秀走向卓越 [J]. 教师,2018 (1):6-9.

思维，倡导研究地管理和研究地服务，建设高质量、学术性、更幸福的研究型高中；二是学生从学业发展走向终身发展，倡导研究地学习，提升问题意识、思辨能力、探究习惯和科学精神，培养适应终身发展和社会发展需要的正确价值观、必备品格和关键能力；三是教师从有经验走向有研究，倡导研究地教学，追求教与学学术，争做富于情怀、勤于学习、长于实践、崇尚学术的高素质、专业化、创新型卓越教师。

为了真正做到以学术引领学校、以专家治理学校，湖南师大附中建立了一系列学术治校制度：

1. 学术指导制度

学校聘请科研院所、高等院校的教育专家、管理行家组成专家咨询委员会、教学指导委员会、教师发展指导委员会等学术导师团队，引进校外专家为学校的改革发展、教师专业发展和学生成长成才提供学术咨询和专业指导。

2. 学术合作制度

学校加入全国部分大学附中教学协作体、全国部分师大附中合作体等教学研究合作团体，面向全省14个市州遴选52所学校作为湖南省教育科学普通高中教育研究基地联合单位或协同单位，与永州市、常德市、娄底市和浏阳市组成拔尖创新人才联合培养基地，组建教育集团教学共同体、科研与教师发展共同体等，采取多种方式开展教学研讨交流、教育科研联动、教师联合培养及高素质创新人才合作培养等学术活动。

3. 学术管理制度

学校设立科技创新中心、科研与教师发展处等学术管理机构，成立学术委员会、课程委员会、名师工作室、考试命题研究中心、普通高中教育研究中心、教育集团教科研共同体等学术活动组织，成立心理发展中心、生涯教育中心、社会实践指导中心、生活指导中心等学生发展指导组织，多措并举强化学校治理、学生发展、教师发展等方面的学术特质。

4. 学术活动制度

学校创办之谟教师研修院，创设道德讲堂、惟一大讲堂、学达讲堂、青春讲堂四大讲堂，制定"修学教研一体化"教师研修制度、"三步六环"集体备课制度、"631"教学研究制度、"七个一"校本研究制度及寒暑假全员培训制度等，促使师生学术活动制度化、常态化、规范化。

（二）教学研究制度文化建设

教学研究是学校教育教学工作的重要组成部分。新时代人民教师必须"镕金琢玉，并究其妙"，潜心探究教育教学实践个中奥秘，有目的、有计划、有系统地去开展教研科研，既做实干家，又做研究者。"凡将举事，令必先出，曰事将为，其赏罚之数必先明之。"（《管子·立政》）完善的教学研究制度体系，是促使"教师成为研究者"的有力保障，是践行"科研兴校、科研强教"理念的前提和基础。

湖南师大附中的教学研究制度，主要有三大类：

1. 研究行为管理制度

一是建立教研行为管理制度，对教师集体备课、分类选课、走班制教学、社会实践活动、学生发展指导等教育教学行为实施精致管理。二是建立科研行为管理制度，对教师业务研修、实践反思、课题研究、成果培育、课题经费使用、研究共同体建设等教育科研行为实施项目管理。三是建立学生研究指导管理制度，对研究性学习、社会调研、野外科考、主题研学、夏（冬）令营集训、科教体验、社团活动等学生研究行为实施过程管理。

2. 研究责任分担制度

一是建立团队责任分担制度，明确了科研基地协同单位、集团教学共同体、普通高中教育研究中心、考试命题研究中心、名师名校长工作室、心理发展中心、生涯发展中心、社会实践指导中心、生活指导中心等研究团队的岗位职责和目标任务。二是建立岗位责任分担制度，明确了学术委员、课程委员、教学指导委员、教师发展指导委员、考试命题研究员、各类师傅、名师名校长工作室名师等研究骨干的岗位职责和目标任务。三是建立项目责任分担制度，明确了科研课题组成员、教改项目组成员、学生成长导师、研究性学习课题导师、送培送教专家组成员、青蓝和青名工程师傅等项目责任人员的岗位职责和目标任务。

3. 研究质量评价制度

一是研究型团队评价评比制度，学校制定研究型教研组、研究型处室建设评价标准，定期开展相关评价评比，其结果与教研组、处室评优评先直接挂钩。二是研究型教师评价评比制度，学校每年根据参与教学研究的态度、质量和成果评选10名研究型教师，授予"科研优秀奖"（研究型教师奖），每年教师节时集中表彰奖励。三是研究成果评价制度，学校于每年组织教学研究成果评价评比（包括科研贡献奖、优秀课题奖、优秀论文奖、著作出版奖等），每年年底集中表彰奖励。

（三）教师发展制度文化建设

教师是立教之本、兴教之源，学校发展必须信任教师、依靠教师、服务教师、发展教师并成就教师。常力源校长认为："学校之间最不容易消除的不均衡是师资队伍的不均衡，学校发展的核心依靠就是打造一支强有力的教师团队……教育均衡发展，关键不是

'建大楼'，而在于'铸大师'。"① 湖南师大附中主张慎选良师、精育名师并重，积极建立促进教师专业发展支持体系，鼓励教师大胆探索，创新教育思想、教学模式和方法，形成教学特色和风格，成为研究型教师、学者型教师甚至教育家型教师。

湖南师大附中最有特色的教师发展制度有三：

1. 教师校本研修制度

学校依托湖南省"十三五"教育科学研究基地（示范性高中研究型教师队伍建设研究基地），创办湖南省第一所由中小学独立主办的教师发展学校——之谟教师研修院，构建"修学教研评一体化"教师专业发展体系，打造修学、培训、磨课、学术四大平台，采取专家引领、团队合作、自主研修、项目推进相结合的方式，组织教师立足校本实践开展业务研修活动，促使他们成长为富于情怀、勤于学习、长于实践、崇尚学术的研究型教师。

2. 教师校本培养制度

学校制定《青蓝工程师徒结对帮扶制度》《青年教师关爱工程实施方案》《青年名师培养对象集中研修制度》《研究型教师修学教研一体化专业发展质量年度考评制度》等教师培养培训制度，重点建设青蓝工程、青名工程、名师领航工程、教育家孵化工程四大工程，全面开展定向性、层级型、项目化、全方位、跟进式研究型教师校本培养创新实践。

3. 教师研究成果孵化与推广制度

学校设立现代教育实验学校教育科研专项基金，用于激励、支持广大教师尤其是青年教师开展教育教学实践与研究。一是教学研究资助制度，对教师研究课题、发表论文、出版专著、开展调研及学历学位进修等提供方便并给予经费支持；二是教学研究奖励制度，设立研究型教师奖和教科研成果奖，定期开展评价评比和表彰奖励活动；三是教学研究推广制度，通过分享交流、专题报告、成果展览、学术讲座、送培送教等多种方式"扶上台讲"，促使教师在培训他人过程中获得最好的培训。

（四）教育评价制度文化建设

中共中央、国务院于2020年10月颁布的《深化新时代教育评价改革总体方案》指出："教育评价事关教育发展方向，有什么样的评价指挥棒，就有什么样的办学导向。"建立科学的教育评价制度，克服唯分数、唯升学、唯文凭、唯论文、唯帽子的顽瘴痼疾，扭转不科学的教育评价导向，成为新时代教育综合改革的重点和热点。湖南师大附中采用"多—把尺子测量、同一把尺子多几次测量、自选尺子自主测量"等多种方式，实施

---

① 常力源. 理性办学　内涵发展：常力源办学思想与实践［M］. 北京：教育科学出版社，2015：224.

多元化、多维度、多样式教育评价，取得了突出的成效和系列成果，尤其是在课程实施评价、全员育人评价和教师发展评价等方面富有特色。

1. 课程实施评价制度

学校制定《湖南师大附中课程评价制度改革方案》，针对人本课程体系的三级六类十八门课程分别设立育人目标，制定课程标准、增值评价方案、学分认定制度，以教育评价促课程实施。课程标准和学科增值评价方案侧重于教师教学评价，主要从教学行为表现、学生学习活动表现、教学效果、教学风格等维度展开，关注教师教学目标设计、教学过程操作、教学内容处理、教学基本功的表现，以及学生课堂自主性、探究合作互动性等。学分认定制度侧重学生学习评价，通过智慧校园信息化平台，全程跟踪学生学业发展与成长状况，建立综合而动态的学生综合素质评价体系。

2. 全员育人评价制度

学校构建多元育人主体全员参与、全方位全过程指导全体学生成长成才的系统育人新机制，其中全员育人评价制度特色鲜明。一是评价主体多元化，实现了成长导师、受导学生自评和专家、领导、导师、学生、家长等他评的有机结合。二是评价指标系统化，形成了成长导师评价指标、学生发展评价指标两大体系。三是评价程序科学化，规范了确定评价项目、制订评价方案、收集整理信息、开展对标评价、做出评价结论、反馈与运用评价结果、推广典型样板等基本流程。四是评价方式最优化，综合运用口头答辩、调查报告、现场演示、情境表演、角色扮演、案例分析、集体评议、情景写作、半开卷考试、课程小论文、多媒体制品等评价形式，将评价重心向思政素养、过程方法、团队合作、独立思考、开拓创新等方面倾斜，让评价富有激励性和发展性。

3. 教师发展评价制度

学校弘扬"慎选良师、精育名师"办学传统，针对教师专业发展方向不明、动力缺乏和校本培训体系不完善、难以考评等问题，全面开展研究型教师校本培养创新实践探索。学校开发《之谟教师研修院研修学分管理办法》《研究型教师"修学教研一体化"专业发展质量年度考核评价表》等评价工具，构建由学分管理、质量考评、成长报告、表彰激励等部分构成的研究型教师校本培养质量考评制度，定期开展专业研修过程性评价、发展质量阶段性评价、特定对象培养周期综合性评价和年度激励性评价，全面、全程、全方位考核评价研究型教师的师德修养、学识水平、实践本领和研究素养，促使其成为富于情怀、勤于学习、长于实践、崇尚学术的高素质、专业化、创新型卓越教师。

三、研究型物质文化建设

物质文化是学校文化的物质载体。它以物质为其表，蕴文化于其内，以有形的物质外壳承载无形的价值、精神和规范，潜移默化地发挥其导向励志、审美怡情、增知矫行等功能①，是一种"随风潜入夜，润物细无声"的巨大教育力。教育部发布的《关于大力加强中小学校园文化建设的通知》（教基〔2006〕5号）特别强调："要把校园建成育人的特殊场所，充分利用校园的每一个角落，营造德育的良好环境和氛围，使校园内的一草一木、一砖一石都体现教育的引导和熏陶。"

湖南师大附中坐落在风光秀丽的湘江之滨、钟灵毓秀的岳麓山下、人文荟萃的大学城中，地理环境优美，区位优势明显。虽是百年老校，校园却青春亮丽。学校依山而建，占地10.4万平方米，校园布局科学，功能区划合理，建筑大气美观，红墙绿树交相辉映，各种设施一应俱全。惟一楼、广益楼、云麓楼、执中楼、高阳楼等建筑名称，昭示了办学历程；攀登路、天健路、宜升路、景行路、樟华路等道路名称，体现了进取豪情；稽亭、洁齐亭二亭，琢园、镕园、漉园三园，孔子像、禹之谟像、攀登碑、世纪碑四大雕塑，彰显了文化风貌。"镕园樟韵"入选湖南师范大学"校园八景"，学校被授予湖南省园林式单位、长沙市花园式学校等称号。

建设研究型高中，自然不能沾沾自喜于上述物质文化建设成就。建设研究型高中，目的是"培育研究型学生，为培养高素质创新人才奠基"，必须"致力于在'研究'中培养人，耕耘一片'研究'的土壤，创造一种'研究'的气候；致力于为学生创造一种'经历与努力、活力与实力相统一的，既精彩又充实的高中生活，华而又实的人生经历'"②。听到的，会忘记；见到的，易记住；做过的，方理解。单一的学科教育、平面的书本知识、口耳相传的知识传授及盲目而海量的网络信息，往往无法真正激发中小学生好奇心、想象力和探求欲。培养高素质创新人才，必须组织学生亲身经历并实践探究，促使他们在亲历亲为中感受、体悟、思考、探索，在"做中学、用中学、创中学"的过程中自觉获取科学知识，培养科学精神，提升科学素质，增强科技自信自立，厚植家国情怀。因此，教育部等十八部门发布的《关于加强新时代中小学科学教育工作的意见》特别强调："组织中小学生前往科学教育场所，进行场景式、体验式科学实践活动。"

湖南师大附中研究型物质文化建设的基本思路是：加强服务于研究的硬件、软件建设，创设基于探究实践的研学环境，为培养研究型教师和研究型学生创造良好条件。在研究型物质文化建设的过程中，学校抓住了四个重点，具体分析如下。

（一）校外场所建设

学校是科学教育主阵地，但条件与资源有限，因此《关于加强新时代中小学科学教

---

①　顾建德. 学校物质文化建设的思考［J］. 教育论坛，2011（3）：9－14.

②　王占宝，郑向东，黄睿，等. 建设学术性高中，培养创新型人才——深圳中学创新人才培养模式的探索与实践［J］. 创新人才教育，2013（1）：54－65.

育工作的意见》指出，中小学科学教育必须"走出去"，"调动社会力量，推动中小学科学教育学校主阵地与社会大课堂有机衔接"。湖南师大附中位于岳麓书院北侧、大学城中，周边高等院校林立，科研院所簇拥，加之办学成绩卓著影响深远，教育资源尤其是研究资源可谓取之不尽，无论"走出去"还是"请进来"，都相当便捷。多年来，学校想方设法争取社会力量支持，建设了一批校外科学教育、探究实践场所（包括场馆、基地、营地、园区、实验室、生产线等）。

这些校外场所，主要有三大类型：

1. 自然类场所

组织学生走向大自然，是中小学校外场所建设的捷径。湖南师大附中特别注重科学教育自然场所建设，一方面利用学校周边自然场所开展科学教育活动，如岳麓山地质与植物观察、湘江水文与环保探究、洋湖湿地公园生态调研、大围山国家森林公园巡游等；另一方面组织学生兴趣小组赴全国各地研学旅行或科学考察，如洞庭湖观鸟、汝城红军长征寻踪、崀山丹霞地貌观察、三清山动物植物标本采制、梵净山综合考察等。每年寒暑假和节假日，这些自然类场所便成为师生实践探究的乐园，所催生的研究成果《岳麓山寻古探微》《研学——探索之旅》《植物恋上诗》《风雨苍茫——广益中学抗战外迁访记》等均已正式出版，大批研究论文、研究性学习报告等获省市奖励或公开发表。

2. 共建类场所

场景式、体验式实践探究，是科学教育最重要的方式和途径。湖南师大附中强调亲身体验、自主教育，要求学生"从实践出发、朝生活开放、向内心求证"①，坚持"四大节、三体验、两服务、一学习"综合社会实践活动近30年从未停辍，其中大多数社会实践活动均需要社会场所的支撑。学校多方设法，广开渠道，与各类社会机构、厂矿企业、农场农村、社区街道等共建近50个学生社会实践活动场所。一是农村生活体验场所，例如花垣县十八洞村、汝城县沙洲村、桑植县刘家坪村、溆浦县枫香瑶寨、湘潭县乌石峰村、攸县罗家坪村等；二是企业生活体验场所，包括三一重工、中联重科、湘钢集团、大汉集团、广奉烟花、神通光电、广汽菲亚特、沙坪湘绣等；三是军营生活体验场所，如国防科技大学、湖南警察学院、湖南交警总队、湖南师范大学人民武装学院等；四是社区生活体验场所，如学堂坡社区、长沙县"慢天使"残疾儿童公益服务中心、橘子洲街道、五一广场等。

3. 共享类场所

这类实践探究场所主要有四类。一是湖南省、长沙市免费向社会公众开放的科普场

---

① 谢永红. 先锋——湖南师大附中课程改革十五年（2000—2015）［M］. 长沙：湖南师范大学出版社，2015：47.

馆或基地，如湖南博物院、长沙规划展示馆、炭河里青铜博物馆、湖南省茶叶博物馆、雨花非遗馆、隆平水稻博物馆、医药科学技术普及场馆、园林园艺科普基地、浏阳菊花石地质博物馆科普基地等。二是湖南师范大学、湖南大学、中南大学等高等院校向湖南师大附中师生开放的基地或实验室，如中南大学科技园总部、湖南大学国家级机器人实验室、湖南大学汽车车身国家重点实验室、湖南师范大学高性能计算与随机信息处理教育部重点实验室、湖南师范大学鱼类遗传育种示范基地等。三是湖南师范大学向湖南师大附中开放的国际中学生理化生奥林匹克竞赛实验教室（含实践指导服务）。四是家长提供、校友联系或师生自主联络的临时性研学旅行、社会实践、科学考察、社会调查、研究性学习等场地场所。

（二）校内场所建设

"工欲善其事，必先利其器"（《论语·卫灵公》），学校要"培育研究型学生，为培养高素质创新人才奠基"，必须拥有人才培养利器，科学教育探究实践场所就是利器之一。校外场所非常必要，但有较强的局限性，最可靠的做法还是自主建设校内场所。湖南师大附中办学条件优越，显著标志之一就是教育教学场馆、设施相对比较齐备。近年来，学校集中物力、财力和资源用于科学教育探究实践场所建设，主要做了三个方面的努力：

1. 兴建或改造的校内场所

近年来，学校积极争取支持，多方筹措资金，兴建或改造大量科学教育探究实践校内场所。一是提质改造黎氏科学楼，高标准建设并装备理化生实验室51个，另建有生物标本馆、数字化实验室、竞赛实验室、机器人实验室、物理趣味实验室、科技创新体验馆等。二是改建改造高阳楼，使其旧貌换新颜，成为国际课程中心、劳动技术教育中心、信息技术教育中心、通用技术教育中心及创客中心。三是增建或提质改造学生活动场所，如学生电视台、社团活动中心、新华书店惟一书屋、心理发展中心、生涯指导中心、近视防控检测站、天文气象观测站等。四是建设专业功能教室，如学术报告厅、学科奥林匹克竞赛教室、语文阅读实验教室、游泳馆（游泳选修课教室）、多功能录播教室、烹饪教室、书画创作室、教师研修室、外语阅览室等。

2. 援建或共建的校内场所

一是社会援建场所，例如共青团中央和中国青少年发展基金会援建的"小平科技创新实验室"（遵邓小平同志遗愿、用邓小平同志所捐稿费设立），西北工业大学援建的科技创新体验馆，融创湖南公司援建的一系列学生活动场馆等。二是社校共建场所，例如清华大学与学校共建的清标学测智慧学习与评价中心，哈尔滨工业大学与学校共建的人形机器人实验室，南开大学与学校共建的人工智能创新实验室，湖南省新华书店集团与学校共建的新华书店惟一书屋等。三是社校合作场所，例如湖南博物院与学校建立馆校合作共建基地，五凌电力有限公司与学校签订校企合作共建协议，北京天申科技有限公司在学校设立"天申科技拔尖创新人才培养奖励基金"等。

3. 开发或拓展的校内场所

一是开发校园自然资源。例如，开展校园植物普查与跨学校融通研究，编著并出版了《校园植物小百科》《植物恋上诗》等师生合作研究专著；开展生物实验就地取材和校本化改造系列实践探索，编著并出版了实验教学专著《高中生物学实验实施指南》。二是开发校史资源。例如，改扩建校史馆，使其成为百年办学历史陈列馆、办学业绩展览馆和办学历程博物馆，获评"湖南省优秀校史馆"；开发"重走三迁校址办学路"活动课程（走访位于长沙望城、衡阳常宁、永州蓝山的三处校址），成为学校综合社会实践特色课程。三是开发学校周边人文、自然资源。例如，岳麓书院、岳麓山、橘子洲、桃子湖创意文化街、湘江风光带等，都成为学校重要研学场所和实践探究基地；新民学会旧址、岳麓山抗战文化园、麓山忠烈祠、肖劲光故居、方叔章公馆（湖南和平解放秘密策划点）等，都成为学校革命传统教育和研究性学习活动场所。

（三）网络场所建设

网络场所是对线下实体场所的拓展和补充。《关于加强新时代中小学科学教育工作的意见》强调："优化数字智慧平台，丰富科学教育资源。"在信息技术高度发达、信息化时代学习与发展能力日益重要的大背景下，网络场馆成为中小学物质文化建设的重中之重。多年来，湖南师大附中致力于可感受、可交互、沉浸式数字化智慧校园建设，取得了明显成效。其中主要的网络场所有三：

1. 湖南师大附中智慧学院

智慧学院设立了教务管理系统、智能教研系统、智能备课系统、作业管理系统、教学监控系统、评教评学系统、管理服务中心等数字化应用系统，设置了虚拟实验室、数字化自主学习室、电子图书馆等泛在学习场所，共享了国家智慧教育公共服务平台、学科网、高考资源网、菁优网、橡皮网、21世纪教育资源网、科大讯飞智慧课堂等数字资源平台，创建了湖南师大附中教育教学集团数字资源中心，实现了校园人与人、人与物、物与物的全面联通。

2. 之谟教师研修院网校

学校与国家教育行政学院、北京国人通教育科技有限公司、明德云学堂等单位联合创办之谟教师研修院网络学校。网校挂靠在湖南师大附中校园网上，由科研与教师发展处、之谟教师研修院管理与运作。网校设立有研修动态、学习中心、培训项目、精品课程、数字图书馆、交流分享等研修模块，由北京国人通教育科技有限公司、明德云学堂提供海量网络课程或在线学习资源，供教职工常态化自主研修。

3. 湖南师大附中家长学校网校

湖南师大附中家长学校创办已经多年，但由于办学经验与精力均不足，加之家长参与受到多方面限制，办学效益不甚明显。近年里，学校携手北京国人通教育科技有限公司创办湖南师大附中家长学校网校，设置走进校园、直播课程、专题课程、每月必学、专家答疑、家长听书等学习模块，免费向全体家长开放，成为家校合作、凝聚合力的优质平台。

（四）书香校园建设

朱永新教授曾说："一个人的精神发育史就是他的阅读史"，"一个没有阅读的学校永远不可能有真正的教育"，"一个没有阅读的民族是没有创造力没有竞争力的。一个民族的精神境界在很大程度上取决于这个民族的阅读水平"。书籍是人类进步的阶梯，提升学生的精神境界和创造力、竞争力，离不开阅读。研究型高中应该书香满园，应该是名副其实的学习型校园；建设书香校园，是打造研究型物质文化的基础性、支撑性工程。

党和国家历来重视全民阅读，早在 2001 年就倡导"创建学习型社会"，2009 年又提出"建设学习型政党"，2022 年 4 月，习近平总书记在《致首届全民阅读大会举办的贺信》中提出"希望广大党员、干部带头读书学习，修身养志，增长才干；希望孩子们养成阅读习惯，快乐阅读，健康成长；希望全社会都参与到阅读中来，形成爱读书、读好书、善读书的浓厚氛围"[①] 三个希望，构建了党员干部带头、青少年为主、全社会参与的全民阅读雁阵。为了强化中小学书香校园建设，教育部于 2018 年 5 月颁布《中小学图书馆（室）规程》（教基〔2018〕5 号），特别强调："图书馆是中小学校的文献信息中心，是学校教育教学和教育科学研究的重要场所，是学校文化建设和课程资源建设的重要载体，是促进学生全面发展和推动教师专业成长的重要平台，是基础教育现代化的重要体现，也是社会主义公共文化服务体系的有机组成部分。"这里选用六个判断句，全面阐说了以图书馆为阵地的中小学书香校园建设的重大意义和育人价值。

书香校园建设，是湖南师大附中研究型高中建设的重要组成部分。《湖南师大附中研究型高中建设方案》要求："建设书香校园，制定学生朗读考级、阅读积分、传统文化考查等制度，实行教职工学习账号管理、学分管理，推进教职工读书活动和职业研修活动，鼓励教职工攻读学历学位。"近年来，学校全力营造阅读氛围，全面建设书香校园，取得突出成效，先后获评长沙市教育局颁发的"优秀书香校园"（2022 年）、长沙市委宣传部颁发的"长沙书香校园"（2023 年）和湖南省教育厅颁发的"优秀书香校园"

---

① 习近平致信祝贺首届全民阅读大会举办［N］. 中华读书报，2022 - 04 - 27（1）.

（2024 年）。

1. 高标准建设之谟图书馆

湖南师大附中之谟图书馆建成于战火纷飞的 1946 年，最初是教职员工及校友捐款捐物并合力搭建而成的二层小楼，知名书法家曹孟其校长题写"之谟图书馆"馆牌（保留至今）。1997 年，学校获得邵逸夫先生捐款和政府拨款，建成建筑面积近 4000 平方米的四层大楼。2015 年以来，学校先后斥资千万不断升级改造，将之谟图书馆打造成为知识殿堂、文化高地、展示窗口和亮丽名片。目前，之谟图书馆拥有藏书近 20 万册（不含电子图书），报刊 200 余种，各类阅览室和研修室 16 个，阅读或研修座位近 600 个；配备自动借还系统、图书漂流柜、朗读亭、"墨水瓶"电子阅读设备等，建有学术报告厅、语文阅读实验教室、学生电视台、奥赛培训室等活动场所，硬件、软件及服务全面改善，已经成为校园亮丽景观和师生"打卡"热点，于 2018 年获评湖南省优秀图书馆。

2. 高规格建设校园阅读吧

除之谟图书馆外，各种各样的阅读吧遍布校园。一是与湖南省新华书店集团、长沙市新华书店合作创办新华书店惟一书屋，集休闲阅读、文化沙龙、咖啡茶饮、文化展示等多功能于一体，面积超 400 平方米，深受师生欢迎和家长好评，建成以来先后获评全国"最 IN 校园店""年度校园书店"等荣誉。二是建设移动图书馆多座，主要教学楼都配置了现代化电子移动图书馆（图书漂流柜），学生凭校园一卡通自主借阅，自动借还，为学生提供了便捷的阅读服务。三是建设年级阅读吧，主教学楼惟一楼各楼层东侧、西侧小厅都建有图书墙，配备阅读桌椅，共建成 9 个阅读吧，分配给相关年级管理、使用。四是配置班级图书角，每个班级都设立图书角，成为学生图书分享园地。五是建设读报长廊，供学生课外自主读报，开阔视野。

3. 高起点建设教师研修院

学校于 2020 年建成湖南省第一所由中小学独立主办的教师发展学校——之谟教师研修院，使之成为教师业务学习阵地、教育科学研究基地和研究型教师成长摇篮。之谟教师研修院分实体学校和网络学校两部分。实体学校设有学术报告厅、教师研修室、名师工作室、自动录播教室、特色书屋（湖湘文化书屋、外文书屋等），其中教师研修室共有 7 间，每间研修室都配置了专业图书 4000 余册，装备了多媒体黑板、实物投影仪、电子黑板、电脑（4 台）、打印复印扫描一体机等办公设备，配备了茶水吧，成为教研会议、备课磨课、教育阅读、资料查询、研学培训、学术沙龙等研修活动场所。网络学校与国家教育行政学院、北京国人通教育科技有限公司、明德云学堂等联合创办，设有研修动态、学习中心、培训项目、精品课程、数字图书馆、交流分享等研修模块，供教职工常态化自主研修。

4. 高水平开展阅读类活动

一是开设阅读课（进课表），非毕业年级每班每周开设阅读课 1 节，由语文教师组织学生前往之谟图书馆语文阅读实验教室（共 3 间）集中阅读，全校每周阅读课近 70 节，阅读摘抄作业成为全校必修作业。二是开设新闻收视课（进课表），每天下午 16：00 组织全校学生收看中央电视台新闻联播 20 分钟（由学生电视台剪辑），促使学生"家事国事天下事事事关心"。三是组织晨读、课前读和晚读，倡导"五点读书法"（即每天读一点、背一点、摘一点、写一点、讲一点），使校园书声琅琅。四是定期开展读书会、读书节、演讲赛、知识赛、辩论赛、征文比赛、图书漂流、跳蚤书市、灯谜会等丰富有趣的读书活动，推进阅读活动常态化、制度化。与此同时，学校每年教师节由校长向全体教职工每人赠送图书 1 册，鼓励教职工开展教育阅读；每年组织"湘悦读·工力量"读书活动，并评选读书积极分子予以表彰奖励；建立工作室、社团、俱乐部、书友会、读书小组等学习型组织，使其成为创建书香校园的生力军。

第三节 营造研究氛围的校本行动

学校文化一般分为四个层面：精神文化、物质（物态）文化、制度文化和行为文化[①]。精神文化是学校文化的核心和灵魂，物质（物态）文化是学校文化的条件和载体，制度文化是学校文化的支柱和保障，而行为文化则是学校文化的外显和折射。行为文化透过行为（如思维方式、行为习惯、人际交往、生活旨趣等）折射出人们的信仰、精神、素养、价值取向、文化品位；学校精神文化、物质（物态）文化、制度文化的作用和效果，最终必须而且必然通过全校师生的行为显露出来，正如一个人的穿着打扮、行为举止甚至一颦一笑，无不显示这个人的气质、素养和文化品位一样[②]。因此，行为文化是学校文化建设的重点和关键。

研究型高中校园文化建设也是如此。精神文化、物质文化、制度文化等都属于"知"文化，行为文化则属于"行"文化。朱熹曾说："知行常相须，如目无足不行，足无目不见。论先后，知为先；论轻重，行为重。"[③] 研究型文化建设，必须"知为先"，理解研究型精神文化内涵，接受研究型物质文化熏陶，遵循研究型制度文化规范，同时又必须"行为重"，落实到师生的具体行为，形成价值取向一致的研究型行为文化。正如谢永红书记所言："理想的研究型高中应该把'研究'的理念根植在学校人才培养的全过程中，学校不仅有浓厚的研究氛围，有研究型的教师和研究型学生，有研究型的校本课程、研究型课堂，还有师生开展研究所需的各种资源和条件，教师研究性地教和学生研究性地学成为一种校园新常态。研究不仅是全体师生成员的一种基本习惯、生活方式、精神气质，而且应成为学校的一种文化，这种文化的核心是'以研究为先导'的共同价值观，主要表现为敢于担当、勇于开拓的创新精神，求真务实的科学精神，开放交流、互动共进的合作精神，善于研究、乐于研究的研究能力和素养以及终身学习的理念和行动等。"[④]

[①] 蔡劲松. 大学文化的四个层面 [N]. 中国教育报，2007 - 11 - 13 （04）.

[②] 周华琼. 行为文化：大学文化建设的关键 [J]. 上海理工大学学报（社会科学版），2013，35 （2）：161 - 165.

[③] 朱熹. 朱子全书 [M]. 上海：上海古籍出版社，2002：298.

[④] 谢永红. 从优秀走向卓越 [J]. 教师，2018 （1）：6 - 9.

师生员工的家庭环境、学识修养、生活习惯、个性特征等各个不同，行为方式自然也就会千差万别。但是，大家学习、工作、生活在共同的学校组织之中，相互之间可能因为明的约束或暗的影响，最终呈现出一致性的行为特征，渐渐地达成行为共识，进而生成行为文化。校园行为文化是师生员工在学习、生活、实践活动中产生的活动文化，是学校校风、作风、教风、学风的动态显现，也是学校传统、理念、价值、精神的具体折射。

学校行为文化一般分礼仪行为文化和职业行为文化两大类。其中，职业行为文化可细分为学习行为文化、教学行为文化、管理行为文化、服务行为文化等类型。研究型行为文化属于职业行为文化，不单具有一般职业行为文化的内涵与特征，而且还凸显研究特质，具有学术气质。

湖南师大附中研究型行为文化集中体现在研究地学习、研究地教学、研究地管理、研究地服务四大方面。

一、研究地学习

研究型高中的育人目标是培育研究型学生，培育研究型学生的关键是引领学生研究地学习，全面提升学生的社会责任感、实践能力和创新精神。

华东师范大学终身教授陈玉琨先生曾指出，学术性研究型高中是聚焦于学术、注重学生研究能力培养的学校，它应当具有以下特征：一是价值取向先于学业质量，二是接受性学习与探究性学习并重，三是动手与动脑结合[①]。这三大特征，也正是湖南师大附中倡导的"研究地学习"的基本特征，研究地学习要求学生"像一名数学家思考数学、像一名历史学家思考历史那样，使知识的获得过程体现出来"[②]。因此，价值取向要先于学业质量，要引领青少年学生"编织当科学家的梦想"，以成为堪当民族复兴大任的时代新人为价值追求；接受性学习与探究性学习要并重，要注重探究实践，关注知识的获得，更关注知识的获得过程；动手与动脑要结合，要注重思考，葆有好奇心、想象力和探求欲，努力将学习过程中产生的奇思妙想付诸实践，形成创意甚至创造。

本书第三章及其他相关章节已就"研究地学习"作了比较详尽的论析和介绍，这里侧重介绍湖南师大附中为促进学生"研究地学习"而展开的多元平台建设。

场所好比是剧场，平台好比是舞台，青少年修炼、积淀和施展才学，需要适宜场所，更需要多元平台。《湖南师大附中研究型高中建设方案》要求"以创新体验为核心搭建研学平台"，为高素质创新人才茁壮成长创设多元平台，成为学校研究型物质文化建设的

① 陈玉琨. 为何要建学术性研究型高中［N］. 中国教育报，2020-07-26（3）.
② 布鲁纳. 布鲁纳教育论著选［M］. 邵瑞珍，张渭城，等，译. 北京：人民教育出版社，1989：162.

重要内容，也成为促进学生"研究地学习"的有力举措。其中，最具研究特质的学生成长平台有课程平台、教学平台、研学平台、展示平台等。

（一）课程平台

学校秉持"一切有目的有组织的教育活动都是课程"的大课程观，构建了基于立德树人根本任务的人本课程体系，创设基础课程、拓展课程、卓越课程等三级课程，努力为学生提供适合的教育（详见本书第四章）。为了倡导学生"研究地学习"，打造浓厚的研究型学习行为文化，学校搭建了大量凸显研究特质、助力学生发展的课程平台。

1. 学生全面发展指导课程

学校创设思想启导、成长向导（含心理疏导、生涯指导等）、学业辅导、实践指导、学术引导、生活帮导、专业训导、系统育导等八类课程，促使多元育人主体育人方向上同向而行，育人时空上衔接无间，育人行动上同频共振，育人效用上互助互补，全方位服务学生成长成才，促进学生全面发展。

2. 学生卓越发展促进课程

学校创设学科竞赛、科创教育、先修衔接、艺体专长、人文精修、国际理解六类卓越课程，全面满足不同潜质学生竞赛专修、科创普修、大学先修、专长精修、国际深修等课程需求，促进学生个性化发展。

3. 学生创新发展激励课程

学校创设覆盖学科学习、校园生活、社会实践、自然人生等各个领域的研究性学习、研学旅行、创新体验、小论文小创造小发明等多样化课程，促使研究地学习成为学生的习惯和生活，激励学生主动而生动活泼地发展。

（二）教学平台

实行分类走班教学，将各类潜质学生相对集中地加以针对性培养，有利于学生成长成才。因此，学校在传统授课班基础上因材施教，创办多种形式的走班制特色班级，促进学生"研究地学习"，成为高素质创新人才。

1. 社校联合创办的贯通式培养特色班级

例如：国际著名数学家丘成桐先生授权创办的"丘成桐少年班"，与国防科技大学联合创办的"国防科技创新实验班"，与西北工业大学联合创办的"国防科工实验班"，与永州市、常德市、娄底市及浏阳市等市州联合创办的"拔尖创新人才早期培养实验班"（免费培养、双学籍制），等等。这类特色班级平台，充分利用大学附中、集团办学、共育基地等优势，构建了大中小一体化培养新路径，促进了拔尖创新潜质人才的茁壮成长。

2. 学校自主创办的分类走班制特色班级

例如国际课程班、学科奥林匹克竞赛班、强基特训班、体育特长生文化学习班、艺术特长生文化强化班等。这类特色班级平台注重因材施教、因学定教并因需施教，促进了志趣、智能、学力及生涯规划、发展路向等大致相当的学生之间的自主学习、合作学习、探究学习和体验学习。

3. 学校自主创办的定期活动型特色班级

例如青年马克思主义理论学习班（青马班）、校本选修课程教学班、机器人兴趣班、野外科学考察兴趣班、夏令（冬令）营短期培训班等。这类特色班级平台以"满足不同潜质学生的发展需要"为宗旨，精心呵护学生的好奇心、想象力和探求欲，促进学生在"研究地学习"过程中实现全面而有个性的发展。

（三）研学平台

研学平台是一种融"读万卷书，行万里路"于一体，通过以探究实践为主的多元化学习方式，开阔学生知识视野，培养学生社会责任感、实践能力和创新能力的现代教育平台。近年里，国家先后出台《普通高中"研究性学习"实施指南（试行）》（教基〔2001〕6号）、《关于推进中小学生研学旅行课程的意见》（教基一〔2016〕8号）等政策文件，全面推进中小学研学课程建设。湖南师大附中强调"从实践出发，朝生活开放，向内心求证"，"将课堂延伸到五彩缤纷的校园、风景如画的农村、活力四射的现代企业，乃至文化多元的整个世界"[①]，为学生打造多样化的研学平台。

1. 研究性学习平台

学校立足学生学习生活实际，将研究性学习引入课堂学习和校园生活，创设了单学科、跨学科和超学科（即"从自然、社会和生活中选择和确定专题"）等研究性学习平台，既用研究性学习方法"读万卷书"，又用研究性学习方法"行万里路"，既做到"风声雨声读书声声声入耳"，又做到"家事国事天下事事事关心"。研究性学习是组织学生"研究地学习"的理想方式和最佳平台。

2. 研学旅行平台

研学旅行不等于春游、秋游，而是有组织、有计划、有目的的校外实践、体验与探究，是一种特殊的研究性学习模式。湖南师大附中创设了红色教育模式、自然观测模式、生活体验模式、文化考察模式、国际游学模式及交换学习模式等多样化研究旅行学习模

---

① 谢永红．先锋——湖南师大附中课程改革十五年（2000—2015）［M］．长沙：湖南师范大学出版社，2015：47．

式①，利用寒暑假和节假日，组织学生旅行、研学相交融，研究地学习自然、社会和生活这部活教材，在"行万里路"的过程中不断培养与提升学生的社会责任感、实践能力和创新精神。

3. 科技创新平台

苏霍姆林斯基曾指出："在人的心灵深处，总有一种根深蒂固的需要，这就是希望自己是一个发现者、研究者、探索者。"② 可见，科技创新并非科学家、发明家的专利，学生完全可以成为发现者、研究者、探索者。湖南师大附中创设大量科技创新体验馆、实验室和创客工作室，开展校园科技节系列科技创新活动，组织学生参加省市"三小"（小论文、小制作、小发明）比赛，鼓励学生参加国际奥赛、学科竞赛、科技创新及其他科创活动，引导学生参与工程式学习、STEM 学习、设计型学习等学习活动，全面拓宽学生参加科技创新体验与实践活动的渠道。

（四）展示平台

培养高素质创新人才不适宜采用"十年磨一剑，霜刃未曾试"般的韬光养晦方式，而应该多方搭建青少年展示锋芒的平台舞台，让有天赋、有志趣、有潜力的孩子获得"秀"出来、"冒"出来的机会。湖南师大附中特别重视为学生的牛刀小试创造机会，学生拥有丰富的赛台、展台和讲台。

1. 赛台

竞赛充满挑战，是对参赛者专业力、学习力、创新力、思维力、专注力、洞察力、判断力、表达力，以及人际交往能力、团队合作能力等才学素养的综合检阅，而且容易激发学生的荣誉感、表现欲和好胜心，是一种培养学生社会责任感、实践能力、创新精神的有效手段。湖南师大附中常态化组织学生开展或参与各类竞赛、竞技活动，让学生"亮剑"于各类赛台，成为远近闻名的"金牌摇篮"（不限于学科奥林匹克竞赛）。

2. 展台

湖南师大附中学生的探究实践成果，拥有大量展示的机会：通过学校的各种集会、节庆、典礼、接待及主题活动等，学生可以展示自己的自理自治能力；通过科技节、社团节、艺术节、体育节四大节，学生可以展示自己的综合素质素养；通过综合社会实践、研究性学习成果展览会，学生可以分享自己的实践探究心得体会；通过学生电视台、广播站、文学期刊《白帆》、英语角、读书会、兴趣小组等，学生可以展示自己的才学和能力。

---

① 杨帆. 研学——探索之旅 [M]. 长沙：湖南师范大学出版社，2020：22 - 23.
② 瓦·阿·苏霍姆林斯基. 给教师的建议 [M]. 杜殿坤，译. 北京：教育科学出版社，1984：69 - 72.

3. 讲台

湖南师大附中特别重视"讲得清",因为"讲得清"通常意味着做得好、学得多、钻得透。除要求课堂上尽量让学生"讲"之外,数学、物理等学科每天都安排学生讲题或答疑,开展"以讲促学"的课后服务活动。学校开设道德讲堂、惟一讲堂、学达讲堂、青春讲堂等四大讲堂,其中学达讲堂专门为学生成果宣讲、经验交流、作品推介而设,是学生专有的学术性讲堂。此外,国旗下的讲话、集会发言、校史馆及校园解说、"校长有约"座谈等,都是学生展示所学、所为、所思、所想的讲台。

二、研究地教学

《中华人民共和国教师法》明确指出:"教师是履行教育教学职责的专业人员。"教师的教育教学,应该是融教育教学、学习研究于一体的专业实践,教师不仅是提供教育教学服务的教育工作者,而且应该是具有反思、批判、探究精神的教育研究者。美国全国专业教学标准委员会编制的《教师专业知能标准大纲》强调:"教师作为反思性实践者和行动研究者,要勤于思考,从自己的教学实践中学习和总结经验,紧跟教育科研步伐,激情满怀地投入到从不间断的专业发展中。"① 可见,研究地教学,是教师履行教育教学职责的专业行为和标准动作。

湖南师大附中老校长王楚松曾说:"一个优秀的教师,他应该是一个不断探索、勇于创新的人,是一个教育上的有心人。教师不在于他教了多少年书,而在于他用心教了多少年书。"② 所谓"有心人""用心教",就是要在教育教学实践过程中不断探索、勇于创新,展开教与研的双翼,及时而主动地寻找解决教育过程中所遇问题的方法、措施、途径,从而改善教育教学实践,提高教育教学质量。钱伟长先生在 20 世纪 80 年代就指出:"不上课就不是老师,不搞科研就不是好老师。"③ 无研之教是坐井观天,无教之研是闭门造车;教佐以研平添魅力,研基于教才有活力。真能教者必能研,真善研者必善教,研究型教师就应该"学而不厌,诲人不倦,研而不休",是能教善研的统一体。

湖南师大附中具有"慎选良师,精育名师"的办学传统,信任教师、依靠教师、服务教师、发展教师、成就教师是学校的基本办学方略。名师之成长,与个人的经历、经验、文化背景、心智潜质等密切相关,但也具有共同"基质":对事业的执著、对生活意义的探寻、对职业价值的追求,是其工作激情燃烧的能量来源;安静与不安分同在,保持着一种创造的欲望、突围的渴求,内心都长住着一个"不满足的苏格拉底";有着

① 方燕萍. 教师应知道什么,能够做什么:美国全国专业教学标准委员会制定优秀教师知识和技能标准 [J]. 教育研究信息,1997(4):43-45.
② 王楚松. 校长的精神追求 [M]. 长沙:湖南师范大学出版社,2007:116.
③ 高志标. 培育更多新时代的"四有"好老师 [N]. 人民政协报,2021-06-30(4).

深厚的文化底蕴与自然流露的才情；敏感、丰富，感悟思维发达，因而灵感跃动，见解独特①。精育名师的关键，就是要全面解放、充分激活教师那些潜在的但常常处于被"粘住"或"冻僵"状态的内在特质和内生动力。

湖南师大附中老校长常力源曾说："教育改革的最大阻力往往来源于教育自身，要冲破这种阻力，就要架设理想与现实的桥梁，这座桥梁在我们看来，就是教育科研。教育科研能够唤醒沉睡的心灵，能够触动僵化的思想，能够激发创新的热情。"② 湖南师大附中精育名师的基本策略，就是通过教育科研，引领教师"走上从事一些研究的这条幸福的道路"（苏霍姆林斯基语），促使他们"不断经历着，不断地看，不断地听，不断地怀疑，不断地希望，不断地梦想那超乎寻常的事物"③，在实践、反思、研究的过程中实现名师型教师、专家型教师甚至教育家型教师的理想成长。

谢永红书记曾指出："教师的研究意识、研究能力和研究素养将直接决定着研究型高中的建设成效。因此，学校将继续坚持'以人为本，以教师发展为本'的理念，把研究型教师队伍建设作为学校的一项长远战略去实施。"④ 培养研究型教师，是建设研究型高中、培育研究型学生的关键性、基础性、支撑性和保障性工程。湖南师大附中倡导"教师成为研究者"，要求教师"镕金琢玉，并究其妙"，集实践者、学习者、反思者、研究者于一身，成为富于情怀、勤于学习、长于实践、崇尚学术的高素质、专业化、创新型卓越教师。

研究地教学，成为研究型教师最显著的行为特征。学校认为，研究不神秘，天天可以是研究时，处处可以是研究所，人人可以是研究者；教师的研究，旨在寻找解决教育教学过程中所遇到问题的方法、措施、途径，必须一切从实际出发，实践与研究同频共振。学校要求，研究型教师应该具备五力：一是行动力，即履行教育教学职责的实践能力；二是学习力，即通过阅读、讲析、观摩、模仿、实践获得知识或技能的能力；三是甄别力，即去粗取精，去伪存真，做出科学鉴别、正确取舍、必要淘汰的能力；四是思考力，即审问、明辨、深思、慎取的能力；五是创新力，即根据客观的校情、生情、学情而因地制宜、推陈出新的能力。学校还认为，教师的研究具有示范性，旨在做给学生看、领着学生干，引导学生"循着科学家们走过的路，感受知识的发现过程，体验科学方法的运用，并由此培育学生的探究精神、科学研究习惯和解决问题的能力，提升自己的学习和工作效能"⑤，真正成为"学生创新思维的引路人"。

---

① 成尚荣. 名师的基质 [J]. 人民教育，2008（8）：37-41.
② 常力源. 理性办学　内涵发展：常力源办学思想与实践 [M]. 北京：教育科学出版社，2015：78.
③ 海德格尔. 形而上学导论 [M]. 熊伟，王庆节，译. 北京：商务印书馆，1996：14.
④ 晓日瞳瞳一岁初：新年校长绘新图 [N]. 中国教育报，2019-01-02（6）.
⑤ 谢永红. 从优秀走向卓越 [J]. 教师，2018（1）：6-9.

关于研究地教学，本书第五章已经作了比较详尽的阐析。这里补充列述湖南师大附中研究型教师 16 个"行为共识"，从中不难窥见附中教师行为特征和教学行为文化。

1. 公、勤、仁、勇

这是湖南师大附中的百年校训，也是附中师生的精神旗帜和成长路标。附中教师须弘扬天下为公、勤勉以行、求仁履实、敢为人先的湖湘文化精神，富于情怀，勤于学习，长于实践，崇尚学术，争做学生奉献祖国（公）、学习知识（勤）、锤炼品格（仁）、创新思维（勇）的引路人，成为高素质、专业化、创新型卓越教师。

2. 以人为本，兼容并蓄

这是湖南师大附中的办学理念，也是附中教师的教育共识。附中教师须以人为本、立德树人，一切为了学生，为了一切学生，为了学生的一切，既做经师，又做人师。附中教师须博采众长、融汇百家，千方百计为学生提供适合的教育，满足学生多样化、差异化、个性化、特色化发展需要。

3. 自强不息，追求卓越

这是湖南师大附中的文化特征和精神特质，也是附中教师的行为准则。"天行健，君子以自强不息"，教师应该是踔厉奋发、笃行不怠的人生典范；"教育、科技、人才是全面建设社会主义现代化国家的基础性、战略性支撑"，教师唯有自强不息、追求卓越，才能在中华民族伟大复兴的时代征程中发挥应有作用，做出应有贡献。

4. 行走在教育家路上

这是湖南师大附中的教育家办学宣言，也是附中教师的专业化发展路向。教育家办学不是成了教育家才去办学，而是像教育家那样去办学。教育家不是天生的，也不会诞生在书斋里。教育家不是完成时，而是进行时，是一个动态实现的过程。你可以暂时不是教育家，但是一定要拥有教育家那样的理想信念、道德情操、育人智慧、躬耕态度、仁爱之心和弘道追求，要坚定地行走在成为教育家的路上。作为附中教师，脚不能到达的地方，眼要到达；眼不能到达的地方，心要到达。

5. 理性办学，内涵发展，有选择地追求卓越

这是湖南师大附中的办学理念，也是附中教师的行为理性。"人皆可以为尧舜"，人人都应该追求卓越；但是每个人都有自己的禀赋、智能、志向、个性、特长、兴趣、爱好等，所以应该讲理性、重内涵，有选择地追求卓越。对于研究型教师来说，"卓越"是最大的内涵，"追求"是最大的发展，而"选择"是最大的理性，"有选择地追求卓越"是最理性和最理想的专业成长。

6. 求变就是求发展，创新就是创未来

这是湖南师大附中长盛不衰的青春密码，也是附中教师专业化发展的坚定信念。"学然后知不足，教然后知困"，"穷则变，变则通，通则久"，因此要"苟日新，日日新，又日新"。教师求变创新，不一定必须是彻底的革命、全新的创造，勇于做变通，融合新元素，旧事物就能焕发出新生命，关键是要有革故鼎新、推陈出新的意识、锐气和勇毅。

7. 以人为本，承认差异，发展个性，着眼未来

这是湖南师大附中课程改革的指导思想，也是附中教师教育教学的基本遵循。人是教育的逻辑原点，教育必须以人为本，关注人的本质发展。教育教学必须有教无类，确保教育公平；同时又必须因材施教，促进每一个学生的个体发展、差异发展、个性发展和终身可持续发展。

8. 素质全面，个性优良，成民族复兴之大器，做人类进步之先锋

这是湖南师大附中人才培养的质量标准，也是附中教师教书育人的价值取向。教育的根本任务是立德树人，必须从全面发展、个性发展、家国情怀、全球视野等维度强化价值引领，履行为党育人、为国育才的初心使命，促使学生"修身、齐家、治国、平天下"，成为堪当民族复兴大任的时代新人。

9. 镕金琢玉，并究其妙

这是湖南师大附中研究型高中建设信条，也是附中教师"研究地教学"的行动纲领。研究型教师一方面要镕金琢玉精育英才，另一方面要潜心探究个中奥秘，不断改进教育教学实践，不断提升教育教学质量。研究型教师应该既是实干家，又是研究者，要展开教育实践、教研科研的双翼，成为富于情怀、勤于学习、长于实践、崇尚学术的高素质、专业化、创新型卓越教师。

10. 从优秀走向卓越

这是湖南师大附中的发展规划，也是附中教师的行为警策。优秀固然可喜，但优秀者却很容易自负自满、固步自封，从而消磨掉走向卓越的动力、锐气和勇毅，因此优秀是卓越的大敌。研究型教师必须自强不息，追求卓越，努力走过优秀的高原，走向卓越的高峰，实现名师型教师、专家型教师、学者型教师甚至教育家型教师的卓越成长。

11. 科学教育见长，人文素养厚重

这是湖南师大附中的学科特色和育人特色，也是附中教师人才培养的目标追求。附中教师以"得天下英才而教育之"为最大幸福，也以"成民族复兴之大器"为不懈追求，积极在教育"双减"中做好科学教育加法，培育学生社会责任感、实践能力和创新精神；同时努力践行学校"实施高素质教育"理念，全面提升学生人文底蕴、科学精神、学会学习、健康生活、责任担当、实践创新等核心素养。

12. 团结、勤奋、求实、创新

这是湖南师大附中的优良校风，也是附中教师的基本作风。附中教师须在"公勤仁

勇"校训指引下，团结拼搏，勤奋工作，求真务实，勇敢创新，树立公忠体国、协作共进的团队精神，学而不厌、诲人不倦的勤勉精神，求仁履实、服务人民的求实精神，崇尚学术、终身学习的科学精神。

13. 学生主体、教师主导、问题主线

这是湖南师大附中提出的"三主"教学思想，也是附中教师的教学遵循。附中教师须以学生为中心，尊重并确保学生的主体地位，引领学生在教师引导、指导、督导下自主学习、合作学习、探究学习和体验学习，开展基于真实情境的问题探究。要还给学生看书权、思维权、活动权，要解放学生的大脑，让他们去思考；解放学生的眼睛，让他们去观察；解放学生的嘴巴，让他们去表达；解放学生的手脚，让他们去实践探究。

14. 课比天大

这是湖南师大附中的教学理念，也是附中教师的行为规范。教书育人是教师的天职，上好每一堂课是教师的本分。教师的才华要施展在课堂，教师的本领要显现在课堂。教育无小事，教师无小节，一堂课可能影响学生一辈子，故须知敬畏、明底线、遵规律、讲品质。对于附中教师而言，每一堂课都是公开课，因为面向学生是最大的公开；每一堂课都是示范课，因为言传身教是最好的示范。课是教师的作品，须力求精细、精致、精美，力争每堂课都成为教师的代表作。

15. 立足校本

这是湖南师大附中的教研教改原则，也是附中教师教研行为准则。"立足"要求置身其中，眼睛向下，心无旁骛；"校本"要求为了学校，在学校中，基于学校。教师的教育教学教研都应该不唯上、不唯书、只唯实，要为了学校，解决学校面临的问题，促进学校改革发展；要在学校中，发现、研究并解决问题，由学校师生解决问题；要基于学校，从学校实际出发，合实际、讲实用、有实效。

16. 拒绝变态学习

这是湖南师大附中提出的学风建设要求，也是附中教师的学法指导原则。应试教育导致"过度学习"甚至"变态学习"，导致学生霸蛮发展、跛脚发展、畸形发展，因此，教师必须旗帜鲜明地反对学生"死读书、读死书、读书死"，引领学生勤学活学结合、苦练巧练结合、熟读精思结合、求知践行结合，促使学生全面而有个性、主动而生动地和谐发展。

三、研究地管理

党的十九届四中全会审议通过《中共中央关于坚持和完善中国特色社会主义制度、推进国家治理体系和治理能力现代化若干重大问题的决定》，在党的历史上首次把"推

进国家治理体系和治理能力现代化"作为大会的鲜明主题。所谓"治理体系现代化"，就是通过系列的制度安排和宏观顶层设计，使治理体系日趋系统完备、不断科学规范、愈加运行有效的过程。所谓"治理能力现代化"，就是将制度优势转化为治理效能的现代性能力，不断获取并逐渐强化的过程。[1] 事实上，大到国家，小到学校，都需要系统完备、科学规范、运行有效的治理体系的支撑，也都需要不断提高依法执政、民主执政、科学执政的水平和能力。

2012 年 7 月，根据湖南省教育厅《关于印发〈长沙市一中、湖南师大附中现代教育实验学校建设实施方案〉的通知》（湘教发〔2012〕40 号）精神，湖南师大附中率先开展现代教育实验学校建设的创新实践，其指导思想是："遵循《国家中长期教育改革和发展规划纲要（2010—2020）》精神，以提高人才培养质量为核心，以体制机制创新为动力，深入探索全面实施素质教育、人才培养体制改革、基础教育课程改革和现代学校制度建设的基本内容、方法和途径，为湖南普通高中改革发展提供样板。"[2] 可见，湖南师大附中现代教育实验学校建设的改革重点，就是建立并不断完善与现代教育相适应的制度体系和机制体系，提升学校治理体系现代化和治理能力现代化水平。

湖南师大附中既是一所文化底蕴深厚、办学成绩卓著的百年名校，又是一所在新的历史时期坚持教育传承与创新、积极引领潮流、被社会公认为真心实意全面发展素质教育的窗口学校。学校以富于人文性、民主性、科学性、发展性、生态性的管理闻名遐迩，早在 1960 年就被评为全国文教先进单位，改革开放以来，共获全国文明校园、全国五一劳动奖状、全国教育系统先进集体、全国中小学德育工作先进集体、全国青少年科技活动先进集体、全国群众体育先进集体、全国学校对口支援工作先进单位、全国学校后勤管理先进集体、全国五四红旗团委、全国国防特色教育示范学校、全国模范职工之家等国家级荣誉称号 30 余次，党委书记谢永红 2018 年以来三次获得习近平总书记亲切接见。

湖南师大附中全面倡导"研究地管理"，而现代教育实验学校建设可以说是"研究地管理"最集中、最典型的体现。

（一）现代学校治理体系建构

习近平总书记曾指出："在国家治理体系的大棋局中，党中央是坐镇中军帐的'帅'，车马炮各展其长，一盘棋大局分明。"[3] 学校治理也需要这样一个"大棋局"，需要构建一个系统完备、科学规范、运行有效的现代化治理体系。湖南师大附中的现代学

---

① 徐奉臻. 从两个图谱看国家治理体系和治理能力现代化 [J]. 人民论坛，2020（1）：68－70.

② 谢永红. 先锋——湖南师大附中课程改革十五年（2000—2015）[M]. 长沙：湖南师范大学出版社，2015：68－70.

③ 万山磅礴有主峰：习近平新时代中国特色社会主义思想学习问答（48）——关于坚持和加强党的全面领导 [N]. 人民日报，2021－09－24（5）.

校治理体系，概括起来说就是依法治校、民主治校和学术治校。

1. 坚持依法治校，建设制度规范下的现代学校

"法者，天下之程式也，万事之仪表也。"（《管子·明法解》）学校治理，必须以党纪国法、章程制度为皈依和准绳。学校依据党和国家教育法规法令，修订了章程和153项规章制度，形成了较为完备的规章制度体系；实行并完善了党委领导下的校长负责制，依法落实学校办学自主权；全面创新现代教育教学管理，依法推进学校教育教学改革；完善学校人事制度和内部分配方案，依法保障师生合法权益。学校用规章制度看护学校，初步实现了学校治理的制度化、程序化、规范化、标准化和精细化。

2. 坚持民主治校，建设民主治理下的现代学校

学校依法落实民主管理职能、民主监督职能，成立了校务委员会、教师委员会、家长委员会、纪律监察室、教育督导室等民主治校机构，建立了校务会议制度、教职工代表大会制度、工会制度、学生会制度、家长委员会制度等民主治校制度，形成了"校长治校、专家治学、教师治教、家校协同、社会参与"的现代学校治理体系，严格实行校务公开制度，广泛开展家校合作、社校合作，让权力和资源紧紧聚焦于学生成长和学校发展。

3. 坚持学术治校，建设学术引领下的现代学校

坚持以学术引领学校，以专家治理学校。一方面成立学术委员会、课程委员会、教师发展指导委员会、名师工作室、教育集团教研共同体等学术机构，充分发挥他们在课程开发、学科建设、教育科研、教师培养等方面的作用；另一方面，聘请科研院所、高等院校的教育专家和管理行家组成学校专家咨询委员会，为学校的改革和实验提供咨询和指导。学校自2015年提出创建研究型高中的办学新追求以来，学术治校更上一层楼，团结、勤奋、求实、创新的校风更加彰显，学校获得"最像大学的中学"的社会赞誉。

（二）现代学校治理能力提升

治理体系的威力和效力，归根结蒂要通过执行方能落地生根、开花结果，因此，构建"依法治校、民主治校和学术治校"现代学校治理体系的同时，必须建立并完善与现代教育相适应的学生发展服务支持体系、现代教育教学体系、教师专业发展支持体系和优质教育资源均衡配置体系，全面提升现代学校治理能力。

1. 建立与完善学生发展服务支持体系

学校坚持以人为本、以学生为中心的管理理念，以推进学生全员发展、全面发展、特殊发展、和谐发展为目标，构建并不断完善学生发展服务支持体系，促进学生全面而有个性、主动而生动地发展。

（1）学生全面发展服务体系

学校成立了心理发展中心、生涯发展指导中心、生活指导中心、综合实践指导中心

和班主任工作室"四中心一工作室",为学生的全面发展提供了服务平台。建立了导师制,为每位学生配备了成长向导,既发挥了全员育人的功能,又保障了全体学生的全面发展。强化了班主任队伍的建设,加强了班主任专业化培训,提高了班主任专业素养。加强了德育系列化建设,科学合理制定三年德育规划,尤其是开设生涯规划指导课程,提升学生自我规划、自主管理、自能发展的能力。

（2）学生个性发展支持体系

学校创设了"四大节三体验两服务一学习"综合社会实践平台,满足了学生全面而有个性发展的需要。体育节、艺术节、社团节、科技节"四大节"已坚持开办30多年,成为学校传统节会活动。每年暑假,高一进军营,高二下农村,高三进企业,"三体验"已成为附中亮丽名片。志愿者服务、社区服务等"两服务",实现了全员化和常态化,受到省内媒体的持续关注。实现了研究性学习课程化,切实指导学生开展研究性学习课题及其他小课题研究,发展学生信息检索和动手操作能力,培养科学态度和创新精神,提升沟通、合作与分享的能力。

（3）心理教育辅导体系

学校成立了心理发展中心、生涯发展指导中心,通过心理普查、心理教育课、心理讲座、心理辅导和咨询等方式,开展心理健康教育,培养积极心理品质。拥有30多位心理辅导师,心理教育进课表、进课堂,确保了学生的心理健康和心理成长。开发生涯课程,组建了一支近60人的生涯规划师（均获专业认证）队伍,开展了多场"对话职场·预见未来"职业规划指导活动,采取多种方式引导学生认识自我、规划未来。

2. 建立与完善现代教育教学体系

高质量的人才培养,取决于高质量的教育教学。现代学校必须全面建立以素养为导向、以问题为主线、以思维为核心、以探究实践为路径的教育教学体系,促进学生德智体美劳全面发展,培育学生适应终身发展和社会发展需要的正确价值观、必备品格和关键能力。

（1）附中特色课程体系

在"以人为本,承认差异,发展个性,着眼未来"的课改理念指导下,学校以原有"两性四型"课程体系为基础,构建了基于立德树人的人本课程体系。在开齐、开足、开好国家基础课程的前提下,自主开发200多门校本拓展课程和卓越课程,既培养了学生的基础性学力,也发展了学生的发展性学力和创造性学力。人本课程体系属于研究型课程体系,基础课程、拓展课程、卓越课程等三级课程均凸显研究特质,具有研究强基、研究赋能、研究蓄势功能,锚定高素质创新人才培养目标,全面提升学生的问题意识、思辨能力、探究习惯、科学精神。

（2）现代教学组织体系

学校立足湖南大班额的现实，采取行政班授课制、分类分项分层分组走班制、团体辅导制、自主体验制等多种形式，实现"常规课齐头并进打基础，拓展课自主选择抓长短，卓越课分类指导扬特色，活动课探究体验强志趣，自习课自主自律促内化，答疑课因材施教释疑惑"，相当于用多层安全网架设了一部登天梯，从多个层面满足了学生整体化、差异化、个别化、自主化、特色化需求。

（3）自主、合作、探究的课堂教学体系

学校在四方面做了努力：一是开设学法指导课，对学生进行学法指导；二是编写并正式出版"自主学习册"丛书，指导学生课前、课中和课后的自主学习和合作学习；三是建立合作探究学习成长小组，实现了面向全体、整体推进；四是创设"三导四学"课堂教学范式，引导、指导、督导学生自主学习、合作学习、探究学习和体验学习，实现了一课多学和一课多得，增强了课堂教学的本身价值与附加值，促进了学生全面而有个性、主动而生动的发展。

3. 建立与完善教师专业发展支持体系

教师是立教之本、兴教之源，信任教师、依靠教师、服务教师、发展教师、成就教师是学校改革与发展的基本方略。学校弘扬"慎选良师、精育名师"的办学传统，在把严进口关的同时把好精育关，强化教师的校本培养培训，着力打造高素质、专业化、创新型卓越教师团队。

（1）教师校本研修体系

该体系主要有四种模式：一是组织教师修（铸师魂）、学（读原著）、教（重实践）、研（做探究）自主研修；二是通过师徒结对、集体备课、教学研讨、班主任沙龙、名师工作室等活动同伴互助；三是借力专家顾问委员会、教学指导委员会及其他专家资源，实行一对一、手拉手式专业引领；四是交给教师科研课题、教改项目、赛课指标、攻关任务等具体项目，实施项目推进，促使教师"做中学、用中学、创中学"。以此为基础，学校构建"修学教研一体化"专业发展体系，开展研究型教师校本培养创新实践，其成果荣获湖南省第五届基础教育教学成果一等奖和2022年国家级基础教育教学成果二等奖。

（2）校际合作培训体系

培养优秀教师需为他们创造"更上一层楼"的机会和平台。为此，学校加入全国部分大学附中教学协作体（共8所大学附中）、全国部分师范大学附中合作体（共12所师大附中）、新时代中国卓越高中九校发展共同体、世界顶尖中学联盟（共12所中学）、全国中学生物理竞赛研讨暨金牌联盟（共30所中学）等教学学术组织，积极参加湘湘教育论坛、京湘基础教育论坛、奥湘基础教育论坛、湖南省教育科研工作者协会论坛等高端论坛活动，常态化地组织教师赴教育发达国家和国内名校学习考察，先后派遣 20 余位教师到国外短期研学（一般半年或一年），每年组织骨干教师赴北京大学、清华大学、复旦大学、上海交通大学、浙江大学等高等院校集中研修。

（3）科研引领下的教师成长机制

学校有"科研兴校、科研强教"的办学传统和突出优势，创造了以课题项目、教改项目、赛课项目等项目为载体的项目推进式教师发展模式，积极引领教师校本教研，参与国家级、省市级及校级课题研究的教师达 80%，营造了浓厚的研究氛围。学校成立普通高中教育研究中心，依托湖南省"十四五"教育科学研究基地开展普通高中高质量发展理论研究和实践探索。学校成立教育集团科研与教师发展共同体、教学研究共同体等机构，组织整个集团的教师"镕金琢玉，并究其妙"。学校创办学术性刊物《探索》（准印证号：[湘 0 刊] 2017508），成为湖南省第一个拥有较高水平学术性刊物的普通高中学校。

4. 建立与完善优质教育资源均衡配置体系

学校坚持创新、协调、绿色、开放、共享的新发展理念，一方面锐意改革创新，潜心营建自己的后花园；另一方面，积极发挥示范引领辐射作用，致力建设教育均衡发展的百花园，成为誉满三湘的"担当楷模"。学校曾被评为全国学校对口支援工作先进单位。教育部原副部长陈小娅视察学校时曾说："湖南师大附中在真心实意扶助贫困地区薄弱学校发展上作了很多善举，做了很多实事。"

（1）接受委派，扶贫支教

一是援藏援疆，先后派遣欧阳昱北、张先早、黄月初、彭荣宏等一批教师援藏援疆，支持边疆教育事业。二是精准扶贫，服从湖南师范大学党委的安排，自 2015 年起深入邵阳市绥宁县插柳村开展精准帮扶，为插柳村注入发展"心"动能。三是教育帮扶，先后受省市教育行政主管部门委托，定点帮扶郴州汝城县一中、湘西州保靖民族中学、湘西州花垣边城高中、张家界市民族中学及宁乡市一中、宁乡市四中、宁乡市十三中等学校。

（2）大爱无疆，结对帮扶

一是对口援助，先后与新疆维吾尔自治区，以及湘西土家族苗族自治州、郴州、永州、怀化、张家界等地近 40 所兄弟学校签订对口援助协议，采取专题讲座、教学交流、挂职跟岗、师生互动等多种方式，常态化开展教育教学管理交流活动。二是教研联动，遍访全省 14 个市州，挂牌成立 50 多个基地合作单位（联合单位或协同单位），共同开展湖南省"十四五"教育科学研究基地建设与研究。三是联合培养，受湖南省教育厅委托，与常德市、娄底市、永州市及浏阳市构建拔尖创新人才联动共育网络，创造了跨地区创新潜质人才选鉴导育新机制。

（3）培训师资，人才共育

一是承办国培省培项目。近五年承办国培省培项目近 20 项，累计为全省培训各类骨干教师超过 1300 名；先后教科研骨干赴清华大学、北京大学、浙江大学、复旦大学、华东师大集中研修，并邀请兄弟学校共同参加此类活动；每年为各类国培省培项目提供现场教学、专题讲座等服务不下 30 场次。二是人才交流。每年委派近 10 名优秀教师赴农村学校、薄弱学校支教援教，每年为兄弟学校提供挂职、跟岗、影子培训等服务超 30 人次，每年选派到集团校工作的领导教师超 60 名。三是集团联培。成立教育集团科研与教师发展共同体和教学研究共同体，常态化开展集团年会、教学竞赛、集体备课、联合科研等活动。

（4）开门办学，引领辐射

一是教学开放，每年举办教学开放周系列活动，每年吸引省内外数万名教师通过线下、网络等路径参与教学交流研讨活动；每年接受 100 多批兄弟学校的领导老师来校考察交流。二是集团化办学，不断拓展湖南师大附中教育集团办学规模，已拥有近 20 所成员校；积极配合湖南师大基础教育中心工作，协助其创办附属学校近 20 所。三是联合办学，挂牌成为清华大学等高校拔尖创新人才联合培养基地学校，与国防科技大学、西北工业大学等高校联合举办特色班级，与哈尔滨工业大学、南开大学等共建创新实验室，等等。

四、研究地服务

2001 年 11 月 10 日，时任教育部基础教育司司长李连宁在 21 世纪教育论坛上提出"教育是一种服务"的教育理念①，引发教育界人士的极大关注。华东师大教授赵中建认为，教育即服务的理念，是 20 世纪 90 年代以来将全面质量管理理念移植到学校的结果——全面质量管理以消费者为中心，以质量为核心，强调尊重消费者的利益和需求，向消费者提供高质量产品和服务，这种观念移植到学校后，教育就成为服务，学生就成为学校教育的主要服务对象，学校的各项工作就构成了服务链，最终由教师将优质的教育服务提供给学生。②

教育属于第三产业中的服务业，其行业定位有国家政策依据。2012 年 5 月，国务院出台《国家基本公共服务体系"十二五"规划》，明确了 44 类 80 个基本公共服务项目，其中就包括公共教育领域及义务教育免费、寄宿生生活补助、农村义务教育学生营养改善等服务项目③。不光教育事业属于服务业，科研、文化、媒体，甚至公务员、军队、警察等也都是属于服务业；即使是第一产业的农业、第二产业的工业和建筑业，也都具有服务性质。可以说所有行业都是服务业，整个社会都处于彼此服务的服务链上。因此，

---

① 王志敏. 新的教育理念的启示 [J]. 现代传播，2002（2）：113-115.
② 刘晓岩. 教育是服务的证明及其实践价值 [J]. 辽宁行政学院学报，2007（11）：115-116.
③ 国家基本公共服务体系"十二五"规划 [N]. 人民日报，2012-07-20（13）.

教育即服务，不是对教师职业地位的鄙薄和贬低，而是对教育功能价值的觉悟与回归。

"服务"不同于"服侍"。服侍是伺候、照料，如儿女伺候父母等长辈、护士照料病人，甚至像修鞋匠、按摩师、餐厅服务员那样照顾客人，而服务是"为集体或为别人工作"，"不以实物形式而以提供活劳动的形式满足某种特殊需要"①。所谓"满足某种特殊需要"，就是满足服务对象更高层次的需求，例如军队的服务是满足人民群众国泰民安的需求，警察的服务是满足人民群众安居乐业的需求，医生的服务是满足人民群众强身健体的要求，公务员的服务是满足人民群众公正公平的需求等。教育服务，就是提供公平的、适合的、高质量的教育，满足不同潜质学生的发展需求，为学生的终身发展和幸福人生奠定基础。

理念是行动的指南，树立并践行"教育即服务"理念，有利于全面更新教育观、师生观、教学观、质量观，全面提高教育教学管理效能。北京市第十一学校原校长李希贵在《面向个体的教育》一书中写道："当教育成为服务业，研究学生的需求必然成为工作的前提，而他们的需求千差万别又千变万化，挑战自在其中。于是，对话、谈心、咨询、诊断，挖空心思弄清学生，成为校园教育工作的重头戏。当教育成为服务业，师生平等成为校园生活的基本状态，教师居高临下的姿态、高高在上的架势、教训的口吻、不屑的眼神全都无法在这样的校园里藏身，它需要的是每一位教师放下身段、敞开心扉，以长者的责任和平等的身份与学生对话、沟通、合作，共同成长。当教育成为服务业，就必然以客户的满意度作为衡量学校工作的重要指标。过去的教育，可以仅仅让上级肯定，或者让家长满意，学生的苦累都是我们追求业绩的代价。而今天，学校必须把学生的酸甜苦辣放在心上，把创造快乐的校园当作共同的追求，由学生来评价学校工作也就成为常态……"② 当"教育即服务"理念入脑入心并见行见效，教育就成为面对心灵、面向未来的服务，成为关注个性、关怀灵魂的服务，成为着手个体、着眼国家的服务，而且伴随着这种精心、精致而精湛的服务活动的开展，研究地管理也就成为学校管理常态甚至教育生态。

习近平同志指出："我们的教育是为人民服务、为中国特色社会主义服务、为改革开放和社会主义现代化建设服务的，党和人民需要培养的是社会主义事业建设者和接班人。"③ 这一重要论述既阐明了我国教育的社会主义性质，又明确了我国教育的服务属性和人民立场。新时代的教育工作者，一定要牢固树立"教育即服务"意识，安心从教，热心从教，舒心从教，静心从教，全面践行为党育人、为国育才的初心使命，办好人民

---

① 辞海编辑委员会. 辞海［M］. 上海：上海辞书出版社，1980：3441.
② 李希贵. 面向个体的教育［M］. 北京：教育科学出版社，2014：3-5.
③ 陈宝生. 努力办好人民满意的教育［N］. 人民日报，2017-09-08（7）.

满意的教育，培养堪当民族复兴大任的时代新人。

学校教育服务涵盖甚广，教育、教学、管理等实质上都是服务。学校大力倡导研究地学习、研究地教学、研究地管理、研究地服务，其实质都是为了提高教育服务质量，促进学生健康成长。在全面服务于学生成长成才的各项工作中，学生发展指导服务最为关键，而这也成为湖南师大附中"研究地服务"的重点和特色。

湖南师大附中自 20 世纪 80 年代起，就开展了以促进学生四大发展（全员发展、全面发展、特殊发展、和谐发展）为主线的全面育人理念创新实践。2019 年 6 月，国务院办公厅《关于新时代推进普通高中育人方式改革的指导意见》颁布以来，学校将"培养什么人、怎样培养人、为谁培养人"的教育根本任务转化为育人方式改革的创新实践，创设多元主体全员、全过程、全方位育人的"成长向导"新机制，形成切实可行的"加强学生成长指导"的校本解决方案。

（一）聚焦立德树人，强化价值引领

学校以立德树人为根本任务，将德育贯彻到人才培养全方位和全过程，致力培养担当民族复兴大任的时代新人。学校聚焦"为谁培养人、培养什么人"的根本问题，从全面发展、个性发展、家国情怀、全球视野等维度强化育人价值引领，明确了"素质全面，个性优良，成民族复兴之大器，做人类进步之先锋"的育人目标，将校训"公勤仁勇"确立为全校师生行动共识，用湖湘文化"天下为公、勤勉笃行、求仁履实、敢为人先"特色奠定学子生命底色，引导、指导并督导学生"扣好人生第一粒扣子"，做到立大志、明大德、担大任，成为有理想、有本领、有担当的时代新人。

（二）确立两主原则，优化成长生态

所谓两主原则：

一是教师主导，要求教师恪尽导师、导向、导育三导职守，发挥引导、指导、督导三导职能，做学生锤炼品格、学习知识、创新思维、奉献祖国的引路人，成为学生终身发展和幸福人生的成长向导。学校构建基于立德树人的人本课程体系，积极引导、指导、督导学生自主学习、合作学习、探究学习和体验学习；学校要求教师充当好学习任务的制订者、学习活动的组织者、学习结果的评价者、学习方法的指导者、学习兴趣的维持者五种角色，充分发挥好主导作用。

二是学生主体，要求学生自学、自治、自育。自学主要是自主学习、合作学习、探究学习、体验学习；自治主要是各方面自主、自立、自理、自能；自育则主要是自尊、自律、自省、自强。学校倡导学生自主学习、合作学习、探究学习和体验学习，成为学习的主人；先后立项省级规划课题"中学德育校本实践创新研究""普通高中学生社会责任感培养校本研究""普通高中学生积极心理品质培养的校本实践研究"等，全面开展相关理论探究和创新实践；成立心理发展中心、生涯发展指导中心、综合实践指导中心、生活指导中心和班主任名师工作室"四中心一工作室"，打造学生会、团委会、学达讲堂、在途中心理社等阵地，开展"四大节（科技节、体育节、艺术节、社团节）、三体验（农村生活体验、企业生活体验、军营生活体验）、两服务（社区服务、志愿者服务）、一学习（研究性学习）"综合社会实践活动，教育和激励学生自治自理、自尊自律、自省自强，提升其自治、自育能力。

（三）完善导师制度，强化育人职责

学校推行全员育人导师制近 30 年，具有丰富实践经验和案例积淀。2019 年 6 月，学校全面修订《学生成长导师制实施方案》，使其成为"人人当导师"的全员导师制、"生生配导师"的全生导师制、"时时遇导师"的全天候导师制、"处处见导师"的全过程导师制、"事事找导师"的全方位导师制和促进学生德智体美劳全面而有个性发展的全面导师制，并建立了学业评价与素养评价并重、过程性评价与形成性评价并举、全面性评价与个性化评价并行的成长向导评价机制，较好解决了教书与育人脱节、成长向导虚名化问题。

（四）构建五维网络，落实全员育人

全员育人强调多元主体全员参与，在育人方向上同向而行，在育人时空上衔接无间，在育人行动上同频共振，在育人效用上互助互补。但在共构学生成长生态时，多元主体地位、功用、价值等并非完全等同，实际操作时应明主次、分轻重、辨显隐、别缓急。湖南师大附中的策略是：以学校（含课堂、管理、服务、党团、节会、校史、文化、心理、活动、榜样等）育人为主导，以学生自育为主体，以家庭育人为基石，以社会（含街道社区、实践基地、科考场地等）育人为依托，以环境（含校园、书报、网络、媒体、影视等）育人为辅翼，创设全员协同育人"五维网络"，并采用聘员蹲点法、双向选择法、项目协作法、志愿服务法、家访法、宣讲法、督导法等方法调动与协调，打造学校、家庭、社会、环境及学生自身系统协同育人共同体，从而解决多元主体缺失等问题，优化学生成长生态。

（五）创新育人方法，切实全程育人

学校强调全过程育人，推行成长导育"五随法"：一是随性，因材施导，依据学生个性、志趣、能力等开展针对性指导，实施"精准滴灌"；二是随时，根据学生需要开展首问制、一站式、即时性指导，及时为学生答疑解惑、排忧解难；三是随地，跟踪学生学习、生活全过程，开展全方位、宽领域、多层次、立体化指导；四是随机，敏锐捕捉学生成长指导的最佳时机与契机，见机而作，因势利导；五是随行，对学生升学、就业及未来发展作跟踪指导，做学生幸福人生的守护者和一辈子的良师益友。学校倡导教

职工"好雨知时节，当春乃发生"并"随风潜入夜，润物细无声"，在教育教学管理服务过程中适时开展滴灌式、首问制、生态化、智慧型、跟踪性导育，谋求精准服务、即时服务、全面服务、灵动服务和终身服务，建立新型、和谐、有温度的师生关系，从而破解了学生发展指导落地难、见效微难题。

（六）开发八导课程，实现全面育人

学校秉持"一切有目的有组织的教育活动都是课程"的大课程观，按照课程建设要求规范学生发展指导，将其整合成思想启导、学业辅导、实践指导、学术引导、生活帮导、心理疏导、生涯向导、专业训导八类课程，形成目标定位恰当、内容科学有序、实施切实可行、评估多元可信的成长向导课程体系，全方位服务学生成长成才和终身发展。"八导课程"丰富了学生发展指导内涵，解决了全员育人内涵窄化问题。

湖南师大附中聚焦学生发展指导，创设多元主体全员、全过程、全方位育人的成长向导新机制，开展以学生发展导师制、全员育人五维网、全程育人五随法、全面育人八导课为特色的学生发展指导实践路径革新，丰富了"三育人""三全育人"内涵并突出核心关切，促进了全体学生全面而有个性、主动而生动的发展，为普通高中育人方式改革提供了模式与经验。其"研究地服务"模式与经验历经初探到深化、校本探索到社会推广的实践过程，通过教学开放、教育帮扶、国培省培、年会论坛等途径交流、应用与推广，成效显著，反响良好。《湖南日报》《湖南教育》等多家媒体刊发《高考综合改革背景下学校育人方式变革与教师角色转型》《努力建设全员育人的教育生态》《改革高中育人方式，优化学生成长生态》等报道或访谈，推介学校改革成就与育人经验，谢永红、黄月初著作《育人方式改革：全员育人理论与校本实践研究》由湖南师范大学出版社正式出版并荣获长沙市第二十一届哲学社会科学优秀成果奖著作类一等奖（全市仅3项），教学成果《育人方式改革：全员育人理论与校本实践探索》荣获第五届湖南省基础教育教学成果特等奖（2022年6月）。

参考文献

一、报纸文章

[01] 习近平. 在欧美同学会成立 100 周年庆祝大会上的讲话 [N]. 中国青年报，2013 – 10 – 22 （2）.

[02] 习近平. 做党和人民满意的好老师——同北京师范大学师生代表座谈时的讲话 [N]. 人民日报，2014 – 09 – 10 （1）.

[03] 习近平总书记在全国高校思想政治工作会议上的重要讲话 [N]. 人民日报，2016 – 12 – 09 （1）.

[04] 习近平. 在北京大学师生座谈会上的讲话 [N]. 人民日报，2018 – 05 – 03 （2）.

[05] 习近平. 坚持中国特色社会主义教育发展道路，培养德智体美劳全面发展的社会主义建设者和接班人 [N]. 人民日报，2018 – 09 – 11 （1）.

[06] 习近平新时代中国特色社会主义思想学习问答（48）[N]. 人民日报，2021 – 09 – 24 （5）.

[07] 习近平. 在科学家座谈会上的讲话 [N]. 人民日报，2020 – 09 – 12 （1）.

[08] 国家基本公共服务体系“十二五”规划 [N]. 人民日报，2012 – 07 – 20 （13）.

[09] 《中国学生发展核心素养》发布 [N]. 人民日报，2016 – 09 – 14 （1）.

[10] 欧阳辉. 理论创新要有问题意识 [N]. 人民日报，2016 – 07 – 19 （7）.

[11] 陈宝生. 努力办好人民满意的教育 [N]. 人民日报，2017 – 09 – 08 （7）.

[12] 崔新建，李翠玲. 把握理论创新的实践导向 [N]. 人民日报，2017 – 10 – 24 （14）.

[13] 中国科协：我国具备科学素质公民比例超百分之八 [N]. 人民日报，2018 – 09 – 07 （3）.

[14] 牢牢把握教育改革发展的“九个坚持”——论学习贯彻习近平总书记全国教育大会重要讲话 [N]. 人民日报，2018 – 09 – 14 （1）.

[15] 胥伟华. 弘扬新时代科学家精神 [N]. 人民日报，2021 – 06 – 16 （13）.

[16] 追求卓越，不断突破和创造奇迹 [N]. 人民日报，2022 – 04 – 19 （5）.

［17］高祖贵．人类命运共同体理念的丰富意蕴和重大价值［N］．人民日报，2023－05－22（2）．

［18］金振蓉．中国人科学素质怎么样［N］．光明日报，2002－01－25（04）．

［19］刘茜，祁雪晶．李政道：问愈透，创更新［N］．光明日报，2010－10－31（2）．

［20］李玉兰．什么样的基础教育能适应未来［N］．光明日报，2016－09－18（8）．

［21］李政涛．建构基础教育中国典范［N］．光明日报，2019－09－17（14）．

［22］杨银付．深层次的教育公平如何实现［N］．光明日报，2019－10－16（13）．

［23］竭长光．推进学术理论创新应坚持问题导向［N］．光明日报，2022－11－04（11）．

［24］阚阅．看教育如何激发创新"第一动力"［N］．光明日报，2022－12－06（3）．

［25］李锋亮．新型研究型大学应该"新"在哪儿［N］．科技日报，2022－02－24（4）．

［26］蔡劲松．大学文化的四个层次［N］．中国教育报，2007－11－13（4）．

［27］颜莹．教师如何在专业写作中成长［N］．中国教育报，2020－06－11（11）．

［28］陈玉琨．为何要建学术性研究型高中［N］．中国教育报，2020－07－26（3）．

［29］邵志豪．高中与大学衔接须回归育人本质［N］．中国教育报，2022－03－30（5）．

［30］郭鲁江．为什么要来一个大学习［N］．学习时报，2018－01－31（2）．

［31］王军．真研究才能解决真问题［N］．学习时报，2022－01－10（2）．

［32］刘荣刚，孙迪．大力弘扬马克思主义学风文风［N］．学习时报，2022－05－30（5）．

［33］高志标．培育更多新时代的"四有"好老师［N］．人民政协报，2021－06－30（4）．

［34］林忠玲．教育麦田的守望者——新教育实验纪实［N］．人民政协报，2022－12－21（4）．

［35］杨东龙．迎接知识经济的挑战［N］．经济日报，1998－10－19（5）．

［36］陈常国．学风问题，是重要的政治问题［N］．大众日报，2020－09－01（2）．

［37］习近平致信祝贺首届全民阅读大会举办［N］．中华读书报，2022－04－27（1）．

［38］杜家毫．革命理想高于天［N］．湖南日报，2020－09－15（2）．

二、各类著作

［01］马克思，恩格斯．马克思恩格斯选集［M］．中共中央马克思恩格斯列宁斯大林著作编译局，译．北京：人民出版社，2012．

［02］马克思，恩格斯．马克思恩格斯全集［M］．中共中央马克思恩格斯列宁斯大林著

作编译局，译. 北京：人民出版社，2012.

［03］毛泽东. 毛泽东选集［M］. 北京：人民出版社，1991.

［04］邓小平. 邓小平文选［M］. 北京：人民出版社，1993.

［05］中华人民共和国教育部. 普通高中课程方案［M］. 北京：人民教育出版社，2020.

［06］林崇德. 21 世纪学生发展核心素养研究［M］. 北京：北京师范大学出版社，2016.

［07］华东师大教育科学学院资料中心. 新技术革命与教育［M］. 上海：华东师范大学出版社，1984.

［08］长沙市教育志编纂委员会. 长沙教育志（1840—1990）［M］. 长沙：湖南教育出版社，1992.

［09］陶行知. 创造宣言［M］. 南京：江苏凤凰文艺出版社，2018.

［10］陶行知. 陶行知全集［M］. 成都：四川教育出版社，2005.

［11］陶行知. 陶行知教育箴言［M］. 哈尔滨：哈尔滨出版社，2011.

［12］叶圣陶. 叶圣陶语文教育论集［M］. 北京：教育科学出版社，1980.

［13］董宝良. 陶行知教育论著选［M］. 北京：人民教育出版社，2011.

［14］仇忠海. "人之为人"的教育追求［M］. 上海：上海教育出版社，2013.

［15］邵志豪，解庆福. 学术型中学建设的理论与实践研究［M］. 北京：人民教育出版社，2022.

［16］王占宝，段会东. 国际视角下的学术性高中建设［M］. 北京：教育科学出版社，2016.

［17］陈龙安. 创造性思维与教学［M］. 北京：中国轻工业出版社，1999.

［18］郤庭瑾. 教会学生思维［M］. 北京：教育科学出版社，2001.

［19］李瑾瑜. 课程改革与教师角色转换［M］. 北京：中国人事出版社，2003.

［20］李希贵. 面向个体的教育［M］. 北京：教育科学出版社，2014.

［21］胡卫平. 思维型教学理论操作指南［M］. 上海：上海科技教育出版社，2022.

［22］郑金洲，等. 新课程课堂教学探索系列［M］. 福州：福建教育出版社，2007.

［23］叶澜. 新编教育学教程［M］. 上海：华东师范大学出版社，2006.

［24］叶澜. "新基础教育"探索性研究报告集［M］. 上海：上海三联书店，1999.

［25］叶澜，白益民，王枬，等. 教师角色与教师发展新探［M］. 北京：教育科学出版社，2001.

［26］赵国忠. 如何创建特色学校［M］. 江苏：南京大学出版社，2012.

［27］刘徽. 大概念教学：素养导向的单元整体设计［M］. 北京：教育科学出版社，2022.

［28］文秋芳. 中国外语类大学生思辨能力现状研究［M］. 北京：外语教学与研究出版社，2012.

［29］叶浩生. 西方心理学的历史与体系［M］. 北京：人民教育出版社，1998.

［30］陈学恂. 中国近代教育史教学参考资料［M］. 北京：人民教育出版社，1993.

［31］裴娣娜. 变革性实践与中国基础教育的未来发展［M］. 北京：教育科学出版社，2015.

［32］胡卫平. 青少年科学创造力的发展与培养［M］. 北京：北京师范大学出版社，2003.

［33］肖化移，易志勇. 教育科研课题研究实用手册［M］. 长沙：湖南人民出版社，2020.

［34］朱小蔓. 教育职场：教师的道德成长［M］. 北京：教育科学出版社，2004.

［35］霍益萍. 普通高中现状调研与问题讨论［M］. 上海：华东师范大学出版社，2010.

［36］曹才翰. 中学数学教学概论［M］. 北京：北京师范大学出版社，2008.

［37］邹进. 现代德国文化教育学［M］. 太原：山西教育出版社，1992.

［38］陈爱苾. 课程改革与问题解决教学［M］. 北京：首都师范大学出版社，2004.

［39］钟启泉. 研究性学习国际视野［M］. 上海：上海教育出版社，2003.

［40］缪建新. 高效课堂：模式与案例［M］. 南京：南京大学出版社，2009.

［41］莫雷. 教育心理学［M］. 广州：广东高等教育出版社，2002.

［42］孙俊三，雷小波. 教育原理［M］. 长沙：湖南教育出版社，2007.

［43］张春兴. 教育心理学［M］. 杭州：浙江教育出版社，1998.

［44］李森. 现代教学论纲要［M］. 北京：人民教育出版社，2005.

［45］刘铁芳. 什么是好的教育——学校教育的哲学阐释［M］. 北京：高等教育出版社，2014.

［46］林思宁. 体验式学习［M］. 北京：北京大学出版社，2006.

［47］周成平. 外国优秀教师的教育特色［M］. 南京：南京大学出版社，2009.

［48］张立文. 中国学术通史：先秦卷［M］. 北京：人民出版社，2004.

［49］张俊宗. 现代大学制度：高等教育改革与发展的时代回应［M］. 北京：中国社会科学出版社，2004.

［50］王玉衡. 美国大学教学学术运动［M］. 北京：北京师范大学出版社，2012.

［51］宁虹. 教师成为研究者：国际运动·理论·路径·实践［M］. 北京：首都师范大学出版社，2002.

［52］联合国教科文组织，国际教育发展委员会. 学会生存——教育世界的今天和明天［M］. 北京：教育科学出版社，1996.

［53］联合国教科文组织. 教育——财富蕴藏其中［M］. 联合国教科文组织总部中文科，译. 北京：教育科学出版社，1996.

［54］美国国家研究理事会. 美国国家科学教育标准［M］. 戢守志，金庆和，梁静敏，等，译. 北京：科学技术文献出版社，1999.

［55］B. A. 苏霍姆林斯基. 和青年校长的谈话［M］. 赵玮，等，译. 上海：上海教育出版社，1986.

［56］瓦·阿·苏霍姆林斯基. 给教师的建议［M］. 杜殿坤，译. 北京：教育科学出版社，1984.

［57］布鲁纳. 布鲁纳教育论著选［M］. 邵瑞珍，张渭城，译. 北京：人民教育出版社，1989.

［58］德雷克·博克. 回归大学之道［M］. 侯定凯，梁爽，陈琼琼，译. 上海：华东师范大学出版社，2012.

［59］A. 爱因斯坦，L. 英费尔德. 物理学的进化［M］. 周肇威，译. 上海：上海科学技术出版社，1962.

［60］瑞·达利欧. 原则［M］. 刘波，綦相，译. 北京：中信出版集团，2018.

［61］霍华德·加德纳. 智能的结构［M］. 沈致隆，译. 北京：中国人民大学出版社，2013.

［62］杜威. 民主主义与教育［M］. 王承绪，译. 北京：人民教育出版社，1990.

［63］约翰·S. 布鲁贝克. 高等教育哲学［M］. 郑继伟，张维平，译. 杭州：浙江教育出版社，1987.

［64］欧内斯特·L. 博耶. 关于美国教育机构改革的演讲［M］. 涂艳国，方彤，译. 北京：教育科学出版社，2002.

［65］海德格尔. 形而上学导论［M］. 熊伟，王庆节，译. 北京：商务印书馆，1996.

［66］第斯多惠. 德国教师教育指南［M］. 张焕庭，译. 北京：人民教育出版社，1979.

［67］雅斯贝尔斯. 什么是教育［M］. 邹进，译. 上海：上海三联书店，1991.

［68］皮亚杰. 教育科学与儿童心理学［M］. 傅统先，译. 北京：文化教育出版社，1984.

［69］皮亚杰. 发生认识论原理［M］. 王宪钿，等，译. 北京：商务印书馆，1996.

［70］沃伦·贝格尔. 如何提出一个好问题［M］. 常宁，译. 天津：天津科学技术出版社，2022.

［71］波普尔. 科学知识进化论［M］. 纪树立，译. 北京：生活·读书·新知三联书店，1992.

三、期刊论文

[01] 习近平. 加强基础研究，实现高水平科技自立自强 [J]. 求是，2023（15）：3－6.

[02] 习近平. 在"不忘初心、牢记使命"主题教育总结大会上的讲话 [J]. 求是，2020（13）：3－10.

[03] 习近平. 深入实施新时代人才强国战略，加快建设世界重要人才中心和创新高地 [J]. 求是，2021（24）：4－15.

[04] 温家宝. 关于发展社会事业和改善民生的几个问题 [J]. 求是，2010（7）：3－16.

[05] 李奋贤. "把教育工作认真抓起来" [J]. 党的建设，1994（1）：16－17.

[06] 达喀尔纲领——全民教育：履行我们集体的承诺 [J]. 世界教育信息；2000（9）：24－27.

[07] 核心素养研究课题组. 中国学生发展核心素养 [J]. 中国教育学刊，2016（10）：1－3.

[08] 牛楠森，邵迎春. 刍议我国学术性高中发展的限制与突破 [J]. 中小学校长，2021（4）：21－25.

[09] 张力. 推动普通高中多样化发展的政策要点 [J]. 人民教育，2011（1）：3－7.

[10] 陈志利. 普通高中多样化发展：应为、实为与何为 [J]. 教育理论与实践，2014（5）：14－17.

[11] 莫丽娟，袁桂林. 普通高中多样化发展动因研究 [J]. 当代教育科学，2011（8）：3－11.

[12] 戚业国. 普通高中多样化发展的理念、经验与模式 [J]. 人民教育，2013（10）：16－19.

[13] 陈志利，张新平. 普通高中多样化发展的本质 [J]. 现代教育管理，2014（11）：49－53.

[14] 李建民. 高中阶段学校多样化发展视域下"科学高中"构想 [J]. 教育研究，2023（6）：36－46.

[15] 郑金洲. "办学特色"之文化阐释 [J]. 中国教育学刊，1995（5）：35－37.

[16] 郑金洲. 走向"校本" [J]. 教育理论与实践，2000（6）：11－14.

[17] 王宗敏. 对办学特色几个基本问题的理论思考 [J]. 中国教育学刊1995（1）：21－24.

[18] 顾颉. 试论办学特色与特色学校的关系 [J]. 中国教育学刊，1996（2）：51－52

[19] 李政涛. 走向"研究性学校变革实践" [J]. 教育发展研究，2005（11）：71－73.

[20] 李政涛. 什么是"教育基本理论" [J]. 高等教育研究，2020（3）：1－17.

［21］叶澜. 探教育之所"是"，创学校全面育人新生活［J］. 新课程教学（电子版），2020（6）：143－144.

［22］叶澜. 在学校教育改革实践中造就新型教师——《面向21世纪新基础教育探索性研究》提供的启示与经验［J］. 中国教育学刊，2000（4）：58－62.

［23］叶澜. 实现转型：新世纪初中国学校变革的走向［J］. 探索与争鸣，2002（7）：10－14.

［24］邬志辉. 学校特色化发展的重新认识［J］. 教育科学研究，2011（3）：26－28.

［25］钟燕. 均衡视野下的特色学校建设研究——兼论重庆市特色学校发展战略［J］. 人民教育，2008（1）：57－59.

［26］杨润勇. 推动普通高中特色发展的制度保障体系研究［J］. 教育研究，2016（11）：82－86.

［27］张汉林，李嘉雯. 普通高中多样化有特色发展的本质内涵、生成逻辑与实践路径［J］. 湖南教育（A版），2023（10）：18－22.

［28］王伟，李松林. 学校特色发展的主要途径［J］. 教育导刊，2009（8）：4－7.

［29］于子迪. 浅析新时代青年成才观的丰富内涵［J］. 现代职业教育，2022（35）：128－131.

［30］陈红云. 简论中小学学校特色的内涵及基本特征［J］. 当代教育论坛，2004（5）：36－37.

［31］李文辉. 面向未来的课程：机遇与挑战——基础教育课程改革与创新国际研讨会综述［J］. 基础教育课程，2020（1）：6－15.

［32］熊万曦. 美国公立学术性高中使命陈述的文本分析——基于对《美国新闻与世界报道》排名前100位高中的研究［J］. 教师教育研究，2016（2）：111－117.

［33］刘翠航. 美国托马斯·杰弗逊科技高中——创新人才培养模式初探［J］. 基础教育参考，2010（9）：28—31.

［34］王雪双，孙进. 培育未来的科技英才——国外科学高中的培养模式与启示［J］. 外国中小学教育，2015（6）：20－26.

［35］王梦茜. 建设研究型学校，为师生的终身学习奠基［J］. 教育家，2020（34）：71－73.

［36］史树芳. 建设研究型学校 形成办学特色［J］. 北京教育（普教版），2005（4）：17－18.

［37］程丹丹，葛新斌. 现代化视域下的普通高中多样化发展：特征、情境与选择［J］. 基础教育参考，2021（9）：12－16.

［38］张文军，钟启泉. 教师教育课程改革的国际趋势［J］. 教育发展研究，2012

（10）：1-6.

[39] 钟启泉. 关于"学力"概念的探讨［J］. 上海教育科研，1999（1）：16-19.

[40] 陈静勉，肖洋，王烁绚，等. 中小学教师工作时间结构与分配研究［J］. 教育导刊，2020（6）：36-44.

[41] 卢志文. 好学校的"十大特征"［J］. 新课程，2016（6）：1.

[42] 陈首. 科学素质建设：国外在行动［J］. 科学学研究，2007（25）：1057-1062.

[43] 李津. 中国自主创新时代来临——2006年全国科技大会关键词［J］. 科技中国，2006（2）：22-27.

[44] 刘家颖. 科学素质教育的新型设计——英国"国家科学课程教学目标和要求"评析［J］. 化学教育，1998（5）：45-48.

[45] 孔繁成. 中小学科学素养教育存在的问题及解决策略［J］. 中国教育学刊，2006（6）：67-68.

[46] 周远清. 树立新的教育理念　推进科学教育与人文教育的融合［J］. 中国大学教育，2002（Z1）：4-5.

[47] 范蕊. "教育就是忘记了在学校所学的一切之后剩下的东西"——从爱因斯坦《论教育》中想到的［J］. 教书育人，2004（10）：8-9.

[48] 张继东，姜琨，关鑫. 当代科技工作者的科学素养与人文素养的统一［J］. 教育教学论坛，2013（8）：169-170.

[49] 张红霞. 科学素养教育的意义及本土化诠释［J］. 清华大学教育研究，2002（4）：20-26.

[50] 魏冰. 西方科学素养理论的形成与发展［J］. 外国中小学教育，2003（6）：16-18.

[51] 韩传才，鞠庆成. 初中生数学素养培养探讨［J］. 中学生数理化（学研版），2012（12）：89.

[52] 宁虹. "教师成为研究者"的理解与可行途径［J］. 比较教育研究，2002（1）：48-52.

[53] 陈世华，董丰钧. 缄默知识理论及其化学教育意义［J］. 化学教育，2002（11）：4-8.

[54] 郑泉水. 关于创新型人才选拔评价的思考与实践［J］. 中国考试，2024（1）：3-5.

[55] 朱华伟. 深圳中学：以"科教融合"提升学校科学教育水平［J］. 中小学管理，2023（6）：23-25.

[56] 李萍. 互联网+基础教育在初中语文教学中的应用［J］. 读与写，2017（8）：28-32.

［57］龚国胜. 关于问题与课题关系的思考［J］. 教育研究与评论（中等教育教学），2009（5）：15 – 17.

［58］姚本先. 论学生问题意识的培养［J］. 教育研究，1995（10）：40 – 43.

［59］石艳，王嘉欣.“第二反抗期”与校园暴力［J］. 教育科学研究，2010（8）：61 – 64.

［60］周安昌. 勤于思考，善于质疑［J］. 陕西教育（教学），2006（4）：25.

［61］胡小勇，祝智庭. 问题化教学研究揽：理论与流派［J］. 中国电化教育，2005（2）：18 – 22.

［62］崔友兴，蔡林，陈瑞君. 问题教学法与探究教学法比较分析［J］. 当代教育理论与实践，2011（8）：1 – 3.

［63］滕明兰. 大学生课堂沉默的教师因素［J］. 黑龙江高教研究，2009（4）：146 – 148.

［64］杨敏. 数学教学中怎样培养学生学习的主动性［J］. 现代管理教育与教学，2008（3）：103 – 104.

［65］王柱，夏欢. 对布鲁纳“发现教学法”的再认识［J］. 教书育人，2002（1）：10 – 11.

［66］徐谊. 利用问题化学习促进有效教学［J］. 现代教学，2017（Z3）：111 – 113.

［67］冯进. 论数学问题对数学发展的影响［J］. 科学技术与辩证法，2002（5）：43 – 47.

［68］顾明远. 课程改革的世纪回顾与瞻望［J］. 教育研究，2001（7）：15 – 19.

［69］孙元清. 一项带动学习革命的课程改革［J］. 上海教育，2000（6）：1.

［70］廖哲勋. 关于校本课程开发的理论思考［J］. 课程·教材·教法，2004（8）：11 – 18.

［71］安桂清. 研究型课程探微［J］. 课程·教材·教法，2000（3）：9 – 12.

［72］安桂清. 研究性学习：作为理念、方式与领域［J］. 山东教育科研，2002（3）：12 – 14.

［73］李皓月. 浅析马克思的人的本质理论及其现实意义［J］. 长安学刊，2017（1）：92 – 94.

［74］赵蒙成. 研究型课程的理论与实践［J］. 教育科学，2001（3）：20 – 23.

［75］奚定华. 对研究型课程的几点思考［J］. 上海教育，1999（12）：11 – 14.

［76］章淳立. 上海开发中小学研究型课程的探索与实践［J］. 上海教育，2000（6）：4 – 6.

［77］崔允漷. 指向学科核心素养的教学即让学科教育“回家”［J］. 基础教育课程，2019（Z1）：5 – 9.

［78］胡佳怡. 对项目式学习的再认识［J］. 中小学教材教学，2019（2）：48－51.

［79］杨敏，杨洁. 教育督导，要"督"更要"导"［J］. 湖南教育（上），2014（8）：49－50.

［80］罗肖. 一线教师如何选择和确定研究课题［J］. 教育科学论坛，2015（3）：34－36.

［81］林崇德，申继亮，辛涛. 教师素质的构成及其培养途径［J］. 中小学教师培训，1998（C1）：10－14.

［82］史宁中，柳海民. 教师职业专业化：21世纪高师教育持续发展的生命力［J］. 高等师范教育研究，2002（5）：28－34.

［83］严云芬. 建构主义学习理论综述［J］. 当代教育论坛，2005（15）：35－36.

［84］赵美荣. 经验＋反思＝成长［J］. 小学教学参考，2011（5）：1.

［85］李晔，刘华山. 教师效能感及其对教学行为的影响［J］. 教育研究与实验，2000（1）：50－55.

［86］王鉴. 论教师主体与研究型教师［J］. 学科教育，2003（5）：11－16.

［87］范治庄. 希望寄托在青年教师身上——访杭州市学军小学校长杨一青［J］. 人民教育，1989（12）：24－25.

［88］黄山. 对"教师作为研究者"的再认识：17篇SSCI文献的综述及启示［J］. 教师教育研究，2014（6）：101－106.

［89］张传燧. 教师的类型及其素质培养探析［J］. 高等师范教育研究，2000（6）：58－63.

［90］于康平. 研究型教师的内涵与素养结构［J］. 现代职业教育，2016（22）：42－43.

［91］陆道坤. 从"资格教师"到"合格教师"——英格兰教师法定见习制度研究［J］. 比较教育研究，2020（1）：67－73.

［92］成尚荣. 名师的基质［J］. 人民教育，2008（8）：37－41.

［93］徐禄春. 对陶行知"公平教育"思想的践行与思考［J］. 领导科学论坛（理论），2013（11）：22－23.

［94］殷海红. 从"学术"到"学术翻译"概念考辨［J］. 当代外语研究，2023（4）：106－112.

［95］肖川. 何谓"学术能力"［J］. 基础教育参考，2008（7）：95－96.

［96］陈慧青. 学术：学者的理想与追求——感悟布鲁贝克学术话语的建构［J］. 江苏高教，2008（5）：4－6.

［97］吴克勇. 学术性中学能建成吗［J］. 教育家，2021（10）：20－21.

[98] 刘益东. 对教学学术的省思 [J]. 大学（研究版），2015（7）：92 – 96.

[99] 闫丁. 社会认同理论及研究现状 [J]. 心理技术与应用，2016（9）：549 – 560.

[100] 王恒安. 继承与超越：从"教学学术"到"教与学学术"的嬗变 [J]. 教育探索，2015（12）：8 – 12.

[101] 古广灵，刘晖. 大学"学校文化"的内涵、功能及个案分析 [J]. 高等农业教育，2004（5）：23 – 26.

[102] 史洁，冀伦文，朱先奇. 校园文化的内涵及其结构 [J]. 中国高教研究，2005（5）：84 – 85.

[103] 何祖健. 从校园文化到文化校园 [J]. 中国高教研究，2010（4）：77 – 79.

[104] 钱三强. 要重视物理实验课 [J]. 中学生数理化（八年级物理）（配合人教社教材），2011（11）：6 – 7.

[105] 杨骞. "教育家办学"真谛：尊重教育规律 [J]. 中国教育学刊，2013（1）：4 – 7.

[106] 顾建德. 学校物质文化建设的思考 [J]. 教育论坛，2011（3）：9 – 14.

[107] 方燕萍. 教师应知道什么，能够做什么：美国全国专业教学标准委员会制定优秀教师知识和技能标准 [J]. 教育研究信息，1997（4）：43 – 45.

[108] 徐奉臻. 从两个图谱看国家治理体系和治理能力现代化 [J]. 人民论坛，2020（1）：68 – 70.

[109] 王志敏. 新的教育理念的启示 [J]. 现代传媒，2002（2）：113 – 115.

[110] 王占宝，郑向东，黄睿，等. 建设学术性高中，培养创新型人才——深圳中学创新人才培养模式的探索与实践 [J]. 创新人才教育，2013（1）：54 – 60.

[111] 史亮，邵志豪. 学术型中学建设的思考与实践 [J]. 现代教育学刊，2017（3）：7 – 10.

[112] 朱越. 浅谈研究型高中创建的实践路径与策略——以上海市七宝中学为例 [J]. 上海教育科研，2020（3）：62 – 66.

[113] 冯志刚. 研究型、创新型高中选课走班改革的追求——以上海中学为例 [J]. 人民教育，2019（Z2）：59 – 62.

[114] 冯志刚. 浅析研究型、创新型高中的基本内涵与构建路径 [J]. 上海教育科研，2016（12）：42 – 46.

四、学报论文

[01] 郑金洲. 重构课堂 [J]. 华东师范大学学报（教育科学版），2001（3）：53 – 63.

[02] 宋景堂. 人的全面发展与社会的全面发展 [J]. 南京政治学院学报，2002（3）：15 – 18.

［03］秦琳，姜晓燕，张永军. 国际比较视野下我国参与全球战略科技人才竞争的形势、问题与对策［J］. 国家教育行政学院学报，2022（8）：12－23.

［04］袁桂林. 论高中教育机构和培养模式多样化［J］. 湖南师范大学教育科学学报，2015（2）：58－63.

［05］张晓华. 终身教育——我国教育改革的主导思想［J］. 太原教育学院学报，2000（1）：21－23.

［06］康万栋. 教师成为研究者的教育意义［J］. 天津师范大学学报（基础教育版），2010（3）：51－53.

［07］陈琦，张建伟. 建构主义学习观要义评析［J］. 华东师范大学学报（教育科学版），1998（1）：61－68.

［08］赵勇. 国际拔尖创新人才培养的新理念与新趋势［J］. 华东师范大学学报（教育科学版），2023（5）：1－15.

［09］黄甫全. 关于教育研究中的问题意识［J］. 华南师范大学学报（社会科学版），2003（4）：119－124.

［10］蒋福军. 历史教学中引导学生提出问题的几点策略［J］. 内蒙古师范大学学报（教育科学版），2010（6）：128－129.

［11］储春艳. 基于项目的协作学习概述［J］. 山东教育学院学报，2006（3）：37－40.

［12］连学吉. "生成性课堂"的教学案例及反思［J］. 宁波教育学院学报，2006（2）：84－87.

［13］李建年. 舍恩"反思性教学"理论述略［J］. 贵州教育学院学报（社会科学），2006（5）：8－11.

［14］顾伟. 我国"研究型教师"内涵解读的历史回溯［J］. 牡丹江大学学报，2011（4）：140－142.

［15］胡戬. 基于研究型理念的创新人才培养模式的探讨［J］. 黑龙江教育学院学报，2012（1）：19－21.

［16］苏庆君，曾金霞. 刍议研究型教师的内涵［J］. 广西梧州师范高等专科学校学报，2002（4）：49－51.

［17］马文姝. 教师胜任力研究述评［J］. 西北成人教育学院学报，2020（1）：89－92.

［18］施莉. 研究型教师的能力构成及其培养［J］. 宁波大学学报（教育科学版），2001（5）：50－53.

［19］崔振成. 超越悲剧：教师学习力的退化与提振［J］. 东北师大学报（哲学社会科学版），2014（5）：191－195.

［20］戴登云. 究竟何谓"学术"：基于当代学术史的反思［J］. 华东师范大学学报（哲

学社会科学版），2016（5）：18 – 20.

[21] 冯天瑜. 《中国学术流变》前言［J］. 湖北大学学报（哲学社会科学版），1988（1）：32 – 34.

[22] 胡弼成. 治学应成为学术界的生活方式——布鲁贝克《高等教育哲学》关于治学的道德［J］. 中南工业大学学报（社会科学版），2000（4）：323 – 326.

[23] 宋承祥. 现代大学的学术责任——读唐纳德·肯尼迪《学术责任》札记［J］. 山东师范大学学报（人文社会科学版），2005（1）：115 – 118.

[24] 周华琼. 行为文化：大学文化建设的关键［J］. 上海理工大学学报（社会科学版），2013（2）：161 – 165.

[25] 刘晓岩. 教育是服务的证明及其实践价值［J］. 辽宁行政学院学报，2007（11）：115 – 116.

五、学位论文

[01] 顾霁昀. 普通高中特色发展路径研究［D］. 上海：华东师范大学，2021.

[02] 魏震雷. 习近平新时代青年成才观研究［D］. 漳州：闽南师范大学，2023.

[03] 杨育华. 普通高中特色发展研究［D］. 长沙：湖南师范大学，2011.

[04] 张文军. 后现代教育思想述评［D］. 上海：华东师范大学，1997.

六、学校文献

[01] 陈新宪，禹问樵，禹靖寰，禹坚白. 禹之谟史料［M］. 长沙：湖南人民出版社，1981.

[02] 王楚松. 校长的精神追求［M］. 长沙：湖南师范大学出版社，2007.

[03] 常力源. 理性办学　内涵发展：常力源办学思想与实践［M］. 北京：教育科学出版社，2015.

[04] 周望城. 耕耘录——中学教育的思考与实践［M］. 长沙：湖南教育出版社，2014.

[05] 常力源，周望城. 湖南师大附中百年校志［M］. 长沙：湖南教育出版社，2005.

[06] 谢永红. 先锋——湖南师大附中课程改革十五年（2000—2015）［M］. 长沙：湖南师范大学出版社，2015.

[07] 谢永红. 育人方式改革：全员育人理论与校本实践研究［M］. 长沙：湖南师范大学出版社，2019.

[08] 谢永红，黄月初. 基于新课程标准的课例研究［M］. 长沙：湖南师范大学出版社，2020.

[09] 谢永红，黄月初. 研究型教师专业发展理论与校本实践研究［M］. 长沙：湖南师

范大学出版社，2021.

［10］赵希斌，黄月初. 重塑课堂：超越分数的教学案例与评析［M］. 上海：华东师范大学出版社，2015.

［11］苏建祥，黄丽，彭国武. 自能学习与自能发展［M］. 长沙：湖南师范大学出版社，2018.

［12］杨帆. 研学——探索之旅［M］. 长沙：湖南师范大学出版社，2020.

［13］常力源. 教育要关注人的本质发展［J］. 人民教育，2007（21）：15－16.

［14］谢永红，黄月初. "教师成为研究者"：高中研究型教师培养的20年修炼［J］. 中国基础教育，2024（1）：53－58.

［15］谢永红. 成民族复兴之大器：拔尖创新人才早期培养40载坚守与超越［J］. 中小学管理，2023（9）：5－9.

［16］谢永红. 以校为本构建基于立德树人根本任务的课程体系——湖南师范大学附属中学构建人本课程体系探索［J］. 人民教育，2021（17）：60－63.

［17］谢永红，郭在时. 高中生社会责任感培养的校本路径研究［J］. 中小学德育，2017（4）：50－53.

［18］谢永红. 从优秀走向卓越［J］. 教师，2018（1）：6－9.

［19］谢永红. 且与时代共潮头——百年名校湖南师大附中改革创新之路［J］. 湖南教育（D版），2019（7）：17－19.

［20］谢永红. 为新时代教师专业化发展铺路搭台［J］. 湖南教育（D版），2020（1）：8－11.

［21］谢永红，陈迪勋，刘进球. 以文化人，润泽学子［J］. 湖南教育（D版），2016（9）：19－20.

［22］黄月初. 谋求师范院校与基础教育人才培养的同频共振［J］. 教师教育论坛，2019（12）：88－89.

［23］黄月初，刘进球. 引领教师立足校本研修实现专业化发展——以湖南师范大学附属中学研究型教师校本培养创新实践为例［J］. 中小学校长，2022（9）：11－21.

［24］樊希国. 坚守与改进：新时期高中教育改革初探［J］. 教师教育论坛，2017（10）：77－79.

［25］刘翠鸿. 改革高中育人方式，优化学生成长生态——访湖南师范大学附属中学校长谢永红［J］. 湖南教育（D版），2021（9）：7－9.

［26］胡宏文，刘秋泉，胡绪阳. 四大发展目标，一条高速航线——湖南师大附中办校育人经验写实［J］. 人民教育，1997（1）：9－19.

［27］张以瑾，陈胸怀. 一所名校的"青春密码"［N］. 中国教育报，2011－02－18（4）.

［28］齐林泉．公勤仁勇培养未来强者［N］．中国教育报，2015 – 04 – 16（8）．

［29］谢永红．校长价值领导的终极关注［N］．中国教育报，2018 – 07 – 04（8）．

［30］谢永红．晓日曈曈一岁初：新年校长绘新图［N］．中国教育报，2019 – 01 – 02
（6）．

［31］谢永红．湖南师大附中："二次开发"拓宽校本边界［N］．中国教育报，2018 – 12 –
19（5）．

［32］谢永红．改革传统育人方式，培养拔尖创新人才［N］．湖南日报，2018 – 10 – 25
（8）．

［33］何金燕，李国斌．记全国文明校园湖南师大附中：立德树人成大器［N］．湖南日
报，2018 – 04 – 23（4）．

［34］湖南师大附中：积极探索现代教育学校制度建设［N］．中国教育报，2015 – 04 –
16（4）．

附录一

湖南师大附中研究型高中建设方案

（2017 年 8 月 30 日第十一届教职工代表大会第四次会议审议通过）

为了进一步巩固现代教育实验学校建设成果，深化学校教育综合改革，提升育人质量和办学品质，实现学校"十三五"改革与发展规划所提出的"建设高质量、现代化、研究型、很幸福的卓越高中"的办学目标，决定开展湖南师大附中研究型高中建设。为确保建设工作有序开展，特制定本方案。

一、指导思想

遵循党的十八大、十九大和《国家中长期教育改革和发展规划纲要（2010—2020年)》《关于深化教育体制机制改革的意见》以及《湖南师大附中"十三五"改革与发展规划纲要（2016—2020)》的精神，以立德树人为根本任务，以创新发展为动力，深入探索研究型高中建设的基本内容、方法和途径，引领全省普通高中多样发展、特色发展和优质发展。

二、建设目标

研究型高中不是某种新型体制学校，也不改变当前高中学校的基本性质和根本任务。建设研究型高中是立足学校实际，在学校自身办学理念和育人目标指导下的一种自主办学、创新发展行为。

（一）总体目标

建设研究型高中，培育研究型学生，为培养高素质创新人才奠基。

（二）具体目标

学校发展目标：开发研究型课程，创设研究型课堂，营造研究文化氛围，建设研究型高中，形成以研究为先导的共同价值观、以研究为特质的教育教学新常态和崇尚学术、勇于创新的良好风尚，实现优质高中向卓越高中的跨越。

教师发展目标：培养研究型教师，打造研究型教师发展共同体，建设一支富于情怀、勤于学习、长于实践、崇尚学术的高素质、专业化、创新型教师队伍。

学生发展目标：培育具有研究特质的学生，为培养在社会各个领域具有浓厚人文情怀、强烈社会责任感、坚实知识基础和较高研究素养，能用科学方法探索世界、创造生活的高素质创新人才奠基。

三、实施举措

（一）以增强科学素养为核心开发研究型课程

在现有课程体系的基础上，开发凸显研究特质的系列校本课程，着力培育学生的核心素养，满足其个性化发展、终身发展需求。

开发凸显研究特质的校本特色课程。在国家课程校本化实施和前期拓展性课程开发与建设的基础上，开发品质塑造类、创造创新类、研究方法类、技能操作类、特长培养类等凸显研究特质的课程，开发多领域、跨学科的综合校本课程和各类研学旅行课程，开发初中与高中之间、高中与大学之间有效衔接类课程，促进各类社团活动、社会实践体验活动课程与研究性学习课程的有机结合，逐步构建以提升学生科学素养为核心、分阶段、阶梯式的校本研究型课程体系。

确保课程开发质量。成立学校课程委员会，全面负责校本课程的开发设计、过程督导和考核评价。以学校骨干教师为主体，适度引进社会优质资源，壮大课程开发团队的力量。强化课程开发过程管理和考核评价，开展湖南师大附中精品课程评选，打造一批具有鲜明附中特色的优质校本课程。

拓展课程资源。编写并出版包括研究强基课程、研究赋能课程、研究蓄势课程的系统化层级课程教材，根据新课程标准、新教材内容、新高考要求组织编写并出版《研究学习手册》，编写系统的各学段、各学科复习导学案。开发以学科主题单元为模块的网络微课程，建设能支持泛在学习、移动学习的智慧学习平台和学习资源库，构建湖南师大附中教育集团教育教学资源的共建共享机制。引进先进的国际课程资源，利用高等院校、科研院所及周边社区的优质资源，为学生提供丰富的学习、探究资源。

（二）以问题探究为核心创设研究型课堂

以问题为载体，以自主、合作、探究、体验为主要学习形式，构建获得知识、发展能力、丰富学习体验的课堂形态。

创新课堂组织形式。全面对接新课标、新教材、新高考，创新课堂组织形式，采取多种方式灵动开课，根据学生的禀赋、志趣和需求定制个性化课程表，实现课程实施生本化。采取以行政班教学为主、以"分项选课、分类走班、分层授课、分别辅导"为辅的课程实施形式，落实整体化、差异化、个性化、自主化的现代教学组织原则。推行自主、合作、探究、体验学习，实行合作学习小组整体推进策略，打造学生成长共同体。

创建"互联网＋"背景下的各学科课外研学新模式，组织学生开展研究性学习、实践体验、实验操作、小论文、小制作、小发明等个性化研学活动，培养探究意识和研究习惯。

建立问题化课堂教学体系。增强学生的问题意识，强化课堂的问题导向，建立问题化课堂教学体系，不断提高课堂教学中探究的比例、含量、层次和质量，从而实现课堂探究常态化，促进各科教学的整体转型。以主题研讨、课堂展示、教学竞赛等形式，推动教研组、备课组的课堂教学研究，探索研究型课堂的教学结构和流程，构建不同类别、不同学科、不同课型的适应学生发展需要的研究型课堂范式。

构建研究型课堂教学评价标准。加强研究型课堂建设经验积累，总结不同学科提高课堂研究性层次和水平的有效途径，构建更具针对性、凸显研究元素的课堂教学评价标准。

（三）以规律探寻为核心开展课题研究

以研究型高中建设课题研究为抓手，强化研究型高中建设理论探究和实践探索，助力研究型高中建设。

强化课题引领。以研究型高中建设总课题为引领，以学校、集团校全体教职工为骨干，同时吸纳具有研究素养的学生团队和社会力量，广泛开展各级各类课题研究，将重大课题研究与学校中心工作推进有机结合，推动研究型高中建设科学有序展开。组建研究型高中建设课题群，强化对教师、学生课题研究的理论培训、方法指导与物质扶持，提升全校师生课题研究的水平和能力。通过行动研究，及时解决研究型高中建设中的困难和问题，总结研究型高中建设的经验教训，探寻研究型教师、研究型学生成长规律和研究型高中建设规律，开展研究型高中建设的实践探索和理论研究。

强化研究性学习课题指导。认真实施研究性学习课程，切实指导学生开展研究性学习课题及其他小课题研究，改革接受式学习方式，增强学生的问题探究意识，发展学生信息检索和动手操作能力，培养科学态度和创新精神，提升沟通、合作与分享的能力。

强化研究成果推广。强化教科研任务驱动，开展论文征集活动，编好学术期刊《探索》，分类组织学习分享活动。物化课题研究成果，组织各种形式的课题研究成果推广会，将教师研究成果转化为教学生产力和教育力，将学生研究成果转化为学习力和发展力，提升师生的成就感和学校的自主创新能力，为普通高中的多样化发展、特色发展和优质发展提供经验和借鉴。

（四）以专业发展为核心培养研究型教师

强化目标驱动，打通发展通道，组建研究型教师发展共同体，助力教师专业成长。

健全培训体系，提升教师生涯规划和指导能力。顶层系统设计研究型教师专业化发展体系与模型，指导教师制订个体职业生涯规划，增强教师的职业生涯规划意识和规划能力。成立湖南师大附中之谟教师研修院，开展校本研修，承办省培国培。支持教师参加国内外各类学术活动，鼓励教师在高水平学术会议上亮相、展示和交流，通过"请进来""走出去"等多种方式提升教师的研究能力和学术水平，帮助教师由"经验型"升华为"理论型"。建立教师培训项目外包制度，聘请国内名师、专家担任客座教授，开展系统的长程培训。全面实施学生成长导师制，加以专业指导，提升教师对学生生涯发展的指导能力。

立足教育教学实践，提升教师研究能力。引导教师进行案例分析、课堂反思等实践探索，着力教育教学过程中的问题研究和问题解决，积淀教育教学的成功经验，使研究成为教师的工作习惯。引导教师承担不同层次的课题研究，及时更新教育教学理念，不断激发发展活力，持续收获理论研究成果，切实提高科研能力和水平。

培养名师，打造优势学科团队。着力培养学科核心力量，争取每个学科均拥有教育教学风格独特、在省内外有一定影响力的学科带头人和首席名师，借力名师名校长"十百千万工程"，孵化在全省乃至全国具有较高知名度和较大影响力的教育家型教师和学校管理专家。配备学科教研组研修室，强化教研组建设，培养3至5个在省内外具有重大影响力的示范性学科团队，打造一定规模的优势学科群。

（五）以创新体验为核心搭建研学平台

加强服务于研究的硬件、软件建设，创设基于个性化的学习环境，为培养研究型学生和研究型教师创造良好条件。

改善研学条件。提质改造现有教室，增加多功能教室数量，满足走班教学，以及教学公开课、学术讲座、移动学习等研学活动的需要。建设湖南师大附中创新研究中心，升级改造理科实验室，增建人文实验室，建设机器人、创客、观测等功能实验室，与高等院校、科研机构、大型企业及周边社区密切合作，共建共享科技创新体验场馆。

建设智慧校园。提高校园信息化程度，建设信息化专用教室、自动录播室、微课制作室、数字化研修室等功能教室，建设智慧教学、智能学习平台，开发形式多样的在线学习课程体系，支撑线上线下相融的泛在学习，开发具有附中教育集团特色的网络课程资源。

拓宽学生参加学科活动的渠道。在不断扩大现有学科奥赛优势的基础上，组织并鼓励更多学生参加国内外学科竞赛、科技创新、模联及其他学科性活动，争取在工程、哲学、语言学、脑力科学、地理学、地球科学、天文学、天体物理及初中科学等中学生国际奥林匹克学科竞赛中取得更多、更大突破。积极关注"一带一路"建设，尝试开办"孔子课堂"，拓宽师生全球化视野，提升学校国际竞争力。

（六）以崇尚学术为核心营造文化氛围

营造崇尚学术、激励研究与创新的文化氛围，形成以研究为先导的共同价值观。

创设研究环境。创新管理体制机制，构建并完善研究型高中治理体系，强化研究型高中建设的行政推动和学术引领。健全激励研究与创新的制度体系，制定学生研究性学习课题及小论文、小制作、小发明评比奖励制度，制定教职工教研教改责任、科研课题扶持、研究成果奖励等学校制度，扶持教职工物化研究成果，为其成果的专利申请、评奖申报或发表出版等提供帮助。打造崇尚学术、激励研究与创新、鼓励发表不同意见的宽松环境，让学习、交流、合作、创新等成为全校师生共同追求的目标和自觉的行为。

建设研究文化。根植研究理念，建设主动发展、主动研究、主动创新的工作文化和学习文化，促使研究地学习、研究地教学、研究地管理、研究地服务成为校园新常态，使学校成为鼓励创新、大胆实践、不断反思、追求特色、合作共享、充满活力和具有不断自我更新能力的研究型成长共同体。建设崇尚学术研究的湖南师大附中教育集团文化，以集团课程建设、拔尖创新学生早期培养和不同学段有效衔接研究为着力点，增强集团内部的文化向心力，培养集团校学生的共同特质。

开展学术研讨活动。聘请专家教授来校指导，发挥专家咨询委员会、教学指导委员会等专家团队的学术引领作用。采用学术报告、论坛、沙龙等形式，开展多样化、多层次的研究活动。积极参与国内外各类高水平学术活动，加强教育交流，开阔教师专业视野。做实、做精、做优惟一论坛、学达讲坛等学术平台，巩固《探索》等学术阵地。建设书香校园，制定学生朗读考级、阅读积分、传统文化考查等制度，实行教职工学习账号管理、学分管理，推进教职工读书活动和职业研修活动，鼓励教职工攻读学位。

四、实施进程

按照"整体规划—组织实施—阶段调整—总结提升"的螺旋式推进思路，稳步、有序实施。

（一）第一阶段：准备阶段（2015.8—2017.9）

1. 利用教职工大会、开学典礼和其他集会场合，广泛宣传发动，凝聚共识。

2. 制定《湖南师大附中"十三五"改革与发展规划纲要》，明确总体发展目标任务。

3. 成立研究型高中建设领导小组和工作小组，明确责任分工。

4. 开展研究型高中建设学习考察和专题调研，组织小组学习、讨论，草拟方案。

5. 制定《湖南师大附中研究型高中建设方案》，召开教代会审议。

（二）第二阶段：实施阶段（2017.10—2020.7）

1. 以学年度为单位，形成建设工作计划，细化目标任务，全面组织实施。

2. 定期组织阶段督导评估，表彰先进，推广经验，形成阶段性成果并建立专档。

3. 开展研究型高中建设课题及子课题的相关研究工作，以课题引领研究型高中建设。

（三）第三阶段：深化阶段（2020.8—2024.7）

1. 根据前一阶段的实施情况，制定《湖南师大附中研究型高中建设继续推进方案》，优化实施策略，提升建设质量。

2. 深入开展研究型高中建设课题及子课题的相关研究工作，全面物化研究成果。

（四）第四阶段：总结阶段（2024.8—2025.5）

1. 完成总课题及各子课题的结题，出版相关专著。

2. 利用各种媒体全面宣传推广，彰显研究型高中的鲜明特色，发挥更好更大的示范、引领作用。

3. 在建校120周年之际，全面展示研究型高中建设成就。

五、实施保障

1. 加强组织领导。成立研究型高中建设领导小组、工作小组及督导小组，具体部署、组织和督导实施工作。组织校务委员会、学术委员会、教师委员会、家长委员会，以及专家咨询委员会、教学指导委员会、课程委员会、教代会等，通过规定程序和渠道参与、监督、实施工作。

2. 加大学习宣传。以《湖南师大附中研究型高中建设方案》引导，全校师生及广大家长达成共识，形成"以研究为先导"的共同价值观，凝聚智慧，凝聚力量，共同促进研究型高中建设各项目标的顺利达成。

3. 争取广泛支持。积极争取上级支持，多方寻求社会支援，多渠道筹措建设资金，为研究型高中建设提供强大的政策支持、智力支持和财力支持。

附录二

《研究型高中建设的校本探索与实践》课题研究报告

课题来源	湖南省教育科学"十三五"规划 2018 年度课题		
课题类型	重点资助课题	课题编号	XJK18AJC005
课题主持人	谢永红	结题时间及等级	2021.9，鉴定等级"优秀"
课题组成员	谢永红、黄月初、陈迪勋、李春莲、苏建祥、李智敏、黄宇鸿、莫晖、吴卿、刘进球、左小青、周大勇、杨帆、管若婧、周鹏之		

【摘要】开展研究型高中建设的校本实践与探索，旨在大胆探索普通高中多样化、特色化发展之路，主动对接日益注重拔尖创新人才培养的国际教育大趋势，全面改革传统教育教学模式和育人方式，潜心谋求优质高中的再提质、再突破。本课题试图通过创立研究型人本课程体系、创设"三导四学"研究型课堂范式、构建拔尖创新人才早期培养体系、建设研究型高中建设课题群、搭建多样化研学平台等方式，建设富于情怀、勤于学习、长于实践、崇尚学术的研究型教师队伍，培育"素质全面、个性优良，具有家国情怀、国际视野、创新精神和实践能力"的研究型学生，为培养高素质创新人才奠定基础。在此过程中，努力形成以研究为主导的共同价值观、以研究为特质的校园新常态和崇尚研究、勇于创新的教育新风尚，促进并实现从优质学校向卓越学校的跨越。

【关键词】研究型高中；校本实践探索；教师专业化发展；拔尖创新人才早期培养；卓越高中建设

一、课题研究背景

1. 大胆探索普通高中多样化、特色化发展之路

长期以来，我国高中学校被简单切分为普通高中、职业高中两块，职能定位单一；普通高中又几乎等同于升学预备教育，普遍千校一面，呈现出同质化发展状态。《国家中长期教育改革和发展规划纲要（2010—2020 年）》将"多样化发展"确定为高中教育发展方向，《高中阶段教育普及攻坚计划（2017—2020 年)》也强调"推动学校多样化有特

色发展"。高中多样化、特色化发展途径众多，像湖南师大附中这样的示范性高中和大学附中，有条件，也有必要建设研究型高中，闯出一条多样化、特色化发展新路径。

2. 全面改革传统教育教学模式和育人模式

我国传统教育具有突出优势，但也存在诸多弊端，例如重传承轻生成、重功利轻素养、重共性轻个性、重吸纳轻探寻、重解题轻质疑、重听话轻求异等。我们信奉"唯有读书高""知识就是力量"，追求才高八斗、学富五车，但却忽视鲜明个性、独立人格的培植，忽视创新意识、创造能力的培养，以致引发"李约瑟难题""钱学森之问"。如何实现知识型、技能型育人模式向创新型、创造型育人模式的全面转型？这是中小学校尤其是示范性高中无法回避、必须面对的深刻命题。

3. 主动对接注重拔尖创新人才培养的教育大势

21 世纪的竞争是人才的竞争，尤其是高素质创新人才的竞争，日益注重拔尖创新人才培养成为国际教育大趋势。实现教育大国向教育强国的历史性跨越，取决于人才培养尤其是拔尖创新人才培养的水平。拔尖创新人才培养是系统工程，没有基础教育打底奠基，必成无本之木、空中楼阁。基层学校尤其是示范性高中须以"成民族复兴之大器"为育人使命，致力于培育学生的问题意识、思辨能力、探究习惯和科学精神，为培养高素质创新人才奠定坚实基础。

4. 潜心谋求优质高中的再提质、再突破

美国管理大师吉姆·柯林斯指出："优秀是卓越的大敌。"湖南师大附中创办于1905年，是一所具有优良办学传统的百年名校，享有金牌摇篮、教改先锋、办学典范、担当楷模等社会赞誉，无疑是优质高中，但还远不是卓越高中，而且正面临"优秀"这一成就"卓越"的大敌。"天行健，君子以自强不息。"建设研究型高中，是湖南师大附中精心选择的优质高中再提质、再突破的创新发展道路。

二、核心概念界定

1. 研究

研究就是对事物真相、性质、规律等进行积极探索，其英文 research 就有反反复复寻找的意思。"教师成为研究者"理论早期倡导者布克汉姆曾在《为教师的研究》一书中说："教育研究不应该是专业人员专有的领域，它没有不同于教育自身的界限。实际上，研究不是一个领域，而是一种方式，一种观念。"研究不是专家学者的专利，也并不神秘，它只是一种方式、观念；中小学教师完全可以而且应该在行动中研究、在实践中创新，融实干家与研究者于一体。

本课题所主张的"研究"具有特定内涵。首先，"教师的研究"不同于专家学者的

研究，其目的不只是为了创建教育理论，更侧重于寻求解决教育教学过程中所遇问题的方法、措施、途径，从而改善教育教学实践，提升教育教学质量。其次，"学生的研究"并不要求学生发现什么科学规律或定理，而是希望学生循着科学家走过的求索路，感受发现规律的过程，体验科学方法的运用，并由此培育学生的创新精神、探究习惯和解决问题的能力，提升学生适应终身发展和社会发展需要的正确价值观、必备品格和关键能力。

2. 研究型

《说文解字》对"型"的解说是"铸器之法也"，引申为样式、种类、典范、法式等。"研究型"强调具有研究这一行为特征或样态，属于过程性行为特征描述，而不是终结性评价，有别于强调研究水准与学术高度的"学术型（性）"。本课题所主张的研究型，强调树立以研究为先导的共同价值观，将研究理念根植于人才培养全过程，学校不仅有浓厚的研究氛围、研究型教师和具备研究特质的学生、研究型课程和研究型课堂，还有师生开展研究所需各种资源和条件，研究地学习、研究地教学、研究地管理、研究地服务成为校园新常态。

3. 研究型高中

国内尚无研究型高中的明确而权威的定义。参照《教育部关于"十三五"时期高等学校设置工作的意见》（教发〔2017〕3号）"研究型高等学校主要以培养学术研究的创新型人才为主，开展理论研究与创新"之阐说，本课题所主张的研究型高中，主要以培养高素质创新人才为主，开展实践探索与理论研究，寻求解决教育教学过程中所遇问题的方法、措施、途径，从而提升教育教学尤其是人才培养质量。建设研究型高中，不是为了创办一种新型体制学校，而是为了更好地立德树人，提升学生成长成才能力，为培养高素质创新人才打底奠基。

4. 校本

学校特色形成路径有二：一是由外而内的融入路径，二是由内而外的生长路径。建设研究型高中属于由内而外的生长路径，须坚持校本原则。本课题所主张的校本，指为了学校、在学校中、基于学校，期望并谋求在学校制度建设、治理体系、课程建构、课堂改革、队伍建设、人才培养、平台搭建、质量检评等方面形成研究特色。

三、主要理论依据

1. 人的全面发展理论

人的全面发展是马克思主义基本原理之一，其基本特征是平等地发展、完整地发展、和谐地发展、自由地发展和充分地发展。建设研究型高中，增强学生的问题意识、思辨能力，培养学生的探究习惯、科学精神，培育具有浓厚人文情怀、强烈社会责任感、坚实知识基础和较高研究素养，能用科学方法探索世界、创造生活的高素质创新人才，是促进人的全面发展的应有之义。

2. 发现学习理论

美国心理学家布鲁纳倡导"发现学习",要求学生根据教师提出的事实和问题,积极思考、独立探究、自行发现并掌握相应原理,使学生像数学家一样思考数学,像历史学家思考历史那样,使知识的获得过程体现出来。建设研究型高中的核心是厚植研究理念,组织学生自主、合作、探究,在"研究地学习"的过程中培育勇于开拓的创新精神、求真务实的科学精神,以及开放交流、互动共进的合作精神。

3. 建构主义学习理论

建构主义学习理论认为,学习者在一定的情境,即社会文化背景下,借助其他人(包括导师和学习伙伴)的帮助,通过人际协作活动而主动建构知识意义。建设研究型高中,旨在构建学生自主合作探究学习共同体、教师专业化发展共同体、拔尖创新人才早期培养共同体等系列协作模式,形成研究地学习、研究地教学、研究地管理、研究地服务的校园新常态。

4. "教师成为研究者"理论

20 世纪 60 年代,布克汉姆、斯腾豪斯等学者积极倡导"教师成为研究者",主张教师应该将教学作为系统的、专门的学问加以认识、实践与研究,学校应该建设教师专业团队,借助同伴互助促进教师专业化发展。建设研究型高中,创设教师专业化成长优质平台,能增强其自主发展意识,激发其内生动力,促使其更好地担当"学生创新思维的引路人"的时代使命。

四、研究目标及内容

(一)研究目标

1. 总体研究目标

建设研究型高中,培育研究型学生,为培养高素质创新人才奠基。

2. 实践探索目标

(1)发展学校

通过开发研究型课程、创设研究型课堂、开展课题研究和搭建研学平台,形成以研究为主导的共同价值观、以研究为特质的教育新常态,以及崇尚学术、勇于创新的校园新风尚,促进并实现优质高中向卓越高中的跨越。

(2)发展教师

致力于培养"镕金,琢玉,并究其妙"的研究型教师,潜心打造研究型教师发展共同体,促进教师专业化成长,建设富于情怀、勤于学习、长于实践、崇尚学术的高素质、专业化、创新型卓越教师队伍。

（3）发展学生

依托研究型学校，依靠研究型教师，培育"素质全面、个性优良，具有国家情怀、国际视野、创新精神和实践能力"的研究型学生，全面提升人才培养质量，全面落实立德树人根本任务，从而为培养高素质创新人才奠定基础。

3. 理论探究目标

首先，聚焦育人方式改革、新课标课例研究、教师专业发展等开展专题研究，编撰并出版理论研究专著。其次，围绕人本课程体系、"三导四学"课堂范式、研究型教师培养培训、拔尖创新人才早期培养、学术治校等开展理论探究，撰写并发表系列论文。最后，强化重点成果培育，力争在基础教育教学成果奖、教育科学研究成果奖、哲学社会科学优秀成果奖等方面实现重大突破。

（二）研究内容

本课题以校本实践探索为主，辅以理论研究（见图1）。校本实践探索与学校"高质量、学术性、更幸福的研究型中学"建设同步，做到学校重点工作与专项课题研究协调统一。理论研究侧重于全员育人研究（育人方式改革）、课例案例研究（新课标、新教材背景下课堂教学改革）和教师发展研究（研究型教师专业化发展）等方面。

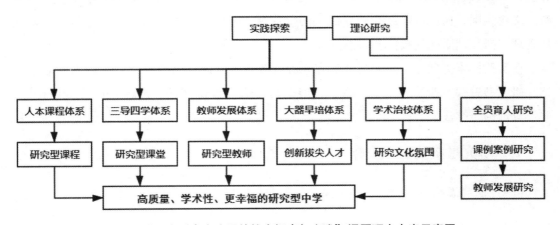

图1 "研究型高中建设的校本探索与实践"课题研究内容示意图

1. 构建以人为本、凸显研究的人本课程体系

本课题将在湖南师大附中"两性四型"课程体系基础上，结合国家课程校本化实施新要求，设计并开发系列研究型课程，构建以人为本、凸显研究的人本课程体系，着力培植学生以科学素质为主体的核心素养，培养学生适应终身发展和社会发展需要的正确价值观、必备品格和关键能力。

2. 构建立足"三导四学"的问题化课堂教学体系

本课题将以问题为载体，以教师引导、指导、督导为基本教学方法，以学生自主学习、合作学习、探究学习和体验学习为主要学习方式，强化课堂目标引领、问题导向和任务驱动，建立问题化课堂教学体系，不断提高课堂教学中"研究"的比例、含量、层次和质量。

3. 构建研究型教师专业化发展体系

本课题将强化目标驱动，打通发展通道，创办之谟教师研修院，构建研究型教师专业化发展体系和"修学教研一体化"校本研修模式，打造研究型教师发展共同体，助力教师专业化成长。

4. 构建拔尖创新人才早期培养体系

本课题以"成民族复兴之大器"为宗旨，依托研究型高中，依靠研究型教师，发展学生的问题意识、思辨能力、探究习惯、科学精神，潜心培育具有研究特质、科学素养的高素质创新人才，全面构建拔尖创新人才早期培养体制机制。

5. 构建凸显"学术治校"的研究型高中治理体系

本课题将探讨完善"依法治校、民主治校、学术治校"的现代学校治理体系的路径并进行实践，强化研究型高中建设的行政推动和学术引领，大力营造崇尚学术、激励创新的文化氛围，树立以研究为先导的共同价值观，形成研究地学习、研究地教学、研究地管理、研究地服务的校园新常态。

在实践探索基础上，本课题聚焦育人方式改革、新课标新教材背景下的课堂教学改革、研究型教师专业发展三个重点，开展全员育人、课例案例、教师发展等专题研究，并形成理论研究成果。

五、研究思路及实施步骤

（一）研究思路

图2　"研究型高中建设的校本探索与实践"课题研究思路

第一，宣传发动。广泛宣传，大造舆论，将研究型确立为学校"十三五"改革与发展目标和任务，制定《湖南师大附中研究型高中建设方案》，统一思想认识，实现上下同欲。

第二，规划设计。组织专题调研和考察交流，探讨课题研究的价值与意义，整体规划设计课题研究方案，组建课题组并明确任务分工，完成课题申报与立项。

第三，开题研究。组织会议开题，完善实施方案，构建研究型高中建设课题群，开展系列实践探索和理论研究。

第四，总结提升。撰写结题报告，物化研究成果，出版相关专著。

第五，应用推广。应用与推广研究成果，发挥示范、引领、辐射作用。

（二）实施步骤

1. 第一阶段：规划调研阶段（2015.8—2017.9）

首先，利用寒暑假全员培训、教职工大会、开学典礼和其他集会场合，广泛宣传发动，凝聚共识，实现"上下同欲"。其次，制定《湖南师范大学附属中学"十三五"改革与发展规划纲要》，将研究型列入学校"十三五"改革与发展目标任务。再次，组织研究骨干赴深圳中学、东北师大附中、上海中学、上海七宝中学、华东师大二附中、北京十一学校、北京人大附中等名校进行学习考察和专题调研。最后，制定《湖南师大附中研究型高中建设方案》，完成研究型高中建设顶层设计。

2. 第二阶段：课题准备阶段（2017.10—2018.7）

首先，组建课题组，设计研究方案，填写立项申报书，明确任务分工。其次，申报湖南省教育科学"十三五"规划2018年度重点课题。最后，撰写开题报告，聘请指导专家，组织开题论证报告会，完善课题研究方案。

3. 第三阶段：探究实践阶段（2018.8—2021.7）

首先，按照课题研究方案开展行动研究，展开全方位的校本实践探索。其次，申报并设立湖南省"十三五"教育科学研究基地（示范性高中研究型教师队伍建设研究基地），创办之谟教师研修院，构建研究型教师专业化发展体系，组织"修学教研一体化"教师专业研修，建立研究型教师专业成长考核评价机制。再次，以"研究型高中建设的校本探索与实践"课题为核心，建设研究型高中建设课题群，开展各级各类课题研究，确保专任教师参与课题研究比例不低于85%。然后，构建人本课程体系，完善问题化课堂教学体系和学术治校体系，立足校本创建拔尖创新人才早期培养体系，全面提升教育教学质量和学生成长成才能力。最后，创办学术期刊《探索》和学术宣传微周刊《研究》，强化道德讲堂、惟一大讲坛、学达论坛、班主任沙龙等学术阵地，组建学科教研员队伍，打造多元化研学、探究、体验平台，营造浓厚研究氛围。

4. 第四阶段：总结推广阶段（2021.7—2021.12）

首先，进行课题结题并作宣讲推介，发表论文，出版专著，集成过程资料。然后，按由点到面、由近及远的应用原则，历经初探到深化、校本探索到社会推广的实践过程，通过开放周、国培省培、年会论坛、教育帮扶等途径广泛交流、应用、推广，发挥示范、引领、辐射作用。

六、创新实践探索

（一）完成研究型高中建设顶层设计

学校于 2017 年 8 月 30 日正式颁布并全面实施《湖南师大附中研究型高中建设方案》，顶层设计了研究型高中建设体系架构。2018 年 9 月，谢永红主持的课题"研究型高中建设的校本探索与实践"被确认为湖南省"十三五"教育科学规划 2018 年度重点资助课题（课题批准号：XJK18AJC005）。2018 年底，学校被确认为湖南省"十三五"教育科学研究基地（示范性高中研究型教师队伍建设研究基地），谢永红被确认为基地首席专家，湖南师范大学教育科学学院院长刘铁芳教授被聘为基地指导专家。

研究型高中建设体系构架可以简明地表达为一个着眼点、两个支撑点、三个着落点、四个关注点、五个保障点和六个着力点。

一个着眼点：培育研究型学生，为培养高素质创新人才奠基。建设研究型高中目的是立德树人，闯出一条育人育才新路，在全面提升学生成长成才能力的基础上，做好高素质拔尖创新人才培养的基础性工作，促使其"成民族复兴之大器，做人类进步之先锋"。

两个支撑点：一是树立以研究为先导的共同价值观，二是形成研究地学习、研究地教学、研究地管理、研究地服务的校园新常态。这是研究型高中办学新样态，也是"成民族复兴之大器，做人类进步之先锋"的有力支撑和坚实堡垒。

三个着落点：一是学校发展，即建设研究型高中；二是教师发展，即培养研究型教师；三是学生发展，即培养"素质全面、个性优良，具有家国情怀、国际视野、创新精神和实践能力"的研究型学生。建设研究型高中，就是要实现这三大发展。

四个关注点：问题意识、思辨能力、探究习惯、科学精神。建设研究型高中，就是要探索一条强化科学教育、提升科学素质的新路，促进学生全面而有个性、主动而生动地发展。

五个保障点：一是凸显研究特质的人本课程体系，二是基于"三导四学"的问题化课堂教学体系，三是立足校本研究的教师专业化发展体系，四是立志"成民族复兴之大器"的拔尖创新人才早期培养体系，五是深化"学术治校"的研究型高中治理体系。这是研究型高中课题研究的基本任务，也是研究型高中建设的基本保障。

六个着力点：课程构建、课堂改革、课题研究、团队建设、平台搭建、氛围营造。通过这六个着力点，聚焦重点，突破难点，打通堵点，做出亮点。

（二）构建落实立德树人的人本课程体系

基于落实立德树人根本任务、提升学生核心素养和彰显"以人为本"理念的现实需要，为全面推进新课程、新课标、新教材、新高考、新评价和高中育人方式改革，学校在原有"两性四型"课程体系基础上，构建了落实立德树人、凸显以人为本、聚焦核心素养的人本课程体系（见图3）。

图3　湖南师大附中人本课程体系图谱

聚焦一个核心：人。课程图谱中心的校徽图案，寓含植根三湘四水、培养顶天立地大写的人之意。人居中心，突出了以人为本的理念和立德树人的宗旨。图谱选取湖南师大附中校徽图案，寓示培养立志"成民族复兴之大器，做人类进步之先锋"的"顶天立地附中人"。

打定二大底色：人生底色，附中底色。一是中国学生发展核心素养的人生底色，学校培养的人应厚植文化基础、社会参与、自主发展等方面的核心素养。二是"公勤仁勇"的附中底色，学校培养的人应赓续天下为公、勤敏以行、求仁履实、敢为人先的湖湘文化精神，具有鲜明的"附中人"特征。

构设三级课程：基础课程、拓展课程、卓越课程。三类课程对应中国学生发展核心素养三大方面：基础课程为国家课程，侧重奠定学生文化基础；拓展课程是国家课程校本化实施或拓展课程，侧重组织学生参与社会；卓越课程是校本课程，侧重引领学生自主发展。三类课程构成三级：基础课程打基底，强调全面发展、基础扎实；拓展课程壮腰肢，强调关注社会、胸怀天下；卓越课程显锋芒，强调个性优良、特色鲜明。三级课程协同发力，共育文化基础扎实、家国情怀深沉、个性特色鲜明的"顶天立地附中人"。

凸显四重价值：公、勤、仁、勇。基础课程尚勤，要求学生勤敏以行，筑牢文化基础；拓展课程尚仁，要求学生求仁履实，在社会参与中厚植仁爱心与责任感；卓越课程尚勇，要求学生敢为人先，在自主发展中自强不息、追求卓越；三级课题聚焦于公，要求学生以天下为己任，立德为先，具备适应终身发展和社会发展需要的必备品格。

（三）完善基于新课程改革的教育教学组织体系

1. 完善"四大节三体验两服务一学习"社会实践活动平台

学校定期开展体育节、艺术节、社团节、科技节四大节活动，每年组织高一学生进军营、高二学生下农村、高三学生进企业开展三体验活动，组织全体学生开展社区服务、志愿者服务和研究性学习，构建了较为成熟的学生发展支持服务体系（见图4），已成为学校教育显著特色，每年省内媒体竞相报道其盛况。谢永红主持的"普通高中学生社会责任感培养校本创新研究""中学德育校本实践创新研究"等省级规划课题，均顺利结题并取得理想成效和丰硕成果。

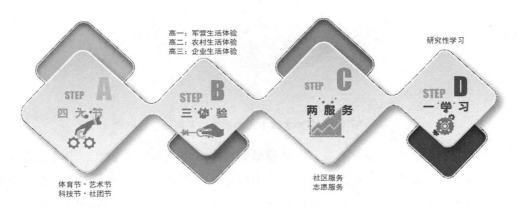

图4　湖南师大附中学生综合社会实践活动体系

2. 创设"四中心一工作室"导育机构

学校成立了心理发展中心、生涯发展指导中心、生活指导中心、综合实践指导中心和班主任工作室"四中心一工作室"（见图5），构建多元育人主体全员参与、全方位全过程指导全体学生成长成才的系统育人新机制，为学生成长成才提供了广阔发展平台和优质导育服务。黄月初主持的省规划课题"普通高中学生积极心理品质培养的校本实践研究"顺利结题并获评"优秀"等第。

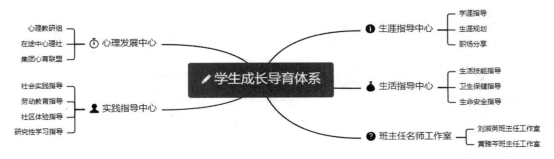

图5 湖南师大附中"四中心一工作室"学生成长导育体系

3. 建立"四课并举、分类走班"教学组织模式

学校创立了"常规课齐头并进打基础，拓展课自主选择抓长短，辅导课因材施教释疑惑，自习课主动探究促内化"的四课并举教学组织模式（见图6），实行了行政班整体教学、分类分层分项走班教学、分组分人个性化教学、开放教学、现场教学等多样化教学组织形式，从多个层面满足了学生整体化、差异化、个别化、特色化需求。谢永红先后发表《"走班制"教学新样态下办学策略探微》《走班制教学新样态下普通高中办学策略调整》等研究论文，纵论新高考背景下课堂教学组织模式变革；课题组核心成员苏建祥主持的"新高考背景下选课走班体系构建与实践研究"被立项为长沙市"十三五"规划重大委托课题。

图6 湖南师大附中四课并举课堂教学组织体系

4. 创设"三导四学"课堂教学范式

"三导"指教师引导、指导、督导；"四学"指学生自主学习、合作学习、探究学习、体验学习。通过引导、指导、督导学生的自主学习、合作学习、探究学习和体验学习，将探究实践融入学科教学之中，培养学生的问题意识、思辨能力、探究习惯、科学精神（见图7）。《湖南日报》、湖南经视等媒体先后推出《千余教师聚首师大附中，自主合作探究课堂教学受推崇》《课改：从一本尊重学生自主性的册子做起》《素质教育改革让上课效率更高》等跟踪报道，推介我校课堂教学改革的实践与经验。

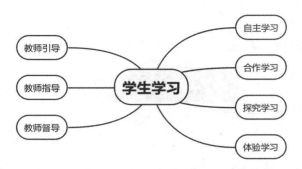

图7　湖南师大附中"三导四学"研究型课堂范式

（四）建构研究型教师专业发展体系

一是创建研究型教师专业发展"四格"模型。"四格"指入格、升格、创格、超格，是研究型教师专业发展需要经历的四个阶段（见图8）。"入格"是新入职、新入校、新入门教师的发展要求，主要通过岗前培训、入职教育、青蓝工程结对帮扶、教研组备课组团互助等研修形式，助力"新人"完成站上讲台到站稳讲台的过渡，由跟跑变成并跑，由生手变成熟手，尽快成为合格型教师。"升格"是合格型教师的发展要求，主要借助指路子、结对子、压担子、搭台子、建模子、做梯子"六子工程"，助力青年教师由合格走向胜任，由并跑变成领跑，从熟手变成能手。"创格"是骨干型教师的发展要求，重在鼓励骨干教师突破专业发展"四期"（高原期、平台期、瓶颈期和倦怠期），创立独特教书育人风格，形成个体教育教学特色，实现由骨干型教师向名师型教师的重大跨越。"超格"是名师型教师的发展要求，借力国家未来教育家孵化工程、万人计划教学名师评选等平台，鼓励教师"养正出奇""大胆超格"，步入"从心所欲不逾矩"的智慧境界，实现专家型教师、学者型教师甚至教育家型教师的理想成长。

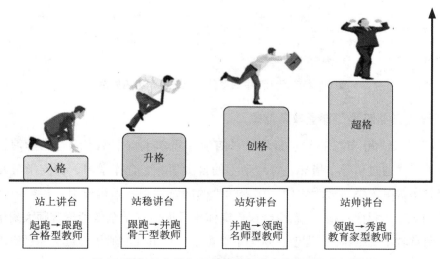

图8　湖南师大附中研究型教师专业发展四格模型

　　二是建设研究型教师专业发展四大工程。四大工程指青蓝工程、青名工程、名师领航工程、教育家孵化工程。青蓝工程针对新入职、新入校、新入门（新任职某岗位）的青年教师，通过缔结教育、教学、教练、教研、管理五类师徒的方式，助力青年教师快速"入格"、顺利跟跑并尽早并跑，最终青出于蓝而胜于蓝，成长为合格型教师。青名工程五年一届（与五年规划同步），旨在促成青年教师由站稳讲台走向站好讲台，促使他们由生力军变成主力军，由"潜力股"变成"绩优股"，实现专业发展快速"升格"，在跟跑过程中实现并跑甚至领跑，成为名师型教师。名师领航工程又叫领雁工程，旨在依托各级各类名师工作室，培养师德修养好、理论素养高、教学技艺精、科研能力强的教学名师，并充分发挥其领头雁作用，打造学习共同体、教学共同体、导育共同体、研究共同体和发展共同体。教育家孵化工程主要借力国家十百千万工程、未来教育家孵化高端研修等国培项目、京湘基础教育论坛等学术平台、全国部分大学附中教学协作体等合作机构，以及各类名优教师评聘评选机制，鼓励名师脱颖而出，大胆行走在教育家成长路上，从而孵化出在全省乃至全国具有较高知名度、较大影响力的教育家型教师与教育管理专家。

　　三是打造研究型教师专业发展四大平台。四大平台指修学平台、磨课平台、培训平台、学术平台。修学平台主要采取坐下来读、围拢来辩、结对子帮等方式，组织教师开展业务学习，提升师德修养和专业修养。磨课平台主要采取跟进堂听、推上台赛、定时间考等方式，组织教师研究班级管理和课堂教学，提升教育教学水平和能力。培训平台主要采取请进来教、送出去学、扶上台讲等方式，组织教师继续教育培训，提升专业素养和业务水平。学术平台主要采取静下心研、埋下头写、大力度激等方式，组织教师教研科研，提升教研能力和研究素养。

　　四是建成之谟教师研修院。2019 年 9 月，学校以湖南省"十三五"教育科学示范性高中研究型教师队伍建设研究基地为依托，创办之谟教师研修院，全面服务教师专业化发展。之谟教师研修院采取"专家引领、同伴互助、个人研修"相结合的方式，积极倡导并引领教职工走"修学教研一体化"专业发展之路，组织他们做教育理想的追求者、教育书刊的博览者、专家学者的同行者、教育热点的关注者、教育教学的反思者、草根研究的践行者，自觉成长为"四有好教师""四个引路人"和富于情怀、勤于学习、长于实践、崇尚学术的研究型卓越教师。

（五）构建创新拔尖人才早期培养联动体系

　　拔尖创新人才早期培养关键在师资，根本在学苗，成败在衔接，保障在机制，须通过设立组织机构、制定培养方案、组建师资队伍、构建联动机制等举措来全面推进落实。谢永红校长提出"下好先手棋、打好主动仗、力争新突破"的工作目标，从建机制、强队伍、优方式、聚合力、抓落实等方面部署拔尖创新人才早期培养工作，初步构建了湖南师大附中教育集团创新拔尖人才早期培养联动体系（见图9）。

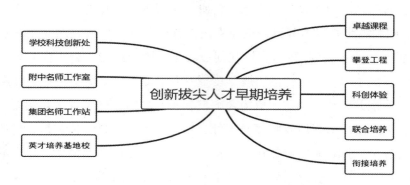

图9　湖南师大附中创新拔尖人才早期培养联动体系

一是设立科技创新处。学校于2018年设立科技创新处，统筹教育集团创新拔尖人才联合早培、学科竞赛培训、学科教练员队伍建设、大学先修课程（AC）开发实施、强基计划精准对接、研究性学习课程实施和科技体验创新活动组织等诸项工作。

二是成立创新人才培养名师工作室。2018年9月，学校成立创新人才培养名师工作室，集团各成员校成立创新人才培养名师工作站，从而构建了教育集团创新拔尖人才早期培养体系和师资联动机制，组建了一支以"成民族复兴之大器"为己任的创新型名师队伍。

三是开发凸显研究特质、促进个性发展的卓越课程。卓越课程包括学科竞赛（奥赛）、科创教育、选修衔接、艺体特长、人文精修、国际理解六类课程，面向学有所长、学有所专且学有余力的学生开课，采用分项走班、分类培训、分组研学、分人导育等方式开展个性化教学。

四是拓宽学生参加全球学科活动渠道。组织并鼓励更多学生参加国际学科奥赛、国内学科竞赛、科技创新大赛、体艺竞技、模联及其他学科性活动，进一步擦亮"金牌摇篮"特色名片。

五是参与国内拔尖创新人才培养联合行动。学校加盟全国部分大学附中教学协作体、全国部分师范大学附中合作体等团队，入选北京大学首批博雅人才共育基地学校、清华大学基础学科拔尖创新人才大学中学衔接培养试点基地、上海交通大学创新人才培养一体化伙伴中学、中国大学先修课程试点项目首批示范基地等，加入全国中学生物理竞赛金牌联盟并成为6所常委学校之一。2021年6月，中国教育学会拔尖创新人才基础培养专业委员会成立大会暨2021年拔尖创新人才培养研讨会在北京八中举行，我校校长谢永红被聘为该专业委员会第一届理事会常务理事。

（六） 营造彰显学术治校的浓厚研究文化氛围

课题组在学校研究型高中建设的强大行政推动、项目驱动和学术引领下，潜心建设主动发展、主动研究、主动创新的工作文化和学习文化，大力营造崇尚学术研究、激励研究创新的文化氛围，促使学校成为鼓励创新、大胆实践、不断反思、追求特色、合作共享、充满活力和具有不断自我更新能力的研究型成长共同体。

一是健全激励研究的管理制度。在原有教育科研管理制度基础上，学校新出台了《湖南师大附中研究型高中建设方案》《湖南师大附中教育科研管理条例》《关于进一步加强教育科研工作推进研究型高中建设的实施意见》《之谟教师研修院章程》《湖南师大附中研究型教师发展学分管理办法（试行）》《学科教研员管理办法》《教育集团科研与教师发展共同体章程》等制度文件，健全了研究型高中建设制度体系，初步实现了研究型高中治理体系和治理能力现代化。

二是打造引领研究的学术阵地。挂牌成立了湖南省"十三五"教学科学研究基地、全国教育硕士专业学位研究生联合培养示范基地、中国大学先修课程试点项目首批示范基地、湘港澳青少年交流基地、湖南师范大学生物教师行动研究基地等学术平台，设立了学术委员会、课程委员会、教学指导委员会、专家咨询委员会等学术机构，开辟了学术期刊《探索》、研究型高中建设微周刊《研究》等学术窗口，做强了道德讲堂、惟一大论坛、学达讲堂、班主任沙龙等学术讲台，等等。

三是开展"修学教研一体化"系列研修活动。学校创办了湖南省第一所中小学校独力主办的教师发展学校——之谟教师研修院，采取专家引领、同伴互助、自主研修、项目推进相结合的方式，组织教师开展"修学教研一体化"业务研修，助力他们进入"让高尚成为习惯，让阅读成为生活，让培训成为需要，让反思成为自觉，让交流成为享受，让写作成为常态"的研究型职业生活状态。

四是启动了研究型团队、研究型教师达标考核评价。学校制定了研究型团队（部门、教研组等）、研究型教师达标考核标准，开发了《研究型团队达标建设年度考核评价表》《研究型教师专业化发展学年度考核评价表》《青年名师培养对象专业化发展学年度考核评价表》《青蓝工程徒弟专业化发展学年度考核评价表》等系列测评工具，较好地解决了研究型教师队伍建设立制难、测标难、评价难等问题。

五是组织一系列教研科研评比竞赛活动。例如：①教育阅读活动，如"湘悦读·工力量"主题阅读活动、教师节校长赠书活动、教研组长理论学习中心组集中研修活动等。②教育研究活动，如全校德育工作研讨会、班主任沙龙、班主任名师工作室业务研修、学生发展论坛、家长论坛等。③教学研究活动，如全国部分大学附中教学协作体教研活动、全国部分师范大学附中合作体年会活动，以及名师名校长工作室集中研修、教学开放周、年级教学调研、共产党员示范课、青年教师考核课、名优特级教师观摩课、自主合作探究课堂展示课、教育集团同课异构竞赛课、教育集团青年教师业务考试等。④科研评比活动，如寒暑假教科研论文评比、科研优秀奖（每年 10 人）评比、年度教科研优秀成果奖评比、年度德育论文评比、主题论文征文、课题研究推进质量年度考核评比等。⑤教师培训活动，除组织骨干教师参加各类国培、省培项目外，学校承办了名校与慈利三官寺土家族乡中学"手拉手"等多项国培项目，承办了全省生涯规划骨干教师集中研修等多项省培项目，主办了省级送培项目湖南师大附中班寒假暑假全员培训活动，还独力主办了党务干部浙江大学集中研修（56 人）、后备干部或研究骨干清华大学高端研修（两批，各 70 人）、华东师范大学新高考新课标骨干教师主题研修（70 人）等高端培训活动，每年为国培、省培提供考察、交流服务 30 批次以上。

七、理论探究成果

（一）已出版的重点专著

书名	主要作者	出版者	时间	性质
《育人方式改革：全员育人理论与校本实践探索》	谢永红	湖南师范大学出版社	2019 年 12 月	案例研究
《基于新课程标准的课例研究》	谢永红，黄月初	湖南师范大学出版社	2020 年 8 月	课例研究
《研究型教师专业化发展理论与校本实践研究》	谢永红，黄月初	湖南师范大学出版社	2021 年 8 月	理论研究

（二）已发表的重点论文

论文名	作者	出版者	时间
《湖南师大附中："二次开发"拓宽校本边界》	谢永红	《中国教育报》	2018 年 12 月
《未来高中长什么样》	谢永红	《教育家》	2019 年 10 月
《为新时代教师专业化发展铺路搭台》	谢永红	《湖南教育》	2020 年 1 月
《以校为本构建基于立德树人根本任务的课程体系》	谢永红	《人民教育》	2021 年 9 月
《中小学教师教育科研的内涵、优势和价值》	谢永红	《湖南教育》	2021 年 10 月

（三）其他成果

类型	名称	作者	出版者	时间
专著	《为了独一无二的你》	黄雅琴	湖南师范大学出版社	2019 年 6 月
专著	《高考作文：命题原理与应对策略》	厉行威	湖南师范大学出版社	2019 年 6 月
专著	《研学——探索之旅》	杨帆	湖南师范大学出版社	2020 年 8 月
专著	《基于核心素养的新高考地理测评与教学研究》	杨帆	中南大学出版社	2021 年 5 月
专著	《高中生物学实验实施指南》	易任远	湖南师范大学出版社	2021 年 6 月
论文	《改进传统教育模式，培育高素质创新人才》	谢永红	湖南日报	2018 年 10 月
论文	《踏上研究型高中建设新征程》	谢永红	中国教育报	2019 年 1 月
论文	《"走班制"教学新样态下办学策略探微》	谢永红	湖南教育	2019 年 4 月
论文	《走班制教学新样态下普通高中办学策略调整》	谢永红	湖南教育	2019 年 12 月
论文	《谋求师范院校与基础教育人才培养的同频共振》	黄月初	教师教育论坛	2020 年 1 月
论文	《基于新高考的教师多元化转型发展》	刘进球	湖南教育	2019 年 6 月
论文	《创新增值评价方式，促进学业全面发展》	刘进球，刘奕	湖南教育	2020 年 11 月

八、实践探索成效

（一）促成了高质量的学生发展

1. 学业水平的高质量

2018 年以来，全省学业水平考试一次性合格率保持在 99% 以上，高考本科第一批上线率连年超过 99%。在长沙市教育局每年发布的《普通中学教育质量综合评价报告》中，学校各项质量指标均处于领先地位。

2. 综合素养的高质量

2018 年以来，学生在市级以上体育、音乐、美术、科技创新、航模、国学、作文、英语、模联、主持人、演讲、影视作品、研究性学习课题及小制作、小发明、小论文等竞赛活动中摘金夺银累计超过 3000 人次。2018 届高三学生总人数不到 1000 名,共有746 人次通过了当年高等院校自主招生初审,我校学生综合素养之高由此可见一斑。

3. 拔尖创新人才早期培养的高质量

2018 年以来,学生入选学科国际奥林匹克竞赛国家代表队、国家集训队、湖南省代表队人数常年居全省第一,先后有秦俊龙、陈俊豪、彭凌峰、李世昌、冯睿杰、黄章毅等同学摘得国际学科奥赛金牌,陈一乐、杨宜等同学摘得国际学科奥赛银牌,保持了国际奥赛金牌总数和奖牌总数全国第一地位。学生在全国中学生女子数学奥赛、全国青少年科技创新竞赛、全国中小学生电脑制作大赛、中国青少年机器人竞赛、WRO 中国总决赛、北斗杯全国青少年科技创新大赛、全国中学生结构设计邀请赛及其他科技创新活动中取得多项荣誉,累计有 20 余项学生创新成果获得了国家实用新型发明专利授权,超过50 项学生研究性学习课题成果获得市级以上奖励。

4. 个性化发展的高质量

例如,陈苗卓同学入选清华大学丘成桐领军计划,陈龙同学打破第三届世界青奥会男子跳高纪录,周子曦同学获评新时代湖南好少年,刘叶子同学荣获 2020 年度长沙市"最美中学生标兵"称号并代表全省中学生出席中华全国学联第二十七届学生代表大会,蒋品、覃泽众同学分别被牛津大学、剑桥大学录取,陈晓宇摘得英国物理奥林匹克挑战赛金牌,殷琪等同学荣获英国物理挑战赛铜奖,等等。

(二) 促成了高质量的教师发展

学校参与并举办了多样化的教师国培省培活动,启动了之谟教师研修院青年马列主义培训班、课题主持人班、青年名师班、青年徒弟班、学科教研员班及学科教研组业务学习等系列研修,完成了第二批青年名师培养对象(共 18 人)的培养培训,组织了"青蓝工程"新老师入职培训和师徒结对帮扶,开展了研究型高中建设课题群建设和教研科研系列评比竞赛活动,有力推动了高素质、专业化、创新型教师队伍建设进程。

2018 年以来,我校优秀教师不断涌现,具体成果如下。

国家级:肖鹏飞老师获评国家万人计划教学名师,蔡任湘老师获评全国模范教师并获批享受国务院政府特殊津贴,谢永红老师被聘为中国教育学会中小学整体改革专业委员会和拔尖创新人才基础培养专业委员会常务理事,彭荣宏老师获评第三届中国好校长,李文昭老师获评全国学校后勤工作先进个人,苏建祥、周泽宇老师荣获中国化学会基础教育奖,蒋立耘老师荣获第十届全国中小学外语教师园丁奖,熊康老师入选首批全国优秀音乐教师培养计划,焦畅老师获评全国十佳优秀科技教师,等等。

省级:谢永红老师荣获湖南省五一劳动奖章,黄月初老师被聘为第八届省政府督学,彭荣宏老师获评湖南省担当作为优秀干部,李昌平老师获批享受湖南省政府特殊津贴,杨帆老师获评湖南省首届芙蓉教学名师，李新霞老师获评湖南省教育系统芙蓉百岗明星，李钊老师荣获湖南省青年岗位能手称号，黄雅芩老师获评首届湖湘优秀班主任，肖莉老师获评湖南省教学能手，谭伟老师获评湖南省总工会职工最可信赖娘家人，等等。此外，每年都有大批教师荣获湖南师范大学"优秀共产党员""三育人先进个人"等奖励，每年有近30位教师获得省级以上学科教学竞赛奖。

其他：黄月初老师获评长沙市2020年度建设更高水准全国文明城市工作先进个人，陈迪勋老师获评长沙市建设更高水准全国文明城市工作先进个人，汪训贤、肖鹏飞、谢永红、张宇、何宗罗、李新霞老师先后获评正高级教师，何宗罗、樊希国、李昌平老师先后获评湖南省特级教师，梁良樑、肖鹏飞、张宇、谢永红、赵优良老师先后被确认为长沙市名师名校长工作室首席名师名校长，何宗罗、彭知文等18位教师被认定为长沙市中小学卓越教师（含学科带头人、骨干教师、教学能手三类），每年都有多人荣获长沙市"华天优秀教师奖""国开教育奖""洋光学科竞赛优秀指导教师奖""友谊科研奖""长沙市教育系统青年岗位能手"等奖励。

（三）促成了高质量的学校发展

启动研究型高中建设，特别是开展"研究型高中建设的校本实践与探索"课题研究以来，学校坚持高质量、现代化、研究型、很幸福的办学追求，全面提升了办学综合实力、社会贡献力、国际影响力和学生成长成才能力，"教改先锋""金牌摇篮""办学典范""担当楷模"等办学特色更加彰显，取得了高质量、高品位、可持续发展。2018年以来，学校先后获得了全国文明校园、全国群众体育先进集体、全国模范职工之家、全国五四红旗团委、全国青少年科技活动先进集体、全国国防特色教育示范学校、全国学校后勤管理先进集体等国家级荣誉，2018年8月至11月间，谢永红校长曾两度赴京领奖并受到习近平总书记亲切接见。

学校教育科研成效显著，成果丰硕。主要体现在以下几个方面：

高热度的教师参与。我校具有"科研兴校、科研强教"的办学传统，"大学附中"特色较为鲜明，以至被家长誉为"最像大学的中学"。最突出的体现是教师参与教研科研热情很高，2018年以来，我校教师参与市级以上继续教育培训比例，每年都超过98%；推出校级以上教学公开课、主题班会课，每年都在400节以上（人均近2节）；主持或参与校级以上课题研究的教师比例超过95%；寒假、暑假教科研论文评比活动，每年都能收到超过600篇参评论文，每次活动教职工参与率均在50%以上。目前，学校拥有一支数量可观的教科研骨干队伍：1名国家万人计划教学名师、2名享受国务院政府特殊津贴中青年专家、1名享受湖南省政府特殊津贴专家、1名芙蓉教学名师、6名省市级名师名校长工作室首席名师、26名湖南师大兼职硕士研究生导师、18名长沙市卓越教师、6 名正高级教师、15 名在岗特级教师、12 名学术委员、9 名课程委员会委员、14 名学科教研员、48 名课题主持人、18 名第二届青年名师培养对象、56 对师徒、30 多名心理导师、110 多名获专业认证的生涯规划师等，还有近 50 位专家学者担任学校学术顾问、咨询委员会委员、教学指导委员会委员、第二届青年名师培养对象校外导师等。

高密度的课题研究。学校以湖南省"十三五"教育科学规划重点课题"研究型高中建设的校本实践与探索"为核心，构建了一个研究型高中建设课题群。目前，这个课题群拥有部级以上课题 5 个（含参与）、省级（含考试院、协会、学会等）课题 16 个、市级课题 6、校级课题 24 个，还有 5 个湖南师大联合课题（湖南师大共设 10 个）。我校专任教师主持或参与校级以上课题研究的教师比例超过 90%，形成了浓厚、良好的教研科研氛围。

高规格的研究平台。学校入选湖南省"十三五"教育科学研究基地（示范性高中研究型教师队伍建设研究基地），被确认为湖南省教育科学研究工作者协会基础教育研究分会理事长单位、全国中学生物理竞赛金牌联盟常委学校等，挂牌成立十多个拔尖创新人才培养基地，全面参与全国部分大学附中教学协作体、全国部分师范大学附中合作体等教研团体的年会活动，创办之谟教师研修院，承办、协办多项国培省培活动，创办学术期刊《探索》和研究型高中建设微周刊《研究》，打造教育集团拔尖创新人才培养名师工作室、教育集团科研与教师发展共同体等联动机构，等等。

高水平的科研成果。2018 年以来，我校教师先后正式出版教育教学专著 16 部，在省级以上学术报刊发表教科研论文近 300 篇。其中，课题主持人、基地首席专家谢永红校长主持编著并出版 3 部专著，在《人民教育》《中国教育报》《教育家》《中小学德育》《湖南教育》等学术报刊发表论文近 20 篇。此外，学术期刊《探索》出版发行 18 期，刊发师生教科研论文 400 余篇。研究型高中建设微周刊《研究》发行 80 多期，推出各类研究资讯 500 余条。2018 年底，国家核心期刊《中小学德育》刊发我校普通高中学生社会责任感培养校本创新研究系列文章，并连续两期在封三或封四专题推介我校培养学生社会责任感和开展德育活动的实践成果。

高层次的科研奖项。2018 年来，学校荣获的市级以上科研奖项主要有：①在 2019 年改革开放 40 年中国教育改革发展典型案例征集活动中，我校光荣入选"改革开放 40 年'学校教改探索案例 40 个'"榜单。②学校教育改革成果《湖南师大附中现代教育实验学校建设的实践与探索》荣获湖南省第四届基础教育教学成果奖特等奖（全省仅 2 项），并于 2018 年荣获第二届国家基础教育教学成果奖二等奖。③谢永红、郭在时、吴音莹、成宇宏等老师的论文或论著，荣获第四届湖南省教育科学研究优秀成果奖实践探索奖和理论创新奖。④苏建祥、杨帆、李小军、厉行威、樊希国、朱修龙、吴音莹等老师的教科研成果，荣获湖南省中小学教师队伍建设"双百工程"优秀作品奖。⑤黄雅芩、厉行威、吴音莹等老师的教育专著，分别荣获长沙市第二十届哲学社会科学优秀成果奖第一、二、三等奖（全市共 30 项）。⑥谢永红、汪训贤、杨群英、黄雅芩等老师分别荣获长沙市第二十三届、第二十四届"友谊教育科研奖"。

九、课题研究影响

2017 年 11 月 17 日至 19 日，学校承办了由湖南省教育厅指导、湖南省中小学教师发展中心主办的湖南省第二届"湖湘教育家大讲坛"活动，来自全省各地州市的领导专家和教育部未来教育家孵化班、学科精英教师班学员 600 多人参加了这一盛会。湖南省教育厅王玉清副厅长、湖南师范大学周俊武副校长出席论坛并致辞，全国著名教育专家、北京四中原校长刘长铭作专题学术报告。我校黄月初副校长作了《从优秀走向卓越——行走在教育家路上的实践与思考》的学术报告，倡导教师"镕金，琢玉，并究其妙"，通过教研科研"行走在教育家路上"。

《光明日报》微信公众号"光明社教育家"于 2020 年 8 月 1 日推出《湖南师大附中校长谢永红：未来高中长什么样?》专稿，纳入其"未来学校系列"文章（第五篇）。

2018 年 3 月 12 日，谢永红校长应加拿大文思博学校邀请，赴温哥华出席"第二届中加友好学校校长论坛"，并发表《改进传统教育模式，培育高素质创新人才》的主题演讲。其讲稿由《湖南日报》"理论·智库"版于 2018 年 10 月 25 日全文刊发，《三湘都市报》、《新湖南》、今日头条等媒体纷纷刊发"谢永红谈高考综合改革背景下学校育人方式变革与教师角色转型"访谈文章，报道谢永红校长关于"改进传统教育模式，培育高素质创新人才"的思考和主张。

2018 年 10 月 26 日至 28 日，谢永红校长应邀赴美国波士顿参加由清华大学主办的 2018 中美中学校长论坛。本次论坛旨在深化国际合作，构建国内外双向互动、合作共赢的拔尖人才培养长效机制，促进中美顶尖高等教育与基础教育的互通和衔接。谢永红校长在论坛上介绍了我校开展研究型高中建设、培养高素质创新人才的情况与经验。

2018 年 11 月 12 日，谢永红校长应湖南省教育管理干部培训办公室邀请，为湖南省省级示范性高中校长高端研修班作《从优秀走向卓越——新高考背景下课程体系和研究型高中建设的思考与尝试》的专题讲座。湖南省教育管理干部培训办公室常务副主任赵巧霞及来自全省 14 个市、州的 66 位省示范性高中校长参加了讲座。

2018 年 11 月 14 日至 16 日，由湖南省教育厅和北京市朝阳区联合举办的首届"京湘基础教育论坛"在北京市朝阳区举行，谢永红校长率我校代表团参加了论坛活动。副校长苏建祥以"公勤仁勇铸大器，以人为本育英才"为题，介绍了我校新高考背景下学校课程体系建设情况。地理组陈克剑老师与北京通州区、朝阳区的两位老师就"地貌的观察与描述"课题进行同课异构，其"三导四学"课堂教学理念赢得与会领导、专家及观摩教师的一致好评。

2018年11月30日，我校组织并主持了湖南省教育科学研究工作者协会基础教育分会2018年基础教育论坛。协会副会长、基础教育研究分会理事长谢永红致开幕词，提出了坚持和体现参与性、学术性、引领性的殷切希望。教育督导室主任左小青分享了学校申报第二届基础教育国家级教学成果奖的成功经验，校长助理陈胸怀作了《教师队伍建设的"七宗最"》的专题讲座。最后，协会基础教育研究分会秘书长、湖南师大附中党委书记黄月初作总结发言，强调办好学校须走科研兴校道路，一所好学校必须有"会跑、会守、会写"的三支好队伍，教师要做一个无私奉献的科研工作者。

《中国教育报》于2019年1月2日在"校长周刊·人物"刊发《晓日曈曈一岁初：新年校长绘新图》系列文章，其中包括谢永红校长的《踏上研究型高中建设新征程》。

2019年12月，长沙市谢永红校长工作室成立，谢永红担任首席名校长。该工作室以湖南师大附中之谟教师研修院为依托，侧重从培养培训、课题研究等方面发挥名校长的示范、辐射、引领作用，打造未来中学名校长"孵化器"，培养具有教育家素质的校长。

2020年6月，湖南省中小学卓越校长领航研修校长工作室在我校成立。该工作室由清华大学继续教育学院和湖南省教育厅教师处主管，黄月初任高中校长工作室主持人，省教科院基础教育研究所副所长邹海龙、省中小学教师发展中心名师科科长龚明斌、湖南师大教科院教育系主住常思亮任学术顾问。

2021年8月至9月，《湖南日报》《新湖南》《学习》等媒体刊发、转载《湖南师大附中校长谢永红：努力建设全员育人的教育生态》一文，《湖南教育》刊发《改革高中育人方式，优化学生成长生态》的专访，全面推介《育人方式改革：全员育人理论与校本实践探索》一书及谢永红校长全员育人教育理念。

十、课题创新亮点

本课题重在校本实践与探索，以行动研究为主。其主要创新与亮点如下。

实现有机结合。课题研究与学校五年规划、研究型高中建设无缝对接，实现了学校改革发展同课题研究有机结合，做到了实践探索与理论研究相辅相成，充分体现了"为了学校、在学校中、基于学校"的校本特色。

注重顶层设计。课题研究过程中，学校确立了"研究型"特色发展目标，制定了《湖南师大附中研究型高中建设方案》，构建了人本课程方案、研究型教师专业发展体系、拔尖创新人才早期培养体系等宏观、中观架构，推出了相关制度、标准和评价量表。

创造多个唯一。课题研究过程中，我们弘扬"惟一精神"，敢为天下先，创造了多个唯一：示范性高中研究型教师队伍建设研究基地是唯一设立于中小学校的湖南省"十三五"教育科学研究基地，《探索》是湖南省唯一由中小学校主办的正规学报，之谟教师研修院是湖南省唯一由中小学创办和主办的教师发展学校，《研究》是湖南省唯一研究型高中建设微周刊，我校是唯一设立科技创新处、唯一组建学科教研员队伍、唯一成立心理教研组的中小学校，等等。

强调众力共举。研究型高中建设和课题研究必须前人栽树、能人担岗、高人指点、贵人鼎助、众人共举，必须上下同欲，全员参与，同向发力。围绕"研究型高中建设的校本实践与探索"课题，我校构建了由近50个课题组成的研究型高中建设课题群，组建了数量可观的教科研骨干队伍，面向全体教师开展大量教科研活动，走的就是一条"众人划桨开大船"式的实践探索之路。

十一、反思与改进

本课题致力于研究型高中建设的校本实践探索，积累了大量实践经验，也取得了较大成效和较多成果。但受限于课题组成员的研究能力、水平、时间和精力，课题研究仍存在一些不足：

受课题组成员的科研素质、科研水平、综合能力等因素制约，课题视野还不够开阔，课题设计还不够完善，尤其是文献梳理还不够充分，理论研究还不够深入。

由于属于校本实践与探索，课题研究存在拘于校本之弊，比较适用于湖南师大附中这样的示范性高中和大学附中，成果应用、推广和影响的范围偏窄、偏小。

本课题研究内容涵盖研究型高中建设各方面、全方位，点多面广，架构大、战线长，加以研究时间有限，存在内容不够全面、研究不够深入、细节不够精确等问题。

针对上述不足，本课题组拟从两个方面予以改进完善：

一是接续奋斗。学校出台的《湖南师范大学附属中学"十四五"改革与发展规划纲要（2021—2025）》已将五年发展目标确立为"建设高质量、学术性、更幸福的研究型中学，实现从优质学校向卓越学校的跨越"。

二是细化研究。进一步扩大研究型高中建设课题群建设规模，将总课题切分为若干中观课题、微观课题甚至微课题，在群课题的重点突破和各个击破中，实现总课题的全面突破。

后 记

"功以才成，业由才广"，而英才济济之道无非有二：一是聚天下英才而用之，二是得天下英才而教育之。中小学阶段是培养英才的最佳时段，是人才成长链条中基础性、支撑性、关键性环节。普通高中如何切实做好英才培养？湖南师大附中的策略是：建设研究型高中，培育研究型学生，为培养高素质拔尖创新人才奠基。

身处大有可为的新时代，最宝贵的干事创业品质是自强不息，有选择地追求卓越。2015 年以来，湖南师大附中从"科研兴校、全面育人"的管理特色、"科学教育见长、人文素养厚重"的学科特色、"自强不息、追求卓越"的文化特色出发，选取创建研究型高中这一多样化特色发展路径，聚焦"成民族复兴之大器"育人目标，开展务实而有效的创新实践探索，树立了以研究为先导的共同价值观，打造了研究地学习、研究地教学、研究地管理、研究地服务的校园新常态，闯出了一条坚定践行"为党育人、为国育才"初心使命的教育改革新路，取得了显著的育人育才成效和丰硕的行动研究成果。

本书就是湖南师大附中研究型高中建设十年求索的全景式记录。

作为湖南省"十四五"教育科学普通高中教育研究基地和湖南省基础教育教学改革重点研究项目"拔尖创新人才小中大贯通式培养实践探索"（项目编号：Z2023181）的研究成果，本书凝聚了基地和课题组核心成员的心血和汗水。全书由基地主任、课题主持人谢永红和基地首席专家黄月初策划与统筹，由谢永红、黄月初、苏建祥、陈胸怀、刘进球等主创人员共同编著，基地和课题组成员陈迪勋、李春莲、李智敏、莫晖、吴卿、向超、管若婧、周鹏之等也参与了部分章节的编撰，杨帆、欧阳荐枫、黄雅芩、朱修龙、左小青、李志艳、杨群英、彭建锋等老师提供了参考资料或实践案例。

特别感谢华东师范大学首批终身教授、教育部中学校长培训中心原主任陈玉琨先生。他抽出宝贵时间审阅了全部书稿，提出了许多有价值的意见和具体建议，并且欣然为本书作序，给予我们全面指导和巨大鼓舞！

特别感谢湖南省教科院基础教育研究所、湖南师范大学教育科学学院及湖南省"十四五"教育科学研究基地普通高中教育研究中心各合作单位。大家的鼎力支持和精诚协作，是我们的精神支柱和动力源泉。

特别感谢为本书提供智慧和帮助的各方人士。没有众多"巨人的肩膀"，我们的理论探究与实践探索都将举步维艰。

特别感谢湖南师范大学出版社的领导和编辑。他们为本书的编撰和出版，付出了满腔热忱和辛勤劳动，提供了周到服务和专业指导。

由于成书仓促、水平有限，书中错漏之处，在所难免，敬请批评指正，以期改进完善。

谢永红　黄月初

2025 年 1 月 8 日于岳麓山下